国内人権機関の国際比較

編著◉NMP研究会・山崎公士

現代人文社

はしがき

　1990年代は、国際的にも、国内的にも、人権保障の問題が注目された10年であった。冷戦後の国際社会では内戦が激化し、難民や国内避難民が多発した。経済のグローバル化によって、途上国では女性、子ども、マイノリティ、先住民族などがその悪影響を受け、以前にもまして人権が侵害される現象が生まれた。先進国でもマイノリティに対する構造的な差別事象は一向に解消せず、インターネット上での差別煽動の蔓延など科学技術の飛躍的な進歩にともなう新たな人権侵害・差別現象も生まれている。

　こうした事態に直面し、国連は1993年に世界人権会議を開催し、1995年から2004年までを「人権教育のための国連10年」とするなど、「人権文化」を世界に広め、大規模人権侵害や構造的人権侵害をなくそうと試みた。このため国連は、加盟各国内で国際人権基準を実効的に実施・定着させるため、各国に国内人権システムの整備・再構築を促した。その一環として、1993年の国連総会で「国内人権機関の地位に関する原則」（パリ原則）を採択し、政府から独立した国内人権機関の設置を加盟国に奨励した。その結果、世界の80以上の国で何らかの国内人権機関が設置されるに至った。アジア太平洋地域でも、ニュージーランド、オーストラリア、フィリピン、インド、インドネシア、スリランカおよびフィジーの7ヶ国ですでに国内人権機関が設置され、韓国、タイ、モンゴルなどでも近いうちに設置される見込みである。

　日本では、1996年12月に人権擁護施策推進法が成立し、人権擁護推進審議会が設置された。同審議会は人権教育・啓発施策に関して1999年7月に答申し、同年9月から人権侵害の被害者救済施策の審議に入った。日本には人権保障に関する包括的な人権法や差別禁止法は制定されていない。また人権侵害の被害者救済についても、行政上の救済や司法上の救済の途はあるが、パリ原則にいうような政府から独立した人権保障を専門とする国内人権機関は存在しない。行政による人権救済を担ってきた法務省による人権擁護行政や人権擁護委員制度も、「人権擁護」の実を十分にあげておらず、人権を侵害された者からあまり信頼されてこなかった。このように日本の国内人権システムは抜本的な見直し

を迫られていたため、人権擁護推進審議会の審議には大きな期待が寄せられた。

国内人権システムをめぐる以上のような内外の情勢のなかで、世界人権宣言採択50周年にあたる1998年の4月に、人権フォーラム21と反差別国際運動日本委員会（IMADR－JC）によって、国内人権システム国際比較プロジェクト(National Machinery Project、以下、「NMP研究会」)が設置された。NMP研究会の目的は、世界各国の国内人権システムと国内人権機関の実態を現地調査し、その成果を比較研究し、日本における国内人権システムの制度設計のため素材を提供することであった。調査対象国は、スウェーデン、イギリス、ドイツ、フランス、インド、フィリピン、オーストラリア、ニュージーランド、カナダおよびアメリカの10ヶ国である。

NMP研究会には自薦・他薦で若くて元気で多様な約10名の研究員が集まった。1998年4月から7月にかけては、事前研究として、各国の国内人権システムの文献調査を行い、同時に日本における人権侵害・差別の実態をNGO関係者から聞き、各種救済制度についても検討した。こうした研究を経て同年7月はじめに詳細な統一的調査項目を確定した。同年の7月以降、研究員たちは2年度にわたり合計5～6週間研究対象国に滞在し、政府、国内人権機関、NGOなど関係者に直接会って話を聞くなどの調査活動を展開した。

NMP研究会では、国内人権システムや国内人権機関の制度的側面だけを調査するという手法は避け、それぞれの社会で現実に生起している人権侵害・差別の実態に対処し、その社会で実効的な人権保障を確保するためいかに国内人権システムを構築してきたかという視点を重視した。また各国の国内人権システム全般を調査し、そのなかでの国内人権機関の位置づけと機能を確認することや、法的枠組みだけでなく、制度の運用実態を批判的に分析することにも心掛けた。各研究員による現地調査の結果は、統一的調査項目に照らして再検討し、また国際比較研究の対象とした。1999年7月にはNMP研究会の中間報告書として、『世界の国内人権機関―国内人権システム国際比較プロジェクト(NMP)調査報告』(解放出版社)を刊行した。本書はNMP研究会の最終報告書である。

NMP研究会は平均年齢28歳というきわめて若い研究集団である。研究員たちはその気力・体力にまかせて限られた調査期間に精力的に調査をこなした。

その様は研究員たちの勢いのある筆致に現れている。反面、研究者としての経験年数の違いから、調査・研究報告に若干の濃淡があることも否めない。しかし、NMP研究会の本来の趣旨に照らして、われわれはこの濃淡をあえて調整せず、そのままの形で表現することにした。春秋に富む研究者集団の作品としてお読み頂ければ幸いである。

　NMP研究会は1998～99年度にトヨタ財団から「国内人権システムの国際比較研究と公的セクターおよび民間セクターの人権活動の調査」のテーマで研究助成を受けた。また東京人権啓発企業連絡会などからも研究助成を受けた。NMP研究会が自由に現地調査・研究活動を実施できたのは、これらの助成金を頂戴できたおかげである。ここに心から御礼申し上げたい。NMP研究会の事前研究会で有益なお話をして下さった日本の研究者やNGO関係者のみなさま、現地調査で研究員のインタビューに応じて下さった関係各位、直接・間接に現地調査を支援して下さったみなさまにも、改めて感謝申し上げたい。また、NMP研究会が発足するきっかけを与えて下さり、発足後もさまざまなご指導を頂いた江橋崇法政大学教授に御礼申し上げたい。

　現在、世界各国では相当の勢いで国内人権機関の設置が進められている。そのため、世界弁護士会連合会、ジュネーヴに本拠を置く人権政策研究NGOであるInternational Council on Human Rights PolicyなどがNMP研究会と同様の国際比較研究を実施している。NMP研究会は後者のNGOと交流があり、今後はお互いの調査・研究成果を学びあうつもりである。

　さきにも触れたように、人権擁護推進審議会で救済施策が審議されている。NMP研究会による国内人権システムと国内人権機関の国際比較調査・研究のささやかな成果が、今後の日本における国内人権システムや国内人権機関の制度設計のため何らかの検討素材を提供できるとすれば、われわれの望外の喜びである。

　本書の刊行については、困難な出版情勢のなかでの刊行を快諾頂いた現代人文社の成澤壽信社長と、限られた期間に集中的な作業に取り組んで頂いた編集の桑山亜也氏に大変お世話になった。ここに感謝申し上げたい。

2000年10月　　　　　　　　　　　　　NMP研究会代表　山崎公士

● 目次

第1部 総論

各国の動向と日本の課題
国内人権システムと国内人権機関
● 山崎公士 …… 11

国際人権法を実施する新たなアクターの台頭
国際人権法の国内的実施と国内人権機関
● 藤本俊明 …… 31

第2部 各国調査報告

オーストラリア人権及び機会均等委員会
開かれた人権保障システムへの展望と課題
● 川村暁雄 …… 51

ニュージーランドの人権法と人権委員会
小国の創意と実績から学ぶもの
● 申惠丰 …… 97

アメリカ雇用機会均等委員会と関連行政機関
多様な国内人権機関と機関相互の協力
●中原美香 ……………………………………………………… 125

カナダ人権委員会
人権文化の確立に向けて
●金子匡良 ……………………………………………………… 153

インド連邦人権委員会
より有効な人権保障への試み
●野沢萌子 ……………………………………………………… 193

フィリピン人権委員会
内なる人権保障の要求と開かれたシステム
●石川えり ……………………………………………………… 215

スウェーデンのオンブズマン
福祉国家における人権確立へ向けた取り組み
●土井香苗 ……………………………………………………… 253

ドイツの法律相談援助・コミッショナー・外国人協議会
社会的・経済的弱者の権利実現のための諸制度
●河村浩城 ……………………………………………………… 291

◉目次

フランスの国家人権諮問委員会と共和国行政斡旋官
行政がイニシアチブをとる国内人権機関
●窪誠 ……………………………………………………………311

イギリスの人種平等委員会と機会均等委員会
司法と市民をむすぶ試み
●小林学 …………………………………………………………333

第3部 資料

1 | 国別国内人権機関一覧表 ……………………………………365
2 | 調査対象国人権条約批准状況 ………………………………380
3 | 国家機関(国内人権機関)の地位に関する原則(パリ原則) ……381
4 | 『国内人権機関　人権の伸長と保護のための
　　国内機関づくりのための手引き書』目次 …………………384
5 | 国内人権機関に関する人権条約実施機関採択文書 ………386
6 | アジア・太平洋地域における国内人権機関関連文書 ……390

索引 ………………………………………………………………409

総論

第1部

各国の動向と日本の課題
国内人権システムと国内人権機関

山崎公士
やまざき・こうし／新潟大学法学部教授

はじめに

　1990年代に入り、国際的にも国内的にも、国内人権システムを整備・充実する必要性が認識されるようになった。本稿では、まず人権システム、国内人権システムと国内人権機関の関係を説明し、日本の現行の人権保障制度に触れる。次いで、国内人権システム国際比較プロジェクト（National Machinery Project, 以下、NMP〔研究会〕）の2年間にわたる調査・研究成果を概観し、最後にこれらを踏まえて、日本における国内人権システムと国内人権機関整備の課題を考察したい。

1 人権システム、国内人権システムと国内人権機関

1|1……定義

まずはじめに、本書で用いる「人権システム」、「国内人権システム」および「国内人権機関」という類似の用語について説明しよう。

「人権システム」とは、現在地球上で展開され、機能している人権保障活動の総体を意味する。具体的には、国際連合の活動や人権諸条約の実施を通じての地球規模の国際的人権保障システム、ヨーロッパ人権条約や米州人権条約の実施などによる地域的人権保障システム、後述する国内人権システムが併存し、相互補完的に展開している (*1)。

「国内人権システム」とは、人権システムの一部として、ある国内で人権保障のため実際に機能しているあらゆるシステムの総体を意味する。その中心は、その国において人権保障のため活動する立法・行政・司法機関などであろうが、同様の活動をするNGOなど国家機関以外の主体の機能をこれに含まれる。

人権システムの主要な基本原理は平等原則、または非差別原則 (*2) である。各国では、人権法または人種差別禁止法、雇用差別禁止法、性差別禁止法、障害差別禁止法などの差別禁止法（反差別法）を制定し、人種、皮膚の色、性、言語、宗教、等々の差別禁止事由と、雇用、教育、住居への入居、商品・サービス提供のような差別が禁止される分野を法定している (*3)。同時にこれら諸法の実施機関として人権委員会などの政府から独立した国内人権機関を設置している場合がある。このように、国内人権システムとは、①憲法ならびに人権法または差別禁止法のような人権実体法を法的根拠とし、②主として国の立法・行政・司法機関および政府から独立した国内人権機関（後述）を実施主体として、③a．人権教育・啓発、b．人権侵害・差別に関する苦情の相談受付、苦情申立の受理・調査・救済、c．人権政策の提言などの活動を展開することによって、主権国家内の人権保障をはかるしくみである。

これに対し、「国内人権機関」とは、①人権保障のため機能する既存の国家

機関とは別個の公的機関で、②憲法または法律を設置根拠とし、③人権保障に関する法定された独自の権限を持ち、④いかなる外部勢力からも干渉されない独立性を持つ機関をいう (*4)。国内人権機関は、立法・行政・司法機関と並ぶ、しかもこれら三権から独立した国内人権システムの実施主体である。

1|2|……日本の国内人権システム

1|2|1|……根拠法

日本の国内人権システムの根拠法は日本国憲法第3章ならびに各種の法令である。しかし、日本では包括的な人権法や差別禁止法は制定されていない。法律名に「人権」が入っているものも、人権擁護委員法（昭和24年法律第139号）、人権擁護施策推進法（平成8年法律第120号）などわずかしかない。現行の日本法では、労働基準法、雇用の分野における男女の均等な機会及び待遇の確保等に関する法律、教育基本法などがそれぞれの人権分野に関連する部分的な差別禁止規定を持っているにすぎない。男女共同参画社会基本法、障害者基本法、アイヌ文化の振興並びにアイヌの伝統等に関する知識の普及及び啓発に関する法律（平成9年法律第52号）などはそれぞれの人権分野に関する施策実施の理念は掲げるが、差別禁止は規定していない。2000年に成立したストーカー行為等の規制等に関する法律（平成12年法律第81号）、児童虐待の防止等に関する法律（平成12年法律第82号）も、人権保障の役割を実質的に担っている。

1|2|2|……人権相談・救済制度

国内人権システムのなかで、人権相談を受け、人権侵害・差別被害の救済をはかる活動はとくに重要である。日本では国・都道府県の行政や民間団体が人権相談・救済活動を実際に展開している。国の機関では、法務省の人権擁護局・法務局人権擁護部（人権擁護行政）、労働省の地方労働局雇用均等室（雇用機会均等行政）、総務庁の管区行政監察局（行政相談制度）など、また都道府県の機関では、児童相談所、福祉事務所、青少年相談センターなどがこうした活動の主体である。多種多様な民間団体も同様の活動を展開している。人権救済の申立

を受け、独自に調査し、関係者に警告・要望を行う日本弁護士連合会や各地弁護士会の人権擁護委員会、放送メディアによる人権侵害の苦情を受け、審理し、当事者に対し勧告・見解を提示・公表している「放送と人権等権利に関する委員会」(BRC) はその代表例である。

1|2|3……人権擁護行政・人権擁護委員制度の問題点

　日本の国内人権システムで、上記b. 人権侵害・差別に関する苦情の相談受付、苦情申立の受理・調査・救済の活動を全般的に担っているのは、法務省の人権擁護行政と人権擁護委員制度である。人権擁護行政は法務省人権擁護局、その出先機関である法務局・地方法務局・支局が所掌している。人権擁護局の職務は、①人権侵犯事件の調査および情報の収集、②民間における人権擁護運動の助長、③人権擁護委員に関する事項、④人身保護、貧困者の訴訟援助、⑤その他人権の擁護に関する事項、である。しかし、専任職員総数は237名で、しかも法務局の職員は戸籍、登記業務に従事する者との兼務が多く、同局の幹部職員は検察官で充当されている (*5)。国や行政による人権侵害もありうるので、人権擁護の仕事が行政から独立しておらず、行政自体のなかに位置づけられているのは、国民の立場にたった人権保障という視点からは問題である。

　国の人権擁護行政を補完するものとして人権擁護委員制度がある。人権擁護委員は市区町村単位でその首長が候補者を選定し、議会の同意を得て法務大臣が委嘱する民間のボランティアで、全国で約14,000人が活動している。しかし、その平均年齢は60歳を超えており、しかも名誉職的に委嘱されることが少なくない。また、人権擁護委員による人権侵犯事件の調査処理は、被害者の申告、関係者の任意協力、事実の調査・説示といった事後的な調停機能中心で、人権侵害が確認されても勧告・意見発表にとどまり、法的強制力を持たない (*6)。こうしたことから、人権擁護委員制度は人権侵害・差別の救済に十分に対処できていない。

　日本政府の自由権規約第4回報告書に関する同規約委員会の最終見解 (98年11月) も、日本の人権擁護委員制度は法務省の監督下にあり、勧告権限しか持たず、政府から独立した機関ではないとして、人権侵害の申立を調査する独立

機関の設置を日本政府に強く勧告した (*7)。

1|2|4……司法的救済の限界

人権侵害や差別の被害を受けた者は、差止請求や損害賠償請求などを裁判によって求めることができる。しかし、これは事後的な救済で、被害者本人が行為者を特定して裁判を提起し、しかも被害を受けたことを立証しなければならない。裁判を起こすには弁護士費用や訴訟費用が必要で、また判決までかなり時間がかかる。このように、司法による救済手段は煩雑で、費用と時間を要し、被害者が気軽に利用できるしくみになっていない (*8)。

2|日本における国内人権システムの再検討

2|1……人権擁護推進審議会における人権施策の審議

1996年12月に人権擁護施策推進法（平成8年法律第120号）(*9) が成立した。この法律は、「今日においても、同和問題など社会的身分や門地による不当な差別、人種、信条、性別による不当な差別その他の人権侵害がなお存在しており、また我が国社会の国際化、高齢化、情報化の進展などに伴い、人権に関する様々な課題もみられるようになってきている。」（提案理由説明）との認識から、「人権の擁護に関する施策の推進について、国の責務を明らかにするとともに、必要な体制を整備」（第1条）することを目的とする。国の責務として、人権教育・啓発施策、ならびに人権侵害の被害者救済に関する施策を推進することとし（第2条）、このため人権擁護推進審議会（以下、「審議会」）(*10) を法務省に設置した（第3条1項）。審議会は、「法務大臣、文部大臣、総務庁長官の諮問に応じ、人権尊重の理念に関する国民相互の理解を深めるための教育及び啓発に関する施策の総合的な推進に関する基本的事項を、法務大臣の諮問に応じ、人権が侵害された場合における被害者の救済に関する施策の充実に関する基本的事項を調査審議する。」（同2項）こととされた。なお、同法の採択時に衆議院と参議院の法務委員会で附帯決議が採択され、人権教育・啓発の基本事項について

は2年を目処に、人権侵害の被害者救済施策については5年を目処になされる同審議会の答申等については、最大限に尊重し、答申等にのっとり、法的措置を含め必要な措置を講ずることとされた。

1999年7月29日に人権教育・啓発施策に関する答申が審議会から出された(*11)。しかし、この答申はさまざまな立場から、種々批判された。なかでも、国民相互の人権意識が高まれば日本の人権状況は良くなるという「お上(かみ)」の立場からの人権論は、審議会の基本姿勢を示した。この答申では、公務員自体が人権侵害を犯す可能性は正面から検討されなかった。また、教育・啓発施策を根拠づける立法の必要性は示されなかった。同年9月からは人権侵害被害者の救済施策の審議が始まり、海外視察や人権NGOからのヒアリングが実施された。2000年5月からは同審議会内に置かれた「救済制度準備小委員会」が論点整理の作業を始め、同年7月28日に「今後論議すべき論点の整理(案)」が公表された。

2|2|……NGOによる人権政策の検討

こうした公的な動きに応じて、いくつかの民間団体も日本の国内人権システムのありかたを再検討している。1997年11月には、「国内外の差別の実態を踏まえ、さまざまな差別問題の現状と課題を明確にしながら、幅広い意見を集約して、日本の人権政策のあり方について、広く各方面に政策提言を提示」するため、各種人権NGOの連合体として「人権フォーラム21」(武者小路公秀代表)が設立された。人権フォーラム21には教育・啓発部会と規制・救済部会が置かれ、前者は1998年10月に『これからの人権教育―人権フォーラム21からの提言』(解放出版社、1999年)という提言を発表した。後者は1999年1月から毎月研究会を開催し、日本の国内人権システムに関する政策提言を取りまとめつつある。自由人権協会(JCLU)のアジア人権小委員会は2000年4月に、「人権委員会案」をまとめ公表した。日本弁護士連合会および大阪弁護士会も国内人権機関を創設する方向で研究中であり、2000年中には国内人権機関設置法要綱をまとめる予定と伝えられる。

2|3 …… NMP研究会の発足

人権フォーラム21は反差別国際運動日本委員会（IMADR – JC）と共同で、1998年4月に「国内人権システム国際比較プロジェクト」（National Machinery Project, 略称NMP〔研究会〕、山崎公士代表、川村暁雄研究主任）を2年間の調査・研究プロジェクトとして発足させた。NMP研究会はトヨタ財団と東京人権啓発企業連絡会などから財政支援を得て、各国の国内人権システムと国内人権機関の現地調査・研究を実施した。調査対象国は、スウェーデン、イギリス、ドイツ、フランス、インド、フィリピン、オーストラリア、ニュージーランド、カナダ、アメリカの10ヶ国である。

NMPによる現地調査・研究の特徴は、①若手研究者（大学4年生、司法修習生、大学院博士後期課程学生、大学助教授など約20名。平均年齢28歳で男女ほぼ同数）を起用し、②現地に長期（2年度にわたり合計5～8週間）滞在し、対象国の政府・国内人権機関・NGO関係者から聞き取り調査を行い、③各国の国内人権システム全般を調査し、国内人権機関の位置づけと機能を調査・研究し、④法的枠組みだけでなく、制度の運用実態を批判的に分析したことである。

各研究員は1998年の7月以降順次現地調査に赴いたが、その前に事前研究として、各国の国内人権システムの文献調査を行った。同時に、日本における人権侵害・差別の実態をNGO関係者から聞き、日本における各種救済制度についても検討した。こうした研究を経て同年7月はじめに詳細な統一的調査項目を確定した（巻末の各国の一覧表参照）。これによって、各国の調査・研究成果の国際比較が可能となった。

1999年7月には、NMPの調査・研究の中間報告として、『世界の国内人権機関—国内人権システム国際比較プロジェクト（NMP）調査報告』（解放出版社）を刊行した。本書はNMPによる現地調査・研究の最終報告書である。

3 各国の国内人権システムにおける国内人権機関の位置

3|1|……国内人権機関の分類と設置背景

　本書ではNMP調査対象10ヶ国の主要な国内人権機関に焦点を絞って検討を加えている。しかし、多くの国では複数の国内人権機関が併存しているのが実情である。本書で検討対象とした9ヶ国の主要な国内人権機関（ドイツにはパリ原則に合致するような国内人権機関は存在しない）は、国家制度（連邦国家か中央集権国家か）、国内人権機関の数（単一か併存か）、国内人権機関の職務の範囲（広範な職務権限か特定の職務権限か）などを基準として、次のように分類できる。

A　英米法系途上国の人権委員会型
　A-1　連邦国家の人権委員会型
　　＊インド連邦人権委員会〔1993年設置〕（連邦指定カースト・指定部族委員会、連邦マイノリティ委員会、連邦女性委員会のほか、各州にも人権委員会が併存）
　A-2　中央集権国家の人権委員会型
　　＊フィリピン人権委員会〔1987年設置〕（公務員の不正を監視するTanodbayan〔オンブズパーソン的国内人権機関〕が併存）

B　英米法系先進国の人権委員会型
　B-1　職務権限が広範な連邦国家の人権委員会型
　　＊カナダ（連邦）人権委員会〔1978年設置〕（カナダ労働関係委員会、カナダプライバシー委員会のほか、各州にも人権委員会が併存）
　　＊オーストラリアの（連邦）人権及び機会均等委員会〔1986年設置〕（連邦オンブズマン、労働関係委員会などのほか、各州にも人権委員会が併存）
　B-2　職務権限が特定された連邦国家の人権委員会型
　　＊アメリカの雇用機会均等委員会〔1965年設置〕（連邦の公民権委員会のほか、各州・自治体にも国内人権機関が併存）

B-3　職務権限が広範な中央集権国家の人権委員会型

＊ニュージーランドの人権委員会〔1977年設置〕(オンブズマン、子ども委員、プライバシー委員などの国内人権機関が併存)

B-4　職務権限が特定された中央集権国家の人権委員会型

＊イギリスの人種平等委員会〔1976年設置〕(機会均等委員会、障害者権利委員会などのほか、地域的機関として北アイルランド人権委員会が併存)

C　先進中央集権国家の多人数人権委員会型

＊フランスの国家人権諮問委員会〔1993年設置〕(フランス共和国行政斡旋官〔オンブズパーソン的国内人権機関〕が併存)

D　先進中央集権国家のオンブズパーソン型

＊スウェーデンの男女平等オンブズマン〔1980年設置〕(国会オンブズマン、民族差別禁止オンブズマン、子どもオンブズマン、ハンディキャップオンブズマンなどのオンブズパーソンが併存)

　フィリピン人権委員会とインド連邦人権委員会は、警察や軍による民衆に対する人権侵害に歯止めをかけるためNGOなどの求めによって設置された。先進国の人権委員会は、アメリカにおける公民権運動、イギリスでの反人種差別運動、オーストラリアにおける先住民族の権利主張など、マイノリティや被抑圧者の運動などを契機として設置が促された。いずれの場合でも、立法・行政・司法府を主体とする既存の国内人権システムだけでは民衆の人権は十分に守られないという経験から新たな国内人権機関が模索された。

3|2|……人権実体法の発展と国内人権機関の設置

　国内人権機関ができても、人権法や差別禁止法のような適用すべき人権実体法が整備されていなければ、力を発揮できない。どの国の国内人権システムをみても、人権実体法が徐々に発展する過程で国内人権機関が成立している。

　カナダでは1960年に連邦のカナダ権利章典が制定され、各州でも同様の人

権章典などが成立し、この過程で1962年から1977年にかけて各州に人権委員会が設置された。そして1977年には広範な差別禁止規定と連邦人権委員会の設置を盛り込んだカナダ人権法が成立した。さらに1982年には「権利と自由に関するカナダ憲章」を含む1982年憲法が成立した。その後もカナダ人権法は改正され、次第に差別禁止事由・行為の幅を広げつつある。ニュージーランドでは、1977年に人権委員会法が制定され、人権委員会と機会均等審判所が設置された。1990年には公権力行使者・機関の行為だけを対象とする権利章典が制定され、さらに1993年に差別禁止分野を明示し、私人の行為をも差別禁止対象とした人権法が制定された。

人権法体系の整備の過程で国内人権機関が設置された同様の経緯はその他の国でも見られ、日本の国内人権システムを充実させるうえで、大いに示唆に富むものである。

4 国内人権機関の主要な活動

国内人権機関の権限に関するNMPの調査項目は、①苦情申立の受理・調査・救済機能、②政策提言機能、③人権教育・広報機能、の3点に集約される。これらの3機能に関して各国の国内人権機関はさまざまな活動を展開しているが、その活動手法は概ね次のように要約できる。

4|1|……苦情申立の受理・調査・救済機能

4|1|1|……申立の受理、非公開のあっせん・調停

どの国の国内人権機関もその職務権限を定める国内人権機関設置法または人権実体法で苦情申立の受理要件を定めており、これに合致する申立だけが受理され、それ以外は却下される。申立は受理されると、はじめに、国内人権機関が無料で事実調査をする。その結果、侵害・差別行為があったと思われる場合には、人権侵害・差別を受けた者とこうした行為を行った者の間で非公開のあっせん・調停が試みられる。ここで和解が成立すれば問題は解決する。カナダ

人権委員会の場合は、調停によって当事者間に合意が成立した場合、委員会がそれを承認して調停が設立する。この調停結果には法的拘束力がある。

　非公開のあっせん・調停は、非対決的かつ原則として非強制的な手法で被申立者に対する説得がなされ、当事者間の合意を目指してねばり強い話し合いが展開される。オーストラリアの人権及び機会均等委員会のように、事実関係の確認段階でも、当事者に対し委員は出頭や書類提出を命令でき、これに従わない者には罰金の制裁を予定している場合もある。ただしこの罰金が実際に科されることはほとんどないという。このように、あっせん・調停段階では、国内人権機関は中立的な第三者として、当事者間の問題解決を側面から促すことに徹する。しかし、あっせん・調停が不調に終わった場合には、公開の審問手続や人権審判所での審理が開始されることが多い。あっせん・調停手続の後に公開審理が控えていることは、被申立者に非公開の段階での問題解決を促す効果を持つ。

4|1|2……公開の審問手続、人権審判所での審理と決定・命令

　カナダ人権委員会では、当事者間のあっせん・調停が不成立の場合には、その事案は人権審判所という準司法機関での裁判類似の公開手続に入る。人権審判では当事者に対する審問や証拠調べを通じて、差別行為の有無を審理する。その際、証人喚問や証拠提出を命令できる。人権審判の結果、差別行為が立証された場合には、人権審判所は差別行為者に対し、差別行為の停止、差別行為などを正すための計画・プログラムの策定、差別行為によって侵害された権利の回復などを命令できる。この審決には連邦裁判所と同等の法的拘束力があり、これに従わない者には法廷侮辱罪として制裁金を科すことができる。ニュージーランドの場合は、人権委員会での調停が不調に終わったときは、事案は申立処理にとくに責任を持つ委員である手続委員に付託される。手続委員は被申立人の意見も求めつつ、申立審査審判所に事案を付託するか否かを決定する。同審判所に事案が付託されると、場合によっては刑罰の制裁付きの証人喚問や証拠提出の命令が発動される。審判の結果、差別行為が立証された場合には、カナダと同様の法的拘束力のある命令がなされる。

法的拘束力を持つ審決に不服な当事者は、上記のいずれの場合にも、司法裁判所に上訴し、司法審査を求めることができる。なお、オーストラリアの場合には、人権委員会でのあっせん・調停手続と審問手続を経なければ、連邦裁判所で争うことができない（人権委員会手続前置主義）。この前置主義については、人権侵害・差別行為者が確信犯的な場合、人権委員会での手続が不要な迂回路になりかねないとの指摘がある。

4|1|3|……国内人権機関の裁判参加、裁判提起

申立者が提起する司法裁判に国内人権機関が参加し、あるいは国内人権機関自体が申立者のために司法裁判を提起する場合もみられる。

インド連邦人権委員会は人権侵害に関する訴訟に裁判所の承認を得て参加できるものとされている。実際に、警察の改革や軍（特別権限）法の見直し、警察が関連する失踪者・殺人事件に関する令状請求訴訟などに参加している。カナダ人権委員会も、人権委員会に直接関係のある事件が連邦裁判所で争われる場合には、訴訟参加を求め、申立者の側に立って行動することが可能とされている。オーストラリアの人権及び機会均等委員会は、裁判所の許可を得て、人権に関連する裁判に参加し、法廷で証言することができる。1999年の法改正により、人権委員会は「法廷の友」として司法裁判に関与できるようになった。

アメリカの雇用機会均等委員会は、申立に関する調停が不調に終わった場合で雇用差別が恒常的であるか、きわめて悪質と判断されるときは、自ら連邦裁判所に訴訟を提起することができる。イギリスの人種平等委員会も、差別的慣行、差別行為の指示もしくは教唆、または差別的な広告に該当する行為に関して差別行為の存否については雇用審判所に、その行為の差止請求については県裁判所に訴えを提起できる。またニュージーランド人権委員会は、人権法の解釈・適用上重要な意味を持つ事件などに関し、「戦略訴訟」として自ら積極的に上訴を行っている。

国内人権機関は人権法に関する専門知識と人権侵害・差別事案を解決してきた豊富な経験を持っている。裁判への参加または自ら裁判提起することで、国内人権機関のこうした知見は裁判の場で生かされ、また裁判官への教育という

効果も期待できる。

4|2|……政策提言機能

どの国内人権機関も政府や議会に対し人権政策を提言する活動を行っている。川村暁雄第Ⅰ期NMP研究主任によれば、国内人権機関による政策提言には、①人権侵害の実態を知る現場からの提言、②人権専門家としての提言、③市民社会の声の増幅器としての提言の3側面があるという (*12)。

第1の現場感覚にもとづく政策提言活動としては、たとえば、インド連邦人権委員会による警察機能の監視、拘禁施設における待遇改善、職員の再教育などの提言があげられる。同委員会は拷問等禁止条約の批准も政府に要請している。

第2の人権専門家としての政策提言活動としては、スウェーデンの男女機会均等オンブズマンなどの専門オンブズマンが政府設置の各種審議会に専門家として参加し、法制度の改正などに関して意見を述べる活動がある。ニュージーランド人権委員会は、人権のよりよい保障のための立法・行政その他の措置、人権諸条約への加盟などを政府や議会に提言している。またフランスの国家人権諮問委員会は、フランスの人権政策・法案や人権諸条約実施機関への政府報告書の作成などに関して広範な政策提言活動を実施している。なお、国内人権機関ではないが、ドイツの外国人コミッショナー、障害者コミッショナーなどは、政府や議会に報告書を提出し、政策提言や立法提言を行っている。

第3の市民社会の声の増幅器としての提言活動の代表例は、オーストラリアの人権及び機会均等委員会の職権による公開調査 (public inquiry) である。これは広範な調査と聞き取りにもとづき、報告書を作成し、これを議会に提出して法改正を含む提言を行う調査手法である。これまで、ホームレスの子ども、人種主義的暴力、アボリジニの子どもを親から引き離す措置などについて大規模な調査が実施され、その報告書において人権政策提言がなされてきた。

4|3|……人権教育・広報機能

人権教育・広報活動もほとんどの国内人権機関で実施されている。フィリピン人権委員会は、政府、NGO、研究者と協働しつつ、セミナーの開催や人権

教材開発に取り組んでいる。また軍隊・警察・法執行官への人権教育にもきわめて熱心である。さらに村落単位のバランガイ人権行動センターによる草の根レベルでの人権教育・広報活動も広範に実施している。これに対しフランスの国家人権諮問委員会は「人権教育のための国連10年国内連絡委員会」の事務局を担当し、人権教育を実施するさまざまな主体の活動を調整している。インド連邦人権委員会も直接人権教育を実施するのではなく、内務省、州政府、大学などの人権教育実施主体と連携し、警察、軍隊、刑務所職員、一般市民に対する人権教育のありかたを調整している。なお、ドイツの外国人コミッショナーは、外国人に対する差別や偏見をなくすため、雇用者、学校、地域社会に必要な情報を提供する活動を行っている。オーストラリアの人権及び機会均等委員会、カナダ人権委員会、スウェーデンの国会オンブズマンや民族差別禁止オンブズマンなどの専門オンブズマンは、人権教育・広報活動においてメディアを体系的に活用している。またオーストラリアとカナダの委員会などはインターネットのホームページを充実させ、インターネットを通じた人権教育・広報活動も展開している。

　人権教育・広報活動には多様な機関が関与しており、国内人権機関だけでこれを完全に実施できるものではない。そこで、多くの国の国内人権機関は、対象を特定した人権教育活動を展開するか、あるいは多様な実施主体による人権教育・広報活動の連絡調整や活動手法の開発支援に限った活動を行っている。いずれの場合も、メディアをうまく活用している点が注目される。

5 NMP研究会の成果
——日本の制度設計上学べること

　これまでNMP研究会による国内人権システム国際比較調査・研究成果の概要を紹介した。この調査・研究成果は今後の日本の国内人権システムのあり方を考えるうえで、次のような多くの示唆を与えてくれる。

(1)　あらゆる人権侵害・差別は共生社会の生活ルールからの逸脱、社会悪であ

り、法律によって規律されなければならない。国家権力の私人に対する侵害・差別も私人間の侵害・差別も、社会ルールからの逸脱行為である。こうした逸脱行為を許さないためには、あらゆる生活領域をカバーする国内人権システムを確立しなければならない。

(2)　人権侵害・差別行為を規律し、その悪影響を受けた者を実効的に救済するため、諸国は紆余曲折を経ながらも勇気をもって、国内人権システムを確立してきた。

(3)　諸国は国内人権システムを整備する際に、①社会的弱者を実質的に保護し、社会正義を実現すること、②人権侵害・差別を受けた者が安価で、簡単かつ迅速に救済を受けられること、③救済システムは、国家機関、国内人権機関、NGOなどの協働関係のなかで、当事者本人やこれを支援する者の視点を尊重する当事者参加型で運用すること、に留意してきた。

(4)　国内人権システムをうまく機能させるため、諸国は政府から独立した国内人権機関を設置し、これに①人権侵害・差別からの救済、②政府・議会に対する人権政策の提言機能、③人権教育・広報活動の連絡調整機能を与えた。

(5)　諸国では人権法や差別禁止法の整備の過程で国内人権機関が設置されてきた。多くの国では、国内人権機関は国内人権システム全体の制度設計や見直し作業のなかで設置され、設置後も絶えず国内人権システムのあり方は再検討され続けている。

(6)　国内人権機関は国内人権システムの実施主体の一部であり、国内人権機関のみが国内人権システムを運営するわけではない。したがって、救済、政策提言、人権教育のいずれの機能をとっても、国内人権機関が単独で実施できる機能は限られている。国内人権機関の活動は立法・行政・司法機関、NGO、市民社会との協働によってはじめて実効性が上がるものである。

(7) 人権委員会やオンブズパーソンの救済手法は、軽微な人権侵害・差別事案で当事者が前向きに問題を解決しようとする姿勢がある場合には、非公開のあっせん・調停による当事者間の和解などによる問題の解決を目指す。非公開のあっせん・調停が不調に終わると公開の審判などの手続に入ることが制度的に予定されていることで、非公開のあっせん・調停段階での問題解決が促される。国内人権機関は裁判所ではないので、強制力のある勧告や決定は下せない（ただし、裁判所に令状を請求して、勧告の実施を迫る場合もある）。国内人権機関による救済の特徴は、人権侵害・差別事案を多数扱ってきた専門的経験を発揮し、強制力をあまり用いず、事実調査にもとづく当事者の説得を通じて、申立者を実効的に救済することにある。

(8) 国内人権機関によっては、事案が深刻・重大であったり、申立された者が人権侵害・差別行為について居直り的な態度をとる場合には、人権問題の専門機関として申立者のために訴訟に参加し、あるいは自ら訴訟を提起するものがある。当事者主義をとる裁判では、人権侵害・差別の申立者は自らの権利を的確に主張できないことが多い。そこで国内人権機関が申立者の側に立って訴訟に関与することで、実質的な社会正義が確保される。また、専門的知識と人権問題解決の経験が公判で共有され、広い観点からの紛争解決が可能となる。

(9) 諸国の国内人権機関のなかには、刑務所などの拘禁施設への立ち入り調査権限を持つものがある。密室での構造的な権力犯罪をなくすため、この権限は有効である。

(10) 諸国の国内人権機関の中には、申立がなくても職権で人権状況の調査を行う権限を付与されているものがある。子ども、女性、障害を持つ者、エスニック・宗教・言語的マイノリティなどの社会的弱者の人権を保障するため、職権調査権限は有効である。

⑾　人権審判所を持つ国では、人権審判の結果差別行為が立証された場合には、行為者（特定企業・団体を含む）に対し、差別行為・不正行為を正すための計画・プログラムの策定を義務づけることがある。こうした手法は、差別行為者に対し教育的効果があり、同時に差別行為の再発防止策として有効である。

⑿　国内人権機関が実効的に機能するためには、国内人権機関の政府などからの実質的な独立を確保する必要がある。このため、とくに、委員の任命過程を公開・透明なものとし、委員構成の多元性を確保し、安定した財源を確保することが肝要である。諸国の国内人権機関は必ずしもこれらの点を確保できておらず、絶えずその独立性が脅かされている。

⒀　国内人権機関が市民から信頼され、気軽に利用されるためには、国内人権機関への物理的・心理的アクセスを容易なものとする必要がある。諸国の国内人権機関はこのためよく努力している。

⒁　国内人権機関がその職務権限を十分に発揮し、国内の人権状況改善のため活動する前提として、人権問題に関する強い熱意と高い資質を持った国内人権機関職員の存在が不可欠である。

⒂　諸国の国内人権機関は発足後も多くの問題点を抱えており、決して設置されればそれで良いという状況ではない。たとえば、人権委員会の委員の任命方法の不透明さ、委員の独立性に問題があるとされる場合がある。政権交代で人権委員会の財政基盤が弱体化した国もある。申立件数が殺到し、事案の処理に時間がかかっている人権委員会もある。国内人権機関スタッフの資質が不十分な場合もある。こうした問題点から、どこの国の人権NGOも自国の国内人権機関のあり方には概して批判的である。しかし、こうした問題点は国内人権機関の活動の中で実践的に是正されるもので、国内人権機関自体の存在意義を否定するものではない。

結びにかえて

　日本国憲法第3章は、世界的にみても優れた人権規定である。憲法上の人権規定は、これまでたしかに各種の法律以下の法令によって具体化され、適用されてきた。しかし、人権侵害の被害者救済については、裁判所による司法的救済の途はあったにせよ、包括的で実効性のある救済制度はいまだ確立していない。

　今後はNMPの成果が示唆する上記の諸点を踏まえて、日本の国内人権システムを再構築すべきである。とくに、差別禁止事由と分野を特定した差別禁止法を個別に順次制定し、後日総合的・包括的な人権法や差別禁止法の成立を期す必要がある。この作業と並行して、パリ原則に準拠した国内人権機関、具体的には人権委員会を設置することが当面の課題である。

　人権委員会の機能としては、①人権侵害・差別からの救済、②政府・議会に対する人権政策の提言、③人権教育・広報活動の連絡調整が想定されよう。人権侵害・差別事象は根強い歴史的・社会的背景から生じる場合が多い。侵害・差別の影響を受けた者は裁判によって救済される可能性はある。しかし、裁判による救済はあくまでも個別的解決で、侵害・差別の構造にメスを入れることはできない。これに対し人権委員会による救済は、侵害・差別の影響を受けた者と影響を与えた者がまず非公開の場で話し合い、影響を与えた者がその行為の反社会性に気づき、謝罪や賠償に応じることを促す裁判外の紛争処理（ADR）手続の形で進められる。人権委員会の場でのADRによって、侵害・差別事案の迅速・柔軟で専門的な解決が可能となり、従来は泣き寝入りを強いられてきた者が申立しやすい環境が整う。ADRは同時に、侵害・差別行為者を説得し当事者間のあっせん・調停を図る過程であり、行為者に対する人権教育の側面も持つ。ADRの手法による侵害・差別事案の救済事例は年次報告などの形で人権委員会から公表されよう。救済事例の蓄積によって、人権侵害・差別の歴史的・社会的構造が解明され、その成果は人権教育や人権政策提言に結びつくであろう。

人権委員会の設置とともに、国の行政レベルでは、省庁縦割り的な人権行政を排し、内閣府に人権行政に関する総合調整機能を持つ権限の強い官庁を新設するなどの機構改革も当面の重要課題である。

注

*1……山崎公士「国際人権」上田正昭編『国際化のなかの人権問題』(明石書店、1998年) 参照。

*2……人はすべて平等に扱われなければならず、その属性を理由に差別されてはならないという原則。日本法では、たとえば、「すべて国民は法の下に平等であつて、人種、信条、性別、社会的身分又は門地により、政治的、経済的又は社会的関係において、差別されない。」(日本国憲法第14条1項)、「人種、皮膚の色、性、言語、宗教、政治的意見その他の意見、国民の若しくは社会的出身、財産、出生又は他の社会的地位等によるいかなる差別もなしに」(自由権規約第2条1項) などと表現される。

*3……たとえば、カナダ人権法 (1977年)、オーストラリアの人種差別法 (1975年)、性差別法 (1984年)、障害差別法 (1992年) など。詳しくは、本書の各章を参照。

*4……「国内人権機関」の定義は、国連でも確立していない。本書では、パリ原則に準拠し、原則としてこの4要素を備えた機関を「国内人権機関」ということにする。ただし、国連人権センター、マイノリティ研究会訳 (山崎公士監修)『国内人権機関――人権の伸長と保護のための国内機関づくりの手引き書』(解放出版社、1997年) では、②と③の要素をもつ機関を「国内人権機関」と呼んでいる (第39項)。

*5……高野眞澄「人権擁護委員制度のしくみと現況」法学セミナー523号 (1998年7月)。

*6……全国人権擁護委員連合会人権擁護委員制度調査検討委員会 (鹿島恒雄会長)『人権救済制度と人権擁護委員の役割』(平成12年7月4日) も、「我が国における現行の人権侵犯事件調査処理規程 (昭和59年8月31日法務省権調訓第383号) 第12条において、告発・勧告・通告・説示・援助・排除措置等の方法を定めているが、根拠規定が訓令であるので、行政処分ではなく、第三者に対する強制力を有していない。」と指摘している。

*7……第3部、資料5-2を参照。

*8……『人権救済制度と人権擁護委員の役割』、前掲注6も、「司法による救済も不十分である。それは、我が国の司法がその役割を諸外国以上に限定してきたことにもよるが、より重大なことは司法による人権救済を充実したとしても、簡易性、迅速性、明瞭性等の面で、

問題を完全に解消することは、個別人権救済についても、困難だからである。」と指摘している。なお、現時点では日本と同様に国内人権機関のないドイツでは、裁判所へのアクセスが容易であり、また充実した法律扶助制度によって、権利救済の場としての裁判所は日本にくらべ実質的に機能している（本書の河村浩城論文参照）。

*9……人権擁護施策推進法については、高野眞澄「人権擁護施策推進法の意義について」人権フォーラム21編『当事者からみた日本の人権白書』（解放出版社、1998年）所収参照。

*10……人権擁護推進審議会については、江橋崇「人権擁護推進審議会の今後に期待するもの」『当事者からみた日本の人権白書』、前掲注9所収参照。

*11……答申に関しては、「特集・人権擁護の推進・啓発に向けて」ジュリスト1167号（1999年11月15日）を参照。

*12……川村暁雄「国内人権保障システムの機能と実効性──各国の特徴」人権フォーラム21編『世界の国内人権機関──国内人権システム国際比較プロジェクト（NMP）調査報告』（解放出版社、1999年）21～24頁。

国際人権法を実施する新たなアクターの台頭

国際人権法の国内的実施と国内人権機関

藤本俊明

ふじもと・としあき／神奈川大学・東京学芸大学講師

はじめに

　国連を中心とした国際的人権保障が、「基準設定」から「実施」の時代へとシフトしたといわれるようになり久しくなる。既存の政府報告制度や個人通報制度などの発展に加えて、社会権規約や女性差別撤廃条約のように新たに個人通報制度を設ける試みもみられ、国際的な実施措置も強化されつつある。一方で、個人通報制度におけるいわゆる「国内的救済完了原則」にもみられるように、本来的には、国内において人権保障のための必要な措置がとられなければならないことはいうまでもない。

　1992年に国連人権委員会、翌年には国連総会において採択された「国家機関（国内人権機関）の地位に関する原則（パリ原則）(*1)」は、国際人権法の国内的実施をその任務のひとつとする独立した国内人権機関の指針を提示している。

「国内人権機関」とは、①人権保障のために機能する既存の国家機関とは別個の公的機関で、②憲法または法律を設置根拠とし、③人権保障に関する法定された独自の権限をもち、④いかなる外部勢力からも干渉されない独立性を持つ機関の総称と定義され (*2)、準司法的機能を持ちつつも、裁判所などの司法機関とは異なる機関とされる。また、その組織形態から、複数の個人で構成される人権委員会型と個人が単独で活動するオンブズパーソン型に大別される。

各国の人権委員会やオンブズパーソンなどの国内人権機関は、国内の人権保障において、重要な役割を担っており (*3)、こうした機関による国際人権法の国内的実施は、国際人権法自体の実効性の確保という点からも、今後さらに重要性を増していくことが予想される。そこで本稿では、国内人権機関に関する国際的な動向を概観しながら、国際人権法の国内的実施における国内人権機関の意義について考察したい (*4)。

1 国連と国内人権機関

1|1 ……パリ原則に至るまでの取り組み

国連はその創設当初から、国際的人権保障における基準設定や実施措置の充実、強化とあわせて、加盟国における国内的人権保障を担う国内人権機関の役割に対しても注目してきたが (*5)、それがより具体的な取り組みとして現れてきたのは、1970年代後半のことである。1978年にジュネーヴにおいて、「人権の促進と保護のための国内的および地方的機構に関するセミナー」が開催され、後のパリ原則の原型ともいえる「国内人権機関の組織および機能に関するガイドライン (*6)」が採択されている。このガイドラインにおいては、国内人権機関の機能として、①人権に関する情報の提供および受理、②人権教育および啓発活動、③勧告および政策提言、④政府の諮問に対する答申、⑤立法・司法判断の監視、そして⑥人権条約の義務の履行などがあげられている。

その後も、いくつかのセミナーの開催とともに、国内人権機関に関する研究も推進され、1991年に、国連の国内人権機関についての取り組みの到達点と

もいえる「国内人権機関に関する国際ワークショップ」がパリで開催される。ここでの勧告が、翌年以降のパリ原則の採択へとつながり、国内人権機関の設置と強化が国際的人権保障における大きな潮流のひとつとなっていくのである (*7)。

1|2……パリ原則における国内人権機関

パリ原則では、⑴国内人権機関の権限と責任、⑵構成と独立性・多元性の保障、⑶活動方法、⑷準司法的権限、の4項目から以下のように国内人権機関のあるべき姿を提示している。

⑴権限と責任

国内人権機関は人権の促進（伸長）と保護の権限を付与され、できる限り広範な職務を与えられるものとし、その構成と権限は憲法または法律で定めるものとする。国内人権機関の権限としては、①政府、議会などに対する人権法制や人権状況などに関する提言および勧告、②国際人権文書の実効的な履行の促進および確保、③人権条約の批准およびその履行の確保、④人権条約上の政府報告書への協力および意見表明、⑤国際的な人権関係機関との協力、⑥人権教育・研究プログラムの作成支援およびプログラムへの参画、⑦人権および差別撤廃に関する宣伝などを例示している。

⑵構成と独立性・多元性の保障

次に、これらの権限を実施する際の国内人権機関の構成員に関する多元性の確保が指摘され、人権NGOや労働組合、弁護士、医師、ジャーナリストなどを例としてあげている。あわせて、活動の財源などにおける独立性の確保などへの留意を示している。

⑶活動方法

また、国内人権機関の活動として、①苦情申立の検討、②意見の聴取および情報・文書の取得、③意見および勧告の公表、④定期的な会合の開催、⑤作業グループおよび地方支部の設置、⑥人権の促進および保護に責任を持つ司法機関などとの協議の維持、⑦人権に関連するNGOとの連携などをあげている。

(4)準司法的権限

最後に、国内人権機関に対して、①調停を通じての友好的解決、②救済手段に関する申立人への情報提供、③法律の制限内での申立の聴聞および他機関への移送、④法律、規則、行政慣行の改正・改革の提案などの勧告などの準司法的権限を持たせることについても、その原則を示している。

以上のようなパリ原則が提示する独立した国内人権機関は、とくに「権限と責任」に明確に示されているように、国際人権法の国内的実施を担う機関としても重要な役割を果たすことが予定されているのである。

1|3 ……ウィーン宣言における国内人権機関

パリ原則に続き、1993年6月の世界人権会議で採択された「ウィーン宣言および行動計画」においても、「人権の伸長および保護のために国家機関（国内人権機関）が果たしている重要で建設的な役割、とりわけ、管轄機関への助言機能、人権侵害を救済する役割、人権情報の普及、人権における教育といった役割をあらためて確認し、……パリ原則に関連し、かつ各国家が国内レベルで個別の必要に最も適した枠組みを選択する権利を有していることを認識したうえで、国家機関の確立および強化を奨励」（第Ⅰ部36項）し、あらためて国内人権機関の意義が確認されている。

1|4 ……21世紀の国内人権機関へ向けて

1995年には、国連人権センター（現人権高等弁務官事務所）により、『国内人権機関—国内人権機関の設置と強化に関する手引き書(*8)』が刊行され、より詳細な国内人権機関のあるべき姿が提示されている。とくに、パリ原則を踏まえて、国内人権機関の実効性を高めるための要素として、①独立性、②明確な管轄権と適切な権能、③アクセスの容易さ、④NGO、国内機関、政府間機構との協力、⑤活動の効率性、ならびに⑥説明責任（アカウンタビリティ）が必要とされている。また、パリ原則と同様に、国際人権基準の履行に際しての助言と支

援などを任務のひとつとしてあげ、国際人権法の国内的実施を担う機関としての性格もより明確にされている。

　2000年4月には、モロッコのラバトにおいて第5回国内人権機関国際ワークショップが開催され、21世紀へ向けての国内人権機関の意義が再確認されるなか、ラバト宣言 (*9) が採択されている。

2 国際人権法における国内人権機関

2|1……人権条約上の実施義務と国内人権機関

　国際人権法における中心的文書のひとつである社会権規約第2条1項は、「立法措置その他のすべての適当な方法」により、規約上の権利の実現を締約国に義務として課し、自由権規約第2条2項も同様に、「立法措置その他の措置」の必要を規定している。その他の主要な人権条約においても同様に締約国の義務が規定されている。こうした規定から、国際人権法の国内的実施にあたっては、立法措置や権利の実現手段としての司法的救済が一般的に重視される傾向が強い。立法措置などの重要性が否定されるわけではないが、必ずしも「すべての適当な方法」がそうした措置に限定されるわけではない (*10)。後述の人権条約実施機関の見解にもあるように、国内的実施に必要な措置には、実効的な人権保障のための独立した国内人権機関の設置も含まれているのである。歴史的には、国内における人権保障システムの大部分を裁判所などが担ってきたことは確かであるが、国内外の人権状況などからも明らかなように、裁判所などの司法的機関による人権保障機能にも一定の限界があることは否定できないだろう。

　こうした点から、人権条約実施機関においても、国際人権法の国内的実施における独立した国内人権機関の果たす役割が重視されつつある。次に、各機関が採択した一般的意見や政府報告書に関する総括所見のなかで、国内人権機関について言及しているものをみていくことにする。

2|2|……人権条約実施機関における国内人権機関

2|2|1|……社会権規約

　社会権規約委員会は、1998年に採択した一般的意見10「経済的、社会的および文化的権利の保障における国内人権機関の役割 (*11)」において、「すべての国内人権機関に与えられる権限のなかに、経済的、社会的および文化的権利に対する適切な注意が含まれることを確保」するように求めるとともに、機関の活動として、①経済的、社会的および文化的権利に関する教育プログラムなどの促進、②規約と国内法の合致に関する精査、③専門的助言、④規約上の義務に関する国内的な指標の設定、⑤研究および調査、⑥規約上の権利の実現状況に関する監視および報告書の公表、⑦社会権の侵害に関する申立の審査の7点を例示している。

　社会権に関する司法的救済の一定の限界についてはこれまでも指摘されてきたが、そうした司法機能を補完する必要からも、国内人権機関が社会権に関する問題を取り扱うことは、きわめて重要な意味を持つといえるだろう (*12)。

2|2|2|……自由権規約

　自由権規約委員会は、一般的意見という形式ではないが、1998年の日本政府第4回政府報告書審査の総括所見 (*13) において、「人権侵害を調査し、申立人のための是正措置を取ることに役立つような制度的機構（国内人権機関）が存在しないことに関して懸念」を表明するとともに、「人権侵害に関する苦情申し立てを調査する独立的な機構」の設置を強く勧告している。さらに、「実際に個人の権利を尊重することを確保する効果的な」国内人権機関の必要性を指摘し、とくに警察や入国管理局職員による虐待に関する苦情申立を扱う独立した機関の迅速な設置を勧告している。

　なお、同所見では、日本の人権擁護委員制度が上記のような独立した国内人権機関にあたらないことも明言されている。

2|2|3 ……女性差別撤廃条約

女性差別撤廃委員会は、1988年に採択した一般的勧告6「効果的な国内本部機構と広報 (*14)」において、「効果的な国内本部機構、制度、および手続を、政府の高いレベルにおいて、また充分な財源、任務、および権限をもつものとして設置し、ないしは強化」することを勧告し、機関の活動として、①政府の政策が女性に与える影響についての助言、②女性のおかれている状況の監視、③政策立案および差別撤廃などの効果的実施に対する支援の3点をあげている。

2|2|4 ……人種差別撤廃条約

人種差別撤廃委員会は、1993年に採択した「条約の実施を促進するための国内機関の設置」に関する一般的勧告17 (*15) において、「条約の実施を促進するための国内機関の設置をさらに奨励する必要があること」を指摘し、機関の活動として、①差別撤廃の促進、②国内関連政策の再検討、③国内法と条約との合致の監視、④一般大衆への啓発、⑤政府報告書作成への協力をあげている。

2|2|5 ……子どもの権利条約

子どもの権利委員会も、自由権規約委員会と同様に、1998年の日本政府第1回政府報告書に関する総括所見 (*16) において、「子どもたちの権利の実施を監視する権限を持った独立機関が存在しないことに懸念」を表明し、「子どもの権利のためのオンブズパーソンまたはコミッショナー」の創設を提案している。

あわせて、現在の「子どもの人権専門委員」制度については、独立性や実効性などからの問題点を指摘している。

3 各国の国内人権機関と国際人権法

パリ原則やウィーン宣言、あるいは人権条約実施機関による勧告など、さまざまな国際的な要請を背景にして、各国において国内人権機関が設置され、とくにパリ原則の採択以降、設置の検討を含め、その数は増加する傾向にある

(*17)。ここでは、本書でとりあげている国内人権機関の設置や実際の活動に関して、国際人権法との関連から特徴的な点を述べてみたい (*18)。

3|1|……人権条約の批准などにともなう国内人権機関の設置

各国における国内人権機関の設置は、関連する人権条約の批准や加入が直接的または間接的な契機となることが多い (*19)。オーストラリアの人権及び機会均等委員会 (Human Rights and Equal Opportunity Commission) (*20) やニュージーランドの人権委員会 (Human Rights Commission) (*21) も、人種差別撤廃条約や国際人権規約、女性差別撤廃条約の批准に対応する形で設置された委員会が、現在の委員会の前身となっている。また、スウェーデンの民族差別禁止オンブズマン (Ombudsmannen mot etnisk diskriminering) (*22) は、自由権規約の批准と国連の人種差別撤廃委員会からの勧告などを背景として設置され、子どもオンブズマン (Barnombudsmannen) (*23) は子どもの権利条約の批准を契機としている。

全体として、国内人権機関の設置は、条約の国内への受容に関して、いわゆる「変型」体制の国に多くみられる。日本のような「一般的受容」により、批准した条約が何の手続をとらずとも国内法としての効力が認められている国よりも、条約の国内的実施のために新たな国内法の制定が必要となる「変型」体制の国のほうが、国内人権機関の設置が促進される効果があるように思われる。

3|2|……国際人権法と国内法などとの整合性に関する監視および調査

パリ原則などでも示されているように、国内人権機関の多くが、国際人権法と国内法との整合性に関する監視や調査をその任務のひとつとしている。たとえば、フィリピンの人権委員会 (Commission on Human Rights) は、政府による人権条約上の義務の履行を監視する権限が憲法規定により与えられており、インド連邦人権委員会 (National Human Rights Commission) (*24) も同様の権限にもとづいて、人権条約の国内的実施の監視にあたっている。また、ニュージーランドでは、すべての現行法や政府の政策または行政慣行等の国際人権法

との合致を調査するプロジェクト（"Consistency 2000"）も実施されている。

3|3……国際人権法にもとづく政策提言や勧告

　監視や調査とも関連するが、国際人権法にもとづく政策提言や勧告を関連する政府機関に対して行うことにより、国内的実施を促進させる例も多くみられる。インドでは、連邦人権委員会による勧告により、人権侵害を生じさせるおそれのある国内法の廃止や拷問等禁止条約への加入が実現するとともに、難民条約および議定書への加入も政府に対して求めている。また、スウェーデンの子どもオンブズマンのように、「子どもの権利条約実施計画」を策定し、より具体的な政策提言を行う機関もある。

　一方、カナダ人権委員会（Canadian Human Rights Commission）(*25)のように、現在は認められていない国際人権法の観点からの国内人権状況に関する勧告権限を、委員会自らが求めている例もある。

3|4……人権条約に関する政府報告書作成への関与

　人権条約実施機関に対する定期的な政府報告書の作成への関与も、各国の国内人権機関の中心的な活動のひとつである。たとえば、フランスの国家人権諮問委員会（Commission Nationale Consultative des Droits de l'Homme）は、国内におけるさまざまな政策提言活動を基礎に、政府報告書の作成を担当し、人権条約実施機関に対する窓口となる役割を果たしている。また、ニュージーランドのように、政府報告書に対するNGOのカウンターレポートの作成に人権委員会が協力するような例もみられる。

3|5……救済手続などにおける国際人権法の適用

　人権侵害に関する申立の処理のような準司法的機能を持つ機関などでは、国際人権法が直接的に適用されるケースもみられる。たとえば、オーストラリアの人権及び機会均等委員会では、委員会への申立に際して援用できる国際人権文書として、自由権規約、子どもの権利条約、宗教的不寛容撤廃宣言、知的障害者権利宣言、そして障害者権利宣言を列挙している(*26)。また、準司法的

機能ではないが、スウェーデンのハンディキャップオンブズマン（Handikap-pombudsmannen）(*27) のように、国連の障害者機会均等化基準規則を活動の基礎となる実体規定として、直接採用している。

　各国の国内人権機関による救済手続では、一般的に、関連する国内法の適用により申立の処理がなされているが、適用される国内法自体が人権条約の批准などにより新たに制定された人権関連法であることが多いため、人権条約の間接的な適用に近い効果が生じているともいえるだろう。

4 国際人権法の国内的実施における意義

　以上の国際的な動向を踏まえながら、最後に国際人権法の国内的実施における国内人権機関の意義について、日本国内の場合を念頭におきつつ述べてみたい (*28)。

4|1|……国際人権法の実効的な履行の促進および確保

　日本では、一部を除き、これまで裁判所において国際人権法が積極的に適用されたケースはまれである。国際人権法の国内的実施において、裁判所の果たす役割は依然として小さくはないが、一方で国内人権機関における柔軟な解釈、適用の確保は、国内における実効的な人権保障のためにも、きわめて大きな意味を持つだろう。前述のように、準司法的機能を持つ機関においては、申立の処理手続などにおいて国際人権法を適用することが少なくない。たとえば、オーストラリアでは、1998年から99年にかけて、人権および機会均等委員会法にもとづいて受理した申立のうち、自由権規約にもとづく申立は全体の28%を占め、同規約にもとづく申立は増加する傾向にある (*29)。

　さらに、人権条約上の規定内容の精緻化などを目的に採択されてきた条約実施機関の一般的意見や勧告、個人通報制度の先例、政府報告書に対する総括所見などの援用の可能性も開かれるだろう。

　国内人権機関の設置により、より重層的な人権保障システムの構築も可能となる。たとえば、国内人権機関を設置しているヨーロッパの多くの国々では、

人権を侵害されたとする者は、国内人権機関、国内の裁判所などの司法的機関、ヨーロッパ人権裁判所、EU裁判所、国連の各個人通報制度などの手続が利用可能となり、複数の救済手段が常に確保されるのである（*30）。

また、具体的な救済手続における適用に加えて、国内法との合致や行政上の施策などを監視、調査し、必要に応じて適切な提言、勧告を行うことにより、人権条約上の義務の履行確保を促進する機能も果たしうる。前述のとおり、各国の国内人権機関の多くがこのような機能を有しており、国際人権法における多面的な義務の重要な担い手となっているのである。そして、国際人権法は、実効的な人権保障のために、国内人権機関のさまざまな機能をより強化する素材を提供しうるのである。

4|2|……社会権に関する人権侵害の実効的な救済

国際人権法のなかでも、とりわけ経済的、社会的および文化的権利については、これまで必ずしも十分な国内的実施が進められてきたとはいえ、司法的機関による救済の限界を示す顕著な例のひとつともなってきた。近年の社会権規約委員会による精力的な活動や、NGO、研究者などによる社会権の復権ともいえる成果（*31）を国内に取り入れていくことにより、社会権に関しても実効的な保障が可能となるだろう。各国の国内人権機関の多くは、差別による人権侵害の救済を目的としているため、実質的に社会権の侵害を救済する機関ともなっているのである。

フィリピンでは、最高裁の判例により、社会権は人権委員会の調査の対象外とされてきたが、人権委員会内外からの批判により、自由権とともに調査の対象となるように調査権限が拡大されている。また、ニュージーランドの人権委員会は、社会権規約上の権利に関して、実施機関である社会権規約委員会の見解に沿った解釈を行うなど、社会権の実現に対しても積極的な姿勢を示している。

グローバリゼーションによる影響やデジタル・ディバイド（情報格差）により生じる経済格差などの諸問題、急速な社会の高齢化などにより、今後の深刻化が予想される社会権の実現をめぐる状況において、国内人権機関の果たす役割

は決して小さくはないだろう (*32)。

4|3| ……私人間における人権侵害の実効的な救済

　社会権に関する人権侵害とも関連して、私人間における人権侵害も、司法的機関による救済の限界が指摘される分野である。人種差別撤廃条約のように、私人間の問題を規定した人権条約も存在するが、救済手段が司法的機関に限定されるような場合には、必ずしも実効的な救済に結びつかないことが多い。

　これまでもさまざまな形態の差別を中心とした人権侵害が私人間において生じており (*33)、今後は企業活動に関連した人権侵害の増加も懸念される。ドメスティック・バイオレンス（DV）や児童虐待なども、私人間における深刻な人権侵害の例といえるだろう。各国の国内人権機関の多くが、社会権に関する人権侵害の場合と同様に、私人間における人権侵害もその活動の対象としていることは、国際人権法のより実効的な国内的実施を進めていくうえにおいても、注目すべき点である。

4|4| ……地域的人権保障システム不在の補完

　上記の1から3とは異なり、直接的には国内的実施の問題ではないが、国際人権法における国内人権機関の意義として、地域的人権保障システムの不在を補完する効果を指摘したい。

　アジア・太平洋地域においては、ヨーロッパやアメリカ、アフリカ地域のような地域的人権保障システムの確立の可能性は模索されているが、さまざまな背景、困難から実現に至っていない (*34)。しかしながら、各国の国内人権機関の連携、協力という、他の地域とは異なる形で、地域的人権保障システムの基盤を形成しつつある。

　同地域では、1996年にオーストラリアのダーウィンにて第1回アジア・太平洋国内人権機関ワークショップが開催され、あわせてアジア・太平洋国内人権機関フォーラム (*35) が設立されている。新たな国内人権機関の設置に対する支援を含め、地域内における機関相互の協力関係を深めながら、各国における人権保障の充実、強化をめざすことは、結果として、同地域全体の人権保障の

促進にもつながり、地域的人権保障システムの不在を補完する役割を果たしているともいえるのである。

NGOなどとも積極的に連携、協力しながら展開されるアジア・太平洋地域におけるこのような動向が、最終的に地域的人権保障システムの確立につながるならば、他の地域とは異なる、ある意味において「下から積み上げられて確立した」新たな地域的人権保障システムのモデルにもなりうるだろう。

4|5|……市民社会との「協働」の促進

国内人権機関の活動のさまざまなプロセスへの地域住民やNGOなどの市民社会の参加や関与を通じた、いわゆる「協働 (collaboration)」の実現は、国内人権機関の意義であると同時に課題でもある。合意されたルールにより運営され、開かれた社会づくりが必要とされる今日において、独立した国内人権機関の創設は、国際人権法の国内的実施のさまざまなプロセスに市民社会との協働の場を提供する機会になりうるのである (*36)。

結びに代えて

国際人権法の国内的実施という点のほかにも、国内人権機関の意義として、新たな人権問題への対応をあげることができる。国内人権機関は司法的機関などと比較して、その活動の柔軟性から、当初は予想していなかった新たな人権問題への対応も可能となることが多い。とくに差別による人権侵害との関連では、欧米では広く差別の禁止が認められている同性愛などの性的指向による差別や年齢差別、遺伝子差別などがあげられる。今後は、インターネットの普及やバイオテクノロジーなどの科学技術の発展にともなう人権問題が生じる可能性も大きい。

現在、日本では、1996年の人権擁護施策推進法にもとづき設置された人権擁護推進審議会が、2001年の答申に向けて新たな救済施策の審議をすすめている (*37)。諸外国における動向やパリ原則をはじめとした関連する国際人権文書を十分に考慮すると同時に、人権を侵害され、差別を受けている、真に国内

人権機関を必要とする人々を強く意識した審議が望まれる。そして、「人権の世紀」へ向けて、まさに「下からの制度設計」の視点こそが問われていることを忘れてはならないだろう。日本における独立した国内人権機関の創設は、21世紀を目前にした国際社会と市民社会から与えられた不可避の課題なのである。

注

*1……G.A.Res.48/134 of 20 December 1993, Annex. 日本語訳は、本書第3部資料参照。

*2……山崎公士「国内人権保障システムをめぐる国際動向」人権フォーラム21編『世界の国内人権機関　国内人権システム国際比較プロジェクト（NMP）調査報告』（解放出版社、1999年）3頁。

*3……こうした裁判所とは異なる国内人権機関の登場の背景には、国際的なADR（Alternative Dispute Resolution, 裁判外紛争解決制度）の発展が大きく影響していると思われる。詳しくは、小島武司・伊藤眞編『裁判外紛争処理法』（有斐閣、1998年）参照。

*4……国際人権法と国内法の両者を活動の基礎としうる国内人権機関に関する体系的な先行研究は、必ずしも十分に蓄積しているとはいえない。両分野における今後の学術的な課題のひとつといえるだろう。国内人権機関に関する国内文献としては、マイノリティー研究会編『各国の人権擁護制度』（解放出版社、1995年）、人権フォーラム21編、前掲注2を参照。現在の国際的動向などについては、国連人権高等弁務官事務所のウェブ・サイトが参考になる〈http://www.unhchr.ch/html/menu2/issnati.htm〉。

*5……パリ原則の採択以前の国内人権機関に関する国際的動向については、久保田洋『人間の顔をした国際学』（日本評論社、1990年）165-167頁、白石理「人権の国内的擁護制度についての国連における取り組み」マイノリティー研究会編前掲注4、1-13頁参照。

*6…… U.N.Doc.ST/HR/SER.A/2 and Add. 1. (G. A. Res. 33/46 of 14 December 1978)

*7……その後も、同様のワークショップがチュニジアのチュニス（1993年）、フィリピンのマニラ（1995年）、メキシコのメリダ（1996年）で開催されている。

*8…… Centre for Human Rights, National Human Rights Institutions: A Handbook on the Establishment and Strengthening of National Human Rights Institutions for the Promotion and Protection of Human Rights, HR/P/PT/4, 1995. 日本語版は、マイノリティー研究会訳（山崎公士監修）『国内

人権機関　人権の伸長と保護のための国内機関づくりの手引き書』(解放出版社、1997年)。本書第3部資料参照。

*9……The Rabat Declaration, 〈http://www.unhchr.ch/html/menu2/rabatdec.htm〉.

*10……社会権規約委員会一般的意見3「締約国の義務の性質」(U.N.Doc.E/1991/23, Annex Ⅲ.)。人権条約上の締約国の義務については、申惠丰『人権条約上の国家の義務』(日本評論社、1999年) を参照。

*11……U.N.Doc.E/C.12/1998/25.本書第3部資料参照。

*12…… Mario Gomez, "Social Economic Rights and Human Rights Commissions", Human Rights Quarterly, vol.17 (1995), pp.155-169. ただし、社会権に関するすべての司法的救済の可能性が排除されるわけではない。申惠丰、前掲注10、368-388頁参照。

*13……U.N.Doc.CCPR/C/79/Add.102, paras.9 and 10. 本書第3部資料参照。

*14……U.N.Doc.A/43/38. 本書第3部資料参照。なお、同勧告は、採択時期からもわかるように、必ずしもパリ原則が示すような独立した国内人権機関の設置を念頭において採択されたものではない。

*15……U.N.Doc.A/48/18. 本書第3部資料参照。

*16……U.N.Doc.CRC/C/15/Add.90, paras.10 and 32. 本書第3部資料参照。

*17……本書でとりあげている国のほかに、アジア・太平洋地域では、インドネシア、ネパール、スリランカ、フィジーなどにおいて国内人権機関が設置され、日本以外では、バングラデシュ、韓国、マレーシア、モンゴル、タイ、パプアニューギニアなどで設置が検討されている。その他の地域では、ベルギー、デンマーク、フィンランド、ハンガリー、ラトビア、オランダ、ノルウェー、スペイン、スイス、トルコ、グアテマラ、メキシコ、カメルーン、ガーナ、モロッコ、セネガル、南アフリカ、ウガンダ、ザンビアなどで設置され、国際人権法の国内的実施を含めた活動がすすめられている。国内人権機関に関する国連人権委員会報告書 (U.N.Doc.E/CN.4/1999/95) などを参照。

*18……各国の国内人権機関の詳細については、本書収録論文のほか、人権フォーラム21編、前掲注2、International Council on Human Rights Policy , Performance and legitimacy: national human rights institutions, 2000.などを参照。

*19……パリ原則以前に設置されたフランスの国家人権諮問委員会のように、パリ原則に沿うように新たに組織の整備を行う場合もある。なお、本書でとりあげている各国の主要人権条約の批准状況については、本書第3部資料参照。

*20…… Human Rights and Equal Opportunity Commission, 〈http://www.hreoc.gov.au/〉.

*21…… Human Rights Commission, 〈http://www.hrc.co.nz/〉.

*22…… Ombudsmannen mot etnisk diskriminering, 〈http://www.do.se/〉.

*23……Barnombudsmannen, 〈http://

*24……National Human Rights Commission, 〈http://nhrc.nic.in/〉.

*25……Canadian Human Rights Commission, 〈http://www.chrc-ccdp.ca/〉.

*26……その一方で、社会権規約、難民条約、拷問等禁止条約、ジェノサイド条約は、対象外とされている。

*27……Handikappombudsmannen, 〈http://www.handikappombudsmannen.se/〉.

*28……紙幅の都合上、ADRの意義において従来から指摘されてきた、利用者の側のコスト軽減やアクセスの容易さ、紛争処理の迅速性、裁判所の負担軽減などについては割愛する。本書第1部山崎論文などを参照。

*29……Human Rights and Equal Opportunity Commission Act statistics 1998-99, p.3.

*30……この点では、国内人権機関による救済措置が、国際人権法上の個人通報制度における「国内的救済」に該当するか否かが問題となる。これまでのところ、人権条約実施機関において、この点は明確に意識されていないようである。

*31……申惠丰、前掲注10のほか、Paul Hunt, Reclaiming Social Rights, 1996. 今井直「社会権規約における締約国の義務の性質」島田征夫ほか編『変動する国際社会と法』(敬文堂、1996年) 219-244頁、藤本俊明「社会権規約の再生 忘れられてきたもう一つの国際人権規約」自由と正義49巻 (1998年) 10号70-81頁、阿部浩己「『対抗思潮』としての社会権 社会権規約の可能性と課題」阿部浩己『人権の国際化 国際人権法の挑戦』(現代人文社、1998年) 128-146頁参照。

*32……前述の社会権規約委員会による一般的意見 (前掲注11) 参照。アジア・太平洋地域の国内人権機関においても、社会権の実現における国内人権機関の役割が急速に意識されつつある。アジア・太平洋国内人権機関フォーラム第4回年次会合 (1999年、フィリピン・マニラ) および第5回年次会合 (2000年、ニュージーランド・ロトルア) はともに、国内人権機関と社会権を特別テーマにして開催されている。後掲注35参照。

*33……差別による人権侵害に関する国内人権機関の動向については、Martin MacEwen (ed.), Anti-Discrimination Law Enforcement: A Comparative Perspective, 1997. を参照。また、国内人権機関の設置も念頭におかれて作成された国連の反人種差別モデル法〈http://www.unhchr.ch/html/menu6/2/pub962.htm〉. は、日本における差別禁止法の制定を検討するうえでも参考になる。日本語訳は、後掲注37の人権フォーラム21のウェブ・サイトを参照。

*34……アジア・太平洋地域における地域的人権保障システムについては、山崎公士「地域的人権保障体制とアジア・太平洋地域」国際法外交雑誌96巻 (1997年) 3号65-99頁参照。

*35……The Asia Pacific Forum of National Human Rights Institutions, 〈www.apf.hreoc.gov.au/〉. 同フォーラム関連文書については、本書第3部資料参照。なお、本書の執筆

者によるNMP研究会（同研究会については、第1部山崎論文参照）も、オブザーバーとしての同フォーラム年次会合などへの参加の機会を得ている。アジア・太平洋地域における国内人権機関に関する動向については、川村暁雄「アジア・太平洋地域の国内人権機関の発展」アジア・太平洋人権情報センター編『アジア・太平洋人権レビュー1997』（現代人文社、1997年）160-174頁参照。

*36……川村暁雄「国内人権保障システムの機能と実効性　各国の特徴」人権フォーラム21編、前掲注2、34頁。

*37……法務省のウェブ・サイト〈http://www.moj.go.jp/〉にて、議事録等が公開されている。なお、日本弁護士連合会、大阪弁護士会、自由人権協会〈http://village.infoweb.ne.jp/~fvgh5740/index.htm〉、人権フォーラム21〈http://www.mars.sphere.ne.jp/hrf21/〉などのNGOも独立した国内人権機関の新設に関する法案や提言をまとめている（後の2団体は、ウェブ・サイトでその内容を公表）。

※本稿は、国際人権法学会年報『国際人権』11号（2000年）掲載の「国際人権法における国内人権機関の意義」を大幅に加筆、修正したものである。

各国調査報告

第2部

オーストラリア人権及び機会均等委員会
開かれた人権保障システムへの展望と課題

川村暁雄

かわむら・あきお／神戸女学院大学文学部専任講師

はじめに

　日本からは赤道を挟んでほぼ向かい合わせの位置にあるオーストラリアは、日本とは多くの面で対照的である。国土は774万1千平方キロメートルで日本の約20倍、人口は、1,805万人（1995年）と7分の1で、人口密度は140分の1である。イギリスの入植者が作ったこの国は、1901年に自治国となってからもたかだか100年であり、他方日本は、1600年以上前からそれなりの統一国家を形作っていた。

　人権保障制度においても違いは少なくない。オーストラリアでは、人種、性別、障害などにもとづく差別を禁止する法律が整備され、人権及び機会均等委員会（以下、人権委員会と略）、オンブズマンなどの独立機関も設置されている。他方、日本の人権擁護機関といえば、法務省人権擁護局や人権擁護委員になるの

だが、これらは国際的な基準からは独立人権擁護機関とは到底みなされえない(*1)。

　もちろん、オーストラリアに人権問題がないわけではない。否、むしろ深刻な人権侵害が存在していたからこそ、このような規範や制度が必要とされたともいえよう。詳しくは後述するが、たとえば先住民族のアボリジニは1967年の憲法改正まではオーストラリアの市民とみなされていない。現在でも障害者、女性、同性愛者に対する差別は少なくない。行政の汚職や警察権力の濫用なども報告されている。

　しかし、70年代に入ってからの制度整備の進展は急速だった。オンブズマンが各地で設置され、行政の監視が始まる。多文化主義が公式の政策となり、アボリジニ政策も進められた。80年代に入ってからは、差別関連の諸政策が導入され、人権委員、性差別委員らから構成される人権委員会も設置された。人権を基軸とした新たな法規範と制度が急速に確立されたのが70〜80年代のオーストラリアであったといえよう。

　筆者は、この変化の速度こそが日本と最大の対照を示す点であると考える。アジア太平洋戦争終了後まで遡れば、もっとも先進的な人権規定を持つ憲法を備えて復興を開始した日本と、アパルトヘイトに類似した差別政策を制度化していたオーストラリアでは、人権保護の法制度という視点では（そしておそらく人権状況も）、むしろ日本のほうが進んでいたといえる。しかし、今では大きく差を開けられた。この違いはどこから来るのだろうか。本稿では、人権委員会の役割に注目しつつ、この点を考えていきたい。

　まず、第1節においては、オーストラリアの政治・社会と人権状況を概観する。第2節では、オーストラリアの人権制度全体を俯瞰する。第3節で、人権委員会の機能を検討する。

1 背景……オーストラリアの社会と人権状況

　広大な土地と資源に恵まれたオーストラリアは、1人あたりGNPは2万ドル（1997年）を超え、アジア太平洋地域でもっとも豊かな国のひとつである。こ

こでの主要な人権侵害としては、日本や欧米など他の「先進工業国」と同様、障害者差別、性差別、人種差別などの社会的差別がまずあげられよう。しかし、オーストラリア独自の歴史、社会を反映した人権の課題も存在している。こうしたものとしては、多民族国家であることに由来する人種間の差別、植民国家であることに由来する先住民族への差別がある。この点に留意しながら、オーストラリアの人権状況を概観しよう。

1|1……先住民族の人権

オーストラリアは、その制定憲法がイギリス議会で採択されたことに象徴されるように (*2)、イギリス植民者により建国された国である。植民化の過程では4万年以上前からこの大陸に居住していたとされるアボリジニやトレス海峡諸島民などの先住民族は、権利主体とはみなされていなかった。

先住民族に対する政策は、①絶滅（～19世紀初頭）、②強制隔離と「保護」（19世紀初頭～1950年代）、③同化（1950年代～60年代末）、④統合（1967年～1973年）、⑤自決（1973年以降）と変化してきた (*3)。かつては600以上の地域言語集団があったというが、現在では50人以上の話者を持つ言語は70ほどでしかない (*4)。人口も入植前の30～100万人 (*5) から一時期は6万人台にまで落ちた (*6)。なお、その後人口は増加し、1996年の国勢調査によればアボリジニ及びトレス海峡諸島民は、35万2,970人（全人口の約2%）となっている (*7)。

アボリジニの経済・社会環境は今なお劣悪である。平均寿命は、女性で63.6年、男性で55.2年とされている。1991年のオーストラリア全体の数値は、女性80.29年、男性74.35年であり、20年近い差がある (*8)。北部準州における調査によると地方部のアボリジニの失明率は1.49%、非アボリジニの0.16%の10倍近い。収入も低く (*9)、大学におけるドロップアウト率は非先住民の2倍以上という調査もある (*10)。拘置所や刑務所内で死亡するアボリジニの多さは社会問題となり (*11)、「アボリジニの獄中死に関する王立委員会（Royal Commission into Aboriginal Deaths in Custody）」が設置され、1991年には報告書が発表された。報告書の提言にもとづき、ある程度の対策はとられたのだが、被拘禁者総数が増えているため、毎年の死者の絶対数は減少していない (*12)。

軽微な犯罪で逮捕される率もアボリジニの場合は高いという (*13)。さらに、強制隔離、保護、同化政策がとられていた時期には、先住民族の子どもを親から強制的に引き離し施設へ収容、養子縁組がされることが多かった。人権委員会は1995～1997年に司法大臣の諮問を受け、この問題についての調査を行い、文化的ジェノサイドであったと結論づけている (*14)。先住民族としての土地などへの権利は1992年の連邦最高裁におけるマボ判決 (*15) や、それを受けて制定された先住権原法 (1993年) により一定認められた (*16)。しかし、現実には白人により利用されている土地が自動的に戻ってくるわけでもなく、権利確立への道筋はまだ長い (*17)。人種差別撤廃条約の実施機関である人種差別委員会の94年のオーストラリア政府報告書検討においても、「アボリジニ及びトレス海峡諸島民のおかれている状況はいまだに懸念の対象」とされており、とりわけ獄中死の問題が改善していないことについての懸念が示されている (*18)。

1|2……多民族国家と少数民族の人権

オーストラリアは移民の国である。海外で生まれたオーストラリア住民の率は、1971年の20.2％からゆるやかに上昇しつづけ、1996年には23.3％となっている (*19)。よく知られているようにオーストラリアは、60年代まで白豪主義 (White Australia Policy) を採用しており、移民は主としてイギリスほかヨーロッパ出身者に限られていた。現在では、「多文化主義 (Multiculturalism)」(*20) が国の基本方針となっており、非差別的な移民政策が採用されている (*21)。もっとも、社会的差別がないわけではない。1997年～1998年には、人種主義的な言動を行う国民統一党 (One Nation Party) が一時期相当の支援を集めるなどの社会現象も見られている (*22)。

1|3……その他のマイノリティの人権

女性、子ども、障害者、HIV保有者、高齢者、同性愛者などについては、他の先進工業国と同様の社会的差別が見いだされている。また、先住民族、非英語圏の出身者などで、こうした社会集団に属すものはとくに厳しい状況にある

ことは、各種の人権条約委員会の報告書などでも指摘されている(*23)。

なかでも特記すべき問題としては、子どものホームレスの問題があげられるだろう。この問題については、後述するように人権委員会において公開調査が行われ、その提言は相当採用されたとされる (*24)。しかし、問題自体が解決したわけではなく、子どもの権利条約の実施機関である子どもの権利委員会の結論的見解（1997年）においても「子どもの間にみられるホームレス状態は依然として懸念の対象である」とされている (*25)。

女性については、雇用差別とセクシャル・ハラスメントの問題が大きく、とりわけ中小企業において深刻であるとされる。女性に対する暴力も深刻で、1997年にオーストラリアの提出した第3回締約国報告書 (*26) を検討した女性差別撤廃委員会は、結論的見解のなかで7%の女性が1年の間に何らかの形態の暴力を経験していることに対して懸念を表明している (*27)。

1|4| ……被拘禁者の権利など

警察による暴行や権限の濫用、拘禁者の状況や待遇などについては主として州の管轄下にあり、すでに述べたアボリジニの獄中死をのぞけば連邦政府による全国的な調査も存在していない。取り組みは州レベルで行われている。筆者の調べたニューサウスウェールズ州の場合は、1994年から1997年にかけて議会により設置された「警察業務に関する王立委員会」が大規模な調査を行い、警察の汚職や内部監査システムの不備を指摘している。暴行などの直接の人権侵害のみを扱ったものではないにせよ、調査報告の結果は、43名の警官の処分につながっており問題の深刻さを示した (*28)。また、同委員会の勧告を受けて設置された警察倫理委員会の年次報告書（1998年7月～1999年6月）は、深刻な申立を587件受理し、その中で傷害などが10件、窃盗など19件、そのほかにも懲役5年相当の犯罪に関わるものが71件あったとしている (*29)。

2| 人権保障システムの概要と特徴

本節では、オーストラリアの人権保障システムの全体像を、人権基準とその

実施というふたつの側面から概観したい。

2|1|……オーストラリアの法制度と人権基準

オーストラリアの人権に関わる法制度の特徴としては、次の3点があげられる。第1は、英米法体系を採用していることである。このため、人権条約も国内法化されなければ裁判所における効力は持たない。また、裁判官がコモン・ローを発展させることにより法形成に関わる。第2は、連邦制をとっており、憲法により連邦の権限が限定されていることである。この結果、人権基準の実施のためには州政府の協力が不可欠となる。第3は、人権を保障する明文の人権憲章がないことであり、このため人権保障はコモン・ローおよび個別の制定法に依存することとなる。こうした特徴に留意しつつ、オーストラリアの人権関連の法制度を概観する。

2|1|1|……オーストラリアの人権基準

オーストラリアの連邦憲法には、包括的な人権規定はなく、人権に直接関わる規定は、陪審員による裁判を受ける権利を保障する第80条、連邦が信教の自由に介入することを禁止する第116条、および住民が他の州で差別されることを禁止する第117条の3つのみである (*30)。他の人権の保障は、連邦・州の制定法、コモン・ローによる。

連邦の事物管轄は、憲法において労働、外交などの領域に限定されており、それ以外の行政領域（教育、警察行政など）は州の管轄となる。しかし、憲法第51条29項が規定する「対外事項権限」にもとづき、国際人権条約の実施については連邦が権限を持つ。このため人権条約の批准が進んだ現在（表1参照）、憲法上の制限はさほど問題にはならない。事実、多くの連邦の人権関連法は、国際人権法を根拠として制定されてきた (*31)。

実際には、州法に人権条約違反の疑いがある場合でも、州議会への配慮から連邦政府が行動をとらない場合もある。典型的な事例は、90年代後半までタスマニア州において同性愛行為が刑法上の犯罪とされていたことであろう。この件については、個人通報にもとづき規約人権委員会が規約違反であるとの見解

● 表1　オーストラリアにおいて効力を有する主要な国際人権条約等

人権条約・宣言名	オーストラリアにおける発効日	条約に言及している連邦法
世界人権宣言	1948.12.10	
難民地位条約	1954.1.22	移民法[1958]にて難民条約の難民の定義を活用
難民議定書	1973.12.13	
子どもの権利宣言	1959.11.20	人権及び機会均等委員会法[1986]付則(schedule) 3
ILO111号条約	1974.6.15	人権及び機会均等委員会法[1986]付則(schedule) 1
人種差別撤廃条約	1975.10.30	人種差別撤廃法[1975]
精神障害者の権利宣言	1971.11.20	人権及び機会均等委員会法[1986]付則(schedule) 4、障害者差別法[1992]
障害者権利宣言	1975.12.9	人権及び機会均等委員会法[1986]付則(schedule) 5、障害者差別法[1992]
経済的、社会的及び文化的権利に関する国際規約	1976.3.10	障害者差別法[1992]
市民的及び政治的権利に関する国際規約	1980.11.13	人権及び機会均等委員会法[1986]付則(schedule) 2、障害者差別法[1992]、人権(性的行為)法[1994]、プライバシー法[1988]
同上第1選択議定書	1991.12.25	
女性差別撤廃条約	1983.8.28	女性差別法[1984]
宗教的不寛容撤廃宣言	1981.11.25	人権及び機会均等委員会法[1986]
拷問等禁止条約	1989.9.7	犯罪(拷問)法[1998]
子どもの権利条約	1991.1.16	人権及び機会均等委員会法[1986]、障害差別法[1992]

出典：David Kinley ed., Human Rights in Australian Law (The Federation Press, Sydney, 1998)

を明らかにするまで、連邦法による制限は加えられなかった(*32)。筆者が2000年2月に調査を行った時期も、北部準州において制定されている義務的宣告に関する法 (mandatory sentencing act)――特定の犯罪について一定の刑期の宣告を義務化し、裁判官の裁量の余地を奪うもの――により投獄されたアボリジニの少年が自殺するという事件があり、人権委員会はこの法制度が国際人権基準に違反しているとして批判していたが(*33)、ハワード首相は基本的に州の問題であるとしてとりあげる姿勢を示さなかった。

連邦が制定した人権関連法のなかでも中心的な役割を果たすものは、人権及び機会均等委員会法、人種差別法、性差別法、障害差別法など社会的差別（雇用、居住などにおける差別・差別的言動）を規制し、その救済手続を規定したもので、後述するように人権委員会により運用されている。7の州・準州のすべてに同様の反差別法が制定され、類似機関が設置されている。

人権に関わる規定は、こうした反差別法以外にもさまざまな法律のなかに存在している。人権委員会のホームページは、人権に関わる法として連邦・州の101の法律を例示している（連邦法20、州法81）(*34)。こうした法律は、教育関連法、刑法・少年法のように主として州に存在するもの、社会保障法、家族法、労働法などのように連邦レベルで制定されているもの、司法手続、社会差別規制法、先住民族の土地・文化保護に関わる法などのように両者に存在するものに分かれており、相互関係は複雑である。

2|1|2……人権基準形成プロセス

すでに述べたように、憲法上、連邦政府の権限が限定されているため、連邦法の領域においては国際人権法が大きな役割を果たしている。だが、国内における内発的な立法プロセスもきわめて重要である。連邦レベルにおいても、人権条約が執行力を持つためには国内法化されなくてはならないし、さらに刑務所、警察、教育など多くの行政分野はもっぱら州の管轄下にある。

どの国においてもそうだが、立法過程は複雑であり、特定のパターンで行われるものではない。個別の省庁により立法提案がされることもあるし、人権条約の批准や、最高裁の判決がきっかけとなることもある。しかし、オーストラリアの立法過程の特徴は、立法過程においてさまざまな意見提出のパイプが存在しているところにある。たとえば、連邦議会の委員会は、重要立法案件の際には公聴会（hearing）を実施し、その過程で必ず広く意見提出を募集する。さらに、議会の委員会が公開調査（pubic inquiry）や公聴会を直接立法につながらない案件について行い、提言を提出することもある(*35)。州においても同様で、たとえばニューサウスウェールズ州では、司法省における法案作成の段階から意見書を受けつける。議会の審議過程においてもさらに意見書提出が認

められる。

　また、暫定的に設置された独立調査機関による公開調査も大きな役割を果たす。王立委員会とも呼ばれるこれらの調査委員会は、議会により一定の調査項目を諮問され、調査権限と相当額の予算が与えられた上で公聴会の開催や意見書の集約などを行う (*36)。連邦の「アボリジニの獄中死に関する王立委員会」は、339の提言を作成、その後のアボリジニ政策に大きな影響を与えた。人権委員会にアボリジニ及びトレス海峡諸島民社会正義委員職を設置するよう勧告したのもこの報告書である。州レベルでもこのような活動がされており、ニューサウスウェールズ州の警察についての王立委員会による公開調査は、警察倫理委員会の設置につながった。

　連邦の人権委員会や州の反差別・機会均等委員会（各州によって名称は異なるが、本稿では総称として反差別・機会均等委員会と呼ぶ）、連邦・州の法改正委員会 (*37)、オンブズマンなどの既存の組織もこうした公開調査を実施する。調査結果は、議会へ提出され、立法や政策に大きな影響を与えることもある。また、この過程で社会的な議論を喚起することにより、意見・意思形成過程に貢献する（人権委員会の公開調査については後述）。

　こうした開かれた意思形成のための制度は、市民社会の政策提言能力の強化に寄与してきたということができる。人権に関わる各機関の公開調査においては、各地の地域法律センター（詳しくは後述）なども積極的に意見書提出を行っている。専門的な知識や多様な経験を持つ人間が、さまざまな独立の機関に分散して存在していることが、多様な意見のなかからより妥当性の高い意見を吸い上げる仕組みを可能とする。これがオーストラリアの人権基準形成のダイナミズムを確保している制度的・社会的条件であろう。官僚組織を中核とし、補助金により支えられた透明性のない外郭団体や、官僚によりメンバーが選ばれ、審議の公開性も乏しい審議会などにより構成される閉ざされた日本の意思決定システムとは、好対照を示している。

2|2 ……人権基準の実施(1)——行政機関の取り組み

　複雑性を増す現代の国家機構において、社会的・経済的・文化的権利も含め

た広義の人権保障を行うためには、行政機関による積極的な政策が欠かせない。こうした広範な政策分野において人権の保障・伸長を進めるためには、おのおののマイノリティ政策を担当する部門や、政策実施の監視や評価を行う機関が必要となる。ここでは、連邦の各マイノリティに関わる行政機関を分野ごとに概観する。

2|2|1……アボリジニ及びトレス海峡諸島民

　アボリジニの社会政策に関連しては、1990年に設置されたアボリジニ及びトレス海峡諸島民委員会（Aboriginal and Torres Strait Islander Commission: 以下、ATSICと略）が重要な役割を果たす。この機関は20名のアボリジニ及びトレス海峡諸島民の理事と全国60の地域協議会により運営され、先住民族の自治組織としての側面と、先住民族に対してサービスを提供する連邦機関という側面を持っている (*38)。ATSICはアボリジニ及びトレス海峡諸島民法律支援センターを各地に設置しており、その数は96にのぼる (*39)。さらに、AISIC以外にも各地には先住民の自治組織である土地協議会が存在している。

　人権について専門的に取り組んでいるのは、前述のアボリジニの獄中死に関する王立委員会の勧告にもとづき人権委員会に加えられたアボリジニ及びトレス諸島民社会正義委員で、先住民族の人権状況に関する年次報告書を議会に提出している。

2|2|2……移民

　連邦レベルにおいては、移民及び多文化省が移民や難民、非合法上陸者へのサービスの提供と政策立案に関与する。この省は、首相・内閣府にあった多文化局がこの省に1996年に移管され現在の形となった。現在の多文化政策の基本文書である『新世紀のオーストラリア多文化主義：包含に向けて』(*40) を作成した全国多文化諮問協議会（National Multicultural Advisory Council）の事務局もつとめている。民間団体である民族団体協議会連合（Federation of Ethnic Communities' Councils of Australia Inc.）と協力関係を持ち、その見解を政策に反映する努力がされている。また、反人種主義キャンペーンや、女性の暴

力に関する教育の取り組みも行われている。

この移民及び多文化省は、同時に入管収容施設の運営責任者であり、人権侵害の当事者としての側面も持つ。これらの施設の運用については、後述するように人権委員会や規約人権委員会から批判を受けている (*41)。

2|2|3……女性

女性関係の政策全体を調整するのは、首相・内閣府にある女性の地位事務所 (The Office of the Status of Women) である。女性差別撤廃委員会への締約国報告によれば、この機関が中心となって「女子生徒への教育についての国家政策」(National Policy on the Education of Girls in Australian schools) や「女性保健医療に関する国家政策」(National Women's Health Policy) の策定、報道における女性描写に関する全国作業部会や女性への暴力に関する全国委員会の運営がされてきた (*42)。

1986年に設置されたアファーマティブアクション機関 (1999年の法改正で「職場における女性機会均等機関」= Equal Opportunity for Women in the Workplace Agency に名称変更) (*43) は、企業や各種団体における女性の機会均等促進を目的としており、雇用数100人以上の企業・団体に女性の機会均等計画の提出を求める権限を持っている。報告がされない場合や内容に不備がある場合は、議会に報告書が提出され企業名も公開される。同機関のホームページには、2000年3月の段階で報告義務を怠っている50企業の名前が公開されている。

2|2|4……子ども

子どもに関する政策に携わっているのは、人的サービス・医療省、雇用・教育・研修省、社会保障省、ATSICなどである。連邦と州の横断的な連携も生まれており、1993年には、「オーストラリア青少年政策」が連邦および州の青少年関連大臣の共通政策文書として採択された (*44)。

2|3……人権基準の実施(2)──オンブズマンによる行政の監視

オーストラリアでは、1971年に西オーストラリア州でオンブズマンが設置されて以来、州が先行する形でオンブズマンの設置が進められてきた。連邦オ

ンブズマンは、1977年に設置されている (*45)。この背景には、政府機関の権限の拡大に対する不信があり、オンブズマン設置と同時期に連邦議会は行政不服申立審判所 (Administrative Appeal Tribunal) の設置も決めている。

連邦オンブズマンは申立にもとづいて、または職権により、調査を行い個別の行政の決定や慣行、制度に関わる提言を行う (*46)。行政機関の施設への立ち入り、文書の提出要請、証人喚問などの強力な調査権限を有しているが (*47)、勧告には強制力はない。申立人に対して調査結果は報告されるが、申立人の人権侵害の救済を主眼とする人権機関と異なり、あくまで行政システムの改善が主目的である (*48)。調査の結果出される勧告などは公開されるが、調査の過程で得られた情報の秘密性は保障されており、情報公開の対象ともならない。オンブズマンが独自に公益性という視点から必要があると認めない限り、裁判所の請求があっても提出する必要はない。こうした調査の結果として申立人への救済がされることはあるが、個人への人権侵害や行政による被害の救済それ自体のために設置されたものではない。

オンブズマンの扱うケースは、行政の日常的な措置についての苦情が多く、必ずしも狭義の人権に関わるわけではないが、警察など公権力の監視には大きな役割を果たす。警察や入管施設の人権問題のなかでも、傷害などをともなう深刻なものは刑事事件として捜査されることが前提となっているが、その実施の監査は警察内部の監査機構とそれを監査するオンブズマン等の管轄となるからである (*49)。

2|4| 人権基準の実施(3)——人権委員会、審判所・裁判所による人権救済

2|4|1| 社会的差別

人権委員会の機能のひとつに、個別事件の救済がある。連邦人権委員会については、第3節以降で詳述するので、ここではニューサウスウェールズ州 (以下、NSW州と略) を例として州の救済活動について概観する。

各州の反差別立法により、現在ではすべての州において社会的差別が禁止され、反差別委員会、機会均等委員会などの救済機関が設置されている (*50)。

こうした機関がまず調査・調停を行うが、不調の場合は人権審判所（NSW州においては行政決定審判所機会均等部）において拘束力のある決定がされる。審判所は、下級裁判所の一種であるが、必ずしも証拠規則に拘束されず、柔軟かつ迅速な決定を行うものとされる。NSW州の場合、審判員は審判員リストから3名選ばれる。その1名は法律家だが、それ以外の2名は非法律家とされる場合が多く、法的認定は法律家の審判員が担当する。この手続においては、相手側弁護士の費用を負担することがなく、多大な支払い義務を負う危険はない。もっとも、審判所において出される賠償命令は金額が低く（NSW州の場合は最高で4万ドル）、自らの弁護士費用の負担をしなくてはならない、という問題もある。

　各州の反差別・機会均等委員会が救済の対象とする差別は、州により微妙に異なるが、人種、性別、障害など、それぞれの差別原因ごとに領域を特定し、差別を禁止するという形式は同じである。禁止する差別の規定を国際人権条約に依拠する連邦の人権・反差別法に比べ、州法にはそのような限定がないので、より広範な差別を規制しうる。事実、年齢差別、男性への差別などについては、州法の規定のほうが広範囲である場合もある。

2|4|2……人種差別暴力や権力の濫用の監視

　家庭内暴力、児童虐待などの事件は、基本的には警察の責任となり、こうした機関の監視はオンブズマンが管轄し、連邦の人権委員会、各州の反差別・機会均等委員会は個別の事例は扱わないことが多い（*51）。

　行政の決定行為を審査する準司法的機関として、連邦レベルに独立の行政不服申立審判所、社会保障不服申立審判所、難民審査審判所、移民審査審判所などがある。難民、移民認定など、深刻な人権侵害につながりかねない行政的決定を独立機関が審査できることの意義は大きい（*52）。憲法は、労働分野を連邦の管轄事項としており、職場関係法（Workplace Relations Act 1996）のもと、労働関係委員会が連邦に設けられている。

2|5……地域法律センター

　オーストラリアの人権システムを考えるうえで、決して見逃してはならない

のは、市民社会の役割である。女性への暴力の規制を進めたのは女性運動の力による。アボリジニの状況の改善は、当事者団体の力なくしては実現しなかったろう (*53)。人種差別との闘いにおいては、各地の民族団体協議会（Ethnic Communities Council）の役割が大きい。人権、とりわけ社会的差別の分野で重要な役割を果たしているのが、地域法律センター（Community Legal Centre）である。

地域法律センターとは、民間の無料法律相談センターで、2000年はじめの段階でオーストラリア全国に169団体存在している。専従職員のいないセンターから10名以上の職員を雇用する団体まであるが、全体に小規模である。相談内容は、差別や家庭内暴力から、借金、破産、離婚、消費者問題、社会保障まで幅広い。地域法律センター全国協会（National Association of Community Legal Centres）の資料によると、毎年35万人以上が、何らかの形でこれらのセンターを利用しているとされる (*54)。米国のようにNPOに対する支援がひとつの文化となっている国と異なり、これらのセンターの運営においては、政府の補助金が大きな役割を果たし、これらの団体のうち130団体が全部もしくは部分的に連邦政府の予算を得ている。1999〜2000年度は、連邦政府が1,909万ドル（約14億円）(*55)、州政府等が2,242万ドル（約15.7億円）の資金を提供した。これらの団体に雇われるスタッフの総数は非常勤も含めて900人にのぼる。こうしたセンターには、周辺住民へサービスの提供をする一般的な法律相談センターと、州全体など比較的広域を対象とした課題別（障害者、女性、アボリジニなど）のセンターが存在している。

地域法律センターは、法律相談、広報・教育、弁護活動、提言活動などに従事する。現在、直接当事者に供与される連邦法律扶助予算には、差別問題の枠がなく、弁護士を必要とする人権侵害の被害者が無料で弁護士の支援を得られるのは、地域法律センターのみである。といっても、人員の限界から、社会的な重要性、事件の深刻さ、申立人の能力などを勘案し弁護活動を行うかどうかを決めるという。

センターは、政策提言においても重要な役割を果たす。とりわけ、課題別のセンターはそれぞれの課題について豊富な知識と経験を持ち、人権委員会等が

行う公開調査や議会の立法過程において意見書を提出するなど、そうした知識を政策に反映させる努力を行っている。こうした団体は、それぞれ理事会を持ち、活動の独立性の確保に努めており、意見書の内容に関する政治的な圧力はない。確かに、財政的な制約はあるのだが、弁護士会のように既得権益維持を行う業界団体としての側面を明らかに持つ団体よりも、より純粋に人権擁護活動を行う可能性はある。

3 人権及び機会均等委員会

3|1……設立の経緯と組織概要

　人権委員会は、1986年の人権及び機会均等委員会法（以下、HREOCAと略）により設立された。これは人種差別法（Racial Discrimination Act[1975]。以下、RDAと略）により規定された人種差別委員、人権委員会法（Human Rights Commission Act [1981]）による「人権委員会（Human Rights Commission）」、そして性差別法（Sex Discrimination Act[1984]。以下、SDAと略）による性差別委員を統合して発足したものである。ちなみに人権及び機会均等委員会の前身を生み出すこととなった3つの法律はすべて国際人権条約（自由権規約、人種差別撤廃条約、女性差別撤廃条約）の批准に対応して制定されている。現在では、プライバシー法（Privacy Act [1988]）、障害差別法（Disability Discrimination Act [1992]）、先住権原法（Native Title Act [1993]）などによりさらに人権委員会の権限は強化された。なお、各委員（会）統合の理由のひとつは、事務効率の改善であり、さしたる根拠もなく統一後の年度予算は各事務所の予算総計の2分の1とされている。

　人権委員会は、特定の省庁の下部機関ではなく、独立して機能する法定機関（statutory authority）である。年次報告書や公開調査（後述）の報告書は、法務大臣を経由するが、必ず一定期間以内に議会に提出されることが法定されている。（図1オーストラリアの法制度と人権及び機会均等委員会参照）

　人権委員会は2000年3月現在、法的には7人の委員から構成されることに

● 図1　オーストラリアの法制度と人権及び機会均等委員会

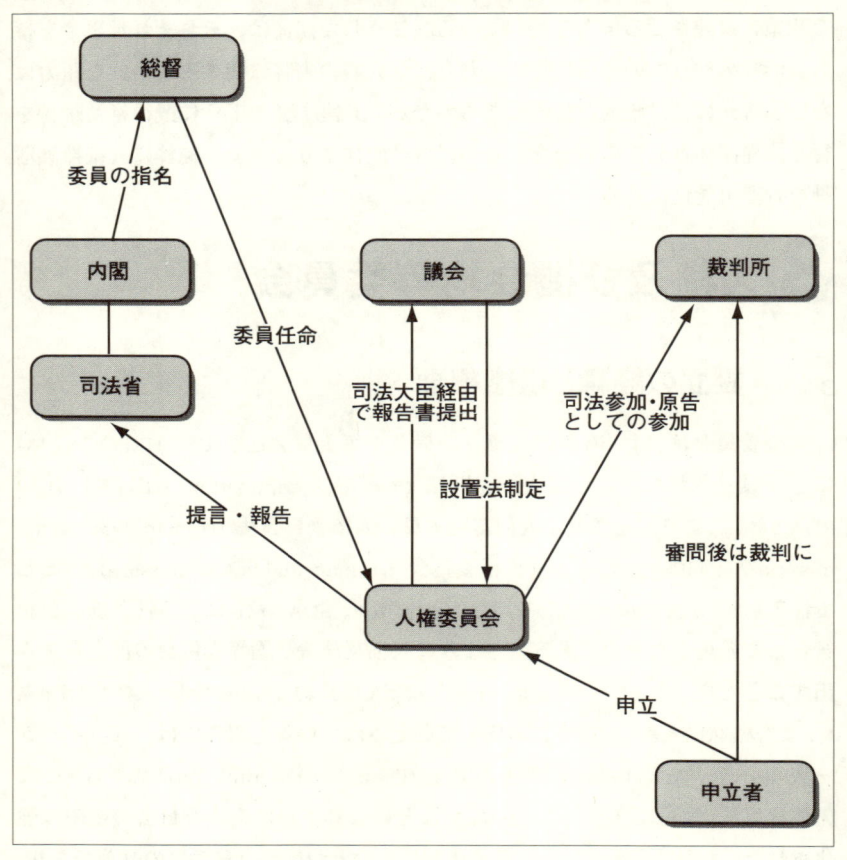

```
                    総督
                    ↑
         委員の指名      ＼
                          ＼ 委員任命
    内閣                    ＼
     ↑                      議会          裁判所
    司法省                    ↑ ↓         ↑   ↑
     ↑              司法大臣経由    司法参加・原告
     │              で報告書提出    としての参加
     │                    設置法制定
     │                      ↓            審問後は裁判に
     └── 提言・報告 ── 人権委員会 ──────────┘
                            ↑
                           申立
                            │
                          申立者
```

なっている。それぞれ役職でいうと事務次官と同列の地位にあり、相当に重みのある組織である。人権委員会委員長、人権委員、そしてアボリジニ及びトレス諸島民社会正義委員の3名は人権及び機会均等委員会法（HREOCA）で、他の4人の委員は人種差別法（RDA）、障害差別法（Disability Discrimination Act[1992]。以下、DDA）、性差別法（SDA）、プライバシー法によりそれぞれ任命される。総督任命の職だが、内閣の助言を必要とするので実質的には内閣の任命である。選任の手続は、不透明であり、その要件もアボリジニ及びトレス諸

島民社会正義委員について若干の規定があるほかは、具体性に欠く。連邦オンブズマンなどオーストラリアの他の独立機関の上級公務員については公募と第三者も参加する選考委員会により候補者を絞るケースが多いが、人権委員会の任命手続は政治的である。ただ、いったん職に就くとよほどの理由がないかぎり解任はできず、地位は保障されている。また、日常の個別業務に対する政府の介入や指示はない。

　3月現在、この7人の枠の中で実際に任命されているのは非常勤の委員長の他に人権委員、アボリジニ及びトレス海峡諸島民社会正義委員、性差別委員、プライバシー委員の計5名である。現政府は、プライバシー委員の独立と、委員長1名＋副委員長3名に組織変更を行う意図を持っており（*56）、7人の定員を埋める予定はないというのが大半の見方である。

　現委員長のアリス・テイは、中国出身の法学者でありシドニー大学で非常勤の教授を務めている。人権委員のクリス・シドティは、カトリックのNGOである正義と平和協議会の事務局長、人権委員会の事務局長、法改正委員などを歴任した。性差別委員は、企業サイドが設立した雇用機会均等協議会の事務局次長を務めていたという経歴を持つ。現在、障害差別委員は空席で、性差別委員が兼任する。アボリジニ及びトレス諸島民社会正義委員は人種差別委員を兼任している。

　それぞれの分野において専門性と権限を持つ委員から構成されるといっても、委員会としての職務も多い。事務局は共通で、シドニーの目抜き通りの瀟洒なビルのなかにオフィスを構える。かつては地方事務所をタスマニア州などに設置していたが、州レベルで反差別・機会均等委員会の整備が進んだこと、そして行政改革のなかでの予算削減によりすべて閉鎖された（最後のタスマニア事務所は1999年に閉鎖された）。連邦法に関わる申立の調査・調停業務の一部は、協定にもとづいて各州の委員会に委託されている。

　現在、事務局のスタッフは総数で120名ほどである（*57）。かつては200名以上を擁していたのが、行政改革が進むなか、保守党政権からとくに厳しい予算削減の対象とされて減少した。しかし、それでもオーストラリアの人口は1,900万人足らずで日本の7分の1程度であり、日本の人口規模なら840名を

擁する組織となる計算である。さらに各州の反差別・機会均等委員会の職員数を考えれば、この人数はさらにふくらむ。

　人権委員会の各委員の名称からもわかるように、女性、障害者、人種などによる個別の社会集団への差別から、ひろく自由権規約や子どもの権利条約にもとづく人権までと管轄対象は広範である。さらに活動の種類も多様で、差別事件の被害者の申立を受け、調停などで解決を試みる「救済」、大規模かつ構造的な人権問題にメスを入れ、国会や政府に勧告を行う「政策提言」、さらには人権保障のための研修・教育を行う「教育・研修」の3つの分野で活動している。以下、救済、政策提言、教育・研修の3つの機能に分けて、その活動概要を検討する。

3│2……人権委員会の活動(1)──人権侵犯事件の救済

3│2│1……個別事件の救済

　人権委員会の最大の業務が、人種差別法、性差別法、障害差別法、人権及び機会均等委員会法という個別の法律で規定される人権侵害事件の救済である。これらの規定する人権基準に反する行為があったと思われる時、人権委員会は調査・調停を試みる（*58）。

　表2に整理したが、それぞれの法律で、異なる扱いの根拠としてはならない条件（差別事由）と、それが禁止される分野が列挙されている。

　まず、差別事由としては、①人種、②皮膚の色、③出自、④民族的起源、⑤種族的起源（以上、RDA）、⑥性別、⑦結婚しているかどうか、⑧妊娠（以上、SDA）、⑨身体・視聴覚の障害、⑩知的障害、⑪精神的な疾患、⑫病気につながる可能性のある病原体（HIVなど）の存在（以上、DDA）である。

　禁止される分野として、①職場・雇用、②市民が立ち入ることができる施設、③土地や住居などの居住、④商品・サービスの販売・提供、⑤労働組合、クラブなどへの参加、⑥教育などがあげられている。さらに人権及び機会均等委員会法においては、表3にあげた国際人権法にもとづく人権侵害や雇用差別について調停を試みることが可能である。ただし、これらの文書が規定する人権保

● 表2　諸反差別法により禁止される差別事由と領域

法律	差別事由	領域
人種差別法 (1975)	1) 人種 2) 皮膚の色 3) 社会的出自 4) 出身国 (national origin) 5) 民族的起源 (ethnic origin) 6) 人種憎悪	1) 法の下の平等 2) 場所・施設へのアクセス 3) 土地や住居などの居住 4) 商品・サービスの販売・提供 5) 労働組合への参加 6) 雇用 7) 広告 8) 教育 9) 非合法行為の扇動 10) 人種憎悪（報道、近隣、個人的対立、雇用、人種差別宣伝など）
性差別法 (1984)	1) 性別 2) 結婚しているかどうか 3) 妊娠 4) セクシャルハラスメント 5) 家族への責任	1) 雇用 2) 商品・サービスの販売・提供 3) 土地 4) 居住 (accomodation) 5) 年金・保険 6) 教育 7) 認可を受けたクラブへの加入 8) 連邦法・政策の実施 9) 書式など 10) 労働組合など
障害差別法 (1992年)	1) 身体・視聴覚の障害 2) 知的障害 3) 精神的な疾患 4) 病気につながる可能性のある病原体の存在（HIVなど） 5) 盲導犬などの補助 6) 補助具の使用 7) 介護人の同行	1) 雇用 2) 商品・サービスの販売・提供 3) 施設へのアクセス 4) 土地 6) 非合法行為の扇動 7) 広告 8) 年金・保険 9) 教育 10) クラブへの参加 11) 連邦法・施策の実施 12) スポーツ 13) 書式・情報照会 14) 労働組合 15) 障害者基準への非合法な違反

出典：Complaint Procedures Manual (Human Rights and Equal Opportunity Commission (obtained in Feb. 2000))

障上の義務の不履行は、法廷で争うことはできず、調停が失敗した場合は、議会に報告される。以下、申立処理手続を概観する。

　人権侵害を受けたと感じた人は通常、人権委員会の窓口に電話をすることとなる。そこで、人権委員会が管轄権を持つ人権侵害事件である可能性が明らかになれば、正式に書面で申立を送ることとなる。申立人が障害者の場合は、人権委員会側が申立書を作成する手助けをしなくてはならない (*59)。人権委員

●表3　HREOCA法に基づき調査・調停対象となる主要な人権侵害・差別

根拠国際法・宣言	対象となる主要な差別・人権侵害
市民的及び政治的権利に関する国際規約	拷問・非人道的処罰からの自由 法の下の平等 拘禁下の人道的な取り扱い 思想、良心、宗教の自由 平和的な集会 普通選挙
子どもの権利宣言	名前と国籍を持つ権利 適切な栄養、居住、医療 教育 障害児へのサービス、教育など 愛情と安全 放置、残酷な扱いからの保護
障害者権利宣言	尊厳をもって扱われる権利 できるかぎり自立できるための助力を得る権利 教育、研修、雇用 家族と社会生活 差別的処遇からの保護
精神薄弱者の権利宣言	適切な医療・治療 搾取、暴行、非人間的な取り扱いからの保護 相当な生活水準 教育、研修、雇用 法の適切な手続 権利侵害となりうる手続の審査
雇用及び職業における差別に関する条約（ILO111号条約）	以下の事由による差別 ・人種、肌の色、性別、宗教、政治的意見、国民的出身、社会的出身、年齢、病歴、犯罪歴、性的指向、労働組合活動、結婚の状態、国籍、障害など
子どもの権利条約	略
宗教または信念にもとづくあらゆる形態の不寛容及び差別の撤廃に関する宣言	略

出典：Human Rights and Equal Opportunity Commission: Annual Report 1998-1999 (Human Rights and Equal Opportunity Commission, 1999)

会の申立マニュアル（以下、マニュアルと略）(*60) によれば、どんな手紙であれそれがなんらかの苦情申立を含んでいれば、とりあえず正式に申立として受理するものとされる。人権委員会の事務所はシドニーのみだが、協定により他の州・準州の反差別・機会均等委員会に連邦の人権法に関わる申立の受理・調査を委託している。

　申立の調停は、性差別なら性差別委員というように各委員の職務である（現

実には多くの業務は人権委員会の事務局の調停部が行う)。受理された申立が委員会の管轄とされるためには、第1に、それが当事者もしくは当事者の代表(RDAおよびSDAは労働組合を、DDAはいかなる代理人も認める)によるものでなくてはならず、第2に、それが不法行為の存在を主張するものである必要がある。各委員は、不法行為の申立ではないと考えた場合に棄却(decline)できるが、マニュアルは、この決定は司法により審査されうるため慎重であるべき、とする。

各委員はさらに申立についての調査を拒否する権限を持つ。拒否するためには、以下のいずれか要件を必要とする。①委員が申立の対象とする行為が不法でないと認識すること(*61)、②申立人が申立を継続する意思がないと認識すること(*62)、③事実が発生したときから申立まで12ヶ月以上経過しているとき(*63)、④申立を些細なもの、悪意によるもの、誤った事実認識によるもの、もしくは主張を支持する実体がないと考えること(*64)、⑤他の機関で扱われている場合、である。なお、マニュアルは「不法な差別は隠されていることが多いために、安易に「主張を支持する実体(直接・間接的証拠)がない」という理由を用いるべきではない」(*65)とする。申立を棄却された人は、21日以内ならば委員会もしくは委員長に再検討を要請できる。

明らかに棄却すべきとされたもの以外については調査が行われる。調査にあたって、各委員は出頭や、書類の提出を命令したりすることができる(*66)。従命令違反に対しては1,000〜5,000オーストラリアドルの罰金(penalty)が法定されているが、その必要が生じることはほとんどない。調査は、手紙による事実照会、証人からの聞き取り、場合によっては現場検証(障害者の施設へのアクセスの場合など)などの手法をとる。人権委員会は、手続的な公正さを保障するという観点から、手紙による事実照会は相互(被申立者および申立人)に知らせる。この過程で事案が解決される場合もある。解決できなかった場合には、調査官が調停会議(conciliation conference)を開く。法的には調停会議への出席を強制することはできるが、この権限もめったに使われることはない。調停会議には原則として当事者が参加しなくてはならず、弁護士の参加や、友人の参加を認めるかどうかなどはすべて委員の権限の委任を受け、調査官が決めることができる。場合によれば、調停会議において両当事者が同席せず、調査官が間を

行き来しながら交渉をまとめることもある。手続的な公正さの観点からは、調停にあたるスタッフは公平でどちらか側を支持してはならないが、HREOCAに規定されているように「委員会は……問題の解決にあたってはそれが人権及びその保障の必要性の認識を反映する必要があることを認識する」(HREOCA, s28) のであり、人権を無視してよいわけではないとされる。

　調停会議は非公開で、そこで語られたことは法廷では利用できない。合意は守秘義務を含むことが多く、調停の結果も明らかにならないことが多い。公的なイメージを気にする企業は、このこともあって裁判を避け調停で解決することを選ぶ。調停の結果の合意事項の履行については人権委員会は関与せず、民事上の契約として裁判で争われることとなる。

　調停会議によっても解決できなかった場合、現在（2000年3月）では人権委員会にはより裁判に近い審問（hearing）という手続が用意されている。審問自体は、弁護士の資格のある人権委員会のメンバーもしくは、別途任命される審問委員1名により行われ、証人の尋問など裁判類似の審理を経たうえで、審問委員が決定を下す。シドニーの人権委員会事務所で行われるときは会議室を使うが、地方では裁判所の法廷を使うので、雰囲気的には裁判と変わらない。決定といっても、相手が連邦政府機関である場合を除き拘束力はなく (*67)、当事者が不服なら連邦裁判所で決着をつけなくてはならない。審問では、通常両当事者が弁護士を立てる。弁護士費用は当事者が負担しなくてはならないが、審問委員は弁護士費用を連邦の法律扶助により負担するよう勧告することはできる。審問は原則公開で、その決定はすべて公表されている。なお、1999年のHREOCA改正により、審問機能は新設される連邦治安裁判所に移行されることが決まっている。

　連邦の人権関連法にもとづく申立は、1998～1999年の年次報告書によると1,780件であり、その内の1,421件がシドニーの人権委員会事務所に寄せられたものである（他は協定により各州の反差別・機会均等委員会が受理している）(*68)。もっとも多かったのは、人種差別法関連で44％（ただし、一事案で467件の申立がされているものがあるため、あまり参考にはならない）、次に障害者差別法関連29％、性差別法関連19％、人権及び機会均等法関連8％と続く。

人種差別のなかでもっとも多いのは雇用差別であり67％、次に人種憎悪表現が10％、商品・サービスの提供などが9％である。性差別についても雇用関連が圧倒的に多く、84％を占める。差別事由としては、セクシャル・ハラスメントが最多で33％、ほかは性別による差別32％、妊娠による差別17％、結婚の状態による差別9％となる。障害者差別についてもやはり雇用関連が54％ともっとも多く、次に商品・サービスの提供25％、公共施設へのアクセス8％、教育4％となる。こうした申立の12％が他の機関へ照会され、31％が調停により解決された。19％が取り下げられ、38％については棄却されている。シドニーの人権委員会事務所において解決された事例の大半は1年以内に終了しており、平均8ヶ月で解決されている。

連邦人権委員会の制度については批判もある。ひとつは手続に時間がかかる割に、その結果に拘束力がない、というものだ。各州にある反差別・機会均等委員会でも拘束力のある決定はできないが、州においては人権に関わる審判所が設置されていることが多く、調停に失敗すれば直接そこに申し立てることができる。筆者が取材したメルボルン在住のアフリカ系の移民、テレッサ・サリさんは、人種差別により解雇されたとして、連邦人権委員会に申立を行ったが、最終的に裁判所で解決するまで3年間を費やしている (*69)。差別関連法は、人権委員会の調停を裁判に前置しており、人権委員会を飛び越えて直接裁判所に訴えることはできない。

地域法律センターは、必ずしも調停を高く評価しない。たとえば、障害差別法律センターのバンクス弁護士は「調停という手続は裁判所よりも、調停官の個人的な能力に大きな影響を受ける」とする。また、「調停で解決されると結果が公表されないので、判例の蓄積にならないし、また損害賠償や慰謝料も低い金額になりがち」という。少年法律センターのマイケル・アントラム弁護士も、拘束力のない調停よりも裁判が望ましいという見解を示す。しかし、このことによって人権委員会の機能を過小に評価してはならないと思われる。これらの地域法律センターは、とくに深刻かつ弁護士が必要なごく一部のケースについてのみ関与しており、裁判所による解決が必要となる可能性の高い事例に携わる場合が多いからである。事実、人権委員会の1998〜99年度の顧客満足

度調査によれば、申立人の59%、被申立人の80%が人権委員会の手続に満足しており、同じく62%の申立人、54%の被申立人が手続の迅速さに満足感を表明している。1989～90年の調停活動を調査したデブローも「人権委員会は調停により有効な救済を提供している」と結論づけている (*70)。

3│2│2 ……暫定的例外措置によるインセンティブ提供

性差別法および障害差別法は、人権委員会に5年間に限り法の適用免除を認める権限を与える (*71)。この権限は、法的な抜け穴とみられる可能性はあるが、人権委員会はむしろ企業などにインセンティブを与え、改善措置を採用させるテコととらえている (*72)。こうした権限を交渉の材料として活用することにより、相手の譲歩と将来の改善措置へのコミットを確保するわけである。

たとえば、1998～99年度年次報告書によれば、メルボルンのライトレール（路面電車）における障害者のアクセスに関し、今後の改善計画を作成させた後、5年間の反差別規定の適用免除を認めたとの報告がされている。この決定にあたっては、以下に述べる公開調査がまず実施され、関係者の意見が集約された (*73)。

3│2│3 ……申立の公開調査による検討

公開調査を用いて個別の申立の内容を検討するという新しい手法が障害差別委員により最近とられるようになっている。公開調査とは、制度的な問題を分析するために使われていた手段であるが、それを複数の人間に関わる事例をより公開的な手法で解決するために用いようというのである。これまで上述のライトレールへのアクセスや、携帯電話へのアクセスなどの課題についてこの手法が採用された。担当のデイビッド・メイソン氏は、この手法を採用する目的として、①より多くの意見や改善のための提案を得ること、②より多くの人々が参加するという満足感を得られること、③問題を公開の場で論じることにより予防的な役割も果たせることなどをあげる。報道機関を巻き込んだ全社会的な啓発キャンペーンとしても想定されている人権委員の一般的な公開調査（次節で紹介）と異なり、この公開調査はより具体的な成果を期待している。

こうした公開調査は、電子メディアを中心的に活用しながら実施された。ホームページでの広報、電子メーリングリストでの通知とやりとり、提出された意見書のホームページへの掲載などが行われている。場合によっては外国からの意見書の提出もあるという。プライバシーの侵害になるのではないのかという批判もあったが、障害者のアクセスの問題は、セクシャル・ハラスメントや雇用の問題と異なり、個人の問題というよりも、企業や機関の体制や資金配分の問題である。このため、公開調査によって失われるものはなく、むしろより質が高く波及効果のある解決が得られると担当官のメイソン氏は理解している (*74)。

3|2|4 ……今後の課題──法改正にともなう審問権限の移行

当初、人権委員会の審問手続による決定は、連邦裁判所に登録することにより、拘束力を持つものとされていた。しかし、1995年の「ブランディ対人権及び機会均等委員会」事件に関する連邦最高裁の判決（通称ブランディ判決）において、最高裁はこの手続が行政機関たる人権委員会に司法権を与えているとし、三権分立を明確に規定する連邦憲法の下では認められないとした。このため、連邦裁判所への登録は停止され、審問手続も拘束力を持たないものとして理解されるようになった。1999年にはHREOCAの改正が行われ、2000年より審問手続を連邦裁判所に移管することとなっている。この改正においては、人権委員会内部の任務分担も変更される。これまでは調停手続は各委員の担当だったが、今後は委員長 (President) にその権限を集中し、他の委員への権限委譲も認められなくなる。これは、人権委員会の中立な調停者としての役割を委員長に集中し、個別の権利の唱道者としての役割を各委員に与えることにより、調停者・権利の唱道者という人権委員会のふたつの機能を人格的にも分けることを目的とする。

改正についての意見は分かれている。裁判所の決定は拘束力を持つので審問よりも望ましいとの声もある (*75)。一方、現在は無料の審問手続が、費用のかかる裁判となる。勝訴すれば、相手側に弁護士費用の負担を求めることも可能だが、敗訴の場合は申立人が相手側の弁護士費用を負担する可能性もある。新制度においては、勝訴する率の高い深刻かつ証拠の明らかなケースについて

弁護士を見つけることが容易になるが、そうでないケースについては泣き寝入りの可能性が高まるだろう。

　もちろん、この制度改正により、人権委員会が審判者という立場から解放され、裁判のなかでより積極的に被害者の側に立つようになるならば、人権侵害の被害者にとっては望ましいかもしれないが、その保障はない。

3|3|……政策提言や司法への参加

3|3|1|……公開調査と政策提言

　人権委員会は裁判所と異なり強制力のある決定はできない。とはいえ、証拠提出や証言を命じる権限、調停会議への参加を命令する権限などを持つ。行政機関としては、かなり強力な権限を与えられているといってよい。このような権限を濫用することがないよう、個別事件については、人権委員会の権限が及ぶ範囲は上述の法律の条文で細かく定められている。しかし、この規定は同性愛や年齢にもとづく差別などは違法とされていないなど、州法に比べてもより限定の多いものとなっている (*76)。人権として保護される内容は、社会環境の変化や意識の変化によって変わるため、人権規定は常に見直しをして行く必要がある。

　オーストラリア人権委員会には、このような見直しを行い、政策提言をする権能もある。これは具体的にはHREOCA第11条に規定されている「職権による調査」権能にもとづくもので、広範な調査や聞き取りをもとに、報告書を作成、司法大臣を通じて議会に提出し、行政に対する提言や法改正の提言を行う (*77)。このような調査は公開調査 (pubic inquiry) と呼ばれており、すでに述べたように議会、王立委員会、法改正委員会などいくつかの機関で積極的に採用されている手法でもある。

　本格的に人権委員会においてこの手法が採用されたのは、ホームレスの子どもに関する調査が最初である。この調査は、1987年から2年間にわたって行われ77の課題についての勧告を提出している (*78)。精神衛生に関わる報告書が第2の主要な公開調査であり、これも政策に大きな影響を与えた。1990年代

になってからも、毎年のように報告書の提出がされている。たとえば、1991年には『人種を理由とした暴力：オーストラリアの人種主義暴力に関する全国的調査』(*79) という報告書が発表され、その後の人種差別法の改定につながった。また、1997年には親から引き離されたアボリジニの子どもについての公開調査の報告書が公開されている。この公開調査は、司法大臣の委嘱により行われたものだが、特別の追加予算も含め150万ドル（約1億円）の予算をかけ、2年にわたり全国各地での聞き取りや公聴会が開催された。調査の結果、大部の報告書『奪われた世代』が発表され、過去数十年にわたり親からアボリジニの子どもたちを引き離す措置が州政府などによりとられていたことを明らかにした。これは、オーストラリアで、アボリジニに対する謝罪をめぐる全国的な大論争を引き起こすきっかけともなっている。

　これらの報告書の勧告にもとづき、連邦や州政府で新たな政策が採用されることも多い。精神病患者の人権に関する報告の勧告にもとづいて、各州や連邦でとられた措置には合計5億ドルが投じられたという。ただ、現在の政府は必ずしも人権委員会の公開調査の勧告に対して積極的ではなく (*80)、人権委員会は、むしろ市民を対象とした問題提起を念頭におき実施している。

3|3|2……公開調査の例――「農村地域における教育」

　最近の公開調査としては1998年後半に開始された「農村地域における教育」に関するものがある。この調査を例としつつ、具体的な実施過程をみてみよう。

　公開調査は、まず課題の設定から開始される。調査が司法大臣の委嘱による場合も、委員会の判断で独自に行う場合もあるが、どちらにせよ、課題設定には人権委員会の意見の反映がされる。「農村地域における教育」の場合は、司法大臣ではなく、人権委員の独自の判断で行われた。公開調査にかかる経費はさまざまだが、この場合は、2年間で250,000ドル（約1,750万円）が見込まれている (*81)。実施にあたっては、この予算により1名の常勤の契約スタッフが雇用され、他にも3名の職員がそれぞれ職務時間の3分の1を費やしている。

　課題としては、委員の管轄範囲であり、かつその時点で重要とされたものが選択される。農村の人権問題としては、医療に関わるものなども考えられたが、

人権委員の管轄内に含まれていない。このため、子どもの権利条約の人権規定を念頭に教育を受ける権利等が課題として選択された。課題の決定後は、調査項目の整理がされる。調査項目は、意見書募集の際に広報され、最終的な報告書の柱ともなるので、この作業は重要である。この調査においては①初等教育、中等教育が提供されているか、②技術的側面も含めた教育の質、③障害を持つ子ども、先住民族の子ども、多様な文化的、宗教的、言語的背景を持つ子どもに対する教育が適切か、の3点が調査項目として選ばれた。決定された調査項目は、全国的な新聞で通知され、他にもダイレクトメールやポスター配布により広報がされた。

　意見書受付は半年以上かけて行われ、300以上の意見書が寄せられている。公聴会は1999年3月から11月までの期間に行われた。開催された場所は、各州の首都と、それ以外の地域各州1～4ヶ所である。公聴会には速記者がつき法廷のような形式で行われる。それ以外にも、自由討議を行いその記録を作成する公開会合という形式での意見聴取もされた。こうした会合は、地方新聞の催し物案内欄で広報され、公開で行われる。さらに、メルボルン大学の青少年研究所（Youth Research Centre）に委託し、アンケート調査や2日間の電話ホットラインによる聞き取りが行われた。こうしてまとめられた意見書や証言には、キーワードが付され、提出者の名前などの詳細も記録される。報告書で引用する場合に、出典を明らかにするためである。

　こうした公開調査にあたって、もっとも困難なものは、意見書や証言の評価である。もちろん、公開調査は個別の事例に白黒をつけるためのものではないが、不正確であってもならない。このため、それぞれの証言は、追加資料や関係団体のコメントなどと照合され確認される。大半の作業はスタッフにより行われるが、人権委員も内容の検討を行う。この調査の報告書はまだ作成されていないが、2000年8月までには6分冊のテーマ別報告書として発行される予定である。

3|3|3|……裁判への参加

　人権委員会は、裁判官の許可を得て、人権に関わる裁判に参加し、法廷で証

言を行うことがある。このように参加者 (intervener) として法廷に関わるときには、当事者としてみなされ、裁判費用の負担を命じられる可能性もある。さらに、審問における裁定者としての役割と、裁判における権利の唱道者としての役割との矛盾もあるため、人権委員会は裁判への参加には非常に慎重であり、自らが参加しなければ重要な論点が審理に反映されないと考えたときにのみ法廷への参加を要請する (*82)。参加要請の対象を注意深く選択してきたため、これまですべてのケースにおいて、参加が認められている。なお、1999年の法改正により、今後は「法廷の友」として関与することと定められ、費用負担の危険なくして裁判に参加することが容易になるものと考えられている (*83)。

これまで、人権委員会が「参加者」として関与した主要な事件は17にのぼる。障害者の避妊手術に関するものが多いが (*84)、中国のひとりっ子政策を理由とした難民申請の事件 (*85)、オーストラリアで生まれた子どもを有する移民の国外退去 (*86) の事件にも関わった。ひとりっ子政策に関わる事件においては人権委員会の意見は最高裁の少数意見に反映された。国外退去の事件においては、多数派に人権委員会の意見が採用されている。

3|3|4|……障害者差別基準

障害者差別の分野においては、司法大臣が策定する「基準」づくりに人権委員会は協力している。この「基準」とは、障害差別法に規定されているもので、司法大臣が主体となって居住、連邦法・事業の運営、教育、雇用、公共輸送の5つの分野にわたり、拘束力のある基準を策定するものである。1999年5月には、建築物へのアクセスも基準策定の対象に含めるという方針が政府により出されている (*87)。これらの基準が作成されれば、司法大臣により議会に提出され、15日以内に議会が否決しなければ拘束力のあるルールとして確定する (*88)。こうした基準に合致していれば合法と見なされる。

人権委員会は、触媒的な役割を果たし、関係省庁における基準策定委員会の形成に貢献してきた。公共輸送に関する基準、建築基準については次第に合意が形成されつつあり、近い将来ルールが実現されることが期待されている (*89)。

3|4|……人権教育・研修

　人権委員会は、法律にもとづき教育、研修および世論喚起を行うこととなっている。また、現在の政府の方針もあり、オーストラリアの人権委員会は、学校での人権教育にも関心を向けつつある。1998年以来、社会科の教師が副教材として活用する雑誌において、3度特集記事を掲載した。しかし、憲法上学校教育は州の管轄とされていることもあり、これまでのところ人権委員会の人権教育とは、マスコミを使っての問題提起や、行政・企業関係者を対象とした研修が中心であるといってもよいだろう。

　障害差別法第3部第59～65条において障害差別法を実現するための行動計画の作成について規定されており、人権委員会が集約を行うこととなっている。行動計画は、団体、企業等がそれぞれ作成し、何ら強制力を持たないので、教育・研修活動の一部として考えるべきであろう。1999年6月末の段階で、134の計画が委員会に送付されている。作成した機関の内訳は、企業・非政府団体・政府系企業31、連邦政府29、州政府12、地方自治体44、教育機関20である (*90)。

　政策提言のための調査や報告書の公表も、広い意味での人権教育と考えられよう。「私たちは、お金を払って意見広告を掲載するよりも、報道機関に記事を掲載してもらうことを狙ってきました。広告はだれも信用しませんが、記事なら信用するんです」と人権委員会の広報担当者マーギー・クック氏はいう。確かにそのとおりである。日本でも、行政の意見広告やポスターなどは、いくら金をかけてもお上のお説教、おしつけと受け取られがちだ。

　親から隔離されたアボリジニの子どもたちに関する人権委員会の報告書「奪われた世代」は、テレビ、新聞、ラジオとさまざまなメディアで取り扱われた。これだけの記事を広告として掲載してもらったとするならば、少なくとも1,200万ドル（約10億円）に達するとの見積もりがされている (*91)。

3|5|……人権委員会の国際活動

　人権委員会は、積極的に二国間の国際協力活動に関与している。また、1996

年に設置されたアジア太平洋国内人権機関フォーラム (*92) の事務局を担い、アジア太平洋地域全体の人権伸張も視野においた活動を行っている。オーストラリア外務省および援助実施機関であるAusAidは、積極的にその活動を支援している。事実、人権委員会の国際活動担当官であるキーレン・フィッツパトリック氏は、現段階ではフォーラムの事務局長を兼任する (*93)。

　二国間支援としては、アジア太平洋地域の人権委員会もしくは人権委員会の設置を計画する国からのインターンの受け入れなどが行われている。

　人権委員会は国連レベルの活動にも積極的に参加している。委員会自体は1986年の設立以来、国連人権委員会に参加している。また、98年までアボリジニ及びトレス海峡諸島民社会正義委員を務めていたマイケル・ドジソンも国連人権委員会先住民族作業部会に参加するなどした (*94)。

3|6| 人権委員会の独立性と説明責任

　内閣により任命され、予算を与えられる組織がどのようにして独立性を保つのか。この問いに対する答えは容易ではない。しかし、筆者が現地でNGOなどに取材した限りでは、人権委員会の独立性への信頼は、必ずしも低くない。

　以下、いくつかの視点から人権委員会の独立性に貢献している側面、阻害している側面を検討しよう。

3|6|1| 財政

　人権委員会の財政の総額は、内閣の作成する予算案に依存する。このため人権委員会が独立機関であるといえども、政府は非常に強力な交渉材料を持ち影響力を行使する。しかし、予算の行使の詳細については人権委員会の判断で決定できる。なお、これはとくに人権委員会だけに限られることではなく、行政改革の結果、相当の裁量権が他の省庁にも認められるようになった。

3|6|2| 委員の任命過程と地位保全

　恣意的に解任できないという意味では、人権委員会の独立性は保障されており、その地位が事務次官という高いレベルであることも、独立性に寄与する。

しかし、任命のプロセス、資格要件は不透明であり、人権委員会の機能を奪おうと真剣に考えれば、無能な委員を任命すれば事足りる。実質的に政権与党が任命するので時の政府に考え方の近い人物が選ばれる傾向がある。要件の明確化、公募、第三者の参加する選任委員会の設置、議会による承認などを導入し、選任過程に政治的意図が反映されないよう考慮する必要が現地でも指摘されている。

3|6|3|……職員の選任

人権委員が法的には高い地位にあるとしても、業務の質は職員の情熱と能力によって大半は決まる。オーストラリアの場合は、労働市場の流動性が高く、雇用は基本的に公募であり、それぞれの職務に必要な経験・知識・技能を勘案し雇用するという雇用慣行が確立している (*95)。日本のように、忠誠心を出向元におき、適切な知識も情熱も持たない人間が、受け入れ側の判断抜きに派遣されてくることはない。すでに述べたように地域法律センター、各州の人権機関、連邦人権機関など、人権関連の多様な機関が存在しているため、人権・反差別に関わる専門職がひとつの業種として確立しており、人材の供給源も豊かである。このため、高い志気と職業意識を備えた組織を作る条件は存在しており (*96)、全体としてそれが機能してきたとみることはできよう。

3|6|4|……権限の法律による規定

人権委員会の独立性の基盤は法律による権限の規定にある。政府の影響を受けまいとする意図があっても、その権能の法的保護がなければ、政治的な圧力から身を守ることは困難である。パリ原則においても強調されているとおり、広範な権能を法的に規定することの意義は大きい。人権委員会においては、個別事件の救済、議会への報告、職権による調査、司法参加、世論喚起など広範な業務が規定されている。人権侵犯事件の管轄範囲と調査権限も明確に規定されている。

3|6|5|……市民社会の支持

人権保護の活動は、基本的に政府と対立する指向性を持つ。人権保障の最終

的な責任は国家にあり、人権侵害の存在は何らかの制度的・法的・行政的な不備があるということを示すからである。このため、人権委員会が政府からの独立性を保つためには、政治的圧力に拮抗できる世論の支持が不可欠であろう。

オーストラリアの人権委員会は、公開調査や報道機関を用いた広報により、世論の喚起を行うが、これは、市民社会の支持を得る努力でもある。法的に「世論の喚起」が機能として規定されていること、広範な調査と報告権限が与えられていること、そしてその機能を利用する明確な意思がこれまでの委員に存在していたことによってこれは可能となった。

もし、人権委員会が調停などだけに取り組むならば、こうした市民社会との関係づくりは困難となる。調停は基本的に非公開で解決される傾向が強く、原理的に報道機関や世論に訴えにくいからである。調停に失敗した案件は、メディアに登場するだろうが、そうした事例は争点が多く、差別性が不明瞭なものとなる場合も多い。この結果、人権委員会の活動が、そのような失敗例とのみ関連されて記憶されることになり、人権基準への信頼自体を損なう可能性もある。この意味でも、人権委員会の権限のなかに、政策の提言や広範な調査機能、世論喚起などを含めることは重要なのである。

3|6|6……透明性と説明責任

人権委員会の独立性は最終的には市民の支持に依拠する。このため、組織や意思決定の透明性の確保は不可欠である。日本の法務省による人権侵犯事件の調査が判定の根拠も手続も明らかにしないのは、市民の支持も信頼も必要でないと考えているからなのだが、それは権威主義的な社会においてのみ可能なことである。人権委員会においては、会計の報告、議会の委員会での報告に加え、個別の人権侵犯事件の調停作業においても、コモン・ローにある手続的公正さの原則にもとづき、当事者に対する情報提供が徹底して行われる (*97)。

3|7……人権委員会の課題

オーストラリアには、人権基準形成や実施に関わる多様な機関が存在する。連邦の人権委員会はそのひとつでしかない。人権基準の確立のためには、政府、

議会、裁判所なども重要な役割を果たしており、行政権力の公正さの確保は、オンブズマンや各種行政審判所に依存する。

連邦の人権委員会や各州の反差別・機会均等委員会はあくまで軽微なケースについての容易なアクセスを提供する裁判外紛争処理（ADR）として機能しており、深刻なケースについては裁判所や審判所が不可欠となっている。さらに、調停者としての顔を持つ人権委員会は、個別の事例については必ずしも被害者を支援する側に立つわけではない。不十分ながらも、個々の人権侵害の被害者を支えうるのは、民間の地域法律センターなのである。

同時に人権委員会がきわめて重要かつユニークな役割を有することも間違いない。それは、国際人権基準という外在的な基準にもとづき、すべての司法・行政・立法の過程に独自の立場で関与できるということである。オンブズマンや法改正委員会は、法制度の目的をこうした普遍的な視点から検討することはできない。

しかし、現在の人権委員会にはいくつかの改善すべき点もみられる。第1は、人権委員会と人権侵害の被害者の関係である。人権委員会は調停をする際には中立の立場をとることにより、双方から信頼され、和解の促進ができるのだが、現実には力のある者とない者との間の中立は、力のある側に利する場合が多い。とくに確信犯的に人権侵害を行う人を対象に中立の立場をとっても意味がない。明らかに人権侵害がみられるにもかかわらず調停が失敗する場合には、人権委員会は明確に人権を守るという立場をはっきりさせるべきである。この際、人権委員会に拘束力のある決定ができるようにするという考え方もあるが、人権委員会自身が調査を行うのだから、自ら調べて自ら裁定するという形になるとその公正さに問題が生じる。むしろ最終的な拘束力のある決定は裁判所に任せ、人権委員会は必要に応じて当事者とともに裁判に参加するべきであろう（*98）。

第2の問題は、そもそも人権委員会の手続を迂回し、直接裁判に持っていくことはできないか、というものである。人権委員会自体には、人権侵害の被害者に対してより敷居の低い紛争解決の場を提供するという意味があるのだが、現実に確信犯が相手ならばこれは不要な迂回路になりかねない。人権委員会の手続を経由せずに裁判ができるようにする必要もあるのではないか。

第3は、組織的な問題である。現在のオーストラリアの人権委員は、政府により任命される。このため、政権交代があった場合に、政府の人権委員会への支持が極端に減少する可能性がある。任命手続の透明性の向上は大きな課題となっている。

4 おわりに

オーストラリアという国は、人権保障という言葉からほど遠い状態でスタートした。しかし、時がたち、いつの間にか世界でも注目される人権保障制度を生み出した国となっている。この変化を理解するためには、人権委員会だけに注目しても意味はない。人権委員会は、個人の救済、公的機関の社会政策の方向づけや監視を行う諸制度のごく一部でしかない。第2節において概観したように、人権分野に限っただけでも、オンブズマン、各種王立委員会、法改正委員会などの政策提言・監視の仕組みがある。また、各種審判所なども存在している。また、なによりひとりひとりの市井の人たちとつながりながら、制度運用に実質を与える地域法律センター等の市民社会の力量がある。

オーストラリアの人権保障制度が生まれる過程で、国際人権文書が果たした役割も小さくはない。自由権規約、人種差別撤廃条約、女性差別撤廃条約などの批准が、それぞれ人権委員会法（1981年制定、現在の人権委員会の前身を設置）、人種差別法、性差別法の制定につながったのは間違いない。しかし、これらの国際人権条約は、単なるきっかけである。本当に人権を守ることのできる社会は上からは作れない。オーストラリアの制度形成過程が示すのは、これらのきっかけを自らのものとする民主的な過程の重要さである。日本が学ぶものがあるとしたら、国際人権条約の受容それ自体でも、それらを契機に生まれた出来合いの制度でもなかろう。むしろそうした「正しい結論」を権威主義的な手法で（それが審議会であれ、官僚であれ、学者であれ）導入・実現してきたこれまでの日本の過程に問題があることを認識すべきだ。戦後50年の上からの制度改革は、日本の社会制度を改善する市民社会の能力を麻痺させてきた。小渕前首相の私的諮問機関「21世紀日本の構想」懇談会がいみじくも指摘したとおり、「フロン

ティアは国内にある」(*99) ことを見つめる必要がある。

　植民地としてスタートしたオーストラリアと、伝統的社会が未だに強く息づく日本の社会とでは、社会の成り立ちは違う。しかし、日本の変化も急速である。審議会に象徴されるように官僚組織や一部の学識経験者、職能集団の代表が根拠なき権威で意思決定を牛耳る構造は、もはや市民に受け入れられるものではあるまい。人権がそうした根拠なき権威のひとつとならぬためにも、開かれた場で議論を尽くす民主主義が、なによりもまず必要とされているのである。

注

*1……たとえば、規約人権委員会における日本の人権保障制度の評価については、以下の文献を参照。日本弁護士連合会編『日本の人権—21世紀への課題：ジュネーブ1998国際人権（自由権）規約第4回日本政府報告書審査の記録』（現代人文社、1999年）、国際人権NGOネットワーク編『ウォッチ！規約人権委員会—どこがずれてる？人権の国際基準と日本の現状』（日本評論社、1999年）。

*2……Australia Constitution Act（1901年）。その後、1920年に国際連盟に参加するなど、段階的に独立を進めた。

*3……鈴木清史『増補　アボリジニー』（明石書店、1993年）とくに58-68頁参照。

*4……細川弘明「多言語社会オーストラリア」中野不二男編『もっと知りたいオーストラリア』（弘文堂、1990年）32頁。

*5……UN Doc., HRI/CORE/1/Add.44, Core document forming part of the reports of States Parties : Australia (17 June 1994), paras. 12-13.

*6……鈴木清史『増補　アボリジニー』（明石書店、1993年）80頁。

*7……Statistics: Aboriginal and Torres Strait Islander peoples, as available at the website of the Human Rights and Equal Opportunity Commission in Feb. 2000. なお、これは1991年の国勢調査からの33％もの大幅増であり、自分の出自についての認識が高まった結果ではないかとの観測もされている（同ホームページから）。

*8……UN Doc., op.cit., para. 42.

*9……1991年の調査によると、年収が12,000ドル以下の先住民は55.7％と半数以上だが非先住民の場合は41％である。2,500ドル以上の年収があるのは、先住民の場合は7.1％、非先住民の場合は22.8％となっている。Statistics: Aboriginal and Torres Strait Islander peoples、前掲。

*10……先住民は40.7％が大学を修了できないが、非先住民の場合は16.7％である。Statistics、上掲。

*11……この問題については解決は遅々として進んでいない。Indigenous Deaths in Custody: 1989 to 1996: A report prepared by the Office of the Aboriginal and Torres Strait Islander Social Justice Commissioner for the Aboriginal and Torres Strait Islander Commission (Office of the Aboriginal and Torres Strait Islander Social Justice Commissioner, October 1996) 参照。また、人種差別撤廃委員会の1994年の報告書は、オーストラリアのアボリジニが王立委員会設置当時と同じような率で拘禁中に死亡していることを懸念している。CERD 1994: "Australia. 19/09/94. A/49/18, paras. 535-551. (Concluding Observations/Comments)", in UN Doc., A/49/18, Concluding observations of the Committee on the Elimination of All Forms of Racial Discrimination : (19 September 1994), paras.535-551.

*12……先住民族の投獄数は、1988年～1995年で61％増、他方、非先住民は、38％増にとどまっている。UN Doc., CCPR/C/AUS/98/4, Fourth Periodic Reports of States Parties due in 1996: Australia (4 August, 1999), para. 72. このためか、王立委員会の調査対象時期には、年平均の獄中死は10.4人だったのが、その後は年間11.4人とむしろ増えている。ibid., paras. 69-71.

*13……オーストラリアの規約人権委員会への報告書でも、アボリジニの逮捕で実際の被害に関わらない攻撃 (assault) による逮捕が通常の2倍となっているのは、警官の挑発的態度によるもの、と認識している。op. cit., para. 74.

*14……HREOC, Bringing them Home Report of the National Inquiry into the Separation of Aboriginal and Torres Strait Islander Children from Their Families (April 1997〔as available at http://www.austlii.edu.au/au/special/rsjproject/rsjlibrary/hreoc/stolen/〕).

しかし、政府は、これはジェノサイドではなく文化保護の側面があったとしており、連邦最高裁判所も同様の趣旨の判決を下している。Tenth, Eleventh and Twelfth Periodic Report of The Government of Australia under Article 9 of the International Convention on the Elimination of all forms of Racial Discrimination 1 July 1992 - 30 June 1998 (date not known), paras. 115-118.

*15……この判決は、トレス海峡東端の小さな島の所有権を先住民（ミリアム人）とクインズランド州政府が争った訴訟の確定判決であり、この大陸が「無主地」(terra nullius) であったという事実を否定した。この判決を受け、先住権原法が制定され、先住民の領域回復への道を開いた。細川弘明「先住権のゆくえ―マボ論争からウィック論争へ」西川長夫・渡辺公三・ガバン・マコーマック編『多文化主義・多言語主義の現在―カナダ・オーストラリア・

そして日本』（人文書院、1997年）188-189頁参照。

*16……この過程については細川、上掲参照。

*17……アボリジニへの差別の歴史については、以下の文献を参照。鈴木清史『都市のアボリジニー——抑圧と伝統のはざまで』（明石書店、1995年）、中野不二男『アボリジニーの国——オーストラリアの先住民の中で』（中公新書、1985年）、鈴木清史『増補　アボリジニー』（明石書店、1993年）。

*18……"Australia. 19/09/94. A/49/18, paras. 535-551. (Concluding Observations/Comments)", in UN Doc., A/49/18, Concluding observations of the Committee on the Elimination of All Forms of Racial Discrimination : (19 September 1994), paras.535-551, paras. 543-5.

*19……UN Doc., HRI/CORE/1/Add. 44, op.cit., para. 20.

*20……全国多文化諮問協議会（National Multicultural Advisory Council）が1999年に発表したAustralian Multiculturalism for a New Century: Towards Inclusiveness: A report by National Multicultural Advisory Council (Commonwealth of Australia, April 1999) においては「オーストラリア的多文化主義（Australian Multiculturalism)」という概念が提起されている。ここでは以下のような定義がされている。「オーストラリア的多文化主義は、オーストラリアの文化的多様性を承認し、祝福（celebrate）する用語である。これは、オーストラリアとその民主主義の基本的な構造と価値に対する優先的なコミットメントの枠内で、すべてのオーストラリア人がそれぞれ個人の文化的遺産を表現し共有する権利を受容し、尊重する。これは、また以下の目的のために作成された戦略、政策、事業を指す。①行政的、社会的、経済的な構造を多様な住民（diverse population）の権利、義務、ニーズに対応可能なもの（responsive）とする、②この社会のさまざまな文化的集団の間の社会的調和を促進する、③すべてのオーストラリア人のために文化的多様性から生まれる便益を最適化する」。オーストラリアの多文化主義一般については、西川長夫ほか編『多文化主義・多言語主義の現在——カナダ・オーストラリア・そして日本』（人文書院、1997年）および関根政美『マルチカルチュラル・オーストラリア——多文化社会オーストラリアの社会変動』（成文堂、1989年）参照。

*21……この政策は今では基本的には支持されているようである。1990年代のいくつかの世論調査をみても60-87％が多文化主義を支持していることが明らかになっている。"Stastical Appendix", in National Multicultural Advisory Council, op.cit., p. 60.

*22……このころ、オーストラリアの失業率は8.8パーセントと高く、国民の過半数がハンソン議員の意見に賛成するなど、ハンソン議員への支持も見られた。首相のハワード氏は、ハンソン議員に対して抗議するどころか「こんなことが騒がれるのは、オーストラリア人がかつて人種主義者だったと学校で教えて」いるからその反発なのだ、と

の発言を行い、油を火に注いだ。これらの一連の発言は、オーストラリア社会に潜在していた差別意識を勢いづけたといわれる。中国系新聞の調査によると、発言以降、差別落書き、暴力などが2～3倍になったという。アジア系やアボリジニの子どもに対する学校でのいじめも増えた。

*23……たとえば子ども権利委員会は、アボリジニ及びトレス海峡諸島民の子もが少年司法の対象となる場合が多いことや、非英語圏出身者の間の性器切除の問題などを取り上げている。See, UN Doc., CRC/C/15/Add.79, Concluding observations of the Committee on the Rights of the Child : Australia. (Concluding Observations/Comments) (10 October 1997). 同様に女性差別撤廃委員会も先住民、移民の女性の状況に懸念を示している。See, "Australia (Concluding Observations/Comments)", in UN Doc., A/52/38/Rev. 2, Concluding Observations of the Committee on the Elimination of Discrimination Against Women (22 July 1997), paras.365-408, para. 397. 社会権規約委員会は、先住民の教育について懸念を表明している。UN Doc., E/C.12/1993/9, Concluding observations of the Committee on Economic, Social and Cultural Rights : Australia (3 June 1993), para. 8.

*24……Human Rights and Equal Opportunity Commission, Our Homeless Children: Report of the National Inquiry into Homeless Children (Australian Government Publishing Services, Canberra, 1989).

*25……UN Doc., CRC/C/15/Add.79, op.cit., esp. para. 18.

*26……UN Doc., CEDAW/C/AUL/3.

*27……"Australia (Concluding Observations/Comments)", in UN Doc., A/52/38/Rev. 2, op.cit., paras.365-408, para. 394.

*28……NSW Ombudsman, Police Adversely Mentioned at the Police Royal Commission: a special report to Parliament under section 31 of the Ombudsman Act, May 1998, p. 5.

*29……NSW Police Integrity Commission Annual Report 1998-1999, 1999, p. 36.

*30……Hilary Charlesworth, "The Australian Reluctance About Rights", in Philip Alston, Towards an Australian Bill of Rights (Cennter for International and Public Law, Human Rights and Equal Opportunity Commission, 1994), pp.21-53, p. 23. より広範な権利が憲法により保障されているとの主張も存在する。See, Peter Bailey, Human Rights: Australia in an International Context (Butterworths, Sydney, 1990).

*31……さらに、国際人権法は裁判所の解釈に影響を与えていることも留意すべきである。村上正直によれば、現在オーストラリアの最高裁では、国際人権条約の適用について以下の原則が確立しているという。第1は、条約の間接

的適用、すなわち制定法や法令が曖昧な場合には、条約にもとづく同国の義務に一致する解釈がされること、第2は、裁判所がコモンローを発展させる際の指針とされること、第3はオーストラリアによる条約の批准が行政府がその条約にそって行動するという正当な期待を生み、それを考慮せずに決定することが許されない、というものである。村上正直ほか『人権諸約の国内的実施に関する実証的研究・研究成果報告書』(1998年4月)。

*32……たとえば、タスマニア州において同性愛行為が刑法により禁止されていたことについて、国際人権規約違反ではないか、との指摘が現地の団体により1988年からされていたが、連邦政府は行動をとらなかった。議会が人権(性的行為)法を制定したのは、個人通報にもとづき規約人権委員会が規約違反と結論づけた後の、1994年である。タスマニアの刑法が無効とされたのは、同法にもとづき現地団体が最高裁判所に提訴、その結論が出た1997年のことであった(タスマニア州、ゲイ・レズビアン運動のRodney Croomeへの筆者のインタビュー〔1998年7月27日〕より)。

*33……Mandatory detention laws in Australia, An overview of current laws and proposed reform, as available at http://www.hreoc.gov.au/human_rights/child_rights/h5_1_7.html.

*34……Human Rights Explained, Section 5: Human Rights in Australia, as available at http://www.hreoc.gov.au/hr_explained/australia/index.html.

*35……たとえば1997年から始まった人権委員会法の改正プロセスにおいても、人権委員会、地域法律支援センターなどが意見書の提出を行っている。この種の意見書の例としては、See, Submission of the Human Rights and Equal Opportunity Commission to the Senate Legal and Constitutional Legislation Committee on the Human Rights Legislation Amendment Bill 1996 (Human Rights and Equal Opportunity Commission, 1997), Supplementary Submission of the Human Rights and Equal Opportunity Commission to the Senate Legal and Constitutional Legislation Committee on the Human Rights Legislation Amendment Bill 1996 (Human Rights and Equal Opportunity Commission, 1997), Submission on Human Rights Legislation Amendment Bill (No. 2) 1998 (Centre for International and Public Law, 11 July, 1998), Submission on the Human Rights Legislation Amendment Bill (No. 2) 1998 (Combined Community Legal Centres' Group (NSW)-Human Rights and Discrimination Committee, Sydney, 1998).

*36……連邦政府だけで、1972～1993年の21年間に、339の案件について議会任命の委員会により公開調査が行われている。Patrick Weller ed., Royal Commissions and the Making of Pubic Policy (Macmilan Education, Melbourne, 1994)。加えて、議会の委員会も法案や政策課題について類似の公開調査を実施する。さらに法改正委員会、人権委員会などの常設法定機関も独自に公開調査を実施する。

*37……連邦の法改正委員会は、1975年に設置された独立委員会であり、司法大臣の諮問を受け法改正に向けての調査・提言を行う。最終的な提言を作成する前に草案を討議文書として発表、意見を広く募集することが多い。See, Autralian Law Reform Commission, Report No 83: Annual Report 1997 (Australian Government Publishing Service, Canberra, 1997)。各州にも同様の機関が存在している。

*38……ATSICの設立の経緯については、鎌田真弓「ATSIC：オーストラリア先住民族自決理念の制度化」名古屋商科大学論集42巻2号（1998年3月）が詳しい。また、See, http://www.atsic.gov.au/about_atsic/atsic_at_a_glance/glance/glance.html。

*39……Aboriginal and Torres Strait Islander Commission, ATSIC Annual Report 1998-1999 (Commonwealth of Australia 1999), p. 89.

*40…… See, National Multicultural Advisory Council, op.cit., この文書もまず1997年に討議用資料としてMulticultural Australia: The Way Forward: National Multicultural Advisory Council Issues Paper - December 1997 (Australian Government, 1997)を発行し、その後の全国の意見聴取を踏まえて作成された。

*41……移民省は、批判に対して、それぞれ妥当しないとし、対応をとっていない。Department for Immigration and Multicultural Affairs, Annual Report 1997-98 (Australian Government, 1998), pp. 48-49.

*42…… UN Doc., HRI/CORE/1/Add. 44, op.cit., para. 254.

*43……http://www.eeo.gov.au/aboutus/index.html参照。

*44……CRC/C/8/Add.31. Initial report of Australia (1 February 1996), paras. 84-85.

*45…… Twenty Years of the Commonwealth Ombudsman 1977 - 1997 (Commonwealth Ombudsman's Office, Canberra, 1997)

*46……オンブズマンの機能については、オンブズマン法のSect. 5.において規定されている。 Ombudsman Act 1976 REPRINT No. 5 (Consolidated to 11 June 1997) (Australian Government), Sect.5。

*47……情報を求める権限については、Ombudsman Act, Section 9-11において規定されている。情報提供がされない場合は、連邦裁判所の令状を求めることができる。

*48……州レベルにおいてはオンブズマンが間に入っての調停（mediation）がされる場合もあるが（NSW州の場合）、連邦レベルにおいては、行政機関に対しては勧告を提出し、申立人には報告を提出するという形をとっている。報告は、調査不実施の場合はその理由、実施した場合は、調査の概要および勧告の内容についての情報を含む必要がある。Ombudsman Act, s 12.

*49……連邦及びニューサウスウェールズ州オンブズマンの1998〜99年次報告書による。
*50……もっとも最近作られたのはタスマニア州で1999年末である。
*51……NSW州の場合は、オンブズマンが児童対象のサービスに関して調査を行う。
*52……非合法上陸者については、入管職員にはかつては難民や移民手続を通知する義務があると見なされていたが、HREOCの調査報告が公開されてから、むしろこれらの義務はないことを明記する移民法改正が1998年に行われている。Commonwealth Ombudsman Annual Report 1998-1999 (Commonwealth of Australia,1999), p. 12.
*53……アボリジニ、女性運動などについては、Verity Burgmann, Power and Protest: Movements for Change in Australian Society (Allen & Unwin, St Leonards, NSW, 1993)参照。
*54……National Association of Community Legal Centres, Community Legal Centres in Australia: A Briefing Paper (2000).
*55……1998〜1999年度の地域法律センター助成額は、1,865万9,000ドル。Attorney General's Department, Annual Report 1998-99, p. 80.
*56……Human Rights Legislation Amendment Bill (no.2) 1998, A Bill for an Act to rename the Human Rights and Equal Opportunity Commission, create the Office of the Privacy Commissioner, amend the law relating to human rights, and for related purposes: Presented and read a first time (The Parliament of the Commonwealth of Australia, House of Representatives, 1998).
*57……オーストラリア人権委員会人事部長Peter Fardon氏への聞き取りによる（1998年8月）。
*58……本稿においては、政府の持つデータやクレジット情報を扱うプライバシー委員は、考察の対象から外している。
*59……DDA Sect.69 1A. なお、通訳が必要な場合は、連邦政府の通常の通訳サービスにより、提供がされる。
*60……Complaint Procedures Manual (Human Rights and Equal Opportunity Commission [date not available])による。なお、このマニュアルは人権委員会の内部の手続に関するものだが、販売されているため、誰でも人権委員会の申立処理手続の詳細を知ることができる。
*61……RDA, s24 (2) (a), SDA, s52 (2) (a), DDA, s1 (2) (a).
*62……RDA s24 (2) (b), SDA, s52 (2) (b), DDA s71 (2) (b).
*63……RDA s24 (2) (c), SDA, s52 (2) (c), DDA s71 (2) (c).
*64……RDA s24 (2) (d), SDA, s52 (2) (d), DDA s71 (2) (d).
*65……マニュアル, para. 1.4.7.4. (c).
*66……RDA, s24B, SDA s54, HREOCA s21, DDA s73.
*67……連邦行政機関対象の場合は拘束力を持つが、行政不服申立審判所への申立が可能。
*68……もっともこのなかには単一の案件

に関する467の申立が含まれる。
*69……Theresa Ssali (Senior Community Development and Settlement worker)への筆者のインタビュー（1998年7月23日、メルボルン）。
*70……Devereux, A, "Human Rights by Agreement? A case study of the Human Rights and Equal Opportunities Commission's use of Conciliation", in Australian Dispute Resolution Journal (1996 , 7 (4)), pp.280-301.
*71……Sex Discrimination Act, Sect. 44. Disability Discrimination Act, Sect. 55.
*72……筆者によるDavid Mason障害差別政策部部長へのインタビュー（2000年2月）、およびSally Moyle, Senior Advisor to the Sex Discrimination Commissioner（1998年8月）へのインタビュー。
*73……Human Rights and Equal Opportunity Commission: Annual Report 1998-1999 (Human Rights and Equal Opportunity Commission, 1999), p. 66.
*74……筆者によるDavid Masonへの聞き取り（2000年2月24日）。
*75……NSW州障害差別法律センターコーディネーターRobin Banksへの聞き取り（1998年7月）。
*76……人権委員はこれらの課題についても国際条約（とりわけILO111号条約）にもとづき調停は可能なのだが裁判では扱えない。
*77……HREOC Inquiries (note prepared by Meredith Wilkie, Director, Human Rights Unit, 2000)
*78……Human Rights and Equal Opportunity Commission, Our Homeless Children: Report of the National Inquiry into Homeless Children (Australian Government Publishing Services, Canberra, 1989).
*79……Human Rights and Equal Opportunity Commission, Racist Violence: Report of National Inquiry into Racist Violence in Australia (Australian Government Publishing Service, Canberra, 1991).
*80……これは政権交代のタイミングとも関わる。たとえば『奪われた世代』を委嘱したのは労働党政権の司法大臣であるが、プロジェクトが始まる前に、政権交代があったため保守党の司法大臣は、当初から勧告を受けいれる予定はないと明言していた。このため、人権委員会は世論喚起と広報を『奪われた世代』公開調査の目的として実施したという。Meredith Wilkie, Director, Human Rights Unitへの筆者のインタビューによる（2000年2月24日）。
*81……プロジェクト期間、1人の常勤スタッフの雇用が行われる。
*82……人権委員会の内部のガイドラインによれば、①オーストラリアの法廷の事物管轄にある人間の権利に関わるもの、②人権及び機会均等委員会法など人権委員会の関連諸法に関わること、③裁判の主要争点に関わること、④ほかの者によって人権委員会が提出しようとしている争点が出されていないこと、⑤当事者に参加の意思を示すこと、

⑥裁判所によって参加が求められた場合、などの条件があげられている。Commission Guidelines for Intervention in Court Proceedings, approved by the Commission on 10 May 1994．

*83……筆者によるスーザン・ロバート人権委員会法務部長へのインタビュー（2000年2月23日）。

*84……Re a Teenager, (1988) 94 FLR 181, Secretary, Department of Health and Community Services v JWB and SMB (1992) 175 CLR 218など。

*85……C, L, J&Z v Minister for Immigration and Ethnic Affairs, Mr. M W Gerkens and Mr. Crachnas (30 March 1995, Federal Court).

*86……Minister of State for Immigration and Ethnic Affairs v Teoh (1995) 183 CLR 273 (High Court).

*87……Human Rights and Equal Opportunity Commission: Annual Report 1998-1999 (Human Rights and Equal Opportunity Commission, 1999), p. 67.

*88……Disability Discrimination Act 1992 (Australian Government), Sect. 31.

*89……筆者によるDavid Masonへの聞き取り（2000年2月24日）。

*90……Human Rights and Equal Opportunity Commission, op.cit., p. 66.

*91……Mervyn Smythe & Associates, June 1998, An Analysis of the Media Coverage of Bringing Them Home: The Report of the National Inquiry into the Separation of Aboriginal and Torres Strait Islander Children from Their Families, Vol. 1. Analysis and Summary Data (The Human Rights and Equal Opportunity Commission, June 1998).

*92……同フォーラムの活動については、拙稿「アジアにおける人権機関の発展とアジア太平洋国内人権機関フォーラム」『ヒューライツ大阪』（アジア・太平洋人権情報センター、No. 24, 1999年3月）4〜5頁参照のこと。

*93……現在、アジア太平洋国内人権機関フォーラムは、法人化を進める予定であり、それが実現すれば、その雇用条件も変わると考えられる。

*94……Human Rights and Equal Opportunity Commission: Annual Report 1996-1997 (Human Rights and Equal Opportunity Commission, 1997), p. 59, and Human Rights and Equal Opportunity Commission: Annual Report 1997-1998 (Human Rights and Equal Opportunity Commission, 1998), p. 56.

*95……このような雇用慣行が雇用差別の特定を可能としているということもここで留意しておきたい。雇用の資格が明確に示されるからである。

*96……もちろん、こうした組織には別の意味での欠点はある。専門家指向が強いために柔軟な組織変更や業務変化が困難となるのである。

*97……人権委員会の公開調査においては、採用されなかった意見に対する見解が必ずしも明らかにされるわけではない。

これは、人的・資金的な限界を理由としているが、手続的には問題があろう。

*98……この見解は、筆者のインタビューした地域法律センター関係者にほぼ例外なく共有される考え方である。

*99……「21世紀日本の構想」懇談会『21世紀日本の構想：日本のフロンティアは日本の中にある―自立と協治で築く新世紀―』（2000年1月）。なお、この21世紀懇談会自体が、自立とも協治ともあまり関係ない旧態依然たる「審議会」であったことは、指摘しておきたい。

ニュージーランドの人権法と人権委員会
小国の創意と実績から学ぶもの

申惠丰

しん・へぼん／青山学院大学法学部助教授

1 ニュージーランドの人権状況

　ニュージーランドは、日本とほぼ等しい面積の国土に、人口が約360万人という小国である。最大の都市であるオークランド（首都はウェリントン）でも、約100万人という規模にすぎない。日本では一般に、のどかな酪農の国というイメージが強い国であるが、生活水準は高く、ひとりあたりGNPは約1万5千ドル、識字率はほぼ100％という先進国である。イギリスの植民地から1907年に自治領となり、1947年に独立する。イギリスの法制の多くを受け継ぎ、現在も英コモンウェルスの一員としてイギリスとは緊密な関係を持っているが、階級意識の残るイギリスと対照的に「平等主義的（egalitarian）」な社会であるという言葉がよくこの国の人から聞かれる。すでに1893年、世界初の女性参政権を確立したのはニュージーランドであった（大多数の西欧諸国、また日本は第二

次大戦後)。イギリス式の福祉国家体制の行きづまりを打開すべく、近年は赤字財政の建て直しに正面から取り組み、他国に例をみないといわれるほどの大胆な行財政改革をやってのける「実験国家」でもある。外国人に政治参加が広く認められていることでも知られ、地方自治体のみならず国政のレベルでも、一定の要件を満たす外国人に参政権を与えているという先駆的な国である。

　ニュージーランドに特徴的な人権問題としては、先住民であるマオリ族をめぐるものがまずあげられる。マオリは、イギリス人が入植する前にこの地に住んでいた人々であり、その後、人口比では白人と逆転したものの、今日でもニュージーランドの全人口の約14％を占めている。イギリスはニュージーランドを植民地にする際、マオリの族長らと正式に協定を結び (1840年のワイタンギ条約)、マオリに対してもイギリス臣民としての平等な権利を保障した。この点は、隣国オーストラリアが先住民アボリジニとの間でそうした合意を持たず、今世紀後半になってようやくアボリジニの人々に市民権を付与したという状況とは大きく異なる。しかし、国家形成の過程におけるマオリ社会の解体により、マオリの伝統的な産業や生活基盤は大きく掘り崩され、とりわけ都市に流れたマオリの人々の立場は脆弱化した (*1)。ニュージーランドは全体としては非常に豊かな社会ではあるが、統計を見れば、マオリの経済的、社会的状況が顕著に劣っていることが一目瞭然である。失業率、所得、就学率、平均寿命、乳児死亡率、疾病率、犯罪件数などで、マオリは白人のニュージーランダーより明らかに劣悪な状況にある (*2)。また、マオリは、肌の色や顔かたち、貧困者の多さなどから、心ない白人たちの根強い嫌悪の対象となり、差別的発言や待遇を受けることも珍しくない。

　また、マオリの状況とも関連するが、ニュージーランドで現在問題となっているのは、徹底した行財政改革がもたらした悪影響である。1980年後半から1990年代前半にかけて、政府は「小さな政府」を目指して鉄道、郵政、住宅、教育などの各分野で大規模な民営化と規制緩和を断行するとともに、社会保障を大幅に削減したが、その結果、高齢者や貧困層の人々の生活は相当な打撃を受けた。また、労働分野での規制緩和の一環として、1991年には、雇用者と被雇用者の個別の自由交渉を柱とする雇用条件の決定を定めた「雇用契約法」

が成立したことも、労働組合権や団体交渉権の保障という観点からみて大きな後退であった。これらの一連の変化の結果、経済的、社会的弱者へのしわ寄せが顕著になり、ニュージーランドの美点であった平等志向もこれで蔭ってしまったとの指摘もなされる。そしてこの悪影響は、貧困層の多いマオリ（とくに、マオリに多い母子家庭）に作用しているといわれている。

このほか、移民の数が増加している中で、アジア系移民に対する暴力事件など、人種差別のからんだ悪質な人権問題も目立つ。職場でのセクシュアルハラスメントのような女性の権利侵害も少なくない。「楽園」と形容されがちなこの国も、さまざまな人権問題を内に抱えている点では他の国と同様である。しかし、ニュージーランドの場合、本稿で取り上げる人権委員会をはじめとして、人権問題に対処するための国内法と国内人権機関を早くから積極的に整備し、運用してきていることが注目に値する。とりわけ、最近の動きとして特筆すべきなのは、性や人種、宗教などはもちろん、年齢、障害、人との間柄、性的志向性などによる差別をも含めて差別を包括的に禁じた「反差別法」ともいうべき1993年人権法の存在と、この法にもとづいて任務を遂行している人権委員会の活動である。以下では、人権法と人権委員会を中心に、人権保護のためのニュージーランドの取り組みについてみていくこととしたい。

2 ニュージーランドにおける国内人権機関の設置の経緯

ニュージーランドにおける国内人権機関の設置と関連法の制定を概観して明らかになることは、1970年代に始まって90年代に至るまでの一連の動きが、国際人権規約などの国連の人権条約の批准を直接・間接の契機としていることである。

ニュージーランドは、イギリスなどと同じく不文憲法の国であって、日本国憲法の人権規定のような、国家権力から人権を保護するための明文の法規定を元来持っていない。権力の濫用から個人の権利を守るための仕組みとしては、1962年、英語圏の国としてははじめてオンブズマン法が制定され、オンブズマンが設置されたことがひとつの進展であった（1975年には、中央政府だけでなく

地方自治体にもオンブズマンの権限を拡張)。オンブズマンは議会により任命され、市民の申立にもとづいて行政行為の適法性を行政府から独立して審査する権限を与えられている点で、人権保護にとっても重要な役割を果たしてきた。しかし、これを別とすれば、人権保護それ自体を目的とした具体的な法制度・機関の整備には、国連で作成された各種の人権条約の批准・加入が及ぼす力が大であった。

　ニュージーランドは、国際条約の受け入れについては「変型」体制をとる国である。つまり、国が条約を批准した場合、それにより国は国際的には条約上の義務を負うが、批准しただけでは、条約はそれ自体では国内で法として効力を持たない。国内で条約の内容を実施するためには、別途に議会で法律を制定する必要がある、というものである（これに対し日本は「受容」体制をとっており、批准した条約は何の特別の手続をとらずともそのまま国内法として国内で効力を持つ）。こうした体制をとっていることもあって、ニュージーランドは、国連の人権条約を批准するにあたり、原則として事前に、条約実施のための国内法をそのつど制定し、条約と国内法制との合致に努めてきたのである。

2|1……初期（1970年代）

　ニュージーランドにおける国内人権機関と国内法の整備は、1971年の「人種関係法」の制定にさかのぼる。この法は、住居の入居、教育の提供などの場での人種差別（厳密には、人種、皮膚の色、国民的もしくは種族的出身にもとづく差別）を禁止するとともに、人種関係調停官（Race Relations Conciliator）という職位を新設し、差別の申立を受理し調停する任務を与えた。これは、ニュージーランドが翌1972年に国連の人種差別撤廃条約に加入する見通しが確実になったことをふまえ、それに先立って制定された法律である。人種差別撤廃条約は、国連の作成した人権条約ではもっとも早い1965年に採択され、1969年に発効した条約で、政府や地方自治体など公の機関が差別を行わないだけでなく、いかなる個人や集団による人種差別をも禁止し終わらせる義務を国家に課している。このような私人（一般個人）間の人種差別は、具体的にそれを禁止する法律があり、差別に対しては何らかの救済が与えられる体制になっていなければ、個人

の努力だけで簡単になくなるものではない。ニュージーランドは、1971年という早い段階ですでに人種差別を禁ずる国内法を制定し、人種差別撤廃条約の批准を行ったのである（ちなみに、日本が同条約に加入したのは1996年である）。また、この条約は、人種差別を扇動したり、いずれかの人種や人種集団に対する暴力行為を扇動したりすること、人種差別の扇動を行う団体に参加することなどを犯罪として処罰することも求めており、いくつかの国はこの部分が「表現の自由」に抵触するとして留保を付しているが（日本も同様）、ニュージーランドの人種関係法は、この義務に対応する規定も整備している。

続いて、1977年には、「人権委員会法」が制定される。この法律の制定は、国際人権規約の批准に先立って行われたものであるが（その後1979年に批准）、本法ができるにあたっては、女性団体の運動の力が大きかったと伝えられている(*3)。これにより、人権委員会 (Human Rights Commission) がはじめて設置されるとともに、機会均等審判所 (Equal Opportunities Tribunal) が設けられ、差別の申立を人権委員会さらには審判所へ持ち込むことができるようになった。ただし、この法では、人権委員会が扱う差別は、性、宗教など、国際人権規約（そのうち、市民的及び政治的権利に関する国際規約。自由権規約とも略される）の禁ずる差別の範囲にとどまっていた。この人権委員会法は、人種関係法とともに、その後1993年になって、以下に述べる現行の人権法により統合され廃止されることになる。

2|2| ……最近の展開（1980〜90年代）

こうして、1970年代後半には、現在に至る人権委員会も設置され、国内人権機関の基礎ができていたが、さらにその後、人権保護に関するニュージーランドの国内法制は大きく展開をみせることになる。その頂点といえるのが、1990年の権利章典法の制定と、1993年の人権法の制定である。

2|2|1| ……1990年権利章典法

権利章典法 (Bill of Rights Act) は、正式名称を「(a) ニュージーランドにおける人権及び基本的自由を確認、保護及び促進し、かつ (b) 市民的及び政治的

権利に関する国際規約に対するニュージーランドのコミットメントを確認するための法」という（以下、「権利章典法」とする）。権利章典法は、国家の立法・行政・司法機関およびその他、公権力を行使する人や機関の行為のみを対象とした法律である。

　ニュージーランドでも権利章典を作ろうという考えは過去にも存在したが、1980年代前半、当時の国民党政権の腐敗や密室性を批判した労働党が「開かれた政府（Open Government）」を掲げ、権力の濫用を防ぐためには明文の権利章典を制定するべきであるとの立場を明確に打ち出したことから、急速にその気運が高まった。1984年に労働党が政権を取ったことで、弁護士で憲法学者でもあるパーマー法務大臣のリーダーシップのもと（*4）、権利章典の制定は一挙に現実化することとなった。なお、ちょうどこの時期、同じコモンウェルスの仲間であるカナダが「カナダ人権憲章」を制定し（1982年）、人権保護の強化にのり出したことも、ニュージーランドにとって少なからぬ影響を与えた。カナダ人権憲章は、権利章典のひとつのモデルとして、ニュージーランドが批准している自由権規約とともに、権利章典法制定にあたっての重要なよりどころとなったのである（*5）。法律の長い名称の後半部分が示すように、この法律は、ニュージーランドが自由権規約を遵守する国際的な義務を負っていることをはっきりと意識して作られている。内容をみると、拷問や残虐な取り扱いを受けない権利、思想や良心の自由、被拘禁者の権利、公正な裁判を受ける権利など、29ヶ条からなる条文のかなりのものは、自由権規約の内容と重なっている。少数者（マイノリティ）に属する人の権利の規定なども、明らかに、自由権規約を下敷きにしたものになっている。ただ、マオリの権利に関しては、権利章典法は何ら言及していない。

　イギリス式議会主権の伝統を強く受け継いでいるニュージーランドゆえ、権利章典法といっても通常の法律でありその効力は限られている（権利章典法は通常の法律よりも上位におかれる法ではなく、裁判官がこの法律にもとづいて他の法律の規定を無効と判断したりすることはできない）ことは注意すべきである。実は、マオリの権利について言及がないという事実は、このことと密接に関係している。パーマーらは当初、ワイタンギ条約を権利章典法に組み込むことを構想していたが、

この国で憲法的地位を持つワイタンギ条約の地位がかえって低くなることを恐れたマオリの大勢の反対によって挫折したのである。この点は、マイノリティである先住民マオリが、多数者の議決によって通され改廃も容易な「議会制定法」による人権の保護に対して根本的に不信感を持っていることを示すものとして、この国における人権保障を考える際にひとつの示唆を与える。しかし、一般的には今日、権利章典法は、主に刑事手続の分野において、これに違反して得られた証拠の排除、人権侵害に対する救済などに関して裁判実務にも影響を及ぼし、人権保障に寄与していると評価を受けている (*6)。

　この関連でまた、権利章典法が自由権規約の遵守を目的のひとつとして明示的に掲げている結果、裁判において弁護人や裁判所が規約および規約人権委員会の先例を参照するケースが増加していることも、ふれておくべきであろう。「変型」体制の国では、条約と国内法が合致しない場合には論理的には国内法が優位に立つとはいえ、できる限り条約上の義務に反しないよう国内法を解釈する、という慣行が今日みられるが (*7)、ニュージーランドではさらに、国内法がある条約の実施を目的としている場合には、その条約をその国内法の解釈のために用いうることが認められているからである (*8)。加えて、1989年にニュージーランドは自由権規約の第一選択議定書を批准し、国内裁判所は、規約上の義務に反する判断をすれば後に個人通報によって事案が規約人権委員会に付されうる現実的な可能性に直面することとなった (*9)。このため最近では、最高裁の裁判官からも、権利章典法の解釈にあたっては国際的な先例を考慮することが基本的な重要性を持つ、とまでの言及がなされるようになっている (*10)。このような情勢の進展は、人権条約の個人通報制度というものに一切加わっていない日本において、政府も裁判所の大半も人権条約上の義務をほとんど真剣にとらえようとしていない現状との対比で、注目に値するといえよう。

2|2|2|……1993年人権法

　1993年には、現行の人権法が成立する。この法律の正式名称は「1971年の人種関係法及び1977年人権委員会法を統合及び改正し、かつ、国連の人権規約または条約に一般的に合致してニュージーランドにおいてより良い人権保障

を提供するための法」であるが、略して「人権法（Human Rights Act）」と呼ばれている（*11）。人権法は、人種関係法が対象としていた人種差別を含めて、禁じられる差別の範囲をさらに広げるとともに、差別の申立の処理をはじめとする人権委員会の任務について規定している。これにより、人種関係法と人権委員会法は廃止され、人権委員会は新たな権限をもって活動を継続、また人種関係調停官は、人権委員会の委員を兼務しつつ職務を行うこととなった（人権委員会の委員の構成などについては、後述する）。また、従来の機会均等審判所に代えて、新たに申立審査審判所（Complaints Review Tribunal）が新設され、差別事案の処理にあたることとなった。なお、人種関係法を統合した結果、人種差別の扇動などを刑事訴追の対象とする規定も人権法に組み込まれた（第131条）（*12）。

　新しい人権法の特色は、何よりも、違法な差別をきわめて包括的にカバーしていることである。人権法第21条によれば、禁止される差別とは、次のものに及ぶ。(a) 性。これには、妊娠および出産を含む。(b) 婚姻上の地位、すなわち、未婚か既婚か、配偶者と別居しているか、死別したか、事実婚状態か。(c) 宗教的信念。(d) 倫理的信念、すなわち、宗教的信念を持たないこと。(e) 皮膚の色。(f) 人種。(g) 民族的または国民的出身。これには、国籍や市民権を含む。(h) 障害すなわち、身体的障害、精神的疾病、知的障害、その他の何らかの機能の異常、盲導犬や車椅子その他の医療器具の使用。(i) 年齢。(j) 政治的意見。これには、政治的意見を持たないことを含む。(k) 雇用上の地位、すなわち、失業中であること、または社会保障法もしくは事故補償法にもとづく補償を受給していること。(l) 家族的地位すなわち、子どもその他の扶養家族に対して、パートタイムまたはフルタイムで世話をする責任を負っていること、子どもその他の扶養家族がいないこと、ある特定の人と婚姻しもしくは事実婚関係にあること、またはある特定の人と親族関係にあること。(m) 性的志向性、すなわち、ヘテロ（異性）セクシュアル、ホモセクシュアル、レズビアン、またはバイセクシュアル。

　人権法は、権利章典法とは対照的に、私人の行為を対象としたもので、適用分野は雇用、住居、財やサービスの提供、職業訓練、公衆の場へのアクセス、教育の諸分野に及ぶ。つまり、人を雇うとき、家主がアパートを貸すとき、小

売店主が品物を売るとき、レストランが客を入れるときなどに、上記のいずれかの事由で差別をすることはこの法により明確に禁じられるのである。ただ、もちろん、場合によっては差別と認められない扱いもあるので（たとえば、男性の役をやらせるために女優よりも男性の俳優を雇うことは正当な理由がある）、人権法は、差別とならない場合や例外とみなされる場合について細かい規定をおいている。なお、政府機関の行為に対するこの法の適用は、国内法の調整に時間がかかるとの理由で当面猶予されている（1999年7月の段階では、2001年末まで適用を延期するとされた）。

人権法のほか、ニュージーランドで現在、人権保護にかかわる主な法律としては、1993年のプライバシー法や、1994年の保健および障害委員法もあげられる。プライバシー法のもとでは、プライバシー委員がおかれ、プライバシーの侵害に関する申立の処理を行っている。保健および障害委員法は、患者の権利侵害に関する申立を処理する委員をおいたもので、国立病院内で女性の精神病患者がひどい取り扱いを受けているとの衝撃的な報告書（カートライト・レポート。女性差別撤廃条約委員会の元委員であり、現在高等裁判所判事のカートライト女史の手になるもの）が問題となった後に制定された法律である。これらの法律のもとでの申立は、それぞれの委員によって解決されない場合は申立審査審判所（人権法にもとづく）に付託されることになっている。また、プライバシー委員は、人種関係調停官と同様、職務上、人権委員会の委員を兼ねる仕組みになっている。そこで、以下では、ニュージーランドにおける人権保護の中心的存在といえる人権委員会の組織や活動について、詳しくみていくこととしよう(*13)。

3 人権委員会の組織

人権委員会（以下、適宜「委員会」とする）は、上述した1977年の人権委員会法によって設立され、現在は1993年の人権法にもとづいて機能している機関である。委員会は、委員長（Chief Commissioner）、人種関係調停官として任命される委員、プライバシー委員として任命される委員、手続委員（Proceedings Commissioner）として任命される委員、およびその他の、3名をこえない委員

（したがって、全部で7人以下）で構成されることになっている。これらの委員のうち、プライバシー委員以外の委員はすべて、法務大臣の推薦にもとづき、総督によって任命される。総督とは、イギリス国王を代表する機関であるが、現在では名目的な任務しか果たしておらず、人権委員の任命においても実質的な権限を持っているわけではない。委員の任期は、5年をこえない期間とされ、再任を妨げない。なお、委員会の年間予算は年間約430万ニュージーランドドル（1998年8月現在のレート換算では約2億8千万円）であり、そのほとんど全額が政府からの拠出金である。

　委員として推薦されるための基準としては、人権法に、法務大臣は「その個人的資質だけでなく、委員会に持ち込まれそうな問題の異なった側面における知識又は経験をも配慮」することとの規定がある。やや漠然とした基準であるという感は否めないが、裁判所のように法律の専門家で固めるのでなく、問題をさまざまな観点から公正に検討できる人材、という意図があることがうかがえる。歴代の委員の顔ぶれをみると、大学教授や裁判官などの法律家もいるが、必ずしも法学のバックグラウンドをもっている人が多いというわけではなく、むしろ各方面から多彩な人材が集められている（筆者が現地調査を行った1999年3月時点での委員長はジェフリーズ（P. Jeffries）という女性であったが、彼女はもともと金融の専門家とのことである）。また、民族的な構成も多様であり、同じく1999年3月当時のひとりの委員クープ（A. Koopu）氏はマオリの女性（この委員は、ワイタンギ条約にもとづくマオリの訴えを審理するワイタンギ審判所の審判官も兼職していた）であったし、人種関係調停官はインド系の男性であった。

　以上の委員が執行部として委員会の政策決定にあたっているが、委員のほか、1996年には、マオリの人権問題を専門に扱うもの（マオリ・アドバイザー）として、カイワカリテ（Kaiwhakarite）という職位が新たに設けられた。これは、委員会が全体としてマオリの人々のニーズをよりよく把握できるようにとの改善が図られた結果である。カイワカリテは、委員長に対し直接に助言や報告を行うことになっており、筆者の訪問当時はマオリの男性がその職にあった。

　この執行部の下にマネージメント部門があり、広報・プロモーション担当、申立サービス担当などに分かれている。人権委員会の事務所は、ウェリントン、

オークランド、クライストチャーチの3都市におかれているが、もっとも規模が大きいのはオークランド事務所である。スタッフの数でいうと、1998年8月現在で、ウェリントン6名、オークランド29名、クライストチャーチ5名となっている。この計40名のうち、29人と半数以上が女性である (*14)。筆者が訪問したのはウェリントンとオークランドの事務所であるが、ウェリントンの事務所は閑静な官庁街、オークランドの事務所は街の中心部で、観光客や買物客で賑わうオークランド随一の目抜き通りに面したビルのなかにあった。いずれも、交通は至便である。委員たちはオークランドを拠点としている人が多いが、ワイタンギ審判所の審判官を兼任するクープ委員は、審判所のあるウェリントンに大抵いるとのことだった。人種関係調停官とプライバシー委員は、オークランドで人権委員会の事務所から遠くない場所にそれぞれ自らの事務所を持っている。これらの委員が、必要に応じて会合の際に参集する。

　受付の応対は親切で感じが良く、威圧感をまったく与えない。後で資料を見てわかったことであるが、委員会の目標や計画を述べた文書に「クライアント（顧客）サービス基準及び政策」という章があり、そのなかに、電話の応対のエチケット（乱暴な電話に対する対応の仕方を含む）、服装基準（ドレスコード）など、すべての職員を対象とした心得が詳しく説明されている (*15)。服装基準としては、堅すぎずくだけすぎず、専門家でありつつも相手に対して居心地のよいイメージを与えるような服装、といった内容が記されている。これらはみな、細かいこととはいえ、人権委員会がすべての人に信頼され、かつアクセスしやすい身近な存在であるためには大切な要素であろう。

4 人権委員会の任務と活動

4|1……人権委員会の主な任務・権限

　人権委員会の任務と権限については、人権法の第5条が以下のように定めている。
　(a) 教育や広報を通して、人権尊重を促進すること。(b) 人権分野の計画や

活動を奨励し、調整すること。(c) 人権法の理解と遵守を促す声明を含め、人権に関わるいかなる問題についても公的声明を行うこと。(d) 人権法に合致しない、あるいは反する行動や慣行をなくすためのガイドラインを作成して公表すること。(e) 人権に関わるいかなる問題についても、一般大衆からの申し入れを受け、および招請すること。(f) 人権の促進に関心を持つその他の人および機関と協力すること。(g) いかなる法律の制定、または、政府のものであれ否であれ、いかなる慣行もしくは手続を含め、人権がそれによって侵害されると委員会が考えるいかなる問題についても、一般的な調査を行うこと。(h) ①人権をより良く保護しかつ、国際人権文書の基準により良く合致するために立法、行政その他の措置が望ましいことを含め、人権にかかわるいずれかの問題、②ニュージーランドが国際人権条約に入ることが望ましいこと、③立法案または政策案が人権に対して持ちうる影響、について、首相に適宜報告を行うこと。(i) ニュージーランドの現行法および、政府の政策または行政慣行を、1998年末日までに調査すること。(j) 1998年末日までに、(i) 項のもとで調査されたいずれかの法、規則、政策、慣行が人権法に反するかどうか決定すること。(k) (i) 項による調査の結果を、1998年末日までに法務大臣に報告すること。(l) ニュージーランド国内にいるか、または入国しうるグループの人々で、人権法第61条により違法とされている差別にあったかまたはあう可能性がある人々に関して、公的声明を発表すること。(m) 上の (a) から (l) までの任務の遂行に付随する事柄を行うこと。(n) 人権法その他の法により委員会に与えられているその他の任務および権限を行使すること。

　このように、人権委員会の任務は非常に幅広いことは注目すべきである。つまり、人権法は、差別を包括的に禁じる「反差別法」としての性格を持ちながら、他方で、人権委員会に対しては、差別の申立の処理にとどまらず、人権に関わるあらゆる事柄についての公的声明の発表や調査、立法・行政措置(案)に関する提言など、人権問題一般について自らのイニシアチブで行動をとることが認められているのである。国際人権条約の遵守との関連でも、人権委員会の任務の広さが明らかになる。権利章典法がもっぱら市民的及び政治的権利に関する法であり、タイトルでも自由権規約のみに言及しているのに対して、人権

法は「国連の人権規約又は条約」への合致を掲げ、人種差別撤廃条約や社会権規約などの人権条約の遵守をも目的とした法になっているのである。

なお、上記のうち、現行法や政府の政策・慣行に関する調査と報告について定めた部分は、1998年末日までと期限を明記しているが、これは、政府機関への適用を猶予した規定が近い将来失効し、政府機関の行為にも人権法が適用されることを予定して定められたものである。しかし、政府は、国内法や手続の調整に時間とコストがかかるとして、予定どおり適用が開始されることに抵抗を示し、その結果、先にふれたように、政府機関への適用は当面延期された。ただし、委員会自身は、人権法で明記された自らの任務を忠実に果たし、"Consistency 2000"プロジェクトと称される膨大な調査を終えて、1998年末日付けで、報告書として公刊している(*16)。

人権委員会の任務はこのように多岐にわたるが、以下では、委員会が実際に行っている活動の主なものを具体的にみていきたい。

4|2|……人権委員会の活動

4|2|1|……人権法に反する差別についての広報・教育活動

人権法は禁じられる「差別」の範囲を大幅に広げたが、そのなかには、実際の適用が必ずしも容易でないものも少なくない。たとえば、保険会社は、保険に入ろうとする人の健康状態をどこまで保険料決定のための考慮することが許されるのか。就職の面接のとき、会社側が相手に聞いてはならない事柄とはどの範囲の事柄か。採用の募集を出すとき、性別や資格で条件をつけることは、どのような職務についてであれば許されるのか。人権法は、私人による差別を対象とした法律であるから、すべての人に人権法を守ってもらうためには、人権法の禁ずる差別について一般に広く周知させることがまず重要になる。人権法は人権委員会に対し、違反となる差別に関するガイドラインを作成することを求めているが、これにもとづき委員会は、主要な分野ごとに小冊子を作成して、その頒布に努めてきた(*17)。また、雇用の分野では、ニュージーランド雇用者連合と共同で、平等な雇用機会やセクシャル・ハラスメントなどに関す

る同様の小冊子を出版している (*18)。これらは、人権委員会の事務所で無料で配布しているし、電話で請求することもできる。なお、差別にあたる場合について、その他人権に関する質問はすべて、通話料無料の「人権法ヘルプデスク」にすることができる。委員会はホームページも開設しており、質問は、電子メールで行うことも可能である (*19)。委員会が年に4回発行するニュースレターも、重要な広報媒体のひとつである。なお、これらの印刷物は英語のほか、多くはマオリ語でも発行されている。

4|2|2|……差別申立 (Complaints) の処理

　人権委員会の活動のうち、もっとも大きな部分を占めているのは、差別の申立の処理である。委員会の事務所には、年間、約1万件の問い合わせが電話ないし書面でヘルプデスクに寄せられる。これに対し、スタッフが委員会の法務スタッフのサポートも得て対応し、最終的には、300件から400件くらいのケースが、申立として正式に委員会に持ち込まれる。

　申立の事案の内容をみると、分野別では「雇用」、「財とサービスの提供」と続き、なかでも「雇用」に関するものが圧倒的に多い（1997年7月～1998年6月の年度では65％以上）。教育や住居に関するものは、それぞれ5％以下と少ない。また、差別事由では、1996年7月から1997年6月の年度ではセクシュアル・ハラスメントが3割近くともっとも多かったが、1997年7月から1998年6月の年度では「年齢」が3割以上と最多数になり、それにセクシュアル・ハラスメント、障害、一般の性差別という順で続いている (*20)。

　委員会に持ち込まれた申立は、第1段階としてまず調停（Conciliation）の対象となる。調停を担当するのは、人権委員会の内部におかれた申立部（Complaints Division；人種関係調停官を含む3名の委員で構成）である。申立部は、当事者間で問題を明らかにし、事案の解決を図るため、当事者の出席を求めて「調停会議」を開くことができる（人権法第80条、「強制的調停」。もし当事者が出席しない場合には、手続委員が召喚をかけることも認められている）。多くの場合、申立部は、両当事者を集めての聞き取りを行い、解決に向けて当事者をサポートする。相手方を前にすると話しづらい場合には、当事者は、委員と直接話をすることもでき

る。なお当事者は、調停の場に弁護人を伴って来ることも可能である。このほか、両当事者が合意すれば、よりインフォーマルに、申立部が面談、郵便、電話、ファックスなどの方法で当事者間の主張の調整をはかり、解決の提案をするということも行われている。その結果、申立部は、当事者間で解決が可能とみられる場合には、調査を行わずに解決させることもできる（人権法第81条1項）。申立部は、申立について（それ以上）調査を行わないという決定をすることができるが、その場合は、その決定および理由について申立人に通知しなければならない（同第76条3項）。

　実際、申立のうち相当数（例年3割程度）は、調査および報告書の作成に至ることなく解決に至っている (*21)。これに対し、保険をめぐるケースのように、統計データや医療資料の検討を含め複雑な問題がからむ場合は、正式に調査のうえ意見を付すことが必要になるものが少なくない。調査が必要な事案では、申立部は、必要ならば関係者から聴取を行うなどして情報収集を行い、調査報告書を作成する。この報告書に対して、両当事者はコメントを出すことができ、申立部は最終的に、そのコメントも参照しつつ、申立に実質があるかについて「意見」を付した報告書を作成する。そして、申立に実質あり、すなわち人権法の違反があったという意見であった場合には、事案の解決のため調停を試みなければならない（同第81条3項）。なお、第81条1項、3項にいう「解決」とは、ともに、賠償の支払いもしくは謝罪を含みうる当事者間の合意であって、申し立てられた行為を再度行わないという確認を含むものとされている（同第81条5項）。賠償が支払われる場合、その額は数百ドルから数千ドルというのが普通のようである。なお、調停にかかる時間であるが、最近の統計では、申立の55％が手続開始から4ヶ月以内に、86％が10ヶ月以内に調査・調停を受けたとされている (*22)。

　以上までの申立部の役割は、申立を受けてそれを調査し、中立的な第三者として問題が解決に至るのを援助することであり、司法的に紛争を裁くというものではない。ただもちろん、申立部は、第三者といっても人権委員会の機関であり、無原則に妥協点を探るのではなく人権法に従った内容の合意を引き出さなければならないという点が重要である (*23)。

申立部が「意見」で実質ありという判断を出す時点までくると、申し立てられた側には問題を解決する大きな誘因が働くが、もし調停で解決に至らない場合は、第2段階すなわち、申立審査審判所における手続に移る。申立審査審判所は、審判所長のほか、20人の構成員（法務大臣によって任命）のなかから長によって選ばれる2人を加えて構成される。

調停が成功しなかった場合、事案はまず、手続委員（Proceedings Commissioner）に付託される。手続委員とは、人権委員会で、申立の処理にとくに責任を有する委員である。手続委員のもとまで上がってくる事案で例年もっとも多いのはセクシュアル・ハラスメントをめぐるケースである。セクシュアル・ハラスメントの事案の解決が簡単に行かないのは、セクシュアル・ハラスメントの場合は往々にして、そのような事実があったかどうか自体についても当事者間で認識が大きく異なり、調停の試みも平行線をたどることが多いためだと考えられる。付託を受けた手続委員は、被申立人の意見も求めながら、申立審査審判所に事案をかけるか否か決定する。1997年7月から1998年6月の1年間でみると、36件の事案が手続委員に付託され、そのうち5件が審判所の審理にかけられた（*24）。なお、手続委員が審判所に事案を持ち込まないときは、申立人が自ら付託することも制度的にはできることになっているが、そのようなケースは、手続委員が見込み薄と判断したものといえるから、当事者があえて審判所に持ち込んだ例は実際にはきわめて少ない。

申立審査審判所は、技術的な問題にこだわらず衡平と良心、および事案の本質に従って行動することとされ（人権法第105条）、事案の解決に資すると思われるいかなる資料や情報も証拠として用いることができる（同第106条）など、通常の司法裁判所に比べゆるやかな基準・手続のもとに審理を行う機関である。審判所は、必要な場合には証人による証言を要請することもでき、審判所の召喚に対し出席を拒否した者には罰金が科されることになっている（同第113条2項）。審判所は、審理の結果裁決（ruling）を下し、そのなかで、人権法の違反があったか否か認定するとともに、あった場合には被害者への損害賠償を命じることができる。審判所に付された事案は、ほとんどが手続委員対被申立人という形をとるわけであるが、これまでのケースをみると、多くが手続委員側の

勝利すなわち、人権法違反ありという結果になっている（1998年6月までの1年間では、5件中4件）。損害賠償でカバーされうる損害は、金銭的損失のほか申立人の品位の喪失や心理的被害をも含む。審判所が命じることのできる上限は20万ドルであるが、通常は、数万ドルという例が多いようである。

　当事者が審判所の裁決に不服な場合は、ニュージーランドの通常の司法制度の枠内で、高等裁判所、さらに最高裁にまで上訴することが可能である。同じく1998年6月までの1年間をとると、高等裁判所までの上訴が6件、最高裁まで行ったものが、この年はじめて1件あった (*25)。上訴される事案は少数とはいえ、人権法上、委員会は高等裁判所の宣言判決を得ることが望ましい場合には事案を手続委員に付託することが認められている（人権法6条）ので、人権法の解釈・適用上重要な意味を持つケースなど重要な法的問題を含むものについては、手続委員が「戦略訴訟」として積極的に上訴に持ち込むことも多くなっている (*26)。

4|2|3 ……立法・行政その他の措置についての提言

　人権委員会は、人権のより良い保護また、国際的な人権基準とのより良い合致のための立法、行政その他の措置、立法案または政策案が人権に対して持ちうる影響などについて、首相に提言を行うことが認められている。これに従い委員会は、たとえば子どもの権利に関する問題について、子どもの権利条約（ニュージーランドは1993年に批准）に言及しつつ、政府や議会の各委員会に所見を提出するなどの行動を行っている (*27)。

　委員会がこれまで行った提言のなかで、国際基準との関連で興味深いものは、入院を要する高齢者に対する資産調査をめぐる1995年の報告書の内容である。1993年の社会保障改正法により、高齢者は入院費用をできる限り自分で調達することとされ、国の財政的援助を必要とする者はその資産状況の評価を経て資格が決定されることとなった。この法改正について委員会は調査報告書を公表し、仮に人権法が政府機関への適用を猶予する規定をおいていなかったとすれば、社会保障改正法は人権法違反になるとの見解を明らかにした (*28)。そしてさらに、委員会は、対象の問題が国際人権規約のうち経済的、社会的及び

●人権法に基づく差別申立の処理手続

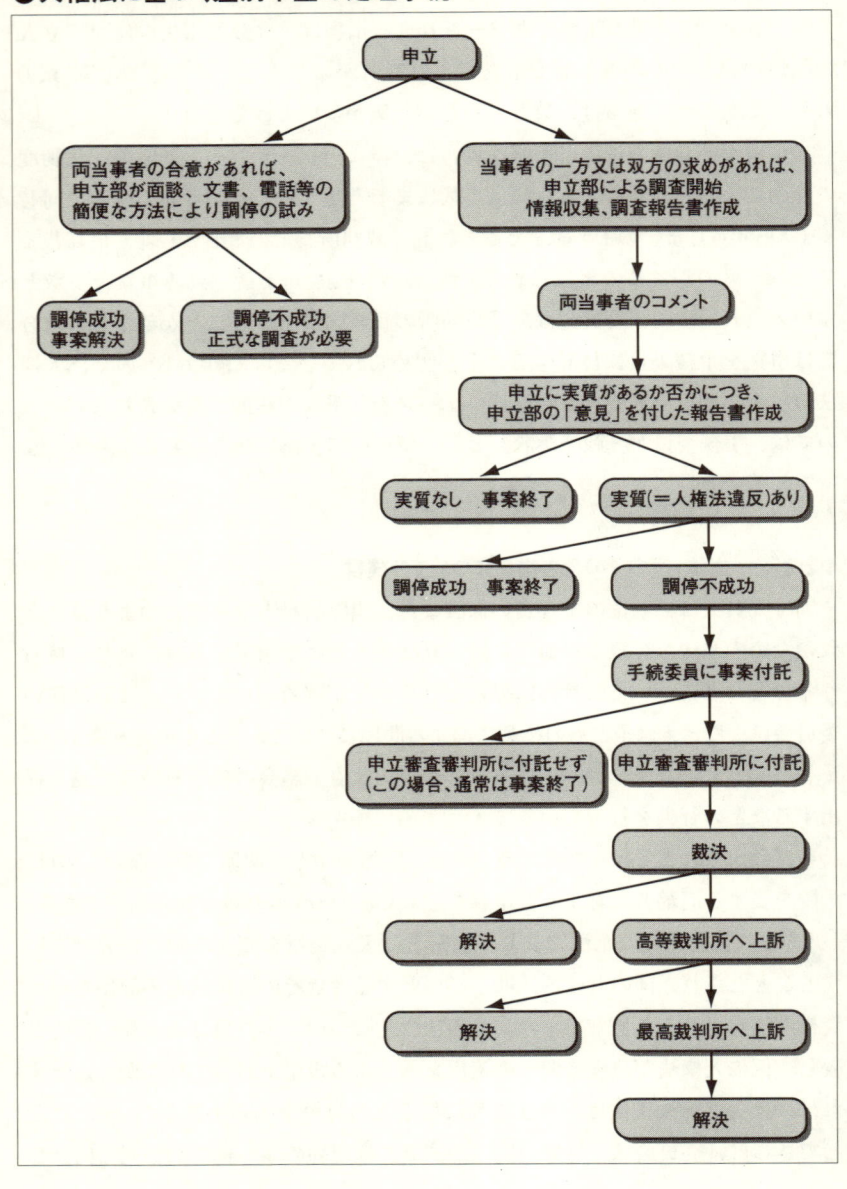

```
                              申立
                          ↙         ↘
  両当事者の合意があれば、         当事者の一方又は双方の求めがあれば、
  申立部が面談、文書、電話等の        申立部による調査開始
  簡便な方法により調停の試み        情報収集、調査報告書作成
        ↙      ↘                      ↓
   調停成功    調停不成功          両当事者のコメント
   事案解決   正式な調査が必要           ↓
                              申立に実質があるか否かにつき、
                              申立部の「意見」を付した報告書作成
                                ↙           ↘
                            実質なし 事案終了   実質(=人権法違反)あり
                                            ↙        ↘
                                      調停成功 事案終了  調停不成功
                                                        ↓
                                                  手続委員に事案付託
                                                   ↙         ↘
                                         申立審査審判所に付託せず  申立審査審判所に付託
                                         (この場合、通常は事案終了)      ↓
                                                                  裁決
                                                               ↙       ↘
                                                            解決     高等裁判所へ上訴
                                                                   ↙         ↘
                                                                 解決      最高裁判所へ上訴
                                                                              ↓
                                                                             解決
```

文化的権利に関する国際規約（社会権規約ともよばれる）の第9条、第10条、第11条、第12条などの規定に関連しているとした後、次のように述べたのである。

「［社会権規約には］利用可能な最大限の資源を用いて国が権利を認めることを求めるという重要な条件付けがある。しかし、国は、同規約で認められた権利の完全な承認を先進的に達成しかつ、規約に含まれた権利がいかなる差別もなく行使されることを保障する義務を負っている。もし、資産テスト制度の導入によって政府が、以前認められていた権利を切りつめたり、これらの権利の承認においてたとえば年齢をもとに差別を行うとすれば、本規約の違反の可能性について問題が提起されなければならない」(*29)。

この見解は、社会権規約上、正当な理由なく権利の享受状況を後退させる意図的な措置は規約違反とみなされるという社会権規約委員会の一般的意見 (*30) に合致したものであり、人権委員会のこのような見解表明は、国際人権法の分析にもとづく政府への率直な批判として評価に値しよう (*31)。

4|2|4|……国内人権機関としての国内的・対外的活動

人権委員会は、人権条約一般のより良い遵守を確保する任務の一環として、ニュージーランドが批准している人権条約のもとでの政府報告書の作成の際には、条約委員会（規約人権委員会など）からの質問に対する返答を準備するなどして日常的にそのサポートに携わっている。また、ニュージーランド政府は、報告書の作成にあたっては国内のNGOとの協議も行っているが、政府報告書に対するNGOのカウンターレポートの作成に委員会が協力することも少なくない。他方で委員会は、報告制度の真の実効性は事後にどのような措置をとるかにかかっているという観点から、最近は、条約委員会から指摘された問題点についてのフォローアップに力を入れている (*32)。

また、対外的には委員会は、国連で開催される国内人権機関調整委員会へのアジア太平洋地域代表としての出席、アジア太平洋地域国内人権機関フォーラムへの参加など、ニュージーランドの国内人権機関という立場でさまざまな場に積極的に参画している。

4|3……人権委員会の活動に対する評価と今後の課題

　こうした人権委員会の活動は、ニュージーランドにおいて、効果的な人権保護のためにどれだけ貢献しているのだろうか。

　人権委員会法の内容を大きく塗り替えた人権法の制定により、人権委員会の任務は大幅に拡充され、申し立てられる差別の範囲も格段に広がった。ただ、現地調査の結果、人権委員会の任務遂行ぶりについては、差別の訴えの対象となる企業の関係者の側から、主として申立部および申立審査審判所の作業の質に対する批判の声が聞かれた。それは、これらの機関が司法機関ではなく、構成員も法的トレーニングを受けた者とは限らないために、意見や裁決の内容が法的にみてやや杜撰であり、先例の蓄積による法理の発展という観点からも不十分、という批判であった(*33)。差別というには瑣末な事柄についていちいち申立を行う者には、罰金のようなペナルティがあってもいいのではないか、との意見もあった(*34)。

　確かに、申立部や申立審査審判所の構成員が法律家ばかりではないということから、法的にみれば、その分析の内容にはときには不十分な点もあろう。しかし、人権委員会のような国内人権機関が近年重視されているひとつの重要な背景には、通常の裁判所に比べてアクセスがしやすい人権救済機関が、多くの国で切実に求められている、という事実がある。

　ニュージーランドにおいても、人権法のカバーする差別に関して、弁護士費用など多くの法廷費用がかかる裁判手続でなく、人権委員会に申立を行う簡便な道が作られたことが、人権侵害の効果的な救済のためには大きなメリットを持っていることは疑いない(*35)。申立部と申立審査審判所は司法機関ではないとはいえ、当事者が不服な場合には最高裁まで争う道が開かれているのであるから、それほど大きな支障はないといえるのではないだろうか。先に触れたように、実際には、大半の申立はすでに申立部による調停の段階で解決に至っているとすれば、当事者の観点からはむしろ、相手方を人権委員会の前に引き出し、委員会の手続に則って主張を行うことができるということ自体に、重要な意味があることは十分考えられる。

他方で、人権委員会や人権法の存在それ自体を不要とみるような声は、筆者の知る限り聞かれなかった。人権委員会の任務遂行の質について批判的な意見を述べていた先の実務家も、人権委員会と人権法があることで、今日、企業内を含め、許されない差別についての社会的な認識が高まっていることは明らかだと評価していた (*36)。

　最後に、1993年人権法は実質的に「反差別法」であり、人権委員会も、差別申立の処理に活動の中心としていることは疑いない。しかし、他方で、人権法上与えられた人権委員会の任務と権限は、それだけに限られない非常に幅広いものであることは忘れてはならない。これには、上にみたように、人権問題に関する声明の発表や調査、立法・行政措置の必要性や人権への影響についての提言など、多くの重要な事柄が含まれている。申立の処理が、人権侵害を事後的に、司法的ないしそれに近い手段で救済するものであるとすれば、これらの行動は、事前の人権侵害防止、さらに広くいえば、人権を積極的に保護するための施策としての意味を持っている。また、高齢者の社会保障をめぐって委員会が報告書で指摘した例にみられるように、立法・行政措置による人権の保護は、社会権の分野ではとくに重要な側面である。他の西欧諸国と同じく、人権というと自由権のみが重視されがちなニュージーランドにあって、委員会は差別問題の処理だけでなく、より幅広い人権の促進・擁護にいっそう努める姿勢を持つべきであろう。

　このことはまた、マオリの人権へのアプローチにも関連する。ニュージーランドの人権状況についてはマオリの抱える問題がしばしばあげられるにもかかわらず、人権委員会に寄せられる差別申立のなかでマオリからのものは非常に少なく、マオリが人権委員会の手続をほとんど利用していないという実態が見て取れる。委員会は今後、マオリが直面している経済的、社会的な苦境、劣等感といった構造的な人権問題に対してもより現実的に問題を把握し、積極的な助言・勧告を行っていく必要があるように思われる。

5 ニュージーランドの人権法・人権委員会から学ぶもの

　ニュージーランドの人権法と人権委員会について調べてきて、我々が学ぶことができるのは、まず何よりも、次のことではないだろうか。差別はどこの国でも、どの社会でも多かれ少なかれみられる現象である。しかし、そこまでは共通として、それをきちんと法律で禁止し、救済する仕組みを作ることこそが、肝心だということである。

　ひるがえって日本の場合、憲法には確かに「法の下の平等」の規定があり、一定の差別は禁じられている。しかし、あらためていうまでもなく憲法は本来、国家権力を拘束することを目的とした法文書であり、直接的には、国家機関の行為についてしか適用されない。そのため、日本ではこれまで、私人が行った差別の訴えに関しては、民法の不法行為の規定に、憲法の趣旨を読み込む、という方法で、違法の認定をするという手法がとられることが多かった。この手法の欠陥は、そのような工夫によって、起こった差別を司法の場で事後的に差別と認定する、というだけにとどまり、何が差別になり許されないか、というルールを事前にはっきりとさせるにはきわめて不十分だということである。加えて、敷居の高い裁判所に救済を求めたところで、どこまで本当に認められるのか、またいつ救済がされるのか、日本の司法の現状では安易な期待はできない。だが、国家機関が差別を行うこともちろん問題であるが、現実の日本社会でより身近なのは、個人や企業といった私人によるさまざまな形態の差別ではないだろうか。外国人留学生や在日外国人がアパートの入居を何十回となく断られる、女性であるというだけで就職差別を受ける、子どもがいるとまともな仕事を見つけることが難しい、など、今日日本社会で日常的に起きているこうした事例はすべて、ニュージーランドの人権法に照らせば、違法であり許されない「差別」そのものである。ニュージーランドとて、日本と似たような差別が存在しうるからこそ人権法を作っているのであるが、何が許されない差別かについて社会的なコンセンサスをきちんとまとめて法律に明記し、その実施を監視する機関をおくかどうか、その取り組みを行うかどうかが、決定的な状

況の違いとなっている。

　ニュージーランドが人権法や、それに先立つ諸法を制定して国内的な人権保護に取り組んできたことには、本稿で見たとおり、人権条約への加入に伴う国内措置としての意味もある。これに対し日本の場合は、条約は国内法制にそのまま「受容」されるという体制をとっていることもあり、人権条約に加入しても、最低限の国内法の整備（たとえば、国際人権規約加入の際に住宅関係四法の適用を外国人にも開放した例、女性差別撤廃条約への加入にあたり雇用機会均等法の制定や国籍法の改正を行った例など）以外は、積極的な立法措置を行わないこともむしろ多かった（たとえば、子どもの権利条約の加入にあたって政府は何ら国内法の整備は必要ないとし、人種差別撤廃条約の加入の際も同様であった）。しかし、人権条約はそれ自体国内法になっているといっても、日本でこれらの条約の内容が一般に知られているとは決していえないし、条約を国内法として用いることができるはずの裁判所も、その援用にはきわめて消極的なままである。条約の国内実施にとっては、一見、受容体制の方が有利であるかのように感じられるかもしれないが、日本の場合は、果たして条約を実効的に実施しているといえるかどうか、大いに疑問といわざるをえない。

　日本において重大な問題はやはり、国内のレベルにおいても、個人が人権侵害にあったときに頼ることができる国内人権機関が実質的に存在しないことである。法務省所轄の既存の人権擁護委員制度が人権保護のためにほとんど実効性を持たないことはかねてからいわれており、自由権規約委員会による第4回日本政府報告書審議の最終所見でも指摘がなされている (*37)。人権保護は第一次的には各国の管轄事項であり、個人にとっても、国内で容易にアクセスできる手段こそが、実効的な救済として重要な意味をもつのである。人種差別、家庭を持つ人の差別や女性差別など、現在の日本に蔓延する差別の問題に限ってみても、真に実効的な国内人権機関を設けることの必要性は明らかである。

　加えて、ニュージーランドの人権委員会の例にみるように、人権条約の遵守という観点からは、国内人権機関が、条約委員会の最終所見等で出された勧告に対する措置のフォローアップを担当することも非常に重要である。自由権規

約のもとでの日本のこれまでの報告をみても、出された勧告について責任をもって対処する省庁がまったく明確でなく、その結果、何の改善もないまま、同じ人権問題が毎回繰り返し指摘されるという現状がある。人権条約が国内法に受容され、それを遵守する義務を負っているはずの日本において、このような現状をみるとき、国内人権機関は、人権条約の遵守についても一定の監督権限を有することが不可欠であろう。こうした点も含め、実効的な国内人権機関の設立は、日本が現在直面しているもっとも緊急の課題のひとつとなっている。

注

*1……こうしたマオリの状況の背景については、平松紘「マオリの人権概史」平松紘、申惠丰、ジェラルド・P・マクリン『ニュージーランド先住民マオリの人権と文化』（明石書店、2000年）を参照。

*2……Progress towards Closing Social and Economic Gaps between Maori and Non-Maori, A Report to the Ministry of Maori Affairs, Wellington, 1998.

*3……M.Bell, "The Establishment of the Human Rights Commission", TIROHIA: Quarterly Newsletter of the New Zealand Human Rights Commission, April 1999, pp.10-11.

*4……「ニュージーランドに権利章典を」と題する次の白書は、国際比較も含めてニュージーランドにおける人権章典の必要性を説き、当時のパーマーの考えをよく表したものとなっている。A Bill of Rights for New Zealand, A White Paper, Presented to the House of Representatives by Leave by the Hon. Geoffrey Palmer Ministry of Justice, Wellington, 1995.

*5……P. Rishworth, "The Birth and Rebirth of the Bill of Rights", G.Huscroft and P. Rishworth (eds.), Rights and Freedoms: The New Zealand Bill of Rights Act 1990 and the Human Rights Act 1993, Wellington, 1995, pp.13-14.

*6……Ibid., p.4.

*7……たとえば、オーストラリアの場合について、村上正直「オーストラリアに対する人権条約の影響―同国裁判所の動向を中心に―」国際法外交雑誌98巻1・2合併号（1999年）参照。

*8……P.Hunt and M.Bedgwood., "The International Law Dimension of Human Rights in New Zealand", Huscroft and Rishworth, op. cit., pp.52-53.

*9……Ibid., p.53.
*10……Ministry of Transport v Noort 判決における最高裁長官コウク（Cooke）の言明（[1992]3 NZLR 260, p.270）。このほか、たとえば、R v Goodwin (No.2) 判決において最高裁長官は、規約人権委員会が示した自由権規約の解釈に言及し、「規約人権委員会の決定がニュージーランドの権利章典法の解釈にあたって絶対的に拘束力を持つものかどうかは議論の余地があるが、少なくともそれは、相当の説得力のある権威を持つものとみなければならない」と述べている（[1993]2 NZLR 390, p.393）。
*11……全文の邦訳は、外国の立法33巻4・5・6合併号（1998年）に掲載されている。
*12……ただ、人種差別調停官プラサート（R. Prasad）氏の説明では、刑事訴追の発動は最後の手段であり、この規定はむしろ違反行為の抑止という意味が強いとのことである（1998年3月15日のインタビューによる）。
*13……プライバシー委員や人権委員会の設置の結果、これらの機関によってカバーされる人権問題に関しては、オンブズマンが直接に関わる余地は少なくなった。しかし、現在でも、オンブズマンが扱っている年間数千件の申立のうち、学校における生徒の停学・退学措置や、刑務所での収容条件に関する訴え（保釈の適用、居室内や所持品の検査、電話の使用、宗教上の理由による食事の改善などをめぐるもの）のように、人権に関わる事案も相当数存在する。また、刑務所内で暴動や死亡事故があった場合には、刑務所はオンブズマン事務所に通知しなければならず、オンブズマンによる調査を受けることとなっている。
*14……Human Rights Commission, Human Rights Commission Staff Ethnic and Gender Breakdown as of 12 August 1998.
*15……Human Rights Commission, Strategic Plan, June 1999, pp.13-23.
*16……Human Rights Commission, Report to the Minister of Justice pursuant to Section 5(l)(k) of the Human Rights Act 1993, CONSISTENCY 2000, 1998. この報告書の作成は、プロジェクトを停止しようとする政府が委員会予算の削減措置をとったことなどから多大な困難を抱えた。ちなみに、その書き出しには "This is the report that the government did not want." とある。本プロジェクトをめぐる政府と委員会との対立の顛末は、委員会が政府の意向に反しても人権法に忠実に任務を果たしたという点で評価できる一方で、財政面で委員会が政府に対して持つ弱みをも示したといえよう。
*17……たとえば、Human Rights Commission, Insurance Guidelines Based on the Human Rights Act 1993; ibid., Advertising Guidelines Based on the Human Rights Act 1993; ibid., Pre-employment Guidelines Based on the Human Rights Act 1993.
*18……たとえば、New Zealand Employers Federation, Human Rights Act and Equal Employment Opportu-

nities (EEO), A Guide for Employers; ibid., Dealing with Sexual Harrassment, A Guide for Employers.

*19……委員会のEメールアドレスは、help@hrc.co.nzである。

*20……以上のデータは、Report of the Human Rights Commission for the year ended 30 June 1998, Presented to the House of Representatives pursuant to Section 141 of the Human Rights Act 1993, 1998, p.31による。

*21……1996年7月から1997年6月の1年間をみると、意見の作成以前に解決に至ったケースは30％を超え（1997年7月から1998年6月の1年間では28％、以下同様）、これに対し、「実質あり」が25％（22％）、「実質なし」が15％（12％）、委員会の判断で不継続となったのが13％（21％）となっている（Report of the Human Rights Commission for the year ended 30 June 1998, op. cit., p.32）。

*22……Ibid., p.43.

*23……G. Whiteford, "The Complaints Procedure under the Human Rights Act 1993", Human Rights Law and Practice, vol.4, 1998, p.49.

*24……Report of the Human Rights Commission for the year ended 30 June 1998, op. cit., p.47.

*25……最高裁まで行ったケースは、Proceedings Commissioner v Ali Hatem and Ali Arabiで、セクシャル・ハラスメントに関する会社の責任をめぐる事案である。

*26……たとえば、間接差別の概念を明らかにした North Regional Health Authority v Human Rights Commission and Race Relations Consiliator, High Court, Wellington, CP.157/97, 9 July 1997.

*27……Ministry of Youth Affairs, United Nations Convention on the Rights of the Child, Initial Report of New Zealand, Wellington, 1995, pp.5-6.

*28……Human Rights Commission, Report on Income and Asset Testing of Elderly People Requiring Permanent Residential Disability Care, 1995, pp.6,9.

*29……Ibid., pp.7-8.

*30……General Comment No.3, para.9 (E/1991/23, p.85); General Comment No.4, para.11 (E/1992/23, p.117).

*31……Hunt and Bedgwood, op.cit., pp.59-60.

*32……たとえば、女性差別撤廃条約の報告後の措置など（Report of the Human Rights Commission for the year ended 30 June 1998, op. cit., p.22）。この関連で委員会は、NGOもその多くは個別の問題に関心を絞っているか、あるいは報告作成時に参集するだけであることから、委員会のような機関が報告制度のフォローアップに取り組む必要性が大きいことを指摘している（ibid.）。

*33……企業の顧問弁護士として活動しているスケルトン（P.Skelton）氏へのインタビューによる（1999年3月16

日)。
*34……同上。
*35……人種関係調停官プラサート氏は1997年の年報のなかで、裁判所への提訴に代わる道として申立手続を設けることは、訴訟にかかるコストから重要な事案が審理されずに終わってしまう可能性、それにより起こりうる事件の再発、といった問題を考えれば重要な意味を持つと評価している (Office of the Race Relations Conciliator, Annual Report for the year ended 30 June 1997, Presented to the House of Representatives, 1997, p.10)。
*36……前出、スケルトン氏のインタビューによる（注33）。
*37……申「市民的及び政治的権利に関する国際規約 第4回日本政府報告審査における委員会の最終所見（訳）」法学セミナー530号（1999年）47頁。

アメリカ雇用機会均等委員会と関連行政機関

多様な国内人権機関と機関相互の協力

中原美香

なかはら・みか／NMP研究員

はじめに

　9,400万平方キロメートルの領土を有し、2億6千万人を超える人口を有するアメリカは、ひとつの地域や大都市のみを見ても全体像をつかむことはできない。南部、中西部、東西両海岸地域など、地理的にもかなり異なる風土があり、「アメリカとはどういう国か」「アメリカ人とはどういう人間か」などを論じることは不可能に近いといえるだろう。
　アメリカにはあらゆる人権を保護するような差別の規制および救済措置に関する包括的な法律は存在しない。多様な人々が共生することから、さまざまな人権保障制度が発達してきたのである。時代の変化とともに、さまざまな差別事由を個別に禁止する法律が制定されるとともに、必要に応じて改正を重ねているのである。また、後述のように、連邦、州、自治体のそれぞれのレベルで

人権保障法が制定され、さらにその実施のための行政機関が設置されることにより、網の目のような人権保障制度が形成されている。

本稿では、アメリカでの現地調査をもとに、同国の人権保障制度のなかでも雇用差別に対する規制および救済に焦点をあて、雇用差別撤廃における連邦政府と州・自治体のそれぞれの役割について論じることにしたい。雇用差別はアメリカでも深刻な問題のひとつであり、連邦、州、自治体のそれぞれのレベルで多くの救済を求める申立に対応して、各種の申立処理手続が確立している。日本においても、在米日本企業がセクシュアル・ハラスメント訴訟で3,400万ドルの和解金を支払うに至ったことなどは記憶に新しいだろう。

連邦レベルでの雇用差別に関する規制および救済を担う機関が、雇用機会均等委員会（Equal Employment Opportunity Commission、以下、EEOCという）である。EEOCは、年間約8万件の申立を受理している。一方、州および自治体のレベルでの雇用差別問題に取り組むのは、公正雇用実施機関（Fair Employment Practice Agency、以下、FEPAという）とよばれる行政機関である。FEPAは、独自に州法や自治体の条例にもとづいて活動するだけではなく、EEOCや他のFEPAとの公式、非公式の協力や業務提携を通じて、公正雇用の実現をめざしている。

本稿では、はじめにアメリカの人権保障制度を概観し、次に雇用差別に関する申立の処理を中心にEEOCの果たす役割を述べる。さらに、関連機関の相互協力の例としてEEOCとFEPAとの業務提携を取り上げ、最後にアメリカにおける国内人権機関の課題について述べることにしたい (*1)。

1 人権保障制度の概観

1|1……司法機関の概要

アメリカは三権分立の国であり、行政単位は、連邦、州、郡、そして市その他の法人化された地域（ニューヨーク市内のマンハッタンやブロンクスなど）に区分される。加えて学区や特別サービス区域（上下水道、火災や緊急サービス、高等教育、病

院、公共輸送など）がある。

1|1|1……連邦司法機関

連邦最高裁判所はアメリカ最高の裁判所であり、憲法により設立された唯一の裁判所である。憲法第3条は連邦最高裁判所の根拠条文となっており、あわせて議会が必要に応じて他の連邦裁判所を設立できる権限を与えている。連邦の司法府の権限が及ぶ対象としては、連邦憲法に関する判例やアメリカが批准、加入した条約、連邦政府を当事者とする問題あるいはアメリカ合衆国（あるいは市民）と外国（あるいはその国民）に関する問題などがある。裁判所の判事は大統領により任命され、上院が承認する。

2番目の連邦上級裁判所は控訴裁判所である。さらに各州では、人口や面積、業務量などに応じて議会が州を89の地区に分割し、各地区に地方裁判所がおかれている。アラスカやハワイ、バーモントなどは州でひとつの地区を構成し、ニューヨークやカリフォルニア、テキサスなどの大きな州は複数の地区で構成されている。その他にも特別な目的のために裁判所が設けられることがある。

1|1|2……州および自治体

各州は、それぞれ連邦政府と類似した三権分立システムと州憲法を有している。連邦政府からの脱退権を持つほどの強大な権限を有し、連邦政府に帰属しない権力は州に帰属する。州の行政長である州知事の権限は州によってさまざまである。立法府は、一院制をとるネブラスカ州以外は二院制となっている。議会の規模もニューハンプシャー州の下院424人からネブラスカの49人など、州によって異なる。司法制度は、連邦制度に則っていることが多い。

郡レベルで選挙によって選出されるのは、行政機構のメンバー、保安官などである。市のレベルでは、市長や評議員、理事（board）あるいは委員会委員などが選出される。州の下に多くの場合下部的な司法機関（郡や市の裁判所）が設けられている。

1|2 ……アメリカと人権諸条約

アメリカは独自に多様な人権保障法やその実施機関を発達させ、決して人権施策に消極的というわけではないが、国際連合（国連）や国際労働機関（ILO）などで採択される国際人権諸条約の署名や批准、国内的実施に関しては、必ずしも積極的な姿勢を示しているわけではない。

アメリカ連邦政府の解釈として、条約の国内における効力については、条約が連邦憲法に抵触する場合は国内法として認められないとされている(*2)。したがって、市民的及び政治的権利に関する国際規約（自由権規約）第20条のように、連邦憲法修正第1条のもとで保障される言論および集会の自由を侵すものは認められていない(*3)。また、「国際条約は自分たちの管轄ではないから適用できない。よって人権保障制度の関係者には、アメリカが批准した条約であっても、それを根拠に人権を保障することはありえない」というような認識を、連邦や州、自治体のあらゆるレベルの関係者が持っている。

1|3 ……人権保障法制

アメリカでは、憲法を中心としたその他のさまざまな法律や大統領命令、判例が、人権保障や差別禁止、差別救済の根拠となっている。また、他の法律や国内機関と同様に、人権保障規定も連邦だけではなく、州や自治体で独自の差別禁止の規定が発展してきており、これらが網の目のように多様で複雑な仕組みを形成している(*4)。

1|3|1 ……連邦憲法

連邦憲法は、連邦政府の権力濫用から個人を保護するために1789年に承認された。27ある修正条項のうちはじめの10条項は「権利章典（Bill of Rights）」として知られ、1791年に追加されたものである。これらの修正条項は、民主主義システムに必要な個人の権利の基本的な保障を目的としている(*5)。

連邦法はアメリカ領土内で遵守されるべき最低条件を示し、地域の政治や社会の状況を反映した形で、州や自治体が独自の法や条例を形成している。人権

保障や差別の規制および救済についても同様に、州憲法や州法、自治体憲章、条例などで、連邦レベルより進んだ市民的および政治的権利を定めることがある (*6)。

1|3|2……人権保障に関する連邦法

人権保障に関する連邦法には、以下のようなものがある。

○1866年および1871年公民権法は、財産権、契約の自由などに関して個人から受けた差別について、連邦政府の救済手段などを規定している。

○1866年公民権法の一部を形成する第1981条 (42 U.S.C section1981.) は、すべての者が契約や訴訟、そしてあらゆる法的権利においての人種差別を禁止する (*7)。

○1963年同一賃金法 (PL88-38, 42 U.S.C. section 206d) (EPA) は、同等の仕事が同様の労働状況のもとで行われている場合に、賃金に関する性別にもとづく差別を禁止するもので、1938年公正労働基準法の一部を構成している。

○1964年公民権法は、数あるアメリカの人権に関する法律のなかでももっとも多く語られる連邦法である。教育や雇用などの場における人種、皮膚の色、宗教、性別、出身国にもとづく差別を禁止している。またホテルやレストランといった公共施設においても同様の差別を禁止する規定を設けている。とくに第7編 (42 U.S.C. sections 2000e et seq., as amended) は、政府機関および民間企業 (連邦政府や小規模企業などを除く) での雇用差別を禁止している。この第7編を設立根拠としてEEOCが設立され、その実施にあたっている。この法律は後述する1990年障害者差別禁止法 (ADA) のモデルにもなっている (*8)。

○1965年に制定された投票権法は、マイノリティ有権者に対する差別を禁止している。

○1967年雇用における年齢差別 (禁止) 法 (ADEA) (PL90-202, 29 U.S.C. section621) は、雇用や解雇、給料、昇進その他の労働条件などにおける40歳以上の者を年齢によって差別することを禁止している。制定当初は40歳から70歳までの個人に対する雇用差別を禁止していたが、1986年に法改正さ

れ、上限規定がはずされた。

○1968年公正住宅法およびその実施規則 (24 C.F.R. Parts 100-125) は人種、皮膚の色、宗教、性別、出身国、障害や家族形態 (familial status) (*9) によって、公営および民営住宅の販売、賃貸、財政補助、あるいは関連広告や住宅関連サービスにおいて差別することを禁止している。

○1973年リハビリ法の第501条 (29 U.S.C. section791) では、連邦政府職員および就職希望者に対して障害にもとづく雇用や配置および昇進における障害者差別を禁止し、申立を行うことを可能にしている。同503条 (29 U.S.C. section793) では、連邦政府と1万ドル以上の事業契約または二次事業契約を結ぶ事業者に対して、アファーマティブ・アクション（積極的差別是正措置）により能力がある障害者を雇用または昇進することを求めており、差別に関する不服申立手続を規定している。本セクションの管轄権および申立の調査権限は労働省下の連邦契約遵守計画 (OFCCP) にある。さらに同504条 (29 U.S.C. section794) では連邦政府から財政補助を受けているプログラムや活動について、障害を理由に差別することを禁止し、差別救済措置を規定している。第503条と同様、第504条にもとづく雇用差別の申立は、OFCCPが管轄権を有する。

○ベトナム戦争から帰還し、とくに従軍中に負傷し後遺症がある元兵士の社会復帰をめざした1974年ベトナム戦争退役軍人再調整援助法 (38 U.S.C. section4212) では、連邦政府と1万ドル以上の事業契約または二次事業契約を結ぶ事業者は、ベトナム戦争退役軍人およびすべての戦争で障害者となった者への平等な機会を提供し、アファーマティブ・アクションを適用することが求められている。

○1990年障害者差別禁止法 (ADA) (Pub. L. 101-336, 42 U.S.C. section 12111, et seq.) は、施行されたのが1992年であったが、15人以上の被雇用者を有する事業主による障害者への雇用、公共プログラム、公共施設、移動そしてコミュニケーション設備のアクセスを規定している。第1編では連邦政府をのぞく公共および民間セクターでの障害者に対する雇用差別を禁止し、差別救済を規定しており、雇用機会均等委員会 (EEOC) が管轄権を有する。

○1991年公民権法 (P.L. 102-166) は、80年代のアファーマティブ・アクションや差別救済をめぐる訴訟で次々と保守的な判決（たとえばWords Cove Packing Co.v. Antonio, 490 U.S. 642 (1989)）が下されるなかで、意図的な差別における金銭的な損失に対する救済条項を含むなど積極的な規定をもりこんでいる。

以上のような立法によるものだけではなく、行政上の命令においても重要なものがいくつかある。雇用差別においては、大統領命令第11246号 (Executive Order 11246) と同11375号 (Executive Order 11375) があげられる。第11246号は1965年にジョンソン大統領により署名されたもので、人種、皮膚の色、出身国や信条にもとづく、連邦、政府機関、あるいは連邦政府と直接あるいは二次的に事業契約を提携する雇用者による、昇進および異動、雇用や補償さらには研修といった分野での雇用差別を禁止し、アファーマティブ・アクションの実施を義務付けており、労働長官命令 (41 CFR Pts. 61-1, 60-2) により実施されている (*10)。ただし、この命令は民事上の救済措置が定められていないため、行政上の申立は労働省に対して行うことになる (*11)。第11375号は、1967年に第11246号の適用を女性にまで拡大させるために署名されたものである。

1│4│……人権保障に関する連邦機関

アメリカ合衆国では、あらゆる場面におけるあらゆる差別を禁止し、差別行為に対する救済手段を講じる包括的な法律およびその実施機関は存在しない。一般に、行政上の措置が十分ではない場合は、裁判を通じて救済を求めることになる。憲法で保護されている権利が否定されたと主張する個人は誰でも、直接州または連邦の裁判所に対し、1871年公民権法 (42 U.S.C. section1983、以下「第1983条」) にもとづき訴えをおこすことができる。不法逮捕あるいは不法拘留に関する救済措置として、連邦レベルでは、連邦職員により憲法上の権利を侵害されたことに対する損害賠償を請求できる (*12)。州職員による行為についても第1983条にもとづく同様の救済措置があり、州法にもとづく損害賠償を請求する権利も被害者に与えられている。

このような人権諸法を実施する連邦機関は複数存在しており、ひとつの法律に対して、それを管轄あるいは設立根拠にする機関がひとつに限られているわけではない。ひとつの法律が設立根拠となって新たな機関が設立され、同時にその法律の実施機関になり、ひとつの法律に別々の異なる連邦機関が実施責任を負うこともある。

人権保障、差別規制および救済における主要な役割を果たす連邦機関には、次のようなものがある。

1|4|1……コミュニティ関係サービス（Community Relations Service）

コミュニティ関係サービス（Community Relations Service）は1964年公民権法第10編によって設立された、司法省下の機関である。人種、皮膚の色、出身国にもとづく差別やコミュニティ内での異なるグループ間の紛争を予防し緊張を和らげ解決することを目的としている。暴力や訴訟ではなく、和解、調停、技術援助、研修など、実行可能な合意を促進するための援助を中立の立場から行い、非差別の原則や概念を促進している。

1|4|2……司法省公民権局（Civil Rights Division）

司法省公民権局（Civil Rights Division）は人種、性別、障害、宗教および出身国にもとづく差別を禁止する、連邦法の主要実施機関である。1947年に公民権法にもとづいて設置された。公民権に関する刑事法にもとづき、差別行為を刑事事件として起訴することもある。有罪確定率はかなり高い。

1|4|3……アメリカ公民権委員会（United States Commission on Civil Rights）

アメリカ公民権委員会（United States Commission on Civil Rights）は1957年に同年公民権法にもとづき議会により設立され、1983年11月30日に同年公民権法のもと再設立された独立機関である。人種、皮膚の色、宗教、性別、年齢、障害、出身国にもとづく差別や平等保護条項の拒否や投票権や雇用、住居などにおける正義の実施に関する情報を収集し研究している。同委員会は事実調査を行い大統領および議会に対して勧告を行うが、独立実施権限（independent enforcement authority) はない。関連施設として、公民権に関する蔵書数5万のロバート・S・ランキン公民権記念図書館がワシントンDCにあるほか、ふたつのオンライン・データベースシステムを確立している。

1|4|4 …… **連邦契約遵守計画局**(Office of Federal Contract Compliance Program、OFCCP)

　連邦契約遵守計画局（OFCCP）は労働省下の機関である。連邦政府と年間1万ドル以上の事業契約を結ぶ事業主が、人種、皮膚の色、宗教、性別、出身国、障害およびベトナム退役軍人であることを理由とした差別を禁止する下記の各法律における非差別条項を遵守し、アファーマティブ・アクションの実施を監督する責任を負う連邦政府では唯一の機関として1965年に連邦契約遵守局として設立された。1971年に雇用基準局の一部となり、名称が現在のものに変更されている。OFCCPが管轄するのは大統領命令第11246号、1973年リハビリ法第503条、および1974年ベトナム戦争退役軍人再調整援助法、障害者差別禁止法（ADA）第1編、1986年移民改革管理法、1993年家族的および医療的理由休暇法（FMLA）であり、これらの法律にもとづく差別の申立を受理し、処理する機能を有する。

　管轄する法律がEEOCのそれと重なるため、OFCCPの監督下におかれる事業者の従業員がOFCCPに対して差別の申立を行ったとき、その申立は雇用差別の救済について第一義的責任を負うEEOCに送付され、EEOCが申立を処理する場合もあるが、OFCCPがEEOCに代わって扱うこともある（*13）。

2 アメリカ雇用機会均等委員会
(Equal Employment Opportunity Commission、EEOC)

2|1 …… 組織と権限

　EEOCは1964年公民権法第7編により設置され、1965年7月2日より活動を開始している。本部はワシントンDCにある（*14）。設立の目的は、雇用関係のあらゆる場面における、人種や皮膚の色、宗教、性、出身国籍、障害ある

いは年齢にもとづく差別を撤廃することである。

設立根拠となった1964年公民権法第7編に加えて、1963年同一賃金法（EPA）、1967年雇用における年齢差別（禁止）法（ADEA）、1973年リハビリ法第501条、1990年障害者法（ADA）第1編、1991年公民権法、1938年公正労働基準法、1986年移民改革管理法（IRCA）と、次々に管轄、実施する法律が制定されている。

1964年第7編にもとづく訴訟は、まずEEOCに申立を行うことが必要である。1972年にはEEOCの権限が強化され、訴訟遂行機能が付与されている。また、1978年には、妊娠差別が性差別のひとつとして認定され、禁止された（*15）。

これらの法律にもとづく申立の処理プロセスには、少しずつ違いがある。民間の事業主に対する申立はEEOCの管轄であるが、連邦機関、州・自治体機関における差別申立の手続機関は（それぞれの省庁内の雇用均等課による解決が見られなかった後）司法省内の雇用訴訟セクション（公民権局内）である。しかしながら、1964年公民権法第7編違反による雇用差別を受けたとされる個人は、EEOCのもとでの申立提起が義務づけられている。EEOCが1年に受理する申立の数は、90年代を通じて約8万件である（*16）。本部では申立は受理しないため、各地域事務所に対して行うことになる。

機関の意思決定については、EEOCのコミッショナー（定員5人）が組織の方針を決める。コミッショナーは、大統領が上院の助言をもとに任命し、上院が承認する。このほか、訴訟担当官（General Counsel）と呼ばれるEEOCが訴訟を提起する際にEEOCを代理する担当が大統領により任命される。そのほかに、本部は、各地にある地域事務所が本部の決定や方針を確実に実施するための調整機能を有している。

ワシントンDCの本部のほかに、全米50ヶ所に地域事務所（field office）があり、本部の機能の一部あるいはすべてを担っている（*17）。地域事務所は本部の決定にもとづき、管轄地域で本部の決定がもっとも効果的に実行できるように活動する。第7編のなかでは「地域事務所」としてのみ規定されているが、実際には地域をとりまとめる地区事務所（District Office）と地域事務所の2種

類があり、地区事務所は地域事務所のとりまとめ的役割も果たしている。

前述のようにEEOCの地域事務所は現在50ヶ所あるが、それぞれの管轄地域には、かなりの違いがある。たとえばサンフランシスコ地区事務所の管轄地域は、北部および中央カリフォルニア、ハワイおよびグアム以西の太平洋上アメリカ領土と大変広範囲である。この地域をカバーするために同地区事務所のもとに、オークランド、フレズノ、サンノゼ（以上、カリフォルニア州内）およびホノルル（ハワイ州）の各市に地方事務所がある。ニューヨーク地区オフィスは、ニューイングランド州からニューヨーク州までの東海岸諸州に加え、プエルトリコおよびバージン諸島を管轄する。フィールドオフィスは必要に応じて設置できることになっている (*18)。実際、筆者がニューヨーク地区事務所を訪問した前日、EEOCがプエルトリコに地区事務所を新たに設置することを決定したところであった。これにより、プエルトリコ地区事務所が機能しはじめれば、ニューヨーク地区事務所はプエルトリコを管轄地域からはずすことになる。

2|2| ……雇用差別の救済

2|2|1| ……申立の処理

EEOCは、差別行為の被害者を救済するために、申立を受理し処理する権限を有している (*19)。差別を受けたとされる個人は、当該行為が行われた日より180日から300日以内（州により異なる）に申立を行わなければならない。継続的に差別行為が行われる場合には、最後の行為が行われた日を起算日とする（申立と調査については図参照）。

前述のFEPAが存在する場合には、申立はその地域を管轄するEEOCだけではなく、まずFEPAに対して提起される必要がある (*20)。EEOCに対する申立は、地方機関における救済が完了する (exhausted) までは行ってはならないこととされている (*21)。

FEPAは、申立がなされた後の60日間、調査および調停努力に関する管轄権を有している。この期間の前後を問わず、FEPAが管轄権の行使を完了した場合には、申立人は望むならばEEOCに対する申立を、FEPAにおける手続完了

●図　EEOCに対する雇用差別の申立処理プロセス

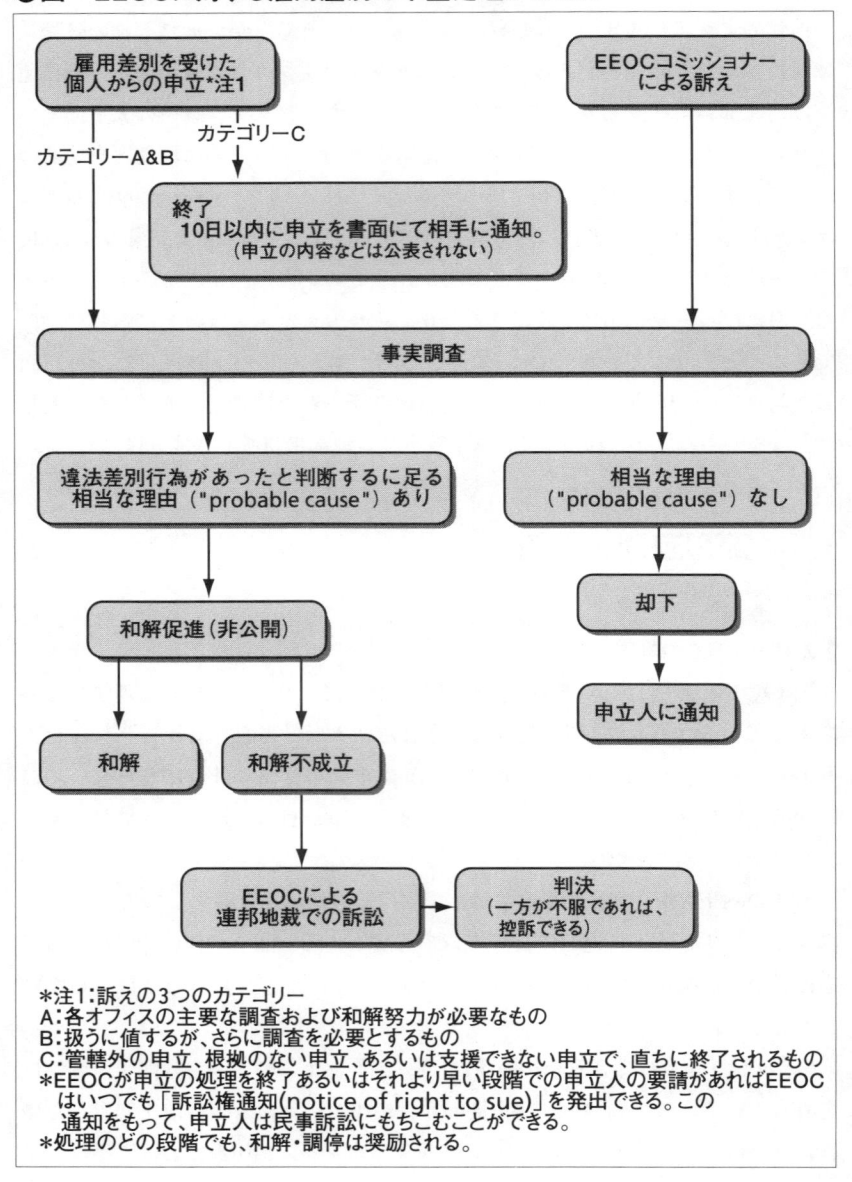

```
雇用差別を受けた                        EEOCコミッショナー
個人からの申立*注1                       による訴え
    │         │
カテゴリーA&B   カテゴリーC
    │         │
    │         ▼
    │    ┌──────────────────────────────┐
    │    │ 終了                          │
    │    │ 10日以内に申立を書面にて相手に通知。│
    │    │ （申立の内容などは公表されない）   │
    │    └──────────────────────────────┘
    ▼                                   ▼
┌──────────────────────────────────────────┐
│                事実調査                   │
└──────────────────────────────────────────┘
    │                                   │
    ▼                                   ▼
┌──────────────────────┐      ┌──────────────────────┐
│違法差別行為があったと判断するに足る│      │相当な理由               │
│相当な理由（"probable cause"）あり │      │（"probable cause"）なし │
└──────────────────────┘      └──────────────────────┘
    │                                   │
    ▼                                   ▼
┌──────────────┐                    ┌──────┐
│和解促進（非公開）│                    │ 却下  │
└──────────────┘                    └──────┘
    │         │                         │
    ▼         ▼                         ▼
┌──────┐  ┌──────────┐            ┌──────────┐
│ 和解  │  │ 和解不成立 │            │申立人に通知│
└──────┘  └──────────┘            └──────────┘
              │
              ▼
    ┌──────────────┐      ┌──────────────────┐
    │  EEOCによる   │ ──▶ │      判決         │
    │ 連邦地裁での訴訟│      │（一方が不服であれば、│
    │              │      │   控訴できる）     │
    └──────────────┘      └──────────────────┘
```

＊注1：訴えの3つのカテゴリー
A：各オフィスの主要な調査および和解努力が必要なもの
B：扱うに値するが、さらに調査を必要とするもの
C：管轄外の申立、根拠のない申立、あるいは支援できない申立で、直ちに終了されるもの
＊EEOCが申立の処理を終了あるいはそれより早い段階での申立人の要請があればEEOC
　はいつでも「訴訟権通知（notice of right to sue）」を発出できる。この
　通知をもって、申立人は民事訴訟にもちこむことができる。
＊処理のどの段階でも、和解・調停は奨励される。

の時から30日以内に行わなければならない (*22)（EEOCの申立処理プロセスについては、図を参照）。しかし、FEPAが存在しない州や自治体では、使用者や差別の加害者が連邦政府あるいは州・自治体の機関である場合を除き、差別と思われる行為のあった日より180日以内に、その地域を管轄するEEOCの地方事務所に対して差別の申立がなされなければならない (*23)。

　申立は無料で、代理人による提出が可能である。EEOCは、企業の人事記録およびその他の記録へのアクセス権があり、申立人の名前をふせたまま調査できる。さらに、関係者へ召喚状を出す権限を持ち、調査に際して証人喚問や証拠の提出を求めることができる。調査は180日以内に終えるように努めているが、実際はより長期にわたっている事例が多い (*24)。

　救済機能としては、慰謝料、原告側の弁護士費用などの獲得、(申立の日からさかのぼって2年までの) バックペイ、原職復帰などがある。このような申立人に対する直接的な救済措置だけではなく、事業主に対して社内の環境や規則を変えるよう命令することで、原告を含む従業員のおかれていた差別的な慣行や規則を変えることもできる。

　EEOCの決定に不服な場合は、両当事者とも所定の連邦裁判所に提訴することができる。さらに、申立人はEEOCやFEPAによる行政上の救済以外に、司法による解決をはかることが可能である。申立人は、EEOCから提訴権通知（"right-to-sue-notice"）を得れば提訴を提起できる。このような通知が発出されるのは、①EEOCが申立の調査を完了した結果、EEOC自ら訴訟を提起しないこととした場合（これはたとえ違法行為が行われたと信じる合理的な理由がないとEEOCが判断したときでもなされる）、または②申立人が、EEOCに対する申立の日から180日後に提訴権通知を請求した場合である (*25)。

2|2|2 ……EEOCによる申立および訴訟

　雇用差別が恒常的でありまたはきわめて悪質であると委員（コミッショナー）が判断した場合には、EEOCが自ら申立を行うことがある。これは申立が実際に行われてからEEOC自らが申立を行う場合と、従業員からの申立を待たずにEEOCが申立を行う場合がある。EEOCを代理して訴訟を担当するのは、大統

領により任命された訴訟担当官である。

2|3| ……平等雇用に関する啓発活動

申立の処理が、実際に起きた差別に対する規制および救済措置であるのに対し、啓発活動は差別の防止をめざす活動である。EEOC本部および各事務所の委員などによる講演活動をはじめ、セミナー開催、出版事業、ウェブサイトの維持、技術支援などがある。

印刷物は三つ折りの簡単なパンフレットから主に企業向けの技術援助セミナーで使われる6冊セットの教本まで、さまざまなものが用意されている。パンフレットについては、英語以外の言語に翻訳されている。しかし、どの言語でパンフレットを印刷するのかは、地域の判断に委ねられる。たとえば、ニューヨーク地区オフィスは、同地域でよく使用されている5言語（韓国語、中国語〔北京語〕、ハイチ・クレオール語、スペイン語、英語）でパンフレットを印刷し、市民団体や自治体に配布している。サンフランシスコ地区オフィスでは、スペイン語、英語、中国語（北京語）、韓国語というように、地区事務所の管轄地域の人口動態などを考慮している。

以上の啓発活動のほか、州・自治体の議員やその秘書を対象にしたEEOCの活動に関するブリーフィングも実施されている。ここでは、雇用平等に関する連邦、州、および自治体法、EEOCの役割やその法を管轄する自治体の役割が取り上げられる。選挙民が雇用差別について訴えてきた場合に、議員またはその秘書がしかるべき機関にそのケースを照会するのを促すことがその目的である(*26)。

2|4| ……大統領や連邦議会に対する政策提言

EEOCはその活動および会計報告を大統領と連邦議会に対して行う義務がある。EEOCの年間予算は、他の連邦政府機関と同様に、連邦議会の承認事項である。その一方で、大統領や議会が雇用差別撤廃に関する政策や立法の推進を確保するために、委員を中心とした政策提言も行われている。

3 | 多様な国内人権機関と機関相互の協力

3|1 …… 1990年代のEEOC改革

　EEOCの雇用差別に関する救済機能が注目され、新たな人権保障法および差別規制法によってその管轄領域が拡大するにつれ、EEOCへの申立件数も増加している。たとえば1992年に障害者差別禁止法（ADA）が施行された結果、1993年度以降1万5千から2万件近い障害にもとづく雇用差別の申立がEEOCに提出されている。1980年度には62,135件だった訴えは、1997年度および1998年度にはそれぞれ8万件ほどに増加した。その反面、申立件数の増加速度に、EEOCの予算増加額が追いつかない状況が生じた。

　1998年度予算は2億4200万ドル (*27)、1999年度は、2億7900万ドルであった。財政難のため、1980年度には3,390人いた職員も1999年度には2,544人に削減せざるをえないなど、申立を審理するのに十分な予算が確保できない状況が続いた。

　申立の増加に応じて予算が増えないのであれば、EEOCとしては今ある活動資源を有効に配分することで効率的な活動をせざるをえなくなった。EEOCは解決策として、①裁判外紛争処理制度（ADR）の採用、②「優先事案処理手続」の開始、そして、③「全米実施計画」およびこれにもとづく「地域実施計画」の策定を打ち出したのである。

3|1|1 …… 裁判外紛争処理制度（ADR）の採用

　筆者がヒアリングを行ったEEOCおよびFEPAのいずれもが、現在ADRに力を注いでいる。EEOCがこの制度を開始したのは、1996年度である。ADRによる解決は、EEOC、申立人、被申立人のすべてにとって、金銭・労力・時間節約の効果があるとされている (*28)。また、違法差別行為を認定する際の精神的な疲労もADRによって軽減されるという効果もある。

　EEOCやFEPAには、専属の調停員を擁しているところもあれば、パートタ

イムの調停員の採用や、外部に委託して調停員を調達するところもある。たとえばEEOCセントルイス地区事務所やサンフランシスコ地区事務所では、内部のADR担当職員のほかに、非営利の法律事務所2ヶ所とも契約を結んでいる。調査官が調停員を兼ねるところもあるが、同じ申立について同一人物が調停員と調査官を兼ねることはない。

3|1|2 ……「優先事案処理手続」の開始

1995年、EEOCは「優先事案処理手続（Priority Charge Handling Procedures、PCHP）」の開始を承認した。PCHPとは、申立をその内容あるいは差別行為の程度や社会的重要性によってあらかじめカテゴリーAからCに分類し、より重要性が高い（カテゴリーA）ものに優先的に人的・金銭的活動資源を分配する制度である。カテゴリーCとは、申立の内容がEEOCの管轄外のものや差別があったと判断する合理的理由がないことが明白なものである。カテゴリーBとは、EEOC管轄内の内容だが、違法差別行為が認められるかどうか、さらに調査が必要とされる申立であり、カテゴリーAとは、違法差別行為が認定される可能性が高いと判断される申立である（*29）。

3|1|3 ……「全米実施計画」およびこれにもとづく「地域実施計画」の策定

1996年2月、EEOCは「全米実施計画（National Enforcement Plan、NEP）」の策定を承認した。これは、教育ならびに啓発活動を通じた差別防止、可能な場合の自発的な紛争解決、ならびに自発的解決が成功しなかった場合におけるEEOCが管轄する法令の強力かつ公正な実施を軸としている。さらにNEPでは、EEOCの調査および訴訟の優先順位を特定し、訴訟に関する一部の決定を訴訟担当官に委任すること、さらに各地区事務所にそれぞれの地域の特色にあわせた地域実施計画（Local Enforcement Plans、LEP）を策定することが指示されている。たとえばセントルイス地区事務所では、EEOCのサービスが届きにくいコミュニティや人種・民族グループを特定し、いかに広報・啓発努力を行うか戦略を練り、毎年その成果や課題について検討を加えている。

3|2|……EEOCに対する評価

　EEOCは、全体としては高い評価を得ているといえるだろう。とくに米国三菱自動車製造のセクシュアル・ハラスメント訴訟の成果もあり、女性団体やマイノリティ団体の中でも法律扶助を行っている団体からの評判はかなり高い。まさにEEOCが90年代半ば以降にとった効率的な活動資源配分のための諸改革が功を奏し、社会に大きなインパクトを与えているのである。

　EEOCの雇用差別救済の成功要因のなかでも、とくに日本における新たな制度設計を念頭においたうえで、特徴的な点をいくつか指摘したい。

①申立の容易さ

　申立手続のなかでもっとも重要なことのひとつは、申立がしやすいものかということである。この点については、いくつかの角度から考察することが必要である。まず、手続の簡素さである。調査を行った機関では申立はすべて無料であり、電話や訪問による申立が可能であること、基本書類は両面の用紙が1枚から2枚であることがほとんどである。

　次に、外国語や手話などによる言語支援サービスの有無である。雇用差別に関する申立は外国人や障害者が行う場合もある。これは日本でもありうる事例である。たしかにアメリカで筆者が訪問した機関においても、地域あるいは行政機関によっては、必ずしも完全に対処しているとはいいきれない状況であった。しかしながら、外国語による言語支援または情報提供は、大都市のように社会の構成員が多様な地域のEEOCやFEPAでは欠かせない活動になっている。日本でも移住労働者が多い地域では、考慮されるべきであろう。

②委員の当事者性・多元性

　筆者が面会をした機関のトップはすべてマイノリティであった。スタッフにもマイノリティが多い (*30)。これは単に機関内にマイノリティとしての視点が反映されやすいだけでなく、彼(女)らがコミュニティにおいて実際にどの団体や地域に情報を伝えればより多くの人々に周知されるかということを知っているため、効率的に情報提供ができるという利点もある。

③多様な救済機関の存在

雇用差別を扱う機関が地域に複数あることによって、申立をする者は自分の申立の内容や条件にもっとも適した機関を選ぶことができる。人権救済機能を中央集権化あるいは単一化するよりは、申立をする側に選択肢が与えられていることが重要である（*31）。

④機関相互の協力

連邦、州、郡、市の雇用差別を扱う機関は、他の人権保障機関との業務提携や非公式な情報交換を活発に行っている。機関間で転職する者も多く、相互の人事交流によってパートナーともいえるこれらの人権保障機関の相互協力を容易にしている。

⑤民間非営利団体との活発な協力

行政機関にとって民間非営利団体（NPO）は、自分たちの情報やメッセージが届いてほしい人たちにつながる最良の媒介である。さらには社会のニーズや問題を知る情報源でもある。たとえばEEOCのニューヨーク地区オフィスは、プエルトリコ法律教育基金やアフリカ系アメリカ人法律教育基金などとの会合（不定期）を開き、お互いの関心や雇用差別問題などについて討議する。

NPOとのネットワークだけでなく、人材のセクター間移動も頻繁である。サンフランシスコの地区事務所にはNPO出身の法律専門家または事務スタッフがいる。

日本に見られるような、行政機関が一部の大手NPOに対してのみ情報提供を行い、「民間団体との会合や協力」のアリバイを作ったり、逆に「行政は皆のためにあるもので、一部のNPOとの接触は不公平である」という不思議な論法が持ち出されることもほとんどない。

⑥申立処理の柔軟性

EEOCは未処理申立の累積に対処するため前述のような改革案を打ち出したが、FEPAも同様の改革を行っている。未処理申立数を減らすために、申立の処理そのものをNPOに委託することもある。たとえば、ワシントンDC人権法によって設立されたワシントンDC人権・地域企業発展省（*32）は、ワシントンDC雇用平等法関連の事件を扱っている民間の法律事務所と契約しており、2000年度には65件の申立に関する審理がこれに委託される予定である。また、

ミズーリ州労働産業関係省人権委員会では、調査官が95年度に1,200件の申立を処理する予定であったが、個人と契約を結び、1年目で600件を処理し、2年目には残りの600件と同年の新規申立の処理をすることができた。このように必要に応じて、能力がある適切な第三者に協力が依頼されている。

3|3|……EEOCとFEPAの業務提携

すべての州や自治体にFEPAが存在するとは限らない。また、FEPAのなかには申立受理・処理機能を兼ね備えていないものもある。しかしながら、FEPAが存在する地域では、EEOCとFEPAの間に何らかの形で雇用差別撤廃にむけた協力や努力が行われている。FEPAのなかには、申立がEEOCあるいはFEPAに提起された場合に、申立人が望めば他方の機関にも申立が受理されたことになる同時受理（dual filing）契約を結んでいる場合もある。EEOCとこのような契約を結ぶFEPAは約90あり、現在アーカンソー州以外のすべての州およびワシントンDCにそのようなFEPAが存在する。

FEPAは、EEOCと「業務共有合意（workshare agreement）」と呼ばれる文書による合意を交わして、業務提携を行うことがある。これは、同じ雇用差別に関して申立人がまずFEPA、ついでEEOCと2つの機関に申立を行うことは、多くの労力や時間を要することになる。これら2機関が同じ申立に関して調査を行うのは、EEOCもFEPAも未処理申立件数をかかえていることを考慮に入れても、効率的な活動資源配分方法とはいえない。また申立人、被申立人、証人などがFEPAとEEOCから時を隔てて同じことを質問されるのは、申立内容に関する記憶や目撃談の細部が失われたり、変わったりすることがあるため妥当でない。そこで、FEPAが申立を受理した時に、FEPAは申立が提起されたことをEEOCに通知し、申立の複写をEEOCにも送ることで、EEOCに対しても申立が提起されたとみなす同時受理システムを採用しているのである。逆に、EEOCに対してなされた申立がその地域のFEPAが管轄する法律で保護される内容と重なる場合には、EEOCはFEPAに対して通知し、FEPAにも申立がなされたとみなされる。原則として、申立が提出された機関が申立を受理し、調査を実施する。

FEPAが申立をEEOCに送付した時点で、EEOC自体が申立審理を担当することを決定することもある。あるいは、未処理件数がもっとも少ない機関、または現在大きな案件の処理にあたっていない機関が担当することもある (*33)。

　EEOCの管轄する連邦法のもとで、FEPAは合計年間4万8千以上の差別の申立を処理している。これらは、連邦法にもとづく申立だけでなく、雇用差別を禁止する州あるいは自治体の法律や条例にもとづくものもある。

　EEOCに代わってFEPAが活動根拠法にもとづき申立を処理した場合には、申立1件につき、EEOCはFEPAに対し500ドルを支払う。申立についてどの程度の時間をかけ、どのような過程で処理されたかをEEOCが検討した後にこの金額は支払われる。1998年度のEEOC年間予算2億4,200万ドルのうち2,750万ドル、99年度は2億7,900万ドルのうち2,900万ドルがFEPAへ支払われている。

　なお、EEOCとFEPAの業務提携は、連邦法と州法・自治体条例において禁止されている差別事由その他の条件が合致する場合になされる協力である。連邦法上は差別禁止事由とされていないが、州法や条例上差別禁止事由とされている事柄に関する申立については、FEPAのみがこれを受理し、処理することができる。

　また、EEOCだけでなく州や郡のFEPAがそれぞれ郡や市のFEPAと文書による合意を交わし、お互いの法律にもとづく雇用差別の申立の処理を可能にしているケースもある。たとえばニューヨーク州人権委員会は、州内の郡や市の人権保障機関と合意文書を結び業務を行う。ただし、この場合は金銭支払いがないのが通常である。

　たとえば、ミズーリ州第3の都市スプリングフィールドにある市人権委員会（City of Springfield Mayor's Commission on Human Rights）は、市内でおきた雇用差別の申立処理に関してEEOCと業務提携の文書を交わしているFEPAではない。しかし、労働・産業関係省の下部機関であるミズーリ州人権委員会（Missouri Department of Labor and Industrial Relations）とは合意文書を交わしている。そして、この州人権委員会はEEOCと相互受理の契約を交わしているFEPAである。この市と州の両委員会との間には、EEOCとFEPAとの間で交わされて

いるような業務提携が行われているが、州人権委員会が市人権委員会に申立処理費を支払うことはない。

EEOCとFEPAの関係について次の2点に留意する必要がある。第1に、連邦法設置のEEOCより州や自治体法設置のFEPAが下位の存在としてとらえられているわけではないことである。両者の相違は、州法や条例が連邦法より広範囲の差別禁止事由を規定していること、申立についての提訴機関や州法・条例が適用される事業主の条件が異なることによる。たとえば、1964年の公民権法制定から現在に至るまで、連邦法では性的指向による差別を禁止する法は存在していない。したがって、性的指向を理由に雇用差別を受けた者が連邦法にもとづいて相手を訴えることはできない。しかし、差別事象が起きた地域の州や郡、市の人権法が性的指向による雇用差別を禁止しているのであれば、その法にもとづいて申立を行うことは可能なのである。

第2に、EEOCとの契約の有無は、FEPA間の申立処理能力などの優劣とは無関係なことである。たとえば、サンフランシスコにある人権委員会は、性的指向によるマイノリティや法律上の婚姻関係を結んでいないドメスティック・パートナーに対する給付金の支給条件などの差別を禁止するなど、独自の地域事情を反映した活発な活動を展開している。

3│4│……州・自治体機関による雇用差別の救済

最後に、FEPA独自の活動について触れたい。カリフォルニア州公正雇用住宅法により設立された州公正雇用住宅省（California Department of Fair Employment and Housing, CADFEH）は、雇用差別に取り組むEEOCと提携している州内唯一のFEPAである。住宅差別については連邦住宅都市開発省（HUD）と契約をし、連邦法にもとづく申立の処理を行っている。設立および活動の目的は公正な雇用、住宅、公共設備の実現をめざすことにあり、雇用、住宅、公共設備における違法差別に関する申立の処理である。雇用では人種、皮膚の色、宗教、性別、年齢（40歳以上）、婚姻、家族的責任、障害による差別を禁止している。障害にはHIV/AIDSも含まれるが、同性愛、バイセクシュアル、ジェンダー・アイデンティティ、窃盗病、放火癖、薬物乱用による精神障害などは含

まれてない。また、ガンなど一部の疾病による差別も禁止している。差別事由に性的指向を含めることも提案されている。年齢差別は、連邦法である雇用における年齢差別禁止法が差別禁止対象を当初40歳から70歳とし、年齢の上限を設けていたのに対し、州法では上限を設けたことはなかった。連邦法改正前までは、70歳以上の被用者に対する雇用差別は、連邦法ではEEOCに申し立てることができなかったが、CADFEHに対しては可能であった。

ニューヨーク市では、州人権課および市人権委員会のふたつのFEPAがEEOCと契約を交わしている。両機間は、いずれもアメリカでもっとも初期に設置された人権保障機関である。市人権委員会は、前身である「統一に関する市長委員会」が1944年に設立され、1962年に人権委員会へと名称を変更した。現在にいたるまで、権限や活動、差別から保護する対象を拡大しつづけている。また、市人権委員会は世界人権宣言起草の立役者であり、国連および国内NPOを通じてアフリカ系アメリカ人や女性の人権促進をめざした、「生涯ニューヨーカー」だったエレノア・ルーズベルトの功績を称えて国連人権週間に人権宣言に関する展示を行うなど、国連の人権促進の動きにあわせた活動も行う「珍しい」アメリカの人権保障機関である。

ニューヨーク州人権課の特徴は、連邦法上の規定よりもかなり広範囲な差別禁止事由を扱っていることである（*34）。現在では差別禁止事由は、人種および皮膚の色、信条、出身国、性、年齢（*35）、障害（身体障害、精神障害、その他通常の身体機能が治療などの理由によって支障をきたす場合、HIV/AIDSに感染している、あるいは感染している疑いがある場合）、婚姻の状況（未婚、既婚、離婚歴がある、配偶者と別居しているあるいは死別している）、家族形態（妊娠している、子どもがある、18歳以下の子の親権を得ようとしているなど）、違法な差別をした者への教唆報復（申立人に対するもの）、逮捕あるいは有罪確定歴、遺伝あるいはウィルスなどの感染（*36）と多岐にわたっており、申立人への報復などが違法差別行為とされている。さらに、EEOCだけでなくFEPAの多くが意思決定機関である委員会（Commission）を設けているのに対し、ニューヨーク州人権課では委員がひとりのみであるのが特徴である。申立を審理してきた調査官や行政審理官が導く結論の承認もすべてひとりで行うため、委員の責任は大きい。

最後に、州人権委員会では、申立がHIV/AIDSあるいはセクシュアル・ハラスメントに関するものであれば、より迅速な申立の処理を必要とするという判断から、州内に地理的な考慮のもとで設けられた地域事務所のほかに、HIV/AIDSおよびセクシュアル・ハラスメントに関する申立をそれぞれ専門に扱う部署をおいていることも特徴である。これは、いずれも迅速な申立処理が必要とされるという判断からである。

4 システムと社会のはざまで──結びにかえて

アメリカにおける雇用差別は、すべて円満に解決されているわけではない。現地においてたびたび耳にしたのは、「誤った行為と違法な行為は違う」ということである。EEOCやFEPAに対する全体的な評価は高いとはいえ、彼らがめざすものと実際に申立人が経験することの間にはたびたびギャップが生じている（*37）。申立を提起した経験のある人々あるいはEEOCやFEPA職員とのヒアリングを通じて、従来の調査文献や資料のみでは十分に伝えられていない部分、つまりシステムと実際との間にある問題点を指摘して結びにかえたい。

第1に、未処理申立件数を減らすための努力が、「合理的理由なし」という安易あるいは機械的な判断による申立の却下を増加させる傾向にある。EEOCやFEPAのこうした努力を知っているマイノリティ集団は、「これらの行政機関は、本当に大きな、自分たちにとっても成果になると直感できるもの以外は、手短にすませようとしているのではないか。そのためにきちんと調査もせずに『違法差別行為があったと判断するに足る合理的理由なし』として審理を終了させ、『あとは裁判でもしてくれ』と言わんばかりだ」という印象を抱いている。また、主張が虚偽であるなどの場合を除き「合理的理由なし」と結論づけられると、申立人は「あなたの主張はとるに足らない」と判断されたと感じるであろう。マイノリティ集団にこうした印象を抱かれないためにも、人的・金銭的な活動資源を有効に使い、未処理件数を減らし、また1件あたりにかかる処理時間を短縮し、申立提起から2年も待たされることがないようにする必要がある。さらに、差別されたと感じる被害者の心情を良く理解して申立を取り

扱い、申立しようとする者から信頼されるよう努力することも重要である。

　第2に、申立人本人が差別を受けたことを立証するのは困難であるという問題がある。申立を行う以上は、自分がなぜ差別されていると信じるかを述べることは必要である。セクシュアル・ハラスメントの場合は別として、差別の第一次的立証責任は申立人にあるが、これを立証するのには比較する対象が必要である。これは、同じような能力・実績の被用者で、ひとつの要素（人種、性別など）のために雇用、昇進などにおいて異なる扱いを受けたという比較を行わなければならない。性差別で申立をしたある女性は、「こんなことなら自分も単なる性差別ではなく、セクシュアル・ハラスメントを受けたとでっちあげればよかったのだろうか」と述べ、事業主の虚偽の証言を素直に信じる行政に立腹していた。さらに、EEOCやFEPAから音沙汰がない、自分から連絡しても取り次いでもらえず返事もこない、知らない間に担当調査官が何度も変わっていたなどという申立人の声も耳にする。法律の知識に乏しいことが多い申立人が、顧問弁護士や有能な弁護士の助言にもとづく企業の反論に対抗しうる証言を行うことは、技術的に難しいといわざるをえない。EEOCやFEPAにおける調査や審理を「法律の素人」である申立人の立場を良く考慮して進め、またADRによる紛争解決の手法を活用するなど、申立人が弁護士を立てなくても済むような手続が必要ではないだろうか。

　第3に、EEOCやFEPAの「中立性」確保の困難性である。EEOCやFEPAは、公正な結論を導くために中立な立場で申立の処理にあたることが求められており、中立性の実現をめざしている。では、中立とは何だろうか。たとえ客観的に申立処理を行っても、当事者にそう見られないことも多い。逆に被申立人は調査官や調停官を「申立人の話をきいてやってくるやっかい者」と思うこともある。調査官が被申立人と同じ属性（人種、性別など）を持っていれば、申立人が「自分の経験や気持ちがこの人にわかるわけがない」と思うこともある。逆に申立人と同じ属性を持つ調査官や調停官など申立人の主張を受け入れる判断を下すと、被申立人からは「申立人の肩をもっている」といわれる。中立や公正が、誰から見ても客観的なものとして納得がいくように実現されることは、実際には大変難しいことといえるだろう。

最後に、被申立人からの報復の可能性について指摘したい。EEOCやFEPAは、申立人や証人に対する使用者や被申立人からの報復の禁止に重点的に取り組んできた。しかし、実際には報復はなおも存在しているのである。たとえば、筆者がヒアリングを行った性差別により事業主を訴えた女性の場合、組織内部での調停が不調に終わったため、州のFEPAに申立を提起したが、その後上司らが彼女のところに何の予告もなくやってきて、彼女が職場で使用しているコンピュータのハードディスクに保存されている文書を彼女の合意なしに捜索し、申立に関する文書がないか、あるいは個人的に利用していないかをチェックしたのである。このようなコンピュータを個人利用していないかどうかの検査を受けたのは、組織内で彼女だけであり、思いあたる理由といえば申立を提起したことのみであるという。EEOCやFEPAが報復の禁止を強く訴えているところをみても、同様の報復行為はかなり広く行われているのではないだろうか。一方で、使用者側からも報復に関して違う見方を提起する事例もあり、報復禁止の一方性について疑問視する声もある。

　このように、実際の雇用差別の救済においては未だに課題は残されているが、アメリカにおける差別禁止へのあくなき挑戦はこれからも続いていくだろう。どのような差別が社会で生まれ、どのような差別形態が政府によって違法なものとされているのか、そして差別が違法行為と宣言されるまでにはどのような運動が背景にあるのか。アメリカの挑戦から日本に住む私たちが学ぶことのできる教訓は少なくない。

注

*1……本稿のための現地調査に訪問した都市は、次のとおりである。サンフランシスコ、サクラメント（以上、カリフォルニア州）、ワシントンDC、ニューヨーク（ニューヨーク州）、セントルイス、スプリングフィールド、カンザス・シティ、ジェファーソン・シティ（以上、ミズーリ州）。これらはEEOCの地域事務所およびEEOCと業務提携するFEPAが存在する地域である。また、サンフランシスコやニューヨークといった大都市だけではなく、中西部

の中規模都市も訪問した。
*2……Reid v. Covert, 354 U.S. 1(1957).
*3……U.N.Doc.HRI/CORE/1/Add.49 (1994).
*4……アメリカにおける雇用差別に関する法制および訴訟については、勝田卓也「アメリカにおける雇用平等法制の展開—公民権法第七編訴訟における差別概念とアファーマティヴ・アクションの変容—」早稲田法学75巻（1999年）1号474頁、相澤美智子「雇用差別訴訟における立証責任に関する一考察（1）（2）（3・完）—アメリカ公民権法第七編からの示唆」東京都立大学法学会雑誌39巻（1999年）2号609頁、40巻（1999年）1号483頁、40巻（2000年）2号443頁参照。
*5……松井茂記『アメリカ憲法入門［第4版］』（有斐閣、2000年）、伊藤正己・木下毅『アメリカ法入門［第3版］』（日本評論社、2000年）参照。
*6……たとえば、連邦レベルでは性的指向におけるマイノリティに対する差別を禁止する法律などは存在しないが、ニューヨーク州人権法では存在する。
*7……中窪裕也『アメリカ労働法』（弘文堂、1995年）221頁。
*8……同上、230頁
*9……18歳未満の子どもが、親または親権を有する者と同居しているかなどをさす。
*10……マック・A・プレイヤー、井口博訳『アメリカ雇用差別禁止法（第3版）』（木鐸社、1997年）、33頁およびFeminist Majority Foundation Website, http://www.feminist.org/ other/ccri/aafact1.html.
*11……プレイヤー、前掲注10、33頁

*12……Bivens v. Six Unknown Named Agents of Federal Bureau of Narcotics, 403 U.S. 388 (1971).
*13……個人による申立の場合は、通常EEOCへ転送される。複数の個人が係わっている場合や差別のパターンが見うけられる場合は、OFCCPによって審理されるのが一般的である。
*14……本部では申立を受理していない。
*15……中窪裕也、前掲注7、29-30頁。プレイヤー、前掲注10、28頁。
*16……1994年度から98年度までの年間受理数は、それぞれ、91,189件、87,529件、77,990件、80,680件、79,591件である。
*17……42 U.S.C.2000e-4f. 正式には24の地区事務所（district office)、1つの地域事務所（field office)、そして25の地方事務所（local office）に分類されるが、これらを総称して地域事務所と呼ぶことが多い。
*18……42 U.S.C.2000e-4f.
*19……申立制度の詳細は「連邦セクター平等雇用機会不服申立過程規則（29 CFR Part 1614)」で定められている。
*20……公民権法第7編706(C)。
*21……プレイヤー、前掲注10、209頁。
*22……同上、210頁。
*23……同上、209頁。
*24……筆者が面会した調査官やEEOC地域事務所コミッショナーによると、2年以上の審理中のケースがあることも珍しくないという。
*25……プレイヤー、前掲注10、214頁。
*26……アメリカでは、選挙民が自分の地区から選出された議員（市議会から連邦政府の上下両院レベルに至るまで）に対して、手紙や電話などで個人的な

要請や質問をすることがよく行われており、選挙区内のこのような選挙民の期待に沿うことが、議員の大事な仕事とされている。

*27……予算のうち90％は、給料や給付金、賃貸料にあてられ、残りの10％が訴訟支援、技術、職員研修などにあてられる。

*28……雇用分野に関するADRについては、E.Patrick McDermott et al., Alternative dispute resolution in the workplace,1996. ADR全般については、石川明・三上威彦編著『比較裁判外紛争解決制度』（慶應義塾大学出版会、1997年）、レビン小林久子『調停ガイドブック　アメリカのADR事情』（信山社、1999年）参照。

*29……このカテゴリー分類方法は一部のFEPAでもとりいれられており、最初に申立を受理する「インテイカー」とも呼ばれるスタッフあるいは、初回の面談での調査官による判断が重要な役割を果たす。

*30……なかには、ある人種や性別に調査官の構成がかたよっている機関もあった。その機関の責任者は、「もちろん、もっと調査官を多様化させたい。しかし、もしある特定の人種を調査官として募集するという広告を出せば、自分たちが雇用差別をすることになるので難しい」と心情を吐露している。

*31……あるFEPA責任者のコメント。

*32……1999年10月から、人権省と地域企業発展省に分割されている。

*33……申立人がFEPAに申立を提起したのにEEOCが審理を担当する旨連絡を受けることもある。

*34……ニューヨーク州における取り組みについては、レビン小林久子、前掲注28、48～57頁および161～167頁参照。

*35……申立をできるのは18歳以上の者とされている。

*36……1996年の法改正により追加されている。

*37……同様の問題はADR全般に対する批判も生じさせている。レビン小林久子、前掲注28、98～111頁。

カナダ人権委員会
人権文化の確立に向けて

金子匡良

かねこ・まさよし／法政大学大学院社会科学研究科博士後期課程

1 カナダにおける人権立法の歴史

およそ3,000万の人口を有するカナダは、アメリカ同様の移民国家であり、その人口は多様な民族・人種から構成されている (*1)。公用語も英語とフランス語の二ヶ国語を採用しており (*2)、またアボリジナル・ピープル (aboriginal people) と呼ばれる先住民族も約80万人居住している。このような民族的・人種的多様性から、カナダは「小さな国際社会」とも呼ばれており、近年では多文化主義 (multiculturalism) を国家運営の基本に据え、諸民族の歴史的・文化的伝統を尊重していこうとしている (*3)。

しかしながら、このようなカナダにおいても、かつては人種差別的な政策が広範にとられていた。たとえば、カナダでは長い間イギリスや他の西欧諸国からの移民が法制上優遇され、中国系移民などのアジア系人種は排斥される傾向

が強かった (*4)。また、ユダヤ人も土地所有や住宅の購入、あるいは公共施設の利用などの面でさまざまな差別を受けていた。しかし、長きにわたるこうした差別的な政策や慣行にも、第二次世界大戦の前後になると、次第に変化が生じてきた。戦争中にユダヤ人が積極的に軍に志願してその地位を高めたことや、1948年の世界人権宣言に代表される戦後の人権思想の高まりのなかで、アメリカやヨーロッパ諸国同様に、カナダにおいても差別的な法律の撤廃やさまざまな人権立法の制定が、州レベルと連邦レベルの双方で行われていったのである (*5)。そうした流れのひとつの到達点が、1960年に制定されたカナダ初の包括的な人権立法であるカナダ権利章典 (Canadian Bill of Rights) であった (*6)。この法律は個人の平等権や信教の自由、言論の自由などを保障したものであり、これをきっかけとして各州でも連邦同様の人権章典や独自の包括的な人権法の制定が進んでいったのである。

　こうした人権立法の発展過程で生まれたのが、人権問題を専門的に所掌する独立機関としての人権委員会制度であった。人権委員会制度は1962年に制定されたオンタリオ州人権法のなかにはじめて盛り込まれ、1977年までの間にカナダのすべての州で設立されるに至った。

　一方、本稿で主として取り上げる連邦レベルの人権委員会の設立は、すべての州で人権委員会が立ち上がった後の1978年のことであった。連邦の人権委員会の設立が遅れた理由は種々考えられるが、現実の人権問題は地域レベルで生じることが多く、またカナダの連邦構造は連邦政府よりも州政府が優位にあるため、州の動きを見極めた上で連邦の委員会を立ち上げたのだといわれている。しかし、連邦人権委員会の胎動は1967年に設けられた「女性の地位に関する王立委員会 (the Royal Commission on the Status of Women) (*7)」が作成した報告書のなかにすでに始まっていた。そこでは男女平等を確保するための独立委員会の設置が政府に対して具申されたのであるが、その後、議会などでそうした独立委員会の必要性や内容を論議していくなかで、男女間の平等のみならず、アメリカの平等雇用機会委員会 (Equal Employment Opportunity Commission 〔EEOC〕) のような、より一般的な平等を保障するための独立委員会を設立するべきであるとの方向に議論が収束していった。そのような議論を基礎として、

人権委員会の設立を内容に含む広範な反差別立法としてのカナダ人権法（Canadian Human Rights Act）が1977年に全会一致の下に成立し、翌年、カナダ人権委員会（Canadian Human Rights Commission）が活動を開始したのである(*8)。なお、この間の政権党は自由党であり、首相は一貫してトルドー首相であった。さらに、1982年には同じくトルドー政権の下で、各種の基本的人権を定めた「権利と自由の憲章（Canadian Charter of Rights and Freedoms）」を含む1982年憲法（Constitution Act, 1982）が成立し、カナダにおいても人権が憲法上の根拠を得て、連邦と州の区別なしに全国的に保障されるようになったのである(*9)。

　カナダ人権法はその成立から今日に至るまでに数回の修正を経て、次第に対象とする差別事由や差別行為の幅を広げ、同時に人権委員会も権限を拡充していった。たとえば、1983年の法改正によって、性別にもとづく差別の中に妊娠・出産を理由とする差別が含まれることが明記され、1996年にはゲイやレズビアンといった性的指向（sex orientation）を理由とする差別の禁止が新たに挿入された。1995年には雇用や職場における平等確保を目的とする雇用衡平法（Employment Equity Act）が改正され、人権委員会が雇用衡平法の実施主体となり、人権委員会の権限がさらに拡大した。

　また、1999年には司法大臣がカナダ人権法の新たな見直しを始めることを表明し、元最高裁判事を委員長とするカナダ人権法検討委員会（Canadian Human Rights Act Review Panel）が発足した。この検討委員会では、人権委員会の権限の拡充や手続の効率化についての検討が行われ、2000年6月に司法大臣に最終報告書が提出されている(*10)。

　このように人権法の内容や人権委員会の権限については常に見直しが行われ、発展を続けているのである(*11)。

2 カナダ人権委員会

2|1……組織

　カナダ人権委員会は常勤の委員長と副委員長および3名以上6名以下の常勤

または非常勤の委員で構成される。常勤の委員の任期は7年、非常勤の委員の任期は3年であり、それぞれ再任が認められている (*12)。2000年9月現在の委員は、男性3名、女性4名の計7名であり、委員長は女性である。委員となるための必要条件はとくに法定されてはいないが、これまでの委員はいずれも州や連邦レベルの人権機関に所属するなどの前歴を持ち、人権問題の専門家として活躍してきた人々である。また、法曹資格を有する委員も多い。委員の任命権者は形式的にはカナダ総督であるが、実質的には内閣が委員を任命する (*13)。実際の委員の選定は、事実上司法大臣が行っているが、男女比、経歴、出身地など、委員会全体としての人的多様性に配慮がなされ、公正な選任が行われている (*14)。委員は議会の上下両院の罷免要求決議を受けない限り罷免されることはなく、これまでに罷免の前例はない。人権委員会は政府内の独立の機関であり、所管省庁や直接の担当大臣は存在しない (*15)。このように人権委員会は、行政機関といえどもその独立性や委員の身分保障は相当程度担保されているといえる。

委員会の全体会合は原則として月に1度であるが、3名の委員を含む小委員会が月に数回開かれている (*16)。また、緊急の案件や些末な事項は委員長が単独で処理することもできる。

委員会の本部は首都オタワにあり、その他全国の主要6都市に地方事務所が置かれている。委員会の職員は約200名おり、このうち女性が半数以上の約140名を占めているが、ただし管理職に就いている女性はさほど多くはない。また、障害者が約10％、非白人（先住民族を除く）が約9％、先住民族が約5％おり (*17)、管理職の中には同性愛者であることを明らかにしている者もいるなど、多様な構成となっている。職員は基本的には政府機関の内部で募集・採用され、外部のNGOなどからの採用や民間との人事交流などはあまり行われていない。しかし、政府内部での人事交流は盛んに行われており、とくに司法省と人権委員会の間の人事異動は頻繁である。また、州レベルの人権委員会と連邦の人権委員会の間の交換人事も多数あり、さらに海外の人権委員会やそれに類する国内人権機関への職員の派遣や交換人事も行われている。

委員会の1998年度の支出は約1,600万カナダ・ドル（約14億円）であり、こ

のうち約760万ドル（約6億5,000万円）が人権侵害の申立の処理にあてられ、約370万ドル（約3億1,000万円）が人権啓発活動に支出された。人権法上は予算についての規定はなく、予算額は議会と政府の裁量に委ねられている。予算規模は漸増傾向にはあるものの、基金などの委員会独自の固定的な収入源はないため、近年の緊縮財政や「小さな政府」化の影響を受けて、委員会の財政状況はひっ迫している。たとえば、地方事務所はかつては人権侵害事件に関する調査を主体的に担っていたが、経費削減のため、現在では調査部門はオタワの本部に統合されている。

2|2|……活動

　人権委員会のもっとも重要かつ中心的な活動は、人権侵害の規制および救済である。しかし、あらゆる人権問題に関する救済機能を担っているわけではなく、人権委員会が所掌する人権問題は種々の差別行為、なかでも職場における差別や雇用差別が主たるものとなっている。また、差別事件を取り扱うとは言っても、その活動にはふたつの制約が伴う。まず第1の制約は連邦制国家であるゆえの制約、すなわち連邦と州の管轄権の違いから生じる制約である。カナダには全国レベルの連邦政府があると同様に各州にも独立した政府機構があり、州議会を備え、議会の信任の下に内閣が組織されている。国家の統治機構について定めた1867年憲法の規定によれば、連邦政府は州政府に優位しているかに見えるが、実際的には州の権限は非常に強力であり、州政府は連邦政府と同等の地位にあると理解されている(*18)。したがって、連邦の権限と州の権限は厳格に区分されており、一方が他方の管轄権を侵すこと、とくに連邦が州の権限を侵すことは法的にも政治的にも許されることではない(*19)。ゆえに連邦の機関であるカナダ人権委員会の権限が及ぶ範囲も、連邦の管轄権が及ぶ組織、具体的には、連邦政府機関、公社（Crown Corporation）、郵便局、指定銀行、全国的に営業している航空会社、州際の通信事業を行う電信電話会社、州際の交通事業を行う企業、連邦政府の規制を受ける特定の事業（たとえば鉱業など）に限られている。これ以外の連邦の管轄下にないところで生じた人権侵害事件については、基本的にそれぞれの州の人権法が適用され、各州の人権委員

●表1　カナダ人権法で禁止される差別事由と差別行為

禁止される差別事由	禁止される差別行為
①人種 ②肌の色 ③出身地(国)・民族 ④宗教 ⑤年齢 ⑥性別（妊娠・出産に基づく差別を含む） ⑦婚姻の状況（婚姻関係の有無など） ⑧家族の状況（子どもの有無など） ⑨心身障害（アルコール依存・薬物依存を含む） ⑩赦免された犯罪歴 ⑪性的指向	①物品供与・サービス供与・施設利用・宿泊の拒否 ②店舗・住居の占有の拒否 ③雇用・求人差別 ④労働組合がその構成員に対して行う差別的取り扱い ⑤差別事由に基づいて雇用機会を奪うような政策・慣行を実施すること、またはそのような協定の締結 ⑥不平等賃金 ⑦差別的言辞 ⑧憎悪の表明（ヘイトメッセージ） ⑨嫌がらせ

会が救済にあたることになる (*20)。

　第2の制約は、人権法に定められた差別概念による制約、つまり人権法に制限列挙された差別事由と差別行為に関する制約である。カナダ人権法で「差別」と呼ばれるものは、法定の差別事由と差別行為に該当するもののみであり、それにあたらない行為は差別とはみなされず、人権委員会の救済権限は及ばない。法定の差別事由としては、①人種、②肌の色、③出身地（国）・民族、④宗教、⑤年齢、⑥性別（妊娠・出産にもとづく差別を含む）、⑦婚姻の状況 (marital status)（婚姻関係の有無など）、⑧家族の状況 (family status)（子どもの有無など）、⑨心身障害（アルコール依存および薬物依存を含む）、⑩赦免された犯罪歴 (conviction for which a pardon has been granted)、⑪性的指向という11種類のものが規定されている。また、法定の差別行為とは、①物品供与・サービス供与・施設利用・宿泊の拒否、②店舗・住居の占有の拒否、③雇用・求人差別、④労働組合がその構成員に対して行う差別的取り扱い、⑤差別事由にもとづいて雇用機会を奪うような政策・慣行を実施すること、またはそのような協定の締結、⑥不平等賃金、⑦差別的言辞、⑧憎悪の表明（ヘイトメッセージ）、⑨嫌がらせという9種類の行為である。よって、ここに列挙された差別事由にもとづく差別行為でない限り、人権委員会が救済できる「差別」にはあたらず、それ以外のものについては他の人権機関 (*21) または裁判所による救済 (*22) を探るほかはないのである（表1

●表2　差別事由ごとの申立の件数（1996年～1999年）

	1999		1998		1997		1996	
	件数	%	件数	%	件数	%	件数	%
心身障害	600	34	597	27	645	26	685	30
性別	325	18	415	19	407	17	461	20
人種・肌の色	258	15	312	15	339	14	358	15
出身地（国）・民族	250	14	252	11	305	12	276	12
年齢	134	8	321	14	453	18	159	7
家族・婚姻の状況	129	7	186	9	199	8	221	10
性的指向	42	2	75	3	70	3	99	4
宗教	30	2	48	2	55	2	47	2
犯罪歴	6	0	3	0	4	0	1	0
合計	1,774	100	2,209	100	2,477	100	2,307	100

出典：Canadian Human Rights Commission, Annual Report 1999 (2000) p.53.

表2参照）。

　人権委員会による具体的な救済手続は、委員会に対する被差別者からの申立に始まり、事前調停（mediation）、調査、調停（conciliation）と進行していく（*23）（図1、表3参照）。

　まず、申立はいかなる個人または団体でも行うことができ、被差別者以外の第三者が申し立てることも可能である。しかし、第三者の申立に際しては、それを受理する前に差別被害者本人の同意を得ることが通例となっており、被害者の同意がない場合は、委員会はその申立の受理を拒絶することができる。また、差別行為が行われたと信じるに足る合理的な理由がある場合には、委員会自身が職権で調査をし、自ら申立を行ったり、あるいは被害者に対して申立を促すこともある。申立は「委員会が受理できる形式（form acceptable to the Commission）」であれば、どのようなものでも構わないとされているが、実際には一定の書式で行うことが求められている。しかし、その書式も申立人が必要事項を穴埋め形式で書き込んでいけば簡易に作成できるものであり、それも不可能な者に対しては、委員会職員が書面作成を手伝うこともある。使用言語の指定はないが、公用語である英語かフランス語が使われることが多く、他の

●図1　カナダ人権委員会による人権侵害の救済手続

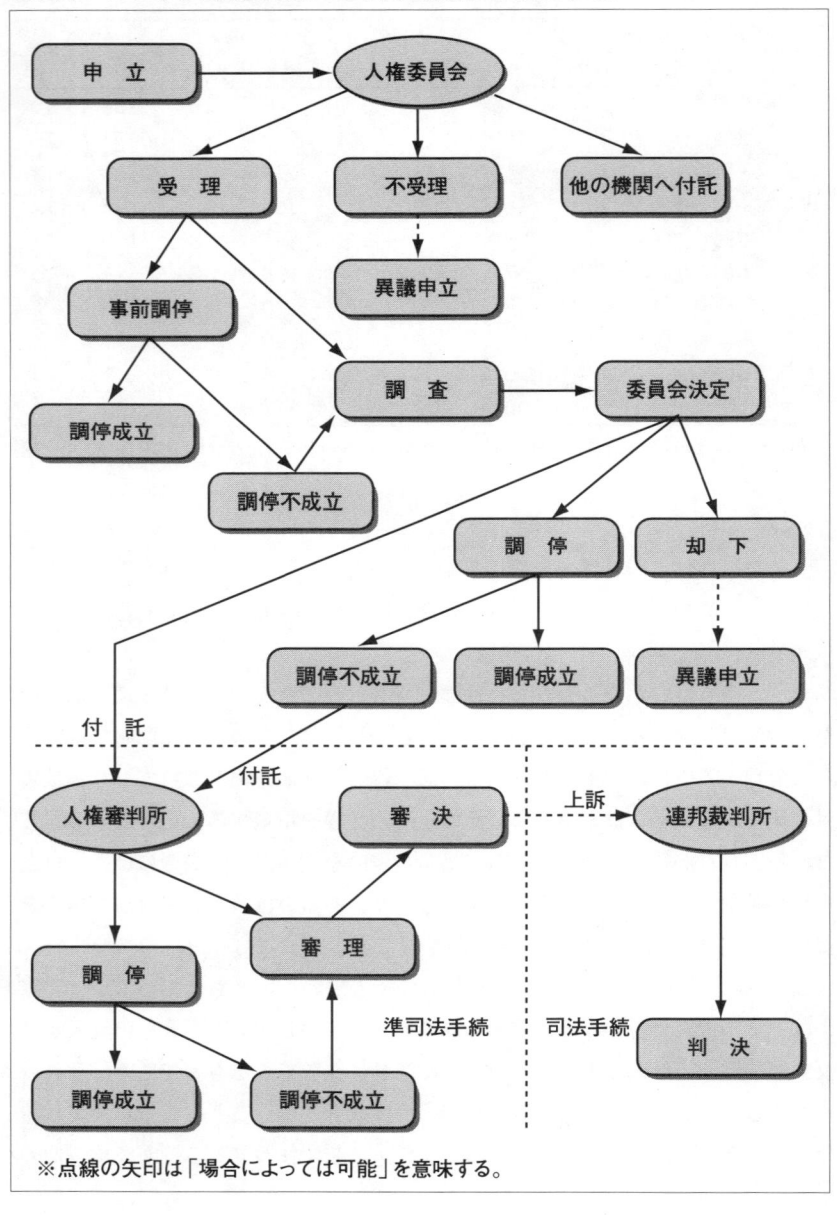

```
申立 → 人権委員会
人権委員会 → 受理 / 不受理 / 他の機関へ付託
不受理 → 異議申立
受理 → 事前調停 / 調査
事前調停 → 調停成立 / 調停不成立
調停不成立 → 調査
調査 → 委員会決定
委員会決定 → 調停 / 却下
調停 → 調停不成立 / 調停成立
却下 → 異議申立（点線）
調停不成立 →（付託）人権審判所
委員会決定 →（付託）人権審判所
人権審判所 → 調停 / 審理
調停 → 調停成立 / 調停不成立
調停不成立 → 審理
審理 → 審決
審決 →（上訴、点線）連邦裁判所
連邦裁判所 → 判決
```

準司法手続 ／ 司法手続

※点線の矢印は「場合によっては可能」を意味する。

● 表3　申立の結果（1996年～1999年）

	1999		1998		1997		1996	
	件数	%	件数	%	件数	%	件数	%
解決（注1）	213	12	189	11	217	10	325	14
他の機関へ付託	174	9	297	17	301	14	327	15
調停手続への移行	242	14	83	5	120	6	110	5
人権審判所へ付託	52	3	22	1	24	1	9	0
手続に入らず（注2）	44	2	23	1	28	1	18	1
調査の結果、証拠不十分につき却下	243	14	192	11	221	10	245	11
手続中止（注3）	109	6	129	7	147	7	198	9
手続途中終了（注4）	713	40	824	47	1,087	51	989	45
合計	1,790	100	1,759	100	2,145	100	2,221	100

注1　事前調停や調停によって解決された事案。
注2　法定の申立期間を過ぎた申立や、法定要件を満たしていなかった申立など。
注3　申立人によって取り下げられた申立、委員会の管轄権外の申立など。
注4　申立人が手続の継続を望まなかったため、あるいは差別であるとして申し立てられた行為と差別禁止事由の関連性が明確でないために、調査に入る前に手続が終了した事案。

出典：Canadian Human Rights Commission, Annual Report 1999 (2000) p.54.

※いずれの年度も、調査に入る以前に手続が途中終了している事案の割合が高いが、人権委員会の職員の説明によれば、これは明確な理由や手続を進める確固たる意志のないままに申立を行ってくる者が多いためであるということである。

言語しか使えない者に対しては、必要に応じて委員会が翻訳を行う。申立およびそれ以降のいかなる手続に際しても、手数料やその他の費用は一切かからない。また、申立をしたことを理由として、被申立人などが申立人に対して何らかの報復行為を行えば、それ自体が差別行為とみなされる。

申立は次の不受理事由に該当するものでない限り受理される。不受理事由とは、①人権法に定められた差別事由・差別行為に属しない行為に関する申立、②連邦の管轄外の場所ないし人に対する申立、③不法滞在者の申立、④差別行為から1年以上を経過している申立（ただし正当な理由がある場合はこの限りではない）、⑤申立の以前にとりうべき自主的な解決策をとることなくなされた申立、⑥取るに足らないような、あるいは悪意にもとづく申立という6項目であり、こ

れらに該当するような申立でない限りは、原則として受理されることになっている。なお、不受理の申立であっても、ほかに適当な救済機関がある場合にはそうした機関に付託され、また不受理決定に対しては後述する人権審判所または連邦裁判所に異議申立をすることが可能である。

　受理された申立のうち、事前調停による解決が可能であると見込まれる事案は、細かい調査がなされる前に、事前調停手続に付されることになる (*24)。事前調停では、まず申立人と被申立人の双方に事前調停手続に入るか否かを問い、両当事者が同意した場合には、人権委員会の担当職員が当事者の間に入って調停案をまとめる。そして当事者双方が調停案に同意した場合には、人権委員会の承認を得て、その事案は解決される。しかし、調停案に同意が得られなかった場合や当事者が事前調停に入ることを拒んだ場合、あるいは事前調停に付することが適当ではないと委員会側が判断した場合には、事案は次の段階である調査手続に移される。

　調査とは、両当事者の言い分や事実関係を明確化し、その事案をどのように処理すべきかを委員会が判断する際の資料となる報告書を作成する作業である。調査は人権委員会の職員である調査官 (investigator) が担当し、申立に対する被申立人の反論や申立人の再反論、証人の証言、専門家の意見などを聴取し、必要な資料の収集を行う (*25)。調査を妨害した者に対しては、50,000 カナダ・ドル（約430万円）以下の罰金を科すことができ (*26)、また連邦裁判所判事の発する令状を得た上で強制的な捜索や押収を行うこともできる。しかし、調査にあたっては、調査対象者の協力が得られるのが常であり、強制調査が行われた例はほとんどない。

　調査終了後、調査官は調査報告書を作成して当事者に開示し、当事者の意見を求めた後に、委員会に報告書を提出する。調査報告書の提出を受けた人権委員会は、そこに示された事実関係に基づいて、差別行為が存在したか否かを判断する。人権委員会は被差別者の救済を目的とする機関であって、差別行為を行った者に制裁を科すための機関ではないので、委員会が差別を認定する際に必要とされる証拠は、刑法的な「合理的な疑い」を越えることを立証するものではなく、差別が存在したであろう蓋然性を示すものでよいとされている (*27)。

そして、差別行為の存在が認められると人権委員会が判断した場合には、事案は調停手続に進むことになる。逆に、差別が認められないと判断された場合には、申立人の主張は退けられることになるが、申立の不受理決定に対するのと同様に、差別の不認定に対しても異議申立を行うことができる。

なお、調査の進行中であっても、委員会は適宜当事者に和解を促し、自主的な解決を導こうと努力する。そして妥当な解決が図られた場合には、委員会がそれを承認することによって救済手続は終了する。当事者間の自主的な和解であっても委員会の承認が必要とされるのは、一方当事者による強制的な和解の押しつけを防ぐためである。

調査に引き続いて行われる調停手続では、まず担当の調停官（conciliator）が選任される。調停官は調査官と同様の部署に属する人権委員会の職員であるが、調査官であった者が同一事件の調停官も務めるということはなく、調査と調停は必ず別の者が行うことになっている（*28）。調停官は事案の内容に応じて適切な調停案を作成し、当事者に提示する。調停案の作成は調停官のみが行い、当事者がそれに関与するということはなく、当事者は提示された調停案に同意ないし不同意を表明するのみである。調停案に当事者双方からの同意が得られた場合は、その内容を委員会に報告し、委員会の承認を受けて調停が成立する。調停の成立に際して委員会の承認が必要とされるのは、前述の事前調停や調査段階における自主的な和解同様、強制による解決や妥当性を欠く調停を行わせないためである。

調査や調停の過程において、被申立人は弁護士などを代理人に立てることができるが、一方、申立人に対しては人権委員会自身が法律上のアドバイスを与えるなどして、代理人的な役割を果たすことが多い。このことは一見すると人権委員会の中立性に反し、申立人に有利な取り扱いを行っているようにも思われるが、往々にして申立人、すなわち被差別者は社会的弱者である場合が多く、委員会が彼（女）らに便宜を与えることによって、被差別者ははじめて差別者側と対等の立場に立てるのである。とりわけ、調停手続まで進んだ事案は、委員会自身が差別行為の存在をすでに認定しているのであるから、被差別者の側に立つのは人権委員会の職責から見れば、むしろ当然であるともいえる。また、

カナダ人権委員会が取り扱う事件の多くが、政府機関や軍、あるいは巨大な企業とその職員の間の紛争であることを考えあわせれば、委員会のこうした姿勢はさらに説得力を増すことになるであろう。

3 人権審判所

　上述の人権委員会による救済手続によって解決が見られなかった事案は、さらに人権審判所（Human Rights Tribunal）という準司法機関に付託されることになる（*29）。人権審判所は、人権委員会と同様、カナダ人権法に根拠を持つ機関であるが、人権委員会からは独立した組織であり、その人事・運営等に人権委員会が関与することはできない（*30）。

　人権審判所の審判員は、任期7年の常任の審判所長と副審判所長、および任期5年の常任または非常任の13人以下の審判員で構成され、任命権者は人権委員会の委員と同じく、形式的にはカナダ総督、実質的には内閣である（*31）。2000年9月現在の審判員は女性5名、男性8名の計13名であり、審判所長には女性が任命されている。審判員の前歴は、弁護士、大学教授、州や連邦の人権委員会の委員や職員などである。審判員の資格要件は、人権に関する経験と専門知識を持ち、人権問題に対する関心と鋭敏な感性を有していることと規定されており、とくに審判所長と副審判所長は最低10年の法曹経験がなくてはならない。個別の人権審判は審判所長によって選任される1名の審判員によって行われるが、複雑な事案については、3名の審判員団（panel）（内1名が審判長）が選任され審判にあたることもある。

　人権審判は裁判類似の手続に従って公開で進められ、当事者に対する審問や証拠調べを行うことによって、実際に差別行為があったか否かを審理していく。その際には、証人の喚問や証拠の提出を命令することもできる。しかし、審理を開始する以前に、人権審判所が当該事案を調停（mediation）よって解決することが適当であると判断し、かつ両当事者が調停手続に入ることに同意した場合は、審判所長は審判員のなかから調停官を選任し、調停にあたらせることになる（*32）。調停が成立したときは、そこで事案は解決されるが、調停が不成

功に終われば、正規の審理が進められる。

　人権審判の結果、差別行為が立証された場合には、人権審判所は差別行為を行った者に対して、①差別行為の停止、②差別行為や不公正な行為を正すための計画やプログラムの策定、③差別行為によって侵害された権利等の回復、④逸失賃金・逸失利益等の補償、⑤肉体的・精神的苦痛に対する20,000カナダ・ドル（約170万円）以下の損害賠償を命令することができる。また、故意または過失にもとづく差別行為に対しては20,000ドル以下の損害賠償をさらに付加することが認められており、さらに憎悪の表明（ヘイトメッセージ）に対しては10,000ドル以下の罰金を科すことができる。弁護士費用等の必要経費に関する特別の規定はないが、審判においてはこれらを差別者側に課すことが多いようである（*33）。人権審判所の命令は連邦裁判所の命令と同等の法的効力を持ち、これに従わない者に対しては法廷侮辱罪として制裁金を科すことができる。

　先に述べた人権委員会による調停手続と、人権審判所における審判手続との最大の相違は、前者が基本的には被差別者側の立場に立って、その救済を図るべく当事者間の調停を模索する過程であるのに対し、後者はあくまで中立的な立場から、申立人の主張が合理的に立証できるか否かを判断する過程であるという点である。そのため、人権審判では立証責任などの点で申立人側の負担は大きくなるが、ここでも人権委員会は申立人の側に立って被申立人と対峙することによって、積極的に被差別者の救済に努力する場合が多い（*34）。

　人権審判所の審決に対して不服の者は、連邦裁判所へ上訴して司法審査を求めることができる（*35）。人権委員会に直接関係のある事件が連邦裁判所で争われる際には、委員会は自らの訴訟参加を求めることが認められており、そこにおいても人権委員会は被差別者の側に立って行動するのである。

4 具体的事例

　カナダ人権委員会およびカナダ人権審判所による実際の人権救済がどのようなものであるのかを具体的に示すために、以下、いくつかのケースを紹介していく。

まず、人権委員会による調停が成功したケースとして、先住民族の雇用に関する申立を例にあげる（*36）。この申立は、先住民族の団体であるマニトバ部族長会議（the Assembly of Manitoba Chiefs〔AMC〕）がカナダ国際航空（Canadian Airlines International）やカナダ太平洋鉄道（Canadian Pacific Railway）を相手取って1990年に提起したものであり、AMCはこれらの企業の雇用慣行は、人種や肌の色や民族にもとづいて先住民族を差別し、雇用機会を不当に奪っていると主張した。この申立を受理した人権委員会は調査・調停を行い、その結果、1998年になって両者の間で調停が成立した。調停の内容は、先住民族の雇用状況の改善を目指した5年間の雇用計画を企業側が作成し、その間AMCとの継続的な交渉を持ちながら、先住民族の雇用水準を従業員全体の3％にまで引き上げるよう努力するというものであった。そして、人権委員会がこの合意内容の実施を向こう5年間監視することも合意・内容に盛り込まれた。

このケースの解決には8年という長い月日が費やされており、また調停で合意された内容が実際に実現するか否かも定かではないが、人権委員会の調停によって差別解消に向けた合意が得られ、かつ人権委員会自身がその合意の履行に一定の責任を負うなど、人権委員会による救済手続が効果的に機能した事例のひとつといえるであろう（*37）。

しかし、人権委員会に持ち込まれる差別問題のなかには、人権委員会の調停によっては解決がつかず、人権審判所に付託されるものが少数ながら存在する。一例として、聴覚障害を持つ国防省職員のモニカ・コペル氏が国防省を相手取って起こした申立があげられる（*38）。このケースは重度の聴覚障害を持つ申立人が、その障害にもかかわらず電話の応対を命じられ、結果として退職を余儀なくされたために、身体障害を理由とした差別を受けたとして人権委員会に申立を行ったものである。

人権委員会は、コペル氏に対する国防省の対応は差別にあたると判断したが、調停では解決がつかなかったために、人権審判所に事案が付託された。人権審判の場において国防省側は、コペル氏に対する対応は彼女の障害を理由としたものではなく、彼女の神経質で短気な勤務態度を問題にした結果であると主張した。しかし、人権審判所は、国防省が問題としたコペル氏の勤務態度は、障

害やそのストレスから来る副次的なものであり、それ自体も障害の一部であると指摘した。そして、国防省にはどのようにすれば障害者が能力を発揮することができるかを考え、障害者を受け入れるために必要な配慮を行うべき義務があると判示し、国防省に対して、未払い賃金の支払いや精神的苦痛に対する損害賠償などを命じたのである。

　この事例は、障害を持つ被雇用者に対して雇用主が負うべき義務を広く捉えることによって、人権審判所が障害者差別の救済を図ったものであり、人権審判所は障害者に対する差別に関して、このような積極的な判断を下す場合が多い (*39)。

　しかしながら、今日的な新しい人権問題や複雑な事案については、人権審判でも解決がつかず、司法裁判所にまで審理が持ち込まれることがある。たとえば、財務省が家族医療給付の対象となる「配偶者」の定義を異性に限っていることが、性的指向による差別にあたるか否かが問われたケースなどがその例である (*40)。この事案は、あるゲイのカップルによって人権委員会に申し立てられたものであるが、人権委員会の調停では解決が見られなかったために、人権審判所の審理に付され、審判所は同性のパートナーも「配偶者」として認めるべきであるとの判断を下した。しかし財務省は、「配偶者」の定義を変更することはせずに、代替策として「同性パートナー」という新たなカテゴリーを作り、当事者が同性愛者であることを明らかにした場合に限って、医療給付の受給を認めるという方策をとった。財務省のこの措置に対して、それは人権審判所の命令に沿うものではなく、あくまで「配偶者」の定義を変えるべきとの命令が再び人権審判所によって下されたために、財務省が連邦裁判所の判断を求めて上訴したのである。

　連邦裁判所の判決では、まず、「配偶者」という語句に「異性である」との意味は含まれていないと判示され、財務省が新たに設けた「同性パートナー」というカテゴリーは、異性愛者と同性愛者を区別するものであって、たとえ支給される給付金は同額であっても、そのカテゴリーの設定自体が差別であると結論づけられた。

　上記の3つのケースは、いずれも結果として申立人である被差別者の訴えが

認容された例であるが、人権委員会の段階で差別と判断された申立が、人権審判所や連邦裁判所によって否定されるような場合も少なくない。なかには、人権委員会によって作成された調査報告書が、申立人に不利な情報を意図的に欠落させ、偏向したものであると裁判所から指弾されたような事例も存在する(*41)。また、1998年以前の人権審判所は非常勤の審判員からなる非常設的な機関であり (*42)、各審判員の在職期間も比較的短期であったため、審決の内容が全体として一貫性に乏しく、相互に矛盾するような審決も存在していた(*43)。同様の事案がある審判では差別を認定され、他の審判では否定されるといったようなこともあったのである。

　人権委員会が取り扱う差別問題としては、近年、年齢による差別や男女間の賃金差別などが、その複雑さや解決の困難さゆえに関心を集めている。また、電話やインターネットを使って、人種差別や民族差別を煽動するようなヘイトメッセージを流すという行為も、インターネットの爆発的な普及に伴って問題視されるようになってきている。

　インターネット上のヘイトメッセージに関して、ここ数年注目を集めているのがザンデル事件である (*44)。これはインターネット上でユダヤ人に対する差別や憎悪を喚起する情報を流していたザンデルという人物が、カナダ人権法に違反するとして、カナダ・ホロコースト追悼協会 (Canadian Holocaust Remembrance Association) のメンバーなどによって、人権委員会に申し立てられたという事案である。人権委員会の調停過程では解決がつかなかったために、1996年に人権委員会はこの事件を人権審判所の審理に付託したのだが、これに対してザンデルは、人権審判手続の進行を中断させるべく、さまざまな訴訟を提起して抵抗を試みた。その一連の訴訟においてザンデルは、カナダ人権法では「電話による (telephonically)」ヘイトメッセージの流布を禁じているのであり、インターネット上の行為はこれに該当しないと主張したり、またザンデルのサイトが置かれているサーバコンピューターが、アメリカのカリフォルニア州にあることを理由として、この事案は人権審判所の管轄外であると訴えた。こうした主張に対して裁判所は、「電話による」という人権法上の文言は法律全体の趣旨と技術的進歩を勘案して解釈されるべきであり、人権法はインターネッ

ト上の行為に対しても適用されると判示し、またホームページの置かれたサイトが国外にあったとしても、それをコントロールする人物がカナダにいれば、人権法を適用することができ、よってこのケースも人権審判所の管轄下に入るとして、ザンデルの訴えを認めなかった。さらにザンデルは、自らに対する申立が、1982年憲法の「権利と自由の憲章」で保障された表現の自由を侵害するものであると主張したが、これも裁判所によって否定された。ザンデル事件は、インターネット上の行為に対してもカナダ人権法の適用が及ぶことを裁判所が確認したはじめての事例であり、人権審判における今後のなりゆきが注目されている。

5 人権委員会のその他の活動

5|1……一般調査・政策提言活動

　先に述べたとおり、人権委員会には、差別事件に関して調査を行う権限が付与されているが、個別の事件を離れてカナダの人権状況について調査する権限や、政府の人権施策を監視する権限などは法律上は与えられておらず、したがって、人権委員会が人権一般について何らかの調査や監視活動を恒常的に行うことはない。しかし、実際には適宜必要な調査・研究活動を行っており、たとえば1998年には貧困問題、先住民族の女性の人権、障害者の人権などに関する調査が行われた。

　また、雇用分野における平等の確保に関しては、雇用衡平法（Employment Equity Act）にもとづいて、連邦の管轄下にある一定規模以上の企業に対し、人権委員会がその雇用実態を調査し、必要な措置を命ずることが認められている。雇用衡平法は、女性、先住民族、障害者、および黒人やアジア系などの非白人に対する雇用上の平等を実現するために、連邦の管轄下にある100名以上の従業員を持つ企業に、雇用状況の報告と平等な雇用の実現に向けた計画の策定を義務づけているのだが、この雇用衡平法の実施主体として人権委員会には企業に対する立入調査や関連資料の収集を行う権限が与えられており、必要であれ

ば雇用主に対し短期的な雇用目標の作成を命令することができるのである。

次に政府や議会に対する提言活動であるが、人権委員会が議会に対して立法を促したり、政府に対して政策提言を行いうる旨を規定した制定法上の根拠は存在しない。しかし、現実には、自主的に、あるいは議会や政府からの要請にもとづいて、人権委員会は人権に影響を与えると思われる法案や政策について自らの見解を示している。議会や政府の側でも、人権関連の法案や施策に関しては、人権委員会に意見を求めることが慣例化しているようである。また、人権委員会は年に1度、年次報告書を議会に提出し、同時に記者会見を開いて年次報告書の内容を説明することになっているが、こうした機会を利用して一定の政策提言を行うこともある。ただし、人権委員会が関与するのは、あくまでもカナダ国内の人権問題だけであって、人権委員会が他国の人権状況について調査したり、意見を述べるということはない。

カナダはほぼすべての国際的な人権条約に加盟しているが (*45)、条約で義務づけられている政府報告書の作成はカナダ文化伝承省（Canadian Heritage）が所掌しており、人権委員会は求めに応じてコメントはするものの、政府報告書の作成には関与していない。また、人権条約に関する周知活動や啓発活動等も行っていない (*46)。

人権委員会には独自に法案を提出する権限はないが、人権法の解釈や運用に関してガイドラインを制定することが法令上認められている (*47)。それらを通じて形成される一定の基準は、結果的に法令に準じた効力を持つこともあり、この点に着目すれば、人権委員会には準立法的な権能が付与されているとみなすことも可能である。

5|2|……広報・教育活動

広報活動の一環として、人権委員会はその活動や組織概要、あるいはカナダの人権状況などに関して説明するために、毎年、年次報告書を発表している。年次報告書はその提出が人権法で義務づけられており、これ以外にも必要に応じて特別報告書を出すことができる。また、人権委員会や人権審判所で取り扱った事例を紹介するリーガルリポート（Legal Report）も年次報告書とあわせて公

表され、財政に関しては年度ごとに、会計報告を議会と財務省に対して行っている。

一般向けの広報活動に関する予算は限られているので、大規模なテレビ・キャンペーンなどは行っていないが、マスメディアへの情報提供やインタビューのセッティングなどを通じてメディアを有効に活用している。また、委員長をはじめとする各委員が各地で講演を行ったり、人権に関する集会に参加するなどして、人権意識の向上を呼びかけ、人権委員会の活動についての説明を行っている。とくに1998年は世界人権宣言採択50周年であったと同時に、人権委員会設立20周年の年でもあったため、それを記念して全国の大学で委員長や委員による講演を広く行うなどの広報・啓発活動が積極的に展開された。地方レベルにおいても、委員会の地方事務所が中心となって、地域の人権NGOと協力しながらワークショップを開催したり、企業や労働組合と個別的な対話の場を設けるなどしている。

人権委員会の活動内容や申立の方法などに関する基本的な情報は、公用語である英語とフランス語はもちろんのこと、日本語を含む33ヶ国語および7つの先住民族の言語で利用することができる。また、人権意識の向上と人権委員会の活動を紹介するために、人権委員会の情報誌である『平等』("Equality") をはじめとして、数多くの出版物やパンフレットが発行されており、視覚障害者や聴覚障害者用に、一部の出版物や情報は点字、音声、大きな文字による印刷、フロッピーディスク、ビデオなどで提供されている。さらに、とくに差別を受けやすい集団に対しては、彼（女）らに特化した情報を配布しており、先住民族に向けて作られた『権利への道』("the Rights Path") という冊子などはその代表例である。

カナダはインターネット先進国であるので、インターネットを用いた広報・啓発活動も充実しており、人権委員会のホームページ (*48) では、カナダ人権法や雇用衡平法などの人権委員会に関連する法令や、数年分の年次報告書とリーガルレポートを見ることができる。また、障害者を職場に受け入れるための雇用者用のガイドブックである『障壁のない職場』("Barrier-Free Employers") や、職場における性的・人種的いやがらせを防止するための指針づくりと社員

教育の手法を示した『職場における嫌がらせ防止策』("Anti-Harassment Policies for the Workplace")といった冊子も、インターネット上で閲覧することができる。先にあげた人権委員会の情報誌『平等』もネット上で読むことができ、必要な情報はほとんどインターネットを通じて手に入れることができるようになっている。

　カナダでは憲法上、学校教育は州の権限とされており、連邦の機関は学校教育には関与できない。したがって、人権委員会は学校における人権教育用のテキストの作成などは行っていない（*49）。学生を対象とした講習会や、弁護士や人権の専門家向けの情報提供などがなされることもあるが、そうした社会教育プログラムは常設的なものではなく、必要に応じて不定期的に行われているにすぎない。

　警察官や刑務官、検察官、裁判官などに対する人権教育にも人権委員会が直接関わることはない。警察行政は基本的に州の管轄であるため、警察官の教育は州が行っているが、カナダにおいても警察官の人権意識は決して高いとはいえないようである。刑務所等の矯正施設についてはカナダ矯正局（Correctional Service of Canada）が管轄しており、刑務官に対する教育もその内部で行われる（*50）。検察官は人権委員会と同様に機構的には司法省の管轄下にあるものの、独立性の強い職種であるため、人権委員会との関わりは少ない。裁判官にはさらに強い独立性が保障されているため、人権委員会がその教育等に関与することはないが、裁判官の教育に関してはカナダ司法評議会（Canadian Judicial Council）という独立機関が責任を負っており、裁判官に対する苦情申立も同機関に対して行うことができる。

5|3|……国際的・国内的協力活動

　カナダ人権委員会は世界の人権委員会のなかでも比較的歴史が長いため、その経験やノウハウを他国の同様の機関に提供するという国際協力活動をこれまで盛んに行ってきており、1991年のパリ会議にも参加をし、パリ原則の作成にも積極的に貢献した（*51）。また、国内人権機関の国際的なネットワークでも指導的な役割を果たしている。二国間協力としては、インド、メキシコ、イ

ンドネシア、南アフリカなどの人権委員会と協力関係を結んでおり、これらの国の人権機関の職員を研修員として受け入れたり、人権委員会そのものの設立に協力するなどしている。とくにインドネシアの人権委員会とは1995年以来、密接な提携を行っており、インドネシア国家人権委員会（Komnas Ham）の組織や機能の改善を援助するために、カナダ人権委員会の職員がアドバイザーとして勤務している。

　国際的な協力活動に必要とされる予算は、往々にして他の政府機関から支出される場合が多い。とくにカナダ国際開発庁（Canadian International Development-ment Agency）の予算が使われることが多く、今後この分野における活動がますます広範囲に行われるようになれば、財政的な裏付けも確固たるものにしていく必要があるであろう。

　カナダ国内においても、人権委員会は各州の人権委員会と情報交換、出版、人権啓発などの面において広範な協力関係を結んでいる。たとえば先にあげた先住民族向けの『権利への道』という冊子は、マニトバ州人権委員会と連邦の人権委員会が共同で作成したものである。また、人権委員会やその地方事務所は、州の人権委員会と協力して、毎年数多くの人権関連のシンポジウムやワークショップを州レベルで開催している。カナダ人権法上も、連邦と州の人権委員会が互いに職務を委託し合うことが認められており、この制度は被差別者の救済のために有効に機能していると評価されている。さらに、州と連邦の人権機関が情報交換をし、互いの政策や活動について協議をする場として、カナダ法定人権機関協会（Canadian Association of Statutory Human Rights Agencies〔CASHRA〕）という組織が設けられており、年に1度会合を開いている。

　人権委員会は、公的機関のみならずNGOなどの民間組織とも協力関係を保っており、公式あるいは非公式に意見交換を行いながら、互いを補い合いつつ人権問題の解決に努めている。カナダ有数の人権NGOであるカナダ人権財団（Canadian Human Rights Foundation）は、人権委員会とNGOとの橋渡し役としても機能しており、こうしたNGOの存在も手伝って、人権委員会とNGOの交流は広範に行われている。1章の末尾で触れたカナダ人権法検討委員会に対しても、人権法の見直しに際してはNGOの意見を聞くことが求められ、実

際、検討委員会は数回に渡ってNGOとの協議を行った。また、人権委員会や人権審判所のインターネット上のホームページは、アムネスティなどのNGOのホームページとリンクしており、NGOとの密接な関係がこのような部分を通じても伺い知ることができる。筆者がカナダ滞在中に行った人権委員会の職員やNGO関係者に対するインタビューから得た感触では、委員会とNGOとの関係はあくまで是々非々のものであり、NGO関係者も人権委員会の活動に多くの不満を漏らしていたが、両者の連携や協力関係は確固としたものであるようである。

6 カナダの人権状況と人権委員会の抱える問題点

　カナダの人権状況は他の先進国と比べても比較的良好であり、一般的にカナダは「人権先進国」であるとみなされている。市民の諸権利は憲法および数々の法令によって広範に保障されており、政府も全般的に見て人権を尊重する態度をとっているといえる。人権侵害に対しては、それを救済するための公的機関が多重的に存在し、最終的には独立した司法府が「人権の砦」としての役割を果たしている。また、多くの人権NGOが活発に活動しており、そうした民間組織による個別的な人権救済も効果的に機能している。

　しかし、当然のことながら、他の国々同様カナダにもさまざまな人権上の問題があり、内外から改善を求める声があがっている。たとえば、各国の人権状況を毎年調査・報告しているアメリカ国務省の『人権施策に関する国別報告書』は、総体的にはカナダの人権状況を評価しつつも、女性、障害者、先住民族に対する差別が存在すると指摘しており、ユダヤ人に対する嫌がらせが増加していることも問題視している (*52)。同報告書によれば、婚姻経験（内縁を含む）のあるカナダ女性の10人に3人がドメスティック・バイオレンスを受けた経験を持つとされ、未婚の母の家庭の多くは平均以下の生活水準であるとされる。また、労働可能な障害者は人口の6.5％を占めるにもかかわらず、連邦管轄下の民間企業における障害者従業員の割合は2.7％にすぎない。先住民族の就業率も平均以下であり、逆に先住民族の生活保護受給者数や投獄者数、自殺者数は

平均を上回っている。同様に、国連の自由権規約委員会や社会権規約委員会がカナダ政府に対して出した最終見解も、先住民族や障害者の社会的・経済的地位が低いことをとりあげ、またホームレスおよび女性、とりわけ先住民族の女性や未婚の母の経済的困窮を指摘して、政府に対し改善策をとることを勧告している (*53)。

女性の経済的地位に関しては、男女間の不平等賃金を是正するための法的整備が不十分であることも議論となっている (*54)。カナダ人権法は同価値の労働には同額の賃金を支払うべきことを求めているが、そもそも異なる職種の労働価値を比較すること自体が技術的に困難なことであり、平等賃金を求める申立人の主張を認めれば、雇用主は莫大な逸失賃金を支払う義務を負うことになるので、当事者間の話し合いで解決を図ることは難しく、この分野の差別を解消に向かわせるための新たな立法措置が求められている。

カナダ政府もこうした社会的弱者の地位改善のための努力を続けており、とくに先住民族に関しては、1998年にかつての差別的な取り扱いを謝罪し、およそ6億カナダ・ドル（約500億円）にのぼる財政支出を含んだ先住民族のための行動計画を策定した。しかし、これとても過去の権利侵害に比べれば、あまりに少額であるとの批判を受けている。

また、カナダ特有の社会的・文化的な人権問題として、少数言語に関する問題がある。1982年憲法は、英語とフランス語をカナダの公用語として規定し、いずれの言語についても、その使用や教育を権利として保障している。しかし、フランス語を使用する人々は主としてケベック州に居住しているため、ケベック州においては英語は少数言語となり、他方ケベック州以外ではフランス語が少数言語とならざるをえない。その結果、いずれの場合も少数言語の使用者は、職場や学校、その他社会生活において不利益を受け、自らの言語に対する権利を侵害されることが多い。とりわけケベック州では、法令によって英語の使用を制限し、あるいはフランス語を優遇しているため、州の人口のおよそ9％を占める英語使用者は、かねてより権利侵害を訴えており、実際、一部の法令に対しては違憲判決が下されている。

カナダにおいてもこのような経済的・社会的・文化的人権問題が山積してい

るが、しかしながら、これらの問題の解決に人権委員会が関与できる余地はさほど多くはない。それは、人権委員会の救済対象が2章で述べた法定の差別行為に限定されているためであり、経済的・社会的・文化的問題については直接的な救済を図ることができる部分はあまりなく、せいぜい教育・啓発活動や年次報告書等での提言によって問題の解決を訴えていくほかはない。人権委員会自身、自らの所掌範囲が、国際的な人権条約に謳われた権利カタログに比べて狭く、その結果、多くの深刻な人権問題が店晒しにされていると年次報告書のなかにおいて述べている(*55)。国連の自由権規約委員会も、カナダの人権関連法は差別の実効的な救済のために改正されるべきであると勧告しており(*56)、同様に社会権規約委員会も、社会的・経済的人権の保障を拡張すべきであると述べ、カナダ政府に対して国内人権機関の強化を求めている(*57)。

　このほかに人権委員会が抱える重大な問題点として、人権侵害の申立の処理に要する時間が年々長くなっているということがあげられる。人権委員会では、ひとつの事案は9ヶ月以内に解決することを目標としているが、人権問題の複雑化と相まって、申立人と被申立人の主張が厳しく対立することが多くなってきており、解決までのプロセスは遅滞傾向にある。申立の処理期間に関する人権法上の規定はないものの、判例上は合理的な期間内に解決が図られるべきであるとされている。差別事件の解決にあまり日数がかかることになれば、人権委員会の信頼性が低下するとともに、そのこと自体が被差別者の人権をさらに傷つけることにもなりかねず、さらに、解決の遅延は被差別者に経済的な負担や生活の困窮を強いる場合もありうる。人権委員会のこうした現状に対して、政府機関の財政や活動を検査しているカナダ会計検査官（Auditor General of Canada）は、議会に提出した1998年の報告書のなかで、カナダ人権委員会と人権審判所は人権侵害の迅速な解決を意図して設立されたにもかかわらず、今やそのプロセスは不便で、時間がかかり、費用もかさむものになってしまったと述べ、政府に対して人権法の改正や人権委員会と人権審判所の改革を勧告している(*58)。人権委員会も、申立処理のプロセスが立法者の思い描いたものよりも複雑かつ長時間を費やすものになっていることを自ら認めており、それを解消するためには、申立処理の手続を簡素化することや、委員会が臨機応変

に判断を行えるようにすることが必要であると年次報告書において提言している (*59)。

　加えて人権委員会は、今日の社会では明白な差別はかつてより少なくなり、それに代わって制度的な差別や間接差別が増加しているとし (*60)、それらに対しては個人からの申立にもとづく救済は必ずしも効果的ではないと指摘している。そして、そのような差別の解決には、特定の差別問題に関して、あるいは特定の企業や機関に対して、個人の申立がなくとも調査を行うことができる権限が委員会に付与されるべきであると訴えている (*61)。また、人権に関する国際条約に一層の注意が払われるべきことを、かねてより人権委員会は強調しており、国際人権条約の観点からカナダの人権状況についてコメントする権限を人権委員会に対して与えることも求めている (*62)。

　カナダ人権委員会の抱えるこのような問題点を改善し、カナダの人権状況を向上させることを意図して、1999年に設立されたのが先に述べたカナダ人権法検討委員会であり、同委員会はカナダ人権法の内容を再検討し、その改正の必要性についての審議を行ってきた。カナダ人権法検討委員会が調査検討の対象とした課題は、大まかにいえば次のようなものである (*63)。

　①特定分野における特定の差別行為を禁止するというカナダ人権法の目的を改めるべきか。②人権法が保護の対象とする個人・集団の範疇を拡大すべきか。また範疇を拡大した場合は、人権の保護のためにどのような方法を採用すべきか。③インターネット上の差別的言辞に対して規制の網をかぶせるべきか。④申立処理手続を効率化するために、どのような改善を行うべきか。⑤差別は単に差別者と被差別者という当事者間で起こる問題ではなく、人々の心情やさまざまな社会制度、社会規範のなかに組み込まれているものであるという事実をどのように人権法に反映させていけばよいのか。⑥人権法が順守されるために、ならびにカナダが国際人権法上の責務を果たしていくために、人権委員会に監視的な役割をさらに付与すべきであるか。

　かねてからの懸案であったこれらの諸課題について、検討委員会はNGOや人権問題の専門家、あるいは各州の人権委員会などとも協議しながら1年にわたって審議を行い、2000年6月に最終報告書 ("The Report of the Canadian

Human Rights Act Review Panel - Promoting Equality : A New Vision") を司法大臣に提出した (*64)。そのなかでは、人権委員会および人権審判所の組織や独立性、ならびに申立処理のプロセスなどに関して165項目に及ぶ勧告がなされている。主な勧告をいくつかあげれば、まず人権法の目的については、人権法が特定分野における特定の差別行為を禁止するものではなく、広くカナダにおける平等の実現とあらゆる形態の差別の除去を目指すためのものであることを明記すべきであるとしている。また、人権法の前文でカナダが加入している人権条約などに言及すべきであると述べ、国連の人権委員会に提出する政府報告書の作成にも人権委員会が関与すべきであると主張している (*65)。次に人権委員会の権限に関しては、調査権限を拡充し、人権に関する調査や情報収集を広く行えるようにすべきであり (*66)、人権教育と人権啓発についても十分な財源が与えられるべきであると主張している。人権侵害の申立の処理に関しては、手続の効率化や公的な法律扶助制度の整備を図るとともに、人権委員会を経ずに、直接、人権審判所に申立をすることができる新たな制度の創設を提言している。加えて、申立を行える者も、被差別者本人だけではなく、他の個人や団体が被害者に代わって申立を行えるようにするべきであるとし、現在は認められていない不法滞在者の申立も受理すべきであるとしている。申立を行うことができる差別事由については、障害を生じる素因 (the predisposition to being disabled) による差別や、性的自己認識 (gender identity) による差別 (*67)、あるいは収入や教育水準、家系と言った社会的境遇 (social condition) による差別などを新たに加えることを求めている。さらに、インターネット上の差別表現を規制するために、差別行為を行っている者のアクセスの拒否を人権審判所がプロバイダーに対して命令できるようにすることも盛り込まれた。このほかにも、人権委員会の委員の要件として、「人権に関する経験、専門知識、関心および鋭敏な感性」を有していることを新たに規定することや、5人以上の従業員を有する企業に、社内の人権問題を解決するための制度の創設を求めることなどが、この報告書において勧告されている (*68)。

　これらの勧告のうち、どの程度のものが実現されるかは、現在のところはまだ明らかではないが、人権委員会もこの報告書を歓迎しており、近いうちに人

権委員会や人権審判所の権限拡充や手続の効率化に向けた法改正が行われるであろう。それによって、カナダ社会に残された人権問題や人権委員会の不備がすべて解消するわけではないが、差別の規制や被差別者の救済、および人権意識の向上に向けた歩みが、また一歩前進することは十分に期待できると思われる。

7 むすび

　本稿では、カナダ人権委員会や人権審判所の組織と活動について概観してきたが、その特徴を簡潔に示すとすれば、「迅速」・「柔軟」・「安価」という言葉で表すことができるであろう。近年、人権侵害事件の解決に時間がかかるようになってきているとはいうものの、人権委員会による救済手続は裁判から比べれば「迅速」であり、基本的には一切の金銭的負担はかからず「安価」なものである。そしてもっとも重要なことは、その活動が厳格な手続法や証拠法則に制約されることなく、「柔軟」に行われうるということである。手続の各段階で、適宜妥当な解決を図り、非争訟的な方法でしかるべき救済を差別の被害者にもたらそうとする人権委員会の柔軟さは、差別事件が往々にして社会的弱者と強者の間で生じることを考える時、差別を受けた弱者の側に有利に働くことが多いと思われる。あくまで中立であることを旨とし、原告側に第一次的な立証責任を課す裁判と比べ、行政機関の一種である人権委員会が持つこのような特徴は、人権侵害の効果的な救済のためには必須のことであろう。

　日本における司法中心の人権保障システムと、カナダのような人権委員会型のシステムを比較した場合、後者の利点として次の3点をあげることができると思われる。

　まず、日本のように、包括的な人権規範が憲法に定められた人権規定しかなく、その適用も司法裁判所が行うという司法中心の人権保障システムにおいては、人権規範を私人間に適用することに対して大きな制約が伴うが、カナダのような人権委員会型のシステムにおいては、人権規範を直接私人間に適用することができるという利点がある。カナダにおいても日本においても、憲法上の人権規定は国家対国民との関係において適用されるものであって、私人間の人

権侵害に対する規制・救済には直接的には適用できないとされている。そこで日本では、公序良俗に反する法律行為は無効であることを定めた民法第90条のような私法の一般条項を媒介として、間接的に憲法の人権規定を私人間に適用するという方法がとられてきた。いわゆる間接適用説という考え方であり、これによって人権を侵害するような法律行為を公序良俗に反するものとみなして、その法的効力を否定し、人権侵害の救済を行ってきたのである。しかし、この間接適用説では、法律行為による人権侵害は救済できても、単なる事実行為による人権侵害は救済することができない。つまり差別的な解雇や差別的な就業規則の強制など、法律効果をともなう行為によって人権を侵害された者の救済はできても、単なる差別発言や嫌がらせなど、法律効果をともなわない行為による人権侵害については、救済が困難にならざるをえないのである。この点、カナダのように私人間に適用される人権法が存在し、それを適用する機関としての人権委員会や人権審判所がある場合には、私人間における人権侵害の救済は格段に容易となる。無論、人権法がカバーできる範囲にも制限はあるが、日本における既存の人権救済システムに比べれば、カナダのような人権委員会型のシステムは、より広範囲に、かつより効果的に人権侵害を被った人々を救うことができるはずである。

　人権委員会が有する第2の利点は、それが個別の被害者救済だけではなく、人権侵害を行った者に差別を是正するための教育プログラムの策定を行わせたり、人権に配慮した環境づくりを命令することなどによって、将来の人権侵害の予防を図ることができる点にある。実際にカナダでは、人権委員会の調停手続において、差別をなくすための反差別プログラムの策定と実行が調停事項に盛り込まれることが多く、人権委員会がそのプログラムの実施状況を監視する役割を担うこともある。また人権審判所も、反差別プログラムの策定を差別行為を行った者、とくに企業や政府機関に対して命令することができる。このことは、日本における対症療法的な人権救済とは異なり、未来にわたって人権侵害を防止するという効果を生み、社会における人権意識の向上と人権状況の発展に寄与するものであるといえる。さらに個別の事件とは関係なく、一般的な反差別政策の策定と運用を人権委員会が担えるようになれば、この利点の持つ

意義はますます深まるであろう。

　人権委員会型システムの第3の利点は、人権に対する鋭敏な感覚をもった職員や審判官が、人権侵害の調停や救済にあたることができるという点である。現代のように社会の構成や利害関係が複雑化し、個人の考え方や志向が多岐にわたるような社会においては、人権問題も多種多様であり、その解決のためには日常的に人権問題を研究・分析し、専門的な知識と適切な解決手法を培っておく必要がある。よって、すべての法的紛争を一手に担う裁判官が人権侵害の救済にあたるよりは、人権委員会などの専門的な機関がそれを行うほうが、適切な解決が導き出される場合が多いといえる。3章で述べたとおり、カナダにおいても人権委員会や人権審判所の段階で解決が見られなかった事案は、最終的には司法裁判所の判断を仰ぐことになるが、その前審として、人権問題のエキスパートである人権委員会や人権審判所が問題の解決にあたることの意味は大きく、そこでの判断が裁判官の心証形成に対して与える影響は少なくないはずである。いずれにせよ、人権侵害の効果的な救済や、社会における人権侵害の一般的防止にとって、人権委員会のような専門的な機関の果たす役割は非常に大きく、社会が複雑化すればするほど、その必要性は高まるといえる。

　人権委員会のような機関が有する以上のような特質や利点を鑑みれば、日本においても同様の機能を具備した機関を新たにつくることは、社会の安定化や人権意識の向上に大いに資するものであると思われる。また、21世紀は「人権の世紀」であるといわれているように、今後の世界で名誉ある地位を占めたいと望む国家は、人権状況の改善とそのためのシステムづくりに率先して取り組まなければならない。経済力や軍事力のみによって、国際社会における発言力やリーダーシップが決まるような世界は、すでに過去のものとなりつつあるのである。そういった意味においても、人権委員会のような組織の創設は、日本にとって有意義なことであるはずである。

　しかしながら、人権が尊重される社会は、単に組織や制度の新設や改変によってもたらされるものではない。そうした社会を形成していくために求められるさらに根源的な条件は、一般の人々の人権に対する考え方そのものを変えていくことである。筆者はカナダ人権委員会について調査するために、1998年

と1999年の夏にのべ5週間カナダに滞在したのだが、その間、幾度となく耳にしたのが「人権文化 (Human Rights Culture)」という言葉であった。人権文化とは、人権の意義や重要性が一種の文化として社会の底流に存在していること、換言すれば、人権が一種の社会的ルールとして、黙示的または明示的に人々の考え方や行動の指針となっていることを意味する。こうした「文化」を社会のなかで醸成し、人々の人権意識の向上を図っていくことが、人権侵害の防止や救済のためには何にも勝って要請されることであると思われる。そうした人権文化の構築のためには、人権が破られてはならない社会のルールであるという規範意識を広く社会に浸透させる努力を重ねるとともに、実際に人権侵害を行った者に対しては、それ相応のペナルティーが科されることを示し、かつ人権侵害を受けた者には適切な救済が行われなければならない。そのような実践の場においては、人権NGOなどの市民組織や学校などの教育機関、そしてもちろん裁判所の果たす役割も重要であろうが、人権委員会のような人権に関する規制・救済・啓発に特化した独立の専門的行政機関の存在も不可欠である。

　本稿で考察の対象としたカナダにおいても、既述のとおりさまざまな人権問題が累積しており、人種差別や女性に対する暴力など、深刻な人権侵害が少なからず存在していることも事実である。筆者自身、カナダ滞在中に人種差別的な取り扱いを経験した。また、反人権的な風潮が一部にではあるが、しかし、厳然と存在することも否定できない。だが、そのようななかにあっても、人権という普遍的価値の普及を目指し、人権文化にもとづいて社会を築いていこうとする思想が、カナダには深く根づいているということも感じられた。我々がこの国から学ぶべきものは、人権に関する法制度や組織はもちろんのこと、こうした社会のあり方そのものではないだろうか。

　近年、日本においては人権という概念に対して否定的な見方が強まっているように思われる。人権を主張することは、周りとの調和を考えない身勝手な行為であり、人権侵害を受けたという訴えも、ただの自意識過剰にほかならないとする見方が少なくないようである。このような考え方の背景にあるのは、多数者が強制する「社会調和」によって少数者の痛みを覆い隠そうとする姿勢で

あり、個々人の意見や感覚に相違のない社会が良い社会であるという思いこみである。冒頭の章でも簡単に触れたが、かつてはカナダでも同じような思想の上に立って、差別的な政策がとられていた時期があった。しかし、次第に社会の多様性をありのまま認めるようになっていき、多文化国家であることを自己のアイデンティティーとして選択するに至ったのである。

　暗黙の了解によって上辺の調和が保たれている社会は、多数者にとっては居心地の良いものである。だが、その影には泣き寝入りを強いられる人々が数多くいることを看過してはならない。社会に亀裂のあることは、むしろ当然のことであると認め、それに真正面から立ち向かっていくのか、あるいはあくまでも亀裂のない社会を取り繕っていくのか。このいずれの基本姿勢をとるかによって、今後の日本の人権政策のあり方は大きく左右されるであろう。カナダの歴史が我々に示唆している解答は、もちろん前者の道を歩むことであると思われる。

追記：
　注に逐一記載することはしなかったが、本稿の内容はカナダ人権委員会のスタッフに対するインタビューに依るところが多い。とくに、ジョン・ドゥワイヤー氏 (John Dwyer, Director of Policy and Liaison Branch)、ドナ・デュバル氏 (Donna Duvall, Human Rights Researcher of Policy and Planning Branch)、ヴァージニア・アダムソン氏 (Virginia Adamson, Policy Analyst of Policy and Planning Branch)、サンディー・ビーマン氏 (Sandy Beeman, Director of Human Rights Promotion Branch)、ボブ・フェイガン氏 (Bob Fagan, Senior Projects Officer) には、ご多忙のなか、多くの示唆に富む話を聞かせていただいた。記して謝意を表したい。

注

*1……人口の多数は白人であるが、その出自はイギリス系やフランス系を中心として多岐に渡る。また、黒人やアジア系などの非白人（彼（女）らは、とくに「可視的少数人種（visible minority）」と呼ばれる）も人口の11％（約320万人）を占めている。なかでも中国系は86万人を数え、少数人種のなかでも最多の勢力となっている。なお、これらの統計は1996年の国勢調査にもとづくものである。

*2……現在、英語を母国語とする者が人口のおよそ59％、フランス語を母国語とする者がおよそ23％、それ以外の言語を母国語とする者が約18％となっている。

*3……「多文化主義」という概念は、1971年に当時のトルドー首相が議会において多文化主義政策の宣言を行ったことを端緒として浸透していったものであるといわれている。この多文化主義政策の実践の一環として、1988年には多文化主義法（Canadian Multiculturalism Act）が制定された。（多文化主義法に関しては、鈴木滋「多文化主義法」外国の立法28巻5号〔1989年〕を参照）。

*4……中国系移民に対する差別の一例が人頭税である。1885年に始まったこの人頭税は、中国系移民1人につき50ドルを課し、その額は1900年には100ドルに、1903年には実に500ドルにまで上昇した。これは事実上中国系移民の移住を困難にするものであり、1923年にはついに中国や南アジアからの移民が禁止された。また、1902年には政府の諮問機関が、アジア人は自由な社会にとって有害であり、国家に対して危険をもたらす存在であるという内容の報告書を出している。

*5……1944年のオンタリオ州人種差別法、1947年のサスカチュウワン州権利章典などがその端緒である。このうちサスカチュウワン州権利章典は、カナダ初の権利章典であり、そこでは人種、宗教、肌の色、国籍・出身地による差別の禁止が謳われた。また1949年には、戦争中、選挙権を剥奪されていた日系カナダ人に再び選挙権が付与され、中国や南アジアからの移民禁止策も廃止された（ただし、人種差別的な移民法制が全面的に廃止されたのは、1976年制定の移民法においてである）。そして、1950年代にはほとんどの州で人種差別を禁止する法律が制定された。See Shirish P. Chotalia, The 1999 Annotated Canadian Human Rights Act 1998 pp.xxxiii-xxxiv.

*6……カナダでは、人権条項を含む1982年憲法が制定されるまでは、人権は憲法的根拠を持っていなかった。そこで、1960年のカナダ権利章典が、人権に関する基本的な法典として準憲法的機能を果たしていたのである。ただし、カナダ権利章典は連邦の法律であるために、州に対しては適用されなかった。

*7……王立委員会（Royal Commission）とは、カナダやイギリスなどに見られる制度であり、特定の問題に関して調査や報告を行うために、政府の要請にもとづいて国王（カナダの場合はイギリス国王の代理人である総督）によって任命される諮問委員会のことである。

*8……カナダ人権法や人権委員会に関する

邦語文献はあまり多くない。人権法の翻訳としては、後藤光祥「一九七七年のカナダ人権法（上）（下）」レファレンス394号、395号（1983年）があるが、この文献は制定当初の人権法の翻訳であり、現在の人権法とは相当異なっている。また、人権委員会に関する文献としては、桑原昌宏「カナダ連邦人権法と人権委員会」部落解放研究49号（1986年）や、中川純「カナダにおける人権委員会の機能」愛知学院大学大学院法研会論集12巻1号（1996年）などがある。

*9……カナダの憲法は日本国憲法のような単一の憲法典から成るのではなく、統治の骨格を定めた1876年憲法や人権保障を盛り込んだ1982年憲法などの種々の法令の結合体が、全体としてカナダ憲法を構成している。このうち1982年憲法に含まれた「権利と自由の憲章」では、信教の自由や表現の自由などの基本的な自由権や、刑事手続上の人権、平等権、少数言語教育権などが保障されており、これらの人権が侵害された場合には、裁判所に救済を求めることができると規定されている。平等権の規定においては、人種、民族、性別、年齢、精神的・身体的障害などの差別禁止事由を例示列挙して法の下の平等を保障しているが、精神的・身体的障害による差別の禁止を明文化した憲法は、この1982年憲法が世界ではじめてものである。ただし、ここに規定された人権は、原則として公権力との関係において保障されるものであり、私人間に直接適用することはできないとされている。

1982年憲法については、齋藤憲司「一九八二年カナダ憲法」レファレンス381号（1982年）、森島昭夫、ケネス・M・リシック（編）『カナダ法概説』（有斐閣、1984年）第1章、ジョン・セイウェル（著）、吉田健正（訳）『カナダの政治と憲法』（改訂版）（三省堂、1994年）第4章、第7章、第8章などを参照されたい。

*10……カナダ人権法検討委員会やその報告書の内容については第4章で述べる。

*11……カナダ人権法や連邦の人権委員会のこれまでの歴史は、それを「発展」と形容しても差し支えないものであったが、各州の人権法や人権委員会は、連邦同様の道程を経てきたわけではない。たとえば、1983年にブリティッシュ・コロンビア州では、政権交代で誕生した新たな政府が、州の人権法を改正して人権委員会を廃止し、それに代えて権限を著しく狭めた人権評議会（Human Rights Council）という機関を設置した（その後、1997年に人権評議会は廃止され、人権委員会が復活している）。また、保守的な州として知られるアルバータ州では、州の人権委員会が同性愛者の権利保護を主張したことが物議を醸し、その結果、人権委員会の委員長が二代続けて再任されずに職を解かれるということがあった（See John Hucker, Antidiscrimination Laws in Canada : Human Rights Commissions and the Search for Equality, Human Rights Quarterly, vol.19, no.3 (1997) pp.548-549.）。

*12……カナダでは、議会選挙は少なくとも5年に1度行わなくてはならないが、実際にはおおむね4年ごとに選挙が行

われている。つまり4、5年ごとに政権交代の可能性があるわけであり、人権委員会の常勤委員の7年という任期は、委員会が政権交代の影響を受けずに、その独立性を保てることを担保しているといえる。

*13……人権法上は、委員の任命はGovernor in Councilが行うと規定されている。Governor in Councilとは、イギリス国王の代理人であるカナダ総督（Governor General）が、内閣の決定に法的権威を与えるために、形式的・儀礼的に政治的行為を行う際に用いられる呼称である。つまり、Governor in Councilの行為は、形式的には総督の行為であるが、行為内容の実質的な決定権は内閣に存する。

*14……人権委員会のみならず、連邦の公的機関においては、その人的構成を考える際に出身地は重要な要素となる。カナダは10の州（province）と3つの准州（territory）から成るが、とくにフランス語を州の公用語としているケベック州は、連邦からの独立志向が強く、また他の州が英米法的な判例法主義を採用しているのに対して、ケベック州では大陸法的な成文法主義を原則としているなど、法体系も異なっている。したがって、連邦の公的機関の人的構成においては、ケベック州の出身者に配慮することが常に求められ、たとえば連邦最高裁は9人の判事によって構成されるが、そのうち3人は必ずケベック州から任命されることになっている。

*15……ここでいう「担当大臣は存在しない」とは、直接の下命服従関係にある大臣がいないという意味であって、形式的には、人権委員会が司法大臣の下に置かれていると見える場合もある。たとえば、人権委員会は毎年、実績報告書（Performance Report）を司法大臣に対して提出している。しかし、カナダの人権状況やその問題点および改善点などに触れた年次報告書（Annual Report）は、以前は司法大臣を通して議会に提出していたものの、1998年の人権法改正によって、以後は人権委員会が直接議会に提出している。この法改正は、人権委員会の独立性を強化するものであると評価されている。

*16……以前は、委員会の全体会合は7月と8月には行われず、また1月も開かれないことが多かった。しかし、事案処理の迅速化を図るために、1999年から夏の間も委員会を開催し、かつ本文で触れた小委員会を設けるようになった。

*17……これらの数字は1998年3月31日時点のものである。人権委員会のスタッフは入れ替わりが多いため、現在のスタッフの構成は、この統計からは少なからず変化していると思われる。

*18……ステファン・M・サルズバーグ著、本間一也（編集）「英米法と比較したカナダ法の特質」新潟大学法学部日加比較法政研究会（編）『カナダの現代法』（御茶の水書房、1991年）7頁。

*19……カナダにおける連邦と州の相克については、J・ピーター・ミーキソン「連邦と州の関係」ジョン・H・レデコップ（編）、吉田健正・竹本徹（訳）『カナダ政治入門』（御茶の水書房、1989年）、セイウェル・吉田、前掲注9、65頁〜99頁、岩崎美紀子『分権

と連邦制』（ぎょうせい、1998年）43頁〜59頁などを参照されたい。
*20……ただし、州の機関は必ずしも「人権委員会（Human Rights Commission）」と名づけられているわけではなく、根拠となる法令の名称も多様である。たとえば、ケベック州の機関は「人権と青少年の権利委員会（Commission des droits de la personne et des droits de la jeunesse）」という名称であり、アルバータ州の機関は「アルバータ人権・公民権委員会（Alberta Human Rights and Citizenship Commission）」という名称である。
*21……カナダには人権委員会のほかにも多様な人権機関が存在している。たとえば、労働関係ではカナダ人的資源開発（Human Resources Development Canada）が、カナダ労働法（Canada Labour Code）にもとづいて労使関係の紛争の調停にあたり、個人のプライバシー保護に関しては、オンブズマンであるカナダ・プライバシー委員（Privacy Commissioner of Canada）が任命されている。また、運輸・交通分野におけるバリアフリーの確保のために、カナダ交通機関庁（Canadian Transportation Agency）という委員会型の政府組織が設けられており、交通機関に関する苦情処理や調査を行っている。加えて、各種の人権NGOが活発に活動しており、そうした民間団体による仲介や斡旋、交渉によって、人権問題が解決される例も多い。
*22……カナダでは裁判所が重要な人権救済機関として位置づけられている。1982年憲法第24条(1)は「何人も…

…権利もしくは自由を侵害または否定された場合には、……裁判所に対し、裁判所が……適当かつ正当であると認める救済を求めることができる」と規定しており、裁判所の人権救済機関としての位置づけを憲法上明確に表明している。
*23……事前調停（mediation）と調停（conciliation）は、原語の意味においては、どちらも「調停」であるが、ここでは両者を区別するために、前者を「事前調停」とし、後者を「調停」と呼ぶこととする。
*24……以前は、受理された申立はすぐに調査手続に移されたのだが、1999年からこの事前調停手続が試験的に導入されるようになった。この手続は、もともとオンタリオ州人権委員会などで採用され、高い成功率を収めていた手法であるが、連邦の人権委員会でも1999年の1年間の試行で効果的な方法であることが証明されたため、今後、正式な手続として導入されることになっている。事前調停は、オンタリオ州人権委員会などでは「事前調停官（mediator）」という正規の役職に就いている者によって行われるが、連邦の人権委員会では、まだ試行段階であるために、現状では後述する調査官や調停官が事前調停を担っている。
*25……州レベルの人権委員会では、調査は面談形式で行われることが多いが、連邦の人権委員会では主として電話を用いて調査を行っている。連邦の人権委員会が電話を中心的な手段とするのは、前述したように財政難のために調査部門が地域事務所からオタワの本部に統合された結果、広い国土を本部の

調査部門で一括的にカバーしなければならなくなったためである。

*26……調査を妨害した者が企業経営者や経営者団体または労働組合などである場合には、罰金額の上限は50,000ドルであるが、それ以外の場合の上限額は5,000ドルとなっている。

*27……Hucker, supra note 11, p. 558.

*28……調査官と調停官は反差別プログラム局（Anti-Discrimination Programs Branch）に属する職員の中から選任されるが、彼（女）らはキャリアに応じて4段階のランクに分けられている。第1のランクから第4のランクまでは、おおよそ3年程度で昇格し、ランクの高い者ほど責任や扱える事案の幅が増す。原則として下位のランクの者が調査を担当し、上位の者が調停を担当する。

*29……人権審判所に付託される事案は、委員会が受理した申立のうちの平均6％程度であり、それらは複雑な法律問題を含む事案や、新たな差別形態に関する事案など、人権委員会の調停によっては解決困難なものが多い。

*30……かつては、人権審判所の予算が人権委員会の予算のなかに組み込まれるなど、人権審判所は人権委員会に付随した機関であるとの印象が強かったが、1988年から徐々に独立性を高めていき、1997年以降は予算も別立てになった。そして1998年のカナダ人権法の改正によって、人権審判所は公式に人権委員会から分離され、年次報告書も人権委員会とは別に独自に作成して議会に提出するようになった。

*31……1998年の人権法改正以前は、人権審判所は常設の機関ではなく、およそ50人の非常勤の人権審判所審判員団（Human Rights Tribunal Panel）の中から、人権審判員団長（President of Human Rights Tribunal Panel）によってその都度選任される非常設的な機関であった。

*32……調停による事案解決には、簡易かつ迅速に救済が図れるという長所があるが、たとえ両当事者が調停を望んだとしても、調停を経ずに正規の審判手続に進むほうが公益に適うと判断される場合、たとえば、その事案を審判にかけて公にすることが、一般社会の人権意識の向上に役立つと判断される場合などは、人権審判所は調停を試みずに審判手続を開始する。

*33……Chotalia, supra note 5 p. xxx-viii.

*34……人権委員会が人権審判の場に立つときは、人権法上は「公益」を代表すべき旨が規定されている。しかし、これは人権委員会の形式的な中立性を要求するものではなく、人権委員会が反差別という「公益」を代表しようとすれば、自ずと被差別者側に立つことになるのである。したがって、多くの場合、人権委員会自らが証拠を提出して、被申立人＝差別者側の違法性を立証しようとする。

*35……以前は、審決に不服の者は再審判（Review Tribunal）を求めることができたが、1998年の人権法改正によって再審判制度は廃止された。

*36……See Canadian Human Rights Commission, Legal Report 1998 (1999) p. 11.

*37……筆者が直接AMCに問い合わせたところ、AMCは同様の申立を企業や

政府機関を相手に1990年以来51件行い、うち36件が同内容の合意によって解決している。残り15件は相手とした企業や政府機関が閉鎖されたり統合されるなどしたために、調停自体が中止された。

*38……See Canadian Human Rights Commission, Legal Report 1997 (1998) pp.13-14.
*39……See Canadian Human Rights Commission, Legal Report 1998 (1999) pp. 23-25.
*40……See Id. pp. 29-30.
*41……See Id. pp. 14-15.
*42……注31参照。
*43……Canadian Human Rights Tribunal, Annual Report 1998 (1999) p. 5 .
*44……See Canadian Human Rights Commission, supra note 30, pp. 31-32, Id. Legal Report 1999 (2000) pp. 26-29.
*45……ただし、自由人権規約第二選択議定書、いわゆる死刑廃止条約には加盟していない。しかし、これは戦時の利敵行為などに対する死刑が存置されているためであって、通常犯罪に対する死刑は1962年を最後に事実上停止され、1976年には正式に廃止された。
*46……人権委員会の職員に対するインタビューを通じて得た印象では、国際人権条約に対する人権委員会の関心はあまり高くなく、それを積極的に活用していこうという考えはないようである。
*47……たとえば、人権法上は合法的にカナダに在住していない者の申立は受理しないことになっているが、人権委員会が制定した「移民ガイドライン (Immigration Guidelines)」はそれらの者の定義と範囲を定めている。
*48……http://www.chrc-ccdp.ca/
*49……州の人権委員会では学校教育用のテキストを作成しているところも多い。たとえばオンタリオ州の人権委員会では、人権教育に関する教材を教師用と生徒用の2種類つくり、学校現場での利用を促している。
*50……なお、矯正施設を調査・監視する機関として、矯正調査官事務所 (Office of Correctional Investigator) という独立機関が設置されており、刑務官の人権侵害について在監者から申立を行うこともできる。
*51……パリ原則については、本書の藤本論文、および第3部資料を参照されたい。
*52……U.S. Department of States, 1999 Country Reports on Human Rights Practices (2000) § 5.
*53……U.N. Doc., E/C.12/1/Add.31 (1998) para 43, 46, 48, 53, Id., CCPR/C/79/Add.105 (1999) para 7-8, 12, 19-20.
*54……Hucker, supra note 11, p. 571.
*55……Canadian Human Rights Commission, Annual Report 1997 (1998) p.8.
*56……U.N. Doc., Supra note 53, CCPR/C/79/Add.105 (1999) para 9.
*57……U.N. Doc., Supra note 53, E/C.12/1/Add.31 (1998) para 51.
*58……Auditor General of Canada, 1998 Report of Auditor General of Canada (September) (1998) chap. 10 para120-123.

*59……Canadian Human Rights Commission, Annual Report 1999 (2000) p. 4 .
*60……間接差別は「隠された差別（hidden discrimination）」ともいわれ、外見的には中立的・非差別的な基準であっても、特定の人々に対して不利に働くような基準を設けることによって、実質的にそれらの人々を差別することを指す。たとえば、旅客機の乗務員に対して一定以上の身長を要求することや、消防士に対して一定の体力テストに合格することを雇用条件とすることなどは、特定の人種や女性に不利になる場合があるので、合理的な理由がない限り、間接差別とみなされることが多い。
*61……Canadian Human Rights Commission, supra note 59, p. 5.
*62……Id.
*63……カナダ人権法検討委員会の構成や審議内容、報告書等については、検討委員会のホームページ（http://www.chrareview.org）を参照。
*64……最終報告書が発表されたのは、本稿脱稿間際の2000年6月末であり、また同報告書は大部にわたるものであったため、本稿では十分な検討と紹介を行うことができなかった。今回の報告書の詳細や、それにもとづいて行われるであろうカナダ人権法の改正については、別稿で詳述したい。
　なお、同報告書は前掲注63で述べた人権法検討委員会のウェブサイトからダウンロードすることができる。
*65……このような勧告がなされた背景には、カナダにおける人権条約の地位の低さがあると思われる。先述のとおり、カナダは自由権規約や社会権規約をはじめとして、ほとんどの国際人権条約に加入しているが、国内における人権条約に対する関心は低く、人権委員会も人権条約に関する周知活動や啓発活動は行っていない。また、裁判で人権条約が援用されることも少なく、裁判所も条約の国内適用に関してはあまり積極的ではない。その理由は定かではないが、人権委員会の法務部（Legal Services）所属の弁護士であるパトリシア・ローレンス（Patricia Lawrence）氏によれば、カナダでは国際法の利用は訴訟技術として得策ではないということが、ひとつの理由として考えられるという（ローレンス氏に対する筆者のインタビュー（1998年8月24日）による）。政府の側でも人権条約上の義務の履行に積極的であるとはいえず、たとえば国連の人権委員会におけるカナダ政府代表の態度は、自国の人権状況がいかに良好なものであるのかを喧伝することに終始していたとの指摘もなされている（Kohki Abe, Human and Refugee Rights : New Challenges for Canada, REFUGEE, vol.18, no.2 (1999) pp. 1-2）。
*66……これはオーストラリアの人権及び機会均等委員会が行っている公開調査（public inquiry）のような制度を念頭に置いているものと思われる。公開調査については、本書の川村論文を参照されたい。
*67……性的自己認識による差別とは、いわゆるトランスジェンダー（transgender）と呼ばれる人々に対する差別である。トランスジェンダーとは、心理的に認識している自分の性別と、

肉体的な性別が異なっているために、性転換手術を受けて肉体的な性別を変えた人、もしくは変えたいと思っている人のことである。

*68……勧告には盛り込まれなかったが、報告書ではオンブズマンの必要性についても言及された。カナダではすべての州にオンブズマンが設置されており、個人の申立にもとづいて州の政府機関に対する調査などを行っているが、連邦レベルにおいては、このようなオンブズマンは存在しない。連邦でもオンブズマンを創設すべきとの提案はかねてより数多くあり、各州のオンブズマンの協議機関であるカナダ・オンブズマン協会（Canadian Ombudsman Association）も、連邦政府にオンブズマンの設置を呼びかけたが、政府はこれを拒絶した。See Gerald L. Gall, The Canadian Legal System (4 th ed., 1995) p.527.

インド連邦人権委員会
より有効な人権保障への試み

野沢萌子

のざわ・もえこ／名古屋大学大学院国際開発研究科博士後期課程

はじめに

　1947年8月にイギリスの植民地支配より独立したインドは、328万7千平方キロという広大な国土に9億を超える人々が生活している。現在、25州7連邦直轄地からなる連邦共和国であり、その社会は多くの民族、言語、文化、宗教などによって多様な世界を構成している。

　独立後のインドは、非常事態（1975～77年）の一時期を除いて、議会制民主主義を維持し、「人権」についても憲法をはじめさまざまな法律によって保障することが予定されている。しかし、インドの人権をめぐる状況は厳しいといわざるをえない。たとえばジャンムー・カシミール州や、アッサムなど北東部の州における、テロリストや市民に対する警察や軍隊、準軍隊による暴力や不法逮捕は (*1)、国際社会からもたびたび非難されている。拘置所や刑務所にお

ける拷問やレイプ、劣悪な収容状況はインド全体に見られる問題である。また宗教間の対立が増加しているなかで、ムスリムやキリスト教徒が、警察や暴徒化したヒンドゥ教徒らによって、不当に暴行や殺害されることがある。さらに、ヒンドゥーイズムに起因するいわゆる「不可触民」に対する差別やアトロシティ (*2)、女性や先住民に対する差別、児童労働や債務奴隷の慣習 (*3) の存続といった、社会に深く根ざした差別や虐待の構造が残っている。このようにインドにおける人権状況は、国家による人権侵害だけでなく、インド社会における差別や暴力の構造を含めて、依然として厳しい状態にある。

1 インドにおける人権保障

1|1 インド憲法における人権規定 (*4)

1|1|1 「基本権」(Fundamental Rights)と「国家政策の指導原則」(Directive Principles of State Policy)

　独立直後の貧しいインドにおいては、より多くの人々が社会的・経済的な権利を確保できなければ、市民的・政治的権利の確保も困難になることは明らかであった。したがって憲法では、「国は、社会的・経済的・政治的正義が国民生活のすべてにいきわたるよう、社会秩序をできるかぎり効果的に保障、保護することによって国民の福祉を増進することに努めなければならない」(第38条1項)。また「国は異なった地域に居住し、又は異なった職業に従事する個人間においてのみならず、それらの異なった国民集団相互間においても、とくに収入の不平等の減少に努め、地位、便宜及び機会の不平等の除去に努めなければならない」(第38条2項) と規定されるように、平等と社会的・経済的正義にもとづく「福祉国家」の建設を目指した。

　インド憲法における人権関連規定は、市民的・政治的権利を定める「基本権」(*5)(第3編) と、社会権・経済的権利を定める「国家政策の指導原則」(*6) の規定 (第4編) に分けられている。「基本権」については、それと抵触または侵

害する一切の法を無効とする違憲審査権が規定されるとともに（第13条）、基本権が侵害された場合には最高裁判所あるいは高等裁判所に令状請求訴訟（後述）を提訴することで（第32条・第226条）その保障を強化している。一方、「国家政策の指導原則」については、「この編で定められた規定は、裁判所による強制が保障されるものではないが、ここで示された原則は国（State）統治にとって基本的なものであり立法にあたってこれらの原則を適用することは国の義務である」（第37条）として、裁判によって強制されない権利として規定されている。

裁判で強行しうる権利とそうでない権利として分割して規定された「基本権」と「国家政策の指導原則」であったが、次第に両規定は調和的に解釈されるようになり、1973年の「基本権事件判決」で最高裁が、「国家政策の指導原則と基本権との間に不調和は存在しない。なぜなら、それらは憲法で謳われた社会革命の実現と福祉国家の確立という同一の目標を目指しているという点で互いに補い合うものである」(*7) と述べているように、両規定は相反するものではなく、相互を補いあい調和するものであると解釈されている。

1|1|2……指定カースト・指定部族に対する優遇措置

インド憲法前文において「すべての公民に、社会的、経済的及び政治的正義、思想、表現、信条及び崇拝の自由、地位及び機会の平等を確保し」と宣言するように、国民間の社会・経済的差別を是正し、平等を実現することは、貧困の追放とともに独立インドにおける最重要の国家政策のひとつであった。インド憲法では不可触民制による差別について、「宗教、人種、カースト、性別又は出生地を理由とする差別を禁止」する（第15条）とともに、不可触民制の廃止と、いかなる形式におけるその慣行をも禁止し、「不可触民制」より生ずる無資格を強制することは、法律により処罰される犯罪である（第17条）と規定している。さらに、いわゆる「不可触民」や「先住民族」をとくに保護すべき対象として、それぞれ指定カースト（Scheduled Castes、以下SC）、指定部族（Scheduled Tribes、以下ST）として指定し、人口比に応じて公職や議席、高等教育の枠を留保する優遇措置(*8) を規定する。

インド政府が取り組んできた優遇措置は、政治や公職、高等教育などの分野

において、SC／STの一部の人々が進出していく道を開いた。しかし、全体的に見ればまだその経済状況や教育レベルは平均を下まわっている。たとえばインドで識字人口の割合は52.19％だが、SCのそれは37.41％に止まっている。さらにこの優遇措置によって高等教育や公職にSC／STが占める割合が増えるにつれて、また彼らの権利意識が高まるにつれて、彼らに対する差別が減少するのではなく、優遇措置の恩恵を受けられない「可触民」からの反発が増加し、SC／STに対する暴力行為が増加しているといわれている(*9)。

1│2│……司法による人権保障—社会活動訴訟（公益訴訟）(*10)

インドでは、1970年代後半からの最高裁を中心とする司法積極主義(*11)の改革のなかで、「人権」、とくに社会的弱者の権利が積極的に保障されるようになった。その主たる手段として展開された社会活動訴訟（Social Action Litigation）（正式には公益訴訟〔Public Interest Litigation〕）は、一般にNGOや社会活動家、弁護士などが、搾取される隷属的労働者や不当な取り扱いを受ける刑務所や拘置所の被収容者、立ち退きを迫られるスラム居住者など、国家の横暴や社会的な不正義の下で苦しむ弱者の権利救済を求めて、裁判所に手紙を提出し、裁判所はそれを令状請求訴訟として認知し、当該政府に対して改善措置や当該問題に対するガイドラインなどの中間命令とその実施状況の報告を求めるという形式をとる。この訴訟は、①人権侵害の被害者と直接の面識のない者でも提訴できる（当事者適格の修正）。②令状請求訴訟を定める憲法第32条においてとくに訴訟の形式を定めていないことから、NGOや一般市民による手紙による訴えであっても受理される（訴えの形式の修正）。③裁判所が令状請求訴訟の手紙を受理すると、対審的手続をとらず、事実の調査と救済計画を確定するための専門家や弁護士を特別委員として任命し、裁判所はその報告にもとづいて当該政府や関係者に対して、改善措置を命じ、またその報告を求めるという形式をとる（非対審的手続の採用）などの特徴を持つ。

社会活動訴訟の事件には、刑務所や女性保護施設における暴行や非人間的取り扱いなど、国家やその公務員による暴力や権力の恣意的な行使に関する事件、隷属的状況にある労働者や人身売買などの私人間の権利侵害について国家の防

止義務を求める事件、スラムや路上生活者に対する強制的な立ち退きなど国家による経済的社会的権利の侵害などさまざまな事例がある。最近では都市部におけるごみ処理の問題や飲料水の汚染等の環境問題、政治家や公務員の贈収賄疑惑に対して説明責任を求める事件も多く扱われている。

　社会活動訴訟では、とくに社会的弱者の権利を保障するために、法的支援や教育、環境の権利など、本来は裁判によって強制できない権利として「国家政策の指導原則」に規定された権利が、裁判によって強制される権利として次々に認められていった。とりわけ生活の質や生活手段に対する権利を、憲法第21条（生命及び人身の自由の保護）に含まれる基本的権利として解釈したことは、経済的に発展途上であり国民間の経済的・社会的格差の大きいインドにおいて、社会的弱者の生存を実質的に確保することを目指している。

　社会活動訴訟については、政府が裁判所の命令を遵守しない場合もあるため、その実効性が問題となることもある。しかしながら、インドにおいて社会活動訴訟を推進した中心人物のひとりであるバグワティ判事が、社会活動訴訟は社会的に虐げられた人や立場の弱い人など、より多くの人々が裁判手続に接しやすくなるために必要な制度であり、裁判所が社会正義の実現のために積極的にその権限を行使することは避けることができないというように(*12)、対審構造を前提とする伝統的な訴訟形式を大幅に修正し、裁判所の主導のもとに、広く社会と公的機関の協力をえて、支配階層や国家による権力の恣意的な行使を改善するとともに、社会的な不公正、搾取、抑圧、権利や財産の剥奪に苦しむ社会的弱者の権利を救済することを目的とする社会活動訴訟の展開は、法や裁判にアクセスすることが困難な人々が、社会的な公正や正義を達成するために必要な改革であるといえる。

2 インド連邦人権委員会の機能

2|1 ……インド連邦人権委員会の設置とその構成

　1980年代以降のインドにおいて、人権保障の主たる手段として用いられて

きた社会活動訴訟の特徴は、人権侵害を罰するだけでなく、人権を実質的に保障するために、伝統的な訴訟形式を修正し、広く「社会」や公的機関との協働によって保障しようとする点にある。独立後のインドは、いまなお、国家による暴力や社会的な差別や暴力などさまざまな問題を抱えているが、「人権」を保障するための努力や改革が続けられてきた国のひとつである。とくに1990年代以降は、国際社会において人権保障の論議が高まり、国内人権機関の設置が求められるようになった。また、ジャンムー・カシミール州やアッサム州における暴力や死亡事件に対して、国内外からの批判が厳しくなった影響などを受けて、インド連邦人権委員会（以下、人権委員会）が1993年10月に設置された。

　人権委員会は行政や司法から独立した委員会として位置づけられている。その構成は、委員長は最高裁長官かその経験者が1名、委員は最高裁判事かその経験者が1名、高裁長官かその経験者が1名、人権に関して知識を持ち、または実務経験のある者が2名、の計5名よりなる。委員の任命は、首相を委員長とし、連邦議会下院議長、インド政府内務担当大臣、連邦議会の上下それぞれの野党指導者、連邦議会の上院副議長によって構成される任命委員会の勧告にもとづき大統領により任命される。委員の任期は5年または70歳になるまでであり、委員については再任が認められる。また、事務局長としてインド政府の事務次官ランクにある行政官が就任し、警察および調査スタッフやそのほか人権委員会が必要とするスタッフを任命することができる。2000年2月現在の委員会は、J.S.ヴァルマ委員長（J.S.Verma・元最高裁長官）、ラマスワミ委員（K.Ramaswamy・元最高裁判事）、ダヤル委員（Virendra Dayal・元国連事務次長）、アガワル委員（Sudarshan Agarwal・元上院事務局長）、マノハル委員（Sujata Vasant Manoharu・元最高裁判事）の5名によって構成されている。また、連邦SC／ST委員会、連邦マイノリティ委員会、連邦女性委員会の各委員長が、準委員として参加する（*13）。委員会のスタッフは223名（ポストは283）である（1998年3月現在）。

　1993年人権保護法に規定される人権委員会の権限は、大きく分けて①人権に関連する法や国際条約の実施に関する審査、②公務員や国民一般に対する人

権教育や人権に対する認識の拡大、③公務員による人権侵害に対する調査および救済である。次にこれらの権限にもとづく人権委員会の機能について見てみたい。

2|2|……人権関連の法律や国際条約に関する審査

人権委員会には「憲法もしくは人権の保護のために効力を有するその他の法律に基づく保護措置を検討し、かつそれらの効果的な実施のために勧告する」（第12条 (d)）権限、そして、「人権に関連する条約その他の国際文書を研究し、それらの効果的実施のために勧告を行う」（第12条 (f)）権限がある。この権限に関しては、「1987年テロリスト及び破壊活動（防止）法」(*14) の失効と、拷問等禁止条約の批准は人権委員会による勧告の成果である。その他、1958年軍（特別権限）法（Armed Forces〔Special Power〕Act, 1958）や1929年児童婚（防止）法（Child Marriage Restrain Act, 1929）の改正に取り組んでいるほか、国際条約に関しては、難民の地位に関する条約とその議定書の批准を政府に対して求めている。

2|3|……人権教育、人権に関する研究

人権委員会には、「社会のあらゆる階層に人権の認識を広げ、出版、メディア、セミナーその他の利用できる手段を通じて、人権保護のために利用できる保護措置に関する認識を促進する」（第12条 (h)）権限がある。人権教育に関しては、人権委員会が教育を行うのではなく、内務省や州政府といった政府機関や、大学等の教育関連機関と連携し、警察や軍隊、刑務所職員、そして一般の人々の人権意識を喚起することで、人権侵害を防止することを目的としている。具体的には、警察や軍隊の訓練課程や学校教育への人権教育の導入や、人権教育用のシラバスの作成、軍や準軍隊を対象とする人権セミナーやディベート大会の開催等を通じて、社会のあらゆる領域に人権の尊重を訴えることを目指している。

また、人権委員会には、「人権の分野の研究を行い、かつ研究を促進する」（第12条 (g)）権限があり、各研究分野に応じて連邦SC／ST委員会、連邦マイ

● 表1　1997〜98年に人権委員会で処理された事件の内訳

却下	関係機関への指令	終了	委員会内で継続中	計
12,870	5,800	131	8,488	27,289

出典：1997〜98年連邦人権委員会年次報告書126頁より引用。

ノリティ委員会、連邦女性委員会の各委員長や関係政府機関、NGOの代表も含めて協議されている。たとえば1997〜98年次では、少年保護施設や精神病院の環境改善、検視における法医学の適切な適用、児童労働や売春、債務奴隷の防止を重点課題として研究している。

2|4|……公務員による人権侵害の救済

　人権委員会は、その職権または苦情の申立により、公務員による人権侵害やその防止義務における過失について調査する権能を有する（人権保護法第12条(a)）。人権委員会に申し立てられる公務員による人権侵害事件は、警察が関連する事件がもっとも多く、次に刑務所や、準軍隊・軍隊による虐待や暴力、殺人、ならびにそれらが関与すると思われる失踪事件等となっており、このような国家による権利侵害に対する調査および救済が人権委員会の主たる活動となっている。

　1997〜98年に人権委員会に登録された申立総数は40,801件（内訳は、前年度からの継続4,010件、申立35,779件、拘置所、刑務所における死亡、レイプ事件1,012件）にものぼるが、年度内に処理できた件数は27,289件である。そのうち12,870件が、公務員による人権侵害事件でないなどの理由で却下されている。人権委員会で処理せずに他機関に適切な措置を求めた件数が5,800件、人権委員会内で処理中かまたは関係機関からの報告書待ちなどの件数が8,488件、解決した件数は131件となっている（表1参照）。

　人権委員会への申立は無料である。申立方法は手紙、電話、電報など基本的にどのような方法でも受理するが、手紙による申立が9割以上を占めている。申立言語は、英語、ヒンドゥ語のほか公用語と規定されるが、人権委員会が首都ニュー・デリーに設置されていることから、英語とヒンドゥ語の申立がほと

んどである。申立人は被害者本人でなくてもよく、被害者本人またはその親族やNGOが援助する場合が多く、弁護士を介する申立は1割に満たない (*15)。

　申し立てられた事件は委員会内の法律部に登録された後、申立から2週間以内に各委員に振り分けられ、各委員は受理するか否かを決定する (*16)。受理された事件のうち、人権委員会が介入する必要がないと判断する事件、たとえば警察による恐喝や不作為・職務怠慢などについては、関係機関への指令として処理される。人権委員会での処理が必要と判断された事件については、まず、当該機関に対して事実関係の報告が求められ、それにもとづいて適切な処置を当該機関に命じる。報告書が人権委員会の定める期限以内に提出されない場合や内容が不十分な場合は、人権委員会による調査を開始する。調査は、警察や中央調査局 (Central Bureau of Investigation)、または人権委員会の調査部に対して命令する。調査の結果、公務員による人権侵害または人権侵害の防止義務の過失が明らかになった場合は、当該機関に対し、当該人物への訴追を含む適切な処置をとるように勧告し、さらに勧告にもとづいてとられた処置について、当該政府に報告を求める。

　この公務員による人権侵害の救済の過程で問題とされているのが、当該機関による調査報告の提出が遅れていることである。人権委員会の勧告を無視する政府機関はほとんどないものの、調査の段階で、人権委員会から要請される事実関係の報告書がすぐに提出されないために、何の措置もとられないまま、2～3年も人権委員会に継続している事件もある（申立から救済の勧告までは平均3ヶ月といわれている）。迅速な救済を実現するために、報告書提出の遅滞に対する罰則の追加や手続規則の改定などの対策が必要と思われる。

　次に、警察による調査も問題となっている。警官による人権侵害事件について事実関係の報告や調査を求めた場合、人物こそ違うものの、同じ地域や部署の警官が調査を担当することになるため、人権侵害の事実が隠蔽されることがある (*17)。人権委員会には調査を担当する調査部があるが、スタッフが52名と少ないために（ポストは82）、すべての事件において調査を担当することは不可能である (*18)。調査だけでなく、増加する申立に対して迅速に対応することが難しくなっている。人権委員会への申立件数は、1994～95年は6,835件、

●図1　人権委員会への申立数とその処理

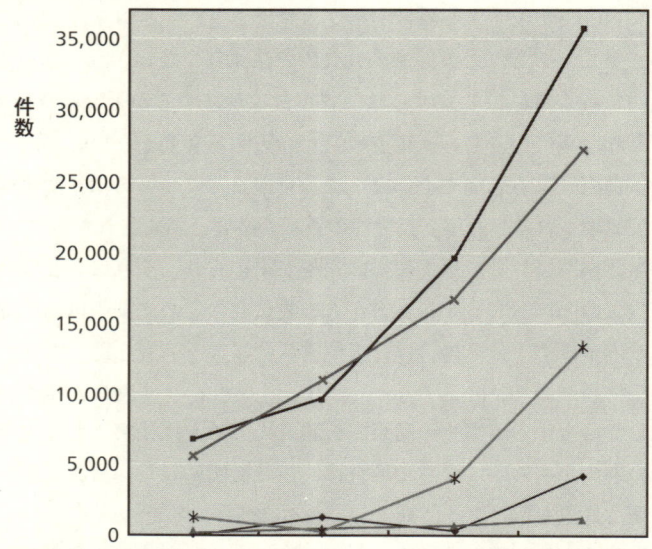

件数

年	1994-95	1995-96	1996-97	1997-98
◆ 前年度からの繰越し	0	1,277	319	4,010
● 申立	6,835	9,751	19,623	35,779
▲ 刑務所・拘置所での死亡・レイプ事件	152	444	891	1,012
× 処理	5,710	11,153	16,823	27,289
＊ 未処理	1,277	319	4,010	13,512

出典：National Human Rights Commission, Annual Report1994-95, 1996-97, 1997-98.

　1995～96年には9,751件、1996～97年には19,623件、1997～98年には35,779件に増加しているが、同時に処理できないまま次年度に繰り越す件数も増加している（図1参照）。申立件数の増加は、人権委員会への信用と期待を意味するといえるが、現在の人権委員会の規模では対応するのが困難になっている。スタッフの増大や作業の効率化、委員の機能を代行する専門スタッフの設置など委員会内の手続を改革する必要が指摘されている（*19）。
　さらに、裁判所には精神的、金銭的に提訴できず、人権委員会が最後の頼み

の綱であるという申立人の心境を配慮する手続が必要である (*20)。たとえば申立後の、申立人への連絡や情報提供を充実させることは、被害者やその家族に対する一番の精神的ケアである。

2|5|……公務員による人権侵害の防止
——軍隊、準軍隊、拘置所、刑務所の制度・組織改革

2|5|1|……軍隊・準軍隊による人権侵害

人権委員会の設置は、カシミールや、アッサムなど北東部の州における、軍や国境警備隊による人権侵害に対する批判の影響を強く受けている。したがって、テロリズムや暴動の増加とそれにともなう国家およびテロリスト側の双方による人権侵害の防止は、設立当初より人権委員会の最重要課題のひとつとなっている。しかし、人権委員会には軍や準軍隊による人権侵害事件について直接調査する権限がない (人権保護法第19条)。したがって、人権委員会は、それらの州における軍および国境警備隊に関連する人権侵害事件について、事件の詳細や処罰の詳細について報告するように勧告している (*21)。

2|5|2|……拘置所・刑務所における死亡、レイプ

拘置所や刑務所における死亡事件やレイプ、拷問などの防止についても人権委員会は早くから重点課題として取り組んでおり、拘置所および刑務所における死亡・レイプ事件については、県マジストレートと警視 (Superintendents of Police) が、24時間以内に人権委員会に直接報告する事を連邦・州政府に対して要請している。その結果、1995〜96年には444件 (拘置所136件、刑務所308件)、1996〜97年には888件 (刑務所188件、拘置所700件)、1997〜98年には1,012件 (拘置所193件、刑務所819件) の死亡事件が報告されている (図2参照)。拘置所や刑務所における死亡事件を隠す傾向は減少していると人権委員会は評価しているが (*22)、レイプ事件についてはほとんど報告されず (1996〜97年に3件)、隠蔽する慣行が続いている。人権委員会は、軍や準軍隊の収容施設における死亡・レイプ事件についても直接報告を求めているが、1996〜97年次に

●図2　委員会へ報告された拘置所・刑務所における死亡件数

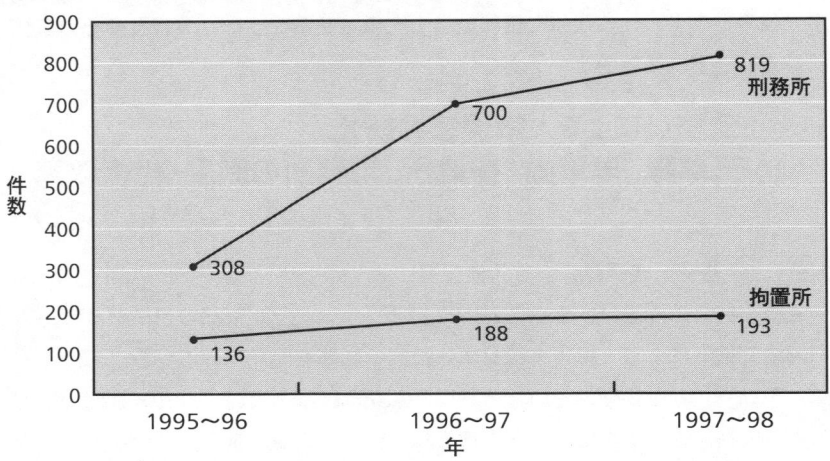

```
              1995～96    1996～97    1997～98
刑務所           308        700        819
拘置所           136        188        193
```

出典：National Human Rights Commission, Annual Report, 1995-96, 1996-97, 1997-1998.

は1件も報告されていない。また拘置所および刑務所における死亡事件の検死に際して不正を避けるために、委員会の作成した検死方法のモデルにもとづいた詳細な検死報告書とともに、その内容をビデオに収録して委員会に提出することを要請している。

2|5|3|……組織改革：警察

　人権委員会に対する申立のほとんどが警察が関連する事件である。人権委員会は警察の力が恣意的に行使されることがないように、県レベルでの警察に対する苦情申立を取り扱う機関や、拘置所を訪問・調査する機関の設置等、警察の機能を監視する必要を指摘する。とくに警察に対する申立のなかでも、警察による調査が政治や外部からの圧力の影響を受けて正しく行われていないという申立が多いことから (*23)、なによりもまず、外部からの影響に左右されない調査の実施を要請している。

2|5|4|……組織改革：刑務所その他の収容施設

人権委員会には「治療、更生または保護のために人々を拘留または収容している、州政府の管轄下にある刑務所またはその他の機関を、州政府へ通告したうえで、収容者の生活条件を調査し、勧告を行うために訪問する事ができる」(人権保護法第12条 (c))。この権限にもとづいて、人権委員会は刑務所の収容状況や食事、衛生状態などについて詳細な報告を連邦および州政府に対して要請し、また委員やスタッフによる現地調査を行っている。その結果として慢性的な過剰収容 (*24) や衛生施設の不足がほぼ共通した問題として明らかになり、また暴力や医療施設の不備、訪問者に対する賄賂の請求などの事実も発覚した。このような不当な状態の蔓延を改善するために、人権委員会は刑務所のスタッフの再教育や待遇の改善の必要等について勧告しているほか、通告なしの訪問調査も実施している (*25)。

2|6……州人権委員会

　1993年人権保護法は、連邦人権委員会とともに州人権委員会についても規定している。州人権委員会の設置は義務ではなく、1999年8月現在で、25州のうち8州にしか設置されていない (西ベンガル州、ヒマーチャル・プラデーシュ州、マディア・プラデーシュ州、アッサム州、タミル・ナドゥ州、パンジャーブ州、ジャンムー・カシミール州、ケララ州)。

　設置していない理由としては財政難が主たる要因であるが、州人権委員会の構成が、高裁長官かその経験者を委員長とし高裁判事の経験者等を委員とするため、その資格要件を満たすことが容易でないため設立が難しい州もある (*26)。

　また、すでに設立されている州であっても、委員長や委員が職務に従事していない州や、スタッフが予定数の半数も確保されていない州もあり、申立にも対処できないなど実質的には機能していない州もあり (*27)、人権委員会の機能は、インド全土にいき渡っているとはいえない。

　連邦人権委員会は、州および連邦直轄地においても管轄権を有するが、申立件数の増加に加えて、広大な国土と多くの言語や民族といった多様性に特徴づけられるインドにおいては、首都ニュー・デリーだけで機能する連邦人権委員会だけですべての人権侵害に対処できないことは明白であり、州人権委員会の

早期の機能が望まれる。

3 インドの人権保障システムと人権委員会

3|1 ……人権委員会と裁判所の連携

　インドにおける人権保障は、社会活動訴訟の展開に見られるように裁判所が先導的な役割を担ってきた。人権委員会による人権侵害の救済は、裁判所と比してアクセスが容易で、迅速かつ経済的な救済を提供できるという利点はあるが、人権委員会の勧告に強制力がないために、当該政府が人権委員会の要請に迅速に対応しない場合や、勧告を無視する場合もありうる。そのような場合に人権委員会は、当該の最高裁判所または高等裁判所に対して、指令・命令または令状を請求することができる（人権保護法第18条2項）。

　人権委員会が最高裁に令状請求訴訟を提起した事例として、連邦人権委員会対アルナーチャル・プラデーシュ州（*28）がある。この訴訟は人権委員会が、約6万5千人のチャクマ・ハジョング（Chakuma/Hajong）難民に対する、憲法第21条（生命及び人身の自由の保護）の確保を求めたものである。

　この事例は1994年に、市民的自由のための市民連合（People's Union for Civil Liberties 〔PUCL〕）やアムネスティ・インターナショナルなど複数のNGOによって、人権委員会に申し立てられた。人権委員会は、州政府と内務省に対して難民とその財産を保護すること。彼らの人権が侵害されないよう適切な措置をとること、そして報告書の提出を州政府に求めた。それに対して州政府は、難民の保護のためにすでに警察を配備しており、チャクマ難民に対する迫害の恐れはないと報告した。この報告に対して人権委員会は、内務省と州知事に対して「彼らの人権が十分に尊重されるように、適切な保護措置を実際にとるべきである」と要請した（*29）。

　しかし、翌年になっても、人権委員会の要請は聞き入れられないまま情勢は悪化し、全アルナーチャル・プラデーシュ学生連合（All Arunachal Pradesh Students Union〔AAPSU〕）が、チャクマを含むすべての市民権を持たない外国人に

対して、州外に退去するよう要求し、従わない場合は暴力も辞さない構えをみせた。さらに人権委員会は、難民に対する迫害行為を州政府がサポートしているという申立をNGOより受け、委員会による調査を開始した。調査の結果、州の役人がチャクマ難民の排斥についてAAPSUと協力関係にあること、また、AAPSUなどが難民の居住地に対する薬や医療設備の補充を妨害したため、多くのチャクマ難民がマラリヤなどにより生命の危機にさらされていることを確認し、州政府は難民であっても、人間の生命と自由を守る義務があると指令を発した。しかし、事態の緊急性を察した人権委員会は、最高裁判所に約6万5千人のチャクマ・ハジョング（Chakuma/Hajong）難民の生命に対する権利の確保を求めて令状請求を行った。

人権委員会からの令状請求を受けて、最高裁判所は以下のような暫定的命令を行った。

①州政府は州内に居住するチャクマ難民の生命と自由を保護しなければならない。②チャクマ難民は法によらずして住居を追われ、生活を追われてはならない。③AAPSUやその他団体によるチャクマ難民の迫害は、法にもとづいて厳重に処罰されるべきである。④チャクマ難民の市民権申請に関する権限は中央政府にある。チャクマ難民が市民権を申請している間は、州政府は当局が正式に決定を下すまでその者を迫害してはならない。⑤州政府は申立人に対して、訴訟費用10,000ルピーを支払うこと。

この事例のように、人権委員会が1年以上も関わっていながら、当該政府機関の無視により解決できない事件や、コミュナル紛争やエスニック紛争など、公務員が直接的な人権の侵害者ではない事件、緊急の対策を必要とする事件などにおいては、勧告に強制力のない人権委員会よりも裁判所の介入のほうが有効である。

また、人権委員会は裁判所に対して令状請求するだけでなく、「裁判所において係争中の人権侵害の訴訟に、当該裁判所の承認を得て、訴訟参加する」権限があり（第12条(b)）、警察の改革や軍（特別権限）法の見直し、オリッサ州の飢餓、警察が関連する行方不明・殺人事件等に関する令状請求訴訟に参加している。

逆に最高裁判所が人権委員会に対して特定の分野に関する調査・研究の実施や刑務所への定期的な訪問調査を要請したり、社会活動訴訟における当該政府に対する命令の監督とその実施状況の報告を人権委員会に要請することもある。たとえば、最高裁が人権委員会に移送した事例として隷属的労働者の慣行の存続、オリッサ州の飢餓、アグラ（Agra）、グワリオール（Gwalior）、ランチ（Ranchi）の精神病院、アグラ（Agra）の女性保護施設の事例がある (*30)。

3|2|……NGOとの関係

人権の保障を規定する憲法や立法措置、そして司法制度や警察の改革だけでは人権侵害をなくすことはできない。何より重要なのは、インド社会自体が人権や人間の尊厳を尊重し保障する土壌を持つことであり、インドでも多くのNGOが人権保障に取り組んでいる。1993年人権保護法では「人権の分野で活動しているNGO及びその他の組織の活動を支援する」ことを委員会の権能のひとつとして規定しており（第12条(i)）、人権委員会もNGOと人権委員会の間に十分な協力がなくては、人権の伸長と保護の活動において勢いを得ることができず、NGOの活動を支援することは人権委員会の義務としてだけではなく人権の保護のために必要であるとしている (*31)。

1995〜96年の年次報告によると、人権委員会はNGOとの協力を、人権侵害の申立だけでなく、「研究及び報告」、「人権教育及びトレーニング」、「人権意識の向上」の3つの分野で期待すると述べている。実際の人権委員会とNGOの間の関わりとしては、双方の主催するセミナーや会議を通じた相互交流を行っている段階である。

一方、NGO側からは、人権委員会の有効性を高めるために、NGOとの協同を求める声も多く、人権保護法改正案に対しても、委員やスタッフ、人権委員会の任命委員会にNGOのメンバーを加えることなど、複数の提案がNGOから提出された (*32)。

人権保障におけるNGOや社会活動家等、社会の側の機能は不可欠のものである。したがって、人権委員会による人権保障においても、NGOとの定期的なミーティングの設定や、児童労働や債務奴隷、刑務所における被収容者の状

況など、各NGOが専門とする分野での研究・調査や、人権委員会勧告後の監視にNGOやコミュニティの人々の協力を得ることは、人権委員会の人権保障の機能をより有効にするために不可欠ではないだろうか。

3|3|……むすびにかえて

　インドの連邦人権委員会は、国家による人権侵害を防止・救済することと、インド社会全体に人権を尊重する土壌を育成するという2つの主要目的の下で機能している。とくに警察や刑務所、軍や準軍隊など、国家によって侵害された人権を救済・防止することが主要かつ急務の課題となっており、人権を侵害を防止するための制度改革や人権を尊重するための人権教育、人権に関わる法律や条約などの改正や効果的な実施に関する提言、裁判所との協働による人権侵害の救済など、立法府や司法府、行政府と相互に関わりながら、制度や人権意識の改善を促している。

　インド憲法の基本精神のひとつをあらわしているその前文は、「すべての市民に、社会的、経済的及び政治的正義、思想、表現、信条及び信仰の自由、地位及び機会の平等を確保し、かつ全ての市民に個人の尊厳と国家の統一及び保全をもたらす友愛を促進する」ことを宣言している。この精神を実現するためには、国家と国民の双方において「人権」を概念としてだけでなく、実質的に受容し尊重していくほかない。その意味で社会活動訴訟においては社会活動家や弁護士、政府機関などに対して協働が求められるのである。人権委員会に裁判所のような強制力がないのは、結局、人権を保障するということは、強制するのではなくその社会がどのように「人権」を認識し、それをどの程度保障しようとするのかにかかっているからであろう。その意味で、人権委員会は「道徳的権威」として、人権文化の創造の役割を期待されている (*33)。設立から7年目を迎える人権委員会が、その課題にどのように応えることができるのかは、人権委員会が社会とどのように関わっていくのか、にかかっているのではないだろうか。そしてこのことは、インドだけでなくどこの国の人権保障においても、不可欠なことではないだろうか。

注

*1……これらの地域では、警察や軍に対して、令状なしの捜査、逮捕、拘禁を認める1958年群特別権限法（The Armed Forces Special Powers Act of 1958）、1976年騒乱地域法（The Disturbed Areas Act of 1976）の適用下にある。また、準軍隊とは、国境警備隊（Border Security Force, BSF）中央警察予備隊（Central Reserve Police Force, CRPF）などを指す。

*2……1989年SC/ST（アトロシティ防止）法が制定されたがほとんど活用されていない。Suresh Mane 1996, Atrocities on Scheduled Castes and Tribes: A Human Rights perspevtive, pp.210-216, "National Seminar on Human Rights And Law", the Department of Law.

*3……債務によってその経済的・身体的自由を奪われる債務奴隷の慣習がインドでは古くから存在する。1976年に社会的弱者の身体的・経済的搾取を防ぐことを目的とした「債務奴隷制度（廃止）法」（Bonded Labor (Abolition) Act）が制定された。しかし、債務奴隷の認知や解放、リハビリの義務を持つ政府側が、債務奴隷の存在自体を認めないなど積極的でなかったために債務奴隷の慣習が繰り返されている。Rish Pal Nainta (1997) p.75, pp.106-107.

*4……インド憲法の条文については孝忠(1993)『インド憲法』から引用。

*5……憲法第3編「基本権」は、平等権（第14～18条）、自由権（第19～22条）、搾取に対する権利（第23～24条）、宗教の自由（第25～28条）、文化及び教育に対する権利（第29～30条）、憲法上の救済（第32～35条）について規定する。

*6……国家政策の指導原則には次のような社会的・経済的権利が規定される。
(1)十分な生活手段の権利（第39条(a)）
(2)経済的搾取に対する権利（第39条(b)）
(3)男女の別なく等しい労働に対する等しい賃金を得る権利（第39条(d)）
(4)労働への権利（第41条）
(5)相応の生活水準と余暇に対する権利（第43条）
(6)失業・老齢・疾病・身体障害などの場合に公的扶助を受ける権利（第41条）
(7)教育の権利（第41条）
(8)正当で人間らしい労働の権利（第42条）
(9)母性保護の権利（第42条）
(10)児童の無償義務教育の権利（第45条）

*7……Kesavananda Bharati v. State of Kerala, (1973) Supp. S.C.R.I.

*8……憲法第16編「特定の階層に対する特別規定」。

*9……押川（1995）『アジア諸国における人権概念の受容』外務省国際情報局委託調査「インドにおける人権—カースト問題を中心に」37頁。

*10……社会活動訴訟（Public Interest Litigation）は、通常、公益訴訟（Public Interest Litigation）と呼ばれる。社会活動訴訟については安田(1987)、稲(1993)に詳しい。

*11……最高裁が司法積極主義に転換した背景には、言論・表現の自由や集会・結社の自由などの基本権が停止され、

野党の指導者など多数の人が逮捕・拘禁されるなど著しい人権侵害が横行した1975～77年の非常事態宣言xiの後、裁判所や社会の側で人権保障の機運が高まったこと。また非常事態の後、最高裁判事に任命されたクリシュナ・アイヤール判事とバグワティ判事が社会改革のための裁判所として、社会的弱者の権利救済に積極的に取り組んだことなどがある。

*12……P. N. Bhagwati, "Social Action Litigation: The Indian Experience" 1987, p.21.

*13……公務員による人権侵害事件関連以外の、人権教育や調査、研究について、月に2回開かれる全体委員会で協議する。

*14……Terrorist and Disruptive Activities (Prevention) Act, 1987. この法律は最初はパンジャーブ州の過激派を対象として制定されたが、インド全土に拡大され社会活動家や政治家など破壊活動とは無関係の人々に対して濫用された。

*15……1999年8月の連邦人権委員会でのインタビュー。

*16……却下される事件は(a)申立時より1年以上前に起こった事件、(b)偽名の事件、(c)曖昧、匿名または偽名の事件、(d)取るに足らない事件、(e)委員会の法規外の事件である。また、通常の事件は1名または2名の委員が担当するが、大規模殺人や社会的影響の大きい事件などはすべての委員が出席する全体委員会（full Commission）で検討する。

*17……筆者がインタビューしたS氏の場合は（1999年8月）、高裁の弁護士である隣人と紛争がおこり、相手方が警察と通じていたために、虚偽の報告書が作成され傷害罪の疑いで拘留された。S氏の妻が人権委員会へ申し立てたが、人権委員会が事実関係の報告を求めたのが同じ地域の警察であったために、人権委員会にも虚偽の報告書が提出され、その申立が却下された。この場合は被害者とその妻が何度も人権委員会に足を運び、委員に面会を求め、警察の報告書の虚偽を指摘できたため、却下は取り下げられた。

*18……また、人権委員会では警察が関連する人権侵害がもっとも多いが、調査スタッフのすべてが警察からの出向であるために、その調査の有効性を疑問視する声もある。Y.Chibber (1999) p.121.

*19……National Human Rights Commission Practice Direction No.1-No.10, NHRC Annual Report 1997-98, pp.82-100.

*20……たとえば筆者がインタビューしたシン氏は（I. Singh/1999年8月）、人権委員会に申し立てた後、2年が経過していたが何の連絡もないそうである。しかし、「人権委員会を信じている。正義は守られる」と語っていたシン氏のように、裁判所や弁護士にアクセスできず、人権委員会だけが頼みの綱という申立人は多い。その訴えを無下に切り捨てることのない処理手続の制定が必要である。また、人権委員会に申立に訪れても、申立専用の部屋やカウンセラーが配備されていないために、廊下の隅のベンチで不安そうに座っている人や、部署間をたらい回しにされている申立人の姿を幾度か目にした。公

務員による人権侵害を救済する機関であるからこそ、公務員である彼らが被害者の救済に積極的かつ繊細な心配りをもって臨むべきではないだろうか。形式や方法を問わず誰でも無料で申立できるのであっても、人権委員会の敷居が跨ぎにくいものであったらその意義が薄れてしまう。申立人へのサービスについては改善する必要があるだろう。

*21……ジャンムー・カシミール州、北東部の州において、1990年1月1日から1998年3月31日に、国境警備隊では259の事件が報告され、そのうち141名が処罰。軍隊では942の人権侵害事件のうち109名が処罰されたことが報告されている。National Human Rights Commission, Annual Report 1997-98, p.8.

*22……National Human Rights Commission, Annual Report 1997-98, p.10.

*23……National Human Rights Commission, Annual Report 1995-96, p.17.

*24……たとえばデリーのタヒール刑務所。

*25……通告なしの調査は、26の州および連邦直轄地が受諾している。National Human Rights Commission, Annual Report 1997-98, pp.14-15.

*26……National Human Rights Commission, Annual Report 1996-97, p.57.

*27……たとえばタミル・ナドゥ州人権委員会は、1997年4月に設置とされているものの、1999年8月までオフィスがなく、各委員が在宅で職務を行っていた。マディヤ・プラデーシュ州人権委員会は最初に設置された州人権委員会であるが、スタッフが予定ポストの半数しか確保されていない。

*28……National Human Rights Commission v. State of Arunachal Pradesh, AIR 1996 SC 1235.

*29……NHRC Annual Report 1994-1995, p.42.

*30……Annual Report 1997-98, National Human Rights Commission, p.4.

*31……NHRC Annual Report (1996-1997), p.54. NGOとの連携のために、人権委員会は人権保障に関わるNGOの専門分野や活動をデータ化しており、1999年8月現在で約350のNGOが登録している。

*32……そのうちのひとつとして、コモンウェルスの人権に関する研究とアドヴォカシー活動を行っているNGOである、Commonwealth Human Rights Initiative（本部：インド）の意見は、人権委員会の委員長・委員の任命に際して、政治的策略や妥協の影響を避けるために、任命委員会にNGOの代表と司法部のメンバーを加えること、また、委員の資格要件については、「2人の委員は、人権に関連する事項について知識を有するか又は実務経験のある者の中から任命される（人権保護法第3条2項d）」という現行規定を、「人権に関連する啓発、政策又は法律に関する特別の知識又は経験があり、並びに人権コミッショナーの地位に適する者を含む」とより詳細な規定をおくほか、委員の構成についても、インドにおけるエスニック、宗教およびジェンダーの構成ならびにその要求を考慮する必

要があることをより明確に規定するべきであるとする。さらに事務局長をはじめとするスタッフの雇用についても、現行法では連邦政府が人権委員会に提供しているため(第11条、第27条)、管理職スタッフのほとんどが各省庁からの出向者で占められているため、人権委員会の独立性確保と、より人権にセンシティブなスタッフを雇用するために、スタッフの選任については委員会に権限を付与するように改正すべき

と提言している。Common Wealth Human Rights Initiative (1998), Submission by the Commonwealth Human Rights initiative to The High Level Advisory Committee Created to Review the Human Rights Act 1993 And Headed By the Former Chief Justice of India, Justice A.M.Ahmedi.

*33……H.O. Agarwal (1999), Human Rights, p.156.

引用文献

稲正樹『インド憲法の研究』(信山社、1993年)

押川文子「インドにおける人権―カースト問題を中心に」外務省国際情報局委託調査『アジア諸国における人権概念の受容』(1995年)

孝忠延夫『インド憲法』(関西大学出版部、1993年)

孝忠延夫「インド憲法における『人権』概念」『比較法研究：非西欧社会における人権概念の受容と変容』(有斐閣、1997年)

小谷汪之『不可触民とカースト制度の歴史』(明石書店、1996年)。

安田信之「非西欧社会における立憲主義」『憲法問題』(1991年、三省堂)

パーマナンド・シン「インド憲法の基本的特質」『関西大学法学會誌第四十五号』浅野宜之（訳）(関西大学法学會、2000年)

Arun Kumar Palai, "National Human Rights Commission of India", 1998, Khama Publishers.

H.O. Agarwal, "Human Rights", 1999 Central Law Publications.

P.L.Mehta & Neena Verma, "Human Rights Under the Indian Constitution: The Philosophy and Judicial Gerrymandering", 1999, Deep & Deep Publications.

Rish Pal Nainta, "Bonded Labour in India:A Socio-Legal Study", 1997, APH Publishing Corporation.

Suresh Mane, Atrocities on Scheduled Castes and Tribes:-A Human Rights perspevtive, "National Seminar on Human Rights And Law", 1996, the Department of Law.

Y.Chibber, "National Human Rights Commission: A View from Peoples Front", K.P.Saksena (eds), Human Rights Fifty Years of India's Independence,1999, Gyan Publishing House.

(法律・年次報告等)

The Protection of Human Rights Act

1993.
National Human Rights Commission (Procedure) Amendment Regulations, 1996.
National Human Rights Commission Annual Report 1994-1995, 1995-1996, 1996-1997, 1997-1998.

(NGO関係の資料)
Human Rights Advocacy and Research Foundation, "Consultation on Amendments to the Protection of Human Rights Act 1993: A Report with Recommendations, Forwarded to the High Level Committee headed by Justice A.M.Ahmadi" 1998.
Commonwealth Human Rights Initiative, "Submission by the Commonwealth Human Rights Initiative to The high Level Advisory Committee created to Review the Human Rights Act 1993 and Headed By the Former Chief Justice of India, Justice A.M. Ahmedi" 1998.

フィリピン人権委員会

内なる人権保障の要求と開かれたシステム

石川えり

いしかわ・えり／難民支援協会理事

はじめに

　革命によってできた国。フィリピンをそう表現する人はあまりいないかもしれない。常夏の太陽、白い砂浜、日本から飛行機でわずか4時間で行くことができるお手軽なリゾート、そんなイメージが先行しがちである。

　しかし、1986年の二月革命でピープル・パワー（人民の力）によって独裁政権を倒すまでは拷問、失踪、政治的殺害等が日常的に行われた国であった。そのような体制を崩し、平和的に革命を達成した市民の姿はその後の韓国（1987年）、ビルマ（88年）、中国（89年）さらには東欧諸国やソビエトにおける民主化要求運動の刺激やモデルとなったともいわれている。

　確かに民主主義国家の建設への道のりはまだまだ始まったばかりであり、未だ経済発展の基盤も脆弱な発展途上国であり、日本と異なる部分も多い。人権

状況も「どこにでも市民、政治、経済、社会、そして文化的権利の侵害が存在する」(*1)と、アテネオ人権センター代表(*2)のカルロスP.メディーナが指摘するように、決して良いとはいえない。多くの発展途上国と同様、軍・警察等による拷問や超法規的処刑等の政府による人権侵害が依然相当数存在する。また人権を保障する法律や司法をはじめとするシステムは存在するが、制度としての卓越性とそれに対する現実の乖離という矛盾を常に抱えている。

しかし、革命を経験し市民の力で民主国家を作り上げていこうとしている国に「与えられた民主主義」のぬるま湯に使っている日本が学ぶべき点も多い。本稿においてはフィリピンの人権委員会を中心に人権保障を制度として確立していこうとするフィリピンの試み、またその人権保障に対する指向性について紹介していきたいと思う。

まず、第1章においてはフィリピンの人権状況を概観する。第2章では人権委員会設置の背景を探る。第3章ではフィリピンにおける人権委員会の位置づけを客観的に理解するために他の人権保障機関を概観する。そして第4章以降で詳しく人権委員会の機能、その課題を検討していく。

1 フィリピンの人権状況

1|1……貧困問題

まず、フィリピンにおける大きな問題として貧困がある。「貧困が町を覆い、最低ライン以下の暮らしを強いられているホームレスや土地を持たない人が何百万人もいる。彼らの居、食、住、教育、仕事、十分な生活水準への権利は日々侵害されている」(*3)との言葉どおり、マニラ市内を車で10分も走ればバラックの立ち並ぶスラムの横を通ることが多々ある。フィリピン全土には1,800万人もの都市貧困者(urban poor)が存在し、その割合はフィリピン全人口約7,000万人の25％にあたる。また、マニラ首都圏には400万人の都市貧困者がいる。さらに、276のスラム街があり、223,947の家族が違法に土地を占拠して住んでいる。エストラダが大統領に就任して以来、すでに14,035家

族が強制退去や建設プロジェクトにより、住居を失っている (*4)。

また貧困のために、働く子どもも多い。実際マニラ市内では渋滞の車の列をぬうようにかごのなかに新聞、たばこを入れて、売り歩く子ども達を見かける。家庭の稼ぎを助けるために昼間から、1日中働き通しの子どもは珍しくない。ユニセフの統計によると、15歳以下で働いている子どもは500〜570万人にのぼるとされている。そのうち、5〜6万人の子どもが売春に従事させられている (*5)。

これらの問題に対応するために、さまざまな立法がなされている。たとえば、貧困地域の住民に関するものでは「都市開発と住居法」(*6) が、また子どもに関するものとしては「子どもの虐待、搾取、差別からの特別保護法」が1991年に、また「15歳以下の子どもを公的また私的企業にて雇用することを禁止する法」が1993年に施行されている。しかし、その実施には非常に困難がともなうことが多く、都市開発と住居法においても十分な予算措置がとれない等の理由により完全な実施にはほど遠いという現状がある (*7)。

これらの実施を困難にしていることにはさまざまな原因があるが、経済のグローバリゼーションもその一因としてあげることができるだろう。フィリピンが諸外国に対して抱えている債務のために経済的、社会的、文化的権利がある程度満たされるだけのお金が債務返済に使われていること。さらに、政府が最低限の生活水準を保つ手段を奪い、外国の利益になるだけの国際経済協定に頼っていることがNGOによって指摘されている (*8)。経済のグローバル化の負の部分が弱者を苦しめている、という構造的な問題も否定することはできない。

1|2|……公権力による人権侵害

次に軍隊、警察などの公権力による人権侵害もマルコス時代に比べて数は減っているものの、決して終わることがない。政府はムスリム独立派との果てしない闘いを続けており、それらの軍事紛争によって罪もない市民が被害を受け、数え切れない人権侵害が行われている (*9) という指摘もある。1996年にラモス政権が最大のイスラム反政府組織であった「モロ民族解放戦線」(MNLF) と和平合意し、四半世紀に及んだ紛争に終止符をうったかのように見えたが、エ

ストラダ政権は和平合意を維持することができず、政府が公約したミンダナオ地域の開発推進がアジア経済危機などによる財政難で進まないこともあり、独立派と国軍の衝突が激化しているという現状がある。

軍隊の派遣によって1999年の3ヶ月間にルソン島とミンダナオ島で109回、住民の避難がなされ、合計で30,550家族が被害を被ったと報告されている (*10)。さらに2000年4月末からの戦闘などで市民を含む130人以上が死亡、43の町が影響を受け、約12万人が避難をしていると国防省によって発表されている (*11)。

また、政治的理由による逮捕、拷問、超法規的処刑、虐殺、合法で平和な集会の強制的な解散等が行われているが、それらは政府軍によって対ゲリラ作戦の遂行中に行われることが多い。さらには先住民族居住地での警察や法執行官による嫌がらせ、虐待、権力濫用も報告されている (*12)。

また、1999年1月現在で154人の政治囚の存在が指摘されている。なかにはエストラダ政権後に政治囚となった者も15名含まれている (*13)。

死刑に関してはラモス政権下で1993年12月31に国際的な死刑廃止の潮流に逆行する形で、死刑を定める法律、共和国法第7659号が施行された。最高裁はすでに1987年の憲法が原則的死刑廃止 (*14) を謳っている、との主張に対して同法律が違憲ではなく、またフィリピンが批准している国際法にも違反しない、との判断を下している。

エストラダ政権に入っても死刑廃止は実現せず、1999年初旬現在846人の死刑確定囚がいる (*15)。さらには1999年2月に1987年の憲法が原則的死刑廃止を謳って以来はじめての死刑の執行がなされており、国内外のNGO等から強い非難を受けている。

1|3|……移住労働者の問題

最後に、移住労働者の問題に触れる。フィリピンの全人口7,000万人の約7％強にあたる500万人以上が移住労働者として海外で働いている (*16)。彼(女)らの送金は年々その額を増し、1997年度は総額で574,181万ドルにのぼる (*17)。しかし、海外では外国人として法的に不安定な状況に置かれ、その

人権状況は決して良いものではない。そのなかで1991年にシンガポールにてフィリピン人家事労働者女性とその雇い主の子どもを殺害した容疑をかけられた同じくフィリピン人家事労働者のフロール・コンテンプラシオンが無実を主張していたにもかかわらず、95年3月17日に死刑を執行されるという事件が起きている。

この事件を受けて、「移住労働者と海外フィリピン人に関する95年法」が制定された。同法においてフィリピン海外労働者の尊厳の擁護、フィリピン海外労働者に対して適切な社会的・経済的・法的サービスを提供すること等が謳われているが、その法律の実現にはほど遠いというのが海外NGOの評価である(*18)。

また、近年のアジア経済危機でとりわけアジアへ出稼ぎに行っている移住労働者は大きな影響を受け、解雇、不況のための入管政策の変化による強制退去、労働搾取などの問題に直面させられている (*19)。

このように、フィリピンには国家による人権侵害、そして経済のグローバル化によって引き起こされる人権侵害等依然としてさまざまな人権侵害が多く存在する。

2 機関設置の経緯・背景

フィリピンはアジアにおいて一番早く、1986年に人権委員会設立を発表した。この年、民主化を求めるピープル・パワー(人民の力)はマルコス独裁政権を倒し、コラソン・アキノをフィリピン共和国の大統領へ押し上げた。アキノ大統領は就任後直ちに人身保護令状を発付し、政治囚の釈放を行った。そして人権侵害が日常化していた戒厳令下の苦い経験を繰り返さないために、大統領は人権保障と民主主義の復活を主要な政策として掲げた。

それらの政策を実現していくために、大統領の諮問機関として大統領人権委員会の設立が決められた。同委員会は大統領就任2週間後、大統領令8によって発足した。その目的は「人々の市民的自由と人権を守り、尊重すること」(*20)とされ、軍、警察や政府とその関連機関による人権侵害の申立の調査を行うと

いう任務を与えられていた。そのなかでも、マルコス独裁期、とくに1971年にマルコス政権下で出された戒厳令下における「失踪」などの少なくとも犠牲者100万人といわれる人権侵害申立の調査が主要な任務であった。

それから1年後の1987年2月7日、多くの民主活動家や人権活動家・NGO等が参加した憲法起草委員会（*21）によって起草され、「生命尊重、人民尊重、貧困者尊重、フィリピン人尊重、反独裁」（*22）を謳った新しい憲法が、フィリピン国民によって承認された。憲法の第13条17節に独立した機関として人権委員会の設置が定められており、その年の5月5日に発表された大統領令163号によって、実際の設置が宣言された。また、アキノ政権によって約1年前に設置されていた大統領人権委員会はこの機関に引き継がれることになった。

この時に憲法起草委員のひとりであるサルミエント委員は人権委員会設立の意義について以下のように述べている。「委員のみなさん、人権委員会の設置は私たちの憲法の中でも革新的なものになるでしょう。人権を保障し、促進していく必要性が憲法という最高法規に認められる時代になったのです。15年に渡る基本的権利や自由の侵害は私たちをして人権の促進、保護、尊重のための包括的な計画の必要性を喚起させているのです。政府の3つの主要な部門からは独立し、その計画を実行するのに必要な権限と機能を備えている専門的な機関によってはじめてこのような計画は遂行されうるのです」(*23)。この文章から読み取るに、フィリピン人権委員会は、人権保障に対する国際社会からのプレッシャーに応えたというよりも、国内における内なる人権保障の要求に応える形で設立されたといえるだろう。

3 国内人権機関の制度的位置づけ

フィリピン人権委員会は人権保障・促進のための憲法にもとづく独立機関であるが、フィリピンにはそのほかにも人権保障のためのさまざまな機関がある。

3|1……オンブズマン

まず、人権委員会と同じように憲法に設置を定められた機関としてオンブズ

マンがある。オンブズマンは市民の擁護者として位置づけられ、公務員の不正に関する通報を受けて調査を開始し、調査の結果相当の疑いがあると判断された場合には同じ組織内にある特別検察官が容疑者の公務員を浄化裁判所（Sandiganbayan）に起訴し、訴訟参加することができる。現在オンブズマンの事務所は首都マニラ、ルソン島、ビサヤ島、ミンダナオ島の4つの地域と軍隊に設置されている。1998年には8,551件の通報を受け付けており、通報される数は年々増加傾向にある。その通報数の内訳はそれぞれの地域で1,372件、1,399件、2,077件、1,308件、また軍隊では2,395件となっている。軍隊に関する通報が一番多く、全体の28％を占めているる。

また、1998年に処理された事件は前年度からの繰り越しをあわせて合計で17,728件で、その内訳は却下された事件が7,040件、浄化裁判所もしくは通常の裁判所に起訴された事件が2,166件、刑罰が科せられた事件が253件、調査不能等により終了した事件が1,357件となっている。事件の内容別に見てみると、刑事事件が7,374件、行政事件が3,442件となっている。また、1998年に特別検察官によって浄化裁判所へ起訴された事件の数は、698件となっている (*24)。

3|2|……行政機関

次に、行政機関では法務省、労働省、福祉・社会開発省、外務省において人権保障のための独自の取り組みがなされている。法務省は自らが運営する公設法律事務所を通じて貧しい訴訟当事者に無料法律扶助を行っている (*25)。労働省では労働問題に関する国家労働関係委員会という名の特別の苦情処理機関が存在し、労働争議やセクシャル・ハラスメント等の問題を持ち込むことができる (*26)。社会事業・開発省では子ども福祉審議会が子どもに関する問題全般を扱うほか地方、県、バランガイと呼ばれる地方自治の最小単位に「子どもの福祉委員会」を設置している (*27)。また、子どもの労働については労働省、内務自治省による全国的な取り組みがなされている。

また、政府は1988年に援助国からの要請に応えて人権・人道局を設置した。この局の主な業務は、政府の国際人権条約履行状況の監視、国際会議等でのフ

ィリピン政府の人権に関する情報の配布と保管、および海外のフィリピン人を保護するための措置を講ずることである (*28)。さらに警察、軍隊自体は組織のなかに市民からの苦情を処理する独自の仕組みを持っている (*29)。

3|3|……立法機関

　フィリピンの立法機関の特徴に市民も巻き込んだ立法活動が積極的に行われていることがあげられる。それは憲法第6条1節の「市民に留保されている国民発案と国民投票の条項を除いた範囲で立法権は国会に属するものとする」に由来するといわれ、政治的権利に関して非常に前進した条項であるとされている (*30)。市民の手によって作成された憲法、といわれているだけに市民の立法過程への直接的な参加を極力可能にする理念が引き継がれ、制度としても確立しているのかもしれない。

　NGOが自ら法案を作成し、国会に直接持ち込まれるケースも見られる。たとえば実際に市民の発案によって制定された法律としては、都市住居法、先住民族法 (*31) があげられる。

　また、"Inside the Chambers"（国会の中で）という書籍が出版されており、1992年7月1日から1995年の6月30日まで行われていた第9期国会での立法活動が逐一監視され広報されている。市民側が自らの要求を具体化していく手段として立法が身近に意識されていることがわかる。

　日本においても情報公開法、特定非営利活動推進（NPO）法等で議員立法がなされ、市民の切実なニーズが国会に反映された経緯があるが、全体をみると1回の国会会期中で可決される法律の9割以上が議員立法ではなく行政府によってなされているという実態がある。実際は、行政府によって与党に十分な根回しがされた後、法案が提出され、市民団体がロビイングをしたところ「法案がでてからでは遅い」、といわれ実質的な法案の審議過程に入り込む道を絶たれ、結局NOとしかいえなくなる場合もある。日本の立法府ももちろんのこと、NGOも法案を作成し、発案していくというフィリピンの手法を大いに参照すべきであろう。

　ところで、人権問題に関しては上院・下院それぞれに専門的に人権問題を取

り扱う委員会がある。上院は「上院正義と人権委員会」、下院は「下院人権と社会正義委員会」という名称である。対象とする人権侵害の範囲は自由権のみならず社会権も含んでいる。人権関連法案の作成、決議の採択を主な任務としているが、そのためであれば調査を行い、公聴会なども開くことができる。自身の人権侵害に関して通報が持ち込まれることもある。個々の人権侵害の救済に関しては取り組まないがそれが組織的なもしくはそれが普遍的な問題を呈しているときに、委員会として調査を行うことがある。

　1992年7月1日から1995年の6月30日の第9期中に「下院人権と社会正義委員会」にてなされた決議は前述の"Inside the Chambers"（国会の中で）によると全部で36にのぼる。すべて人権に関する決議であり、主に国軍等の公権力による人権侵害への調査を他機関に命じるものと、移住労働者の人権状況、被拘禁者の人権状況、海外におけるフィリピン人被拘禁者、国内避難民等の人権状況等弱い立場にある人々の人権状況を関係機関に命じるものの2種類に分類される。中には第二次世界大戦中の日本軍による虐殺行為に関する調査を命じる決議も見られた。

3|4|……司法機関

　最後に司法機関であるが、まず公式裁判所の前段階としてバランガイ司法 (*32) が設置されている。バランガイ司法は1978年、大統領令によってバランガイ裁判所の設置が決定されたことに始まる。民事・刑事訴訟を起こすことを考えている者は例外を除いてすべて、バランガイ司法を受けなくてはならない。バランガイの長であるバランガイキャプテンが両者の調停を行い、それができない場合は仲裁パネルが両者が合意に達するための調停を行う。この調停が実らなかった後、公式裁判所の利用が可能となる。フィリピンに昔からある紛争の友好的解決を活かし、公式裁判所の過剰な負担を防ぐ、という趣旨の制度である。

　公式裁判所は4階層に分かれている。もっとも下位にあるのが大都市圏事実裁判所、町事実審裁判所、町巡回事実審裁判所、シャリーア巡回裁判所である。シャリーア裁判所はフィリピン・ムスリム法典下で起こる事件について管轄権

● 図1　フィリピン人権委員会と国家機関の関係

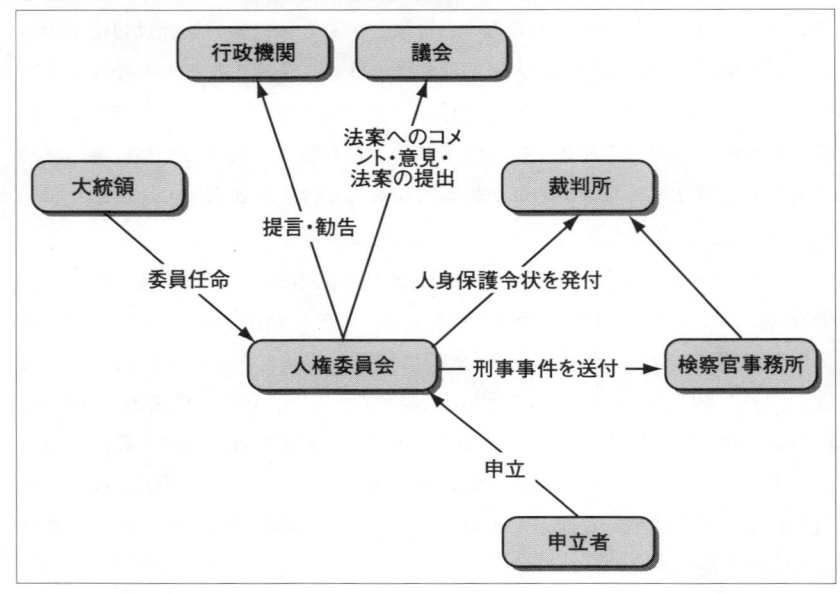

```
                行政機関        議会
                  ↑            ↑
                              法案へのコメ
                              ント・意見・
                              法案の提出
   大統領                裁判所
                提言・勧告    ↑      ↑
     │委員任命      │人身保護令状を発付
     ↓            │
            人権委員会 ─刑事事件を送付→ 検察官事務所
                  ↑
                  │申立
                  │
                申立者
```

を有する。次に上位に位置するのが管区事実裁判所、シャーリア地区裁判所である。これらが事実審を行う裁判所と位置づけられている。事実審の上に控訴審が中間控訴裁判所、さらに最高裁判所が位置づけられている。

また特別裁判所としてサンディガン・バヤン（浄化裁判所）があり、公務員の汚職や不正に関する民事・刑事事件に管轄権を有する。

1998年の1年間に最高裁判所には新たに4,371件の事件が上訴され、47,617件の申立を受けた。同期間中に4,380件の決議が行われたが、98年12月31日の時点で未だ5,829件が未処理のままである。また、中間控訴裁判所での未処理件数は7,147件である (*33)。多くの未処理件数が抱えられ、訴訟の遅延によって被害者の救済が効果的に行われないことが指摘されている。その原因には司法のインフラの整備の遅れ、多すぎる訴訟等さまざまな原因があげられているが、訴訟の増加はピープル・パワーによる革命後、多くの人が自分の権利に自覚的になった故の増加であると考えられており、結果的に裁判所のパンク

状態を引き起こすことになっているので解決は一筋縄ではいかない。司法のインフラ整備を行い、裁判所の機能を強めていくのが一番良い解決方法と考えられる。

4 組織

　フィリピン人権委員会の委員は委員長1人を含む5人から構成される (*34)。メンバーは大統領が任命し、再任はなく任期7年となる。委員の要件は35歳以上であること、人権活動に関わった経歴があることの2点となっている (*35)。通常の行政省庁や憲法機関の長官等の任命には大統領の任命の後、国会の承認を必要とする。しかし、人権委員会に関しては、国会の承認を必要としない。これは、人権委員の承認に関して政治的な影響を受けるのを避けるためであるとされている (*36)。

　委員は専任で他の職業との兼任は禁止されている。現在の顔ぶれは元裁判官である女性の委員長を筆頭に法曹関係者が多く5人中4人が法曹関係者となっているがこれは「過半数が法曹関係者でなくてはならない」という憲法第13条17節（2）項に沿ったものである。

　メンバーの顔ぶれはNGOから女性の委員が1名、ムスリムの委員も1名選出されており、多元性に配慮しているようにも見える。しかし、委員の任命過程は法律にもとづいたものではなく、実際は大統領との個人的な関係によって決まる場合もある (*37)。現在の委員も1996年に彼（女）らを任命したラモス大統領との同郷である、また政党の党員である、など個人的つながりが指摘されている。さらには、人権活動の経歴に関する具体的な要件はなく、現在もその経歴が乏しいことを指摘されている委員も存在する (*38)。これらの不透明な人選過程に対するNGOからの批判は大きく、フィリピンにおける人権NGOの広汎なネットワークからなり、政府に対して人権問題に関して積極的にロビイング活動を行っている人権活動者フィリピン連盟（PHARA）では少なくとも人権委員自身で委員長を選出するという規定を設けることを提案している (*39)。

　委員の下には全部で約600人のスタッフがいる。そのうちの半分以上（約350

人）がマニラの中央事務所で働き、13ある地方事務所、4つの地方支所にはそれぞれ約30人のスタッフがいる（*40）。主な活動部門は司法・立法・行政への提言作成に携わる法務部、個別人権侵害の調査に携わる調査部、拘禁施設への訪問や人権侵害被害者への財政的援助等を行う支援・訪問部、人権教育全般に携わる広報・教育部の4つの部署に分かれ、その他に会計・人事等を司る部署がある。人事制度は人権委員会の中で昇進していくキャリア型であり、現在弁護士以外で部長クラスになっているスタッフたちは、1986年に設置された大統領人権委員会時代から引き続き勤務している。地方事務所の所長も全員法律家である。

　1995年から人権委員会は内務自治省と協力して全国41,876のバランガイすべてにバランガイ人権行動センターを設立し、そこで人権啓発活動、侵害の申立受付に従事するバランガイ人権担当官を配置することになった。1998年12月現在までに4,932のバランガイにバランガイ人権行動センターが設立されている（*41）。バランガイ人権担当官は無給であり、人権委員会の研修を受けて地域での人権活動に従事している。

5 活動内容

5|1……個別人権侵害事件の救済

　「フィリピン人権委員会は独自に、もしくは何人による苦情を受け付けることにより市民的、政治的権利に関連のあるあらゆる人権侵害の調査を行う」と定めた憲法第13条18節（1）項に従って、人権委員会は個別の人権侵害に対する調査を行い、適切な機関に照会する、また人権侵害被害者に財政援助を行う等の措置をとっている。1986年にアキノ大統領によって設置された大統領人権委員会が軍・警察などの政府による人権侵害のみを対象としていたのに対し、フィリピン人権委員会は私人間の人権侵害も対象としており新人民軍による人権侵害、レイプ、子どもの虐待なども人権委員会が調査を行う対象となる。

　「露店や都市貧困地域の掘っ建て小屋の破壊は人権委員会の権限が及ぶ範囲

にある人権侵害ではない」(*42) という最高裁の判例により社会権の人権侵害事件は調査の対象とはならないことになっていた。しかし、社会権の人権侵害についても調査権限を拡大すべきである、という人権委員会内外の批判 (*43) もあり、人権委員会決議A95-069が採択され、人権侵害と思われる事件もしくは状況の監視的な調査に関しては自由権・社会権両方を対象とするとした。

さらに、近年人権委員会では私人間の人権侵害に関する申立の数が増加しているのに伴い、私人間の人権侵害を取り扱う際のガイドラインが制定されようとしている。ガイドライン案では人権侵害の被害者が民法第20、21、32条に従って賠償請求することは可能であるとして、その場合に憲法第13条18節(3)項に従って法務部によって法律扶助を受けることが可能であるとされている (*44)。実際の統計を見てみると、1998年1年間で申し立てられた1,301件のうち、警察による人権侵害がほぼ3分の1の464件を占めている。次に、民間人によるものが235件、地方公務員が217件、軍人が94件と続いている (*45)。過去のデータを見てみると、軍人による人権侵害数が減少していることがわかる。人権侵害の内容別に見ると、生命に対する権利の侵害が716件と全体の約半分を占めている (*46)。よって、人権委員会の仕事もオーストラリアなどの人権委員会のように差別事件の両当事者を呼んでの調停等ではなく、被害者の証拠保全を手伝い、刑事事件として起訴できるように検察官に照会することが主な任務となっている。

人権侵害事件を実際に調査するのは人権委員会の調査部である。彼(女)らは所属する地域事務所もしくは地方支所に直接寄せられた申立、もしくは新聞・NGOなどの第三者からの情報を受け、人権委員会の管轄圏内であると各事務所の所長によって判断された後調査を開始する。直接申立場合の形式に規定はないが、ミサミス・オリエンタール州のバランガイ人権担当官によれば、実際は「直接たずねていって事情を説明しないと取り上げてもらうのは難しい」とのことである。実際の申立方式に関する具体的な統計は存在しないが、人権委員会中央事務所の調査局局長ジェイムP.チェノバ弁護士によると、「実際に訪ねてくる人数の方が手紙等での申立よりも圧倒的に多い」、とのことであった (*47)。

また、バランガイ人権担当官も自身が勤務するバランガイ人権行動センター

●図2 人権侵害事件救済手続

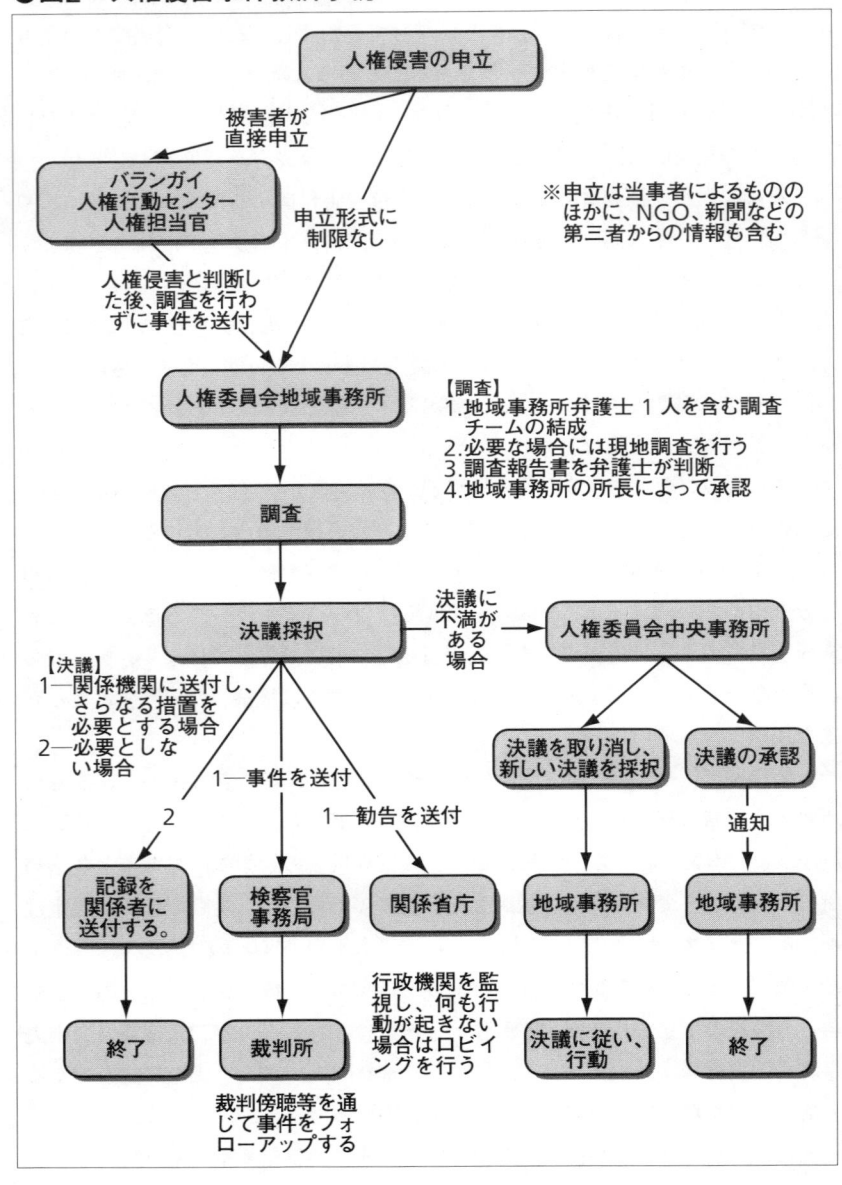

```
                        人権侵害の申立
                    ↙              ↓
           被害者が              申立形式に
           直接申立              制限なし
           ↓
      バランガイ
      人権行動センター                    ※申立は当事者によるものの
      人権担当官                           ほかに、NGO、新聞などの
           ↓                              第三者からの情報も含む
      人権侵害と判断し
      た後、調査を行わ
      ずに事件を送付
           ↓
      人権委員会地域事務所         【調査】
           ↓                     1.地域事務所弁護士1人を含む調査
         調査                       チームの結成
           ↓                     2.必要な場合には現地調査を行う
                                 3.調査報告書を弁護士が判断
                                 4.地域事務所の所長によって承認

         決議採択  ──決議に不満がある場合──→  人権委員会中央事務所
           ↓                                        ↓
    【決議】                             ┌──────┴──────┐
    1─関係機関に送付し、                決議を取り消し、    決議の承認
      さらなる措置を                    新しい決議を採択
      必要とする場合                          ↓              ↓通知
    2─必要としな                          地域事務所       地域事務所
      い場合
      ↓    ↓1─事件を送付
      2    ↓    ↓1─勧告を送付
     記録を   検察官      関係省庁
     関係者に  事務局
     送付する。
      ↓      ↓          ↓
     終了    裁判所    行政機関を監
                       視し、何も行
             裁判傍聴等を通  動が起きない
             じて事件をフォ  場合はロビイ
             ローアップする  ングを行う
                              ↓
                          決議に従い、
                          行動
                              ↓
                            終了
```

で人権侵害の申立を受けることができる。しかし、調査権限等はなく事件を地域事務所にするにとどまっている。そのためか、彼（女）らが取り扱う事件もまだそれほど多いとはいえない。統計によるとバランガイ人権行動センターに持ち込まれた事件は98年1年間に合計で268件、そのうち人権委員会の地方支部には182件が、その他関係機関に56件が送付されている（*48）。

調査は必ず弁護士を含む調査チームを作って行われる。調査は任意にもとづくもので、証人喚問、政府への情報提供を求めることはできるが（*49）、基本的に検察権能を持たない（*50）。調査は申立人の人権侵害を証言等によって立証するための証拠を集めることに重点が置かれている（*51）。また、人権委員会中央事務所には法医学部もおかれており、拷問など身体が傷つけられた場合の診断書の作成や司法解剖等も行う。人権委員会にはそのための設備も整えられており、法医学部には5名の医者が常駐している（*52）。

調査後、調査チームが記録もしくは検察官事務所へ送付するか、行政機関へ勧告を行うか、その両方を行うかを決めた決議を採択し、地域事務所の所長による承認を受ける。検察官事務所へ提出することを決議した事件は検察官事務局に照会され、調査チームはその後、裁判の傍聴、人権侵害現場への定期的な視察などを通じてフォローアップをしていくことになる。

人権委員会は人権侵害被害者への補償も行うことができる。1998年1年間では合計355人へ総額3,871,580ペソ（日本円で約12,776,214円、1ペソ＝3.3円）の補償を行った。それらの内訳は、遺族への手当が239人に3,171,000ペソ、「非自発的失踪の犠牲者の家族の会」というNGOを通じて13人へ130,000ペソ、医療補助が63人へ519,770ペソ、特別補助が7人へ40,000ペソ、雑費が33人へ10,810ペソとなっている（*53）。これらは人権委員会へ被害者が申し立てた後、人権委員会による独自の調査によって人権侵害であると判断された場合に支払われる。その後さらに被害者が司法による救済を希望する場合は、人権委員会は検察官事務所へ事件を送付し、裁判を監視していくことになっている（*54）。

個別の人権救済における人権委員会の役割は、検察やオンブズマンが本来果たすべき役割を補完しているといった側面が強い。なぜなら本来殺人や拷問や

レイプ等の刑事事件を調査するのは検察官、また公務員が関与している場合はオンブズマンの役割だからである。この状況をフィリピン大学人権研究所所長のアルバート T. ムヨットジュニア氏は検察官が非常に消極的であるためだと分析している。

また、同氏は検察と比較した際の人権委員会の利用しやすさも理由のひとつとしてあげている。人権の専門家が被害者の立場に立った調査を行い、適切な処置をとる。たとえば日本においても入管収容施設における被収容者の虐待死事件と疑わしい事件が発生したときも警察の書類送検を検察は証拠不充分として起訴しなかった事件があった (*55)。同じ法務省として起訴しにくいという身内感情のようなものがあるのかもしれない。そのような意味でも独立した立場で行政府の監視を責務としている人権委員会が最初の入り口として事件を扱うほうが被害者にとっても利用しやすいといえよう。さらに、その過程で医療補助や財産的な補償等を受けられる可能性がある。一言で救済といっても被害者が求めているものは同じではない。司法で正義が示されることをもって救済とされる被害者もいれば、金銭的な補償を求める被害者もいるだろう。その意味でも経済的補償も含むさまざまな救済手段を兼ね備えている人権委員会のほうが利用しやすいのであろう。

個別人権侵害者の救済に関する全体的な統計を見てみると、98年1年間に調査された事件数は、1,503件である。そのなかで検察官事務所へ送付、行政機関へ勧告をされた事件は約4割の627件で、終了したのが711件、記録に残されたのが165件である (*56)。人権委員会に寄せられる事件数は年々減少しており、1988年の1,921件に対して、1998年では3割減の1,349件となっている (*57)。「人権委員会の最大のインパクトは人権侵害の申立の数を減らすことができたことだ」と人権委員会中央事務所の調査局局長ジェイム P. チェノバ弁護士は述べていた。しかし、1997年の1年間で各事務所に寄せられた事件数を調査担当官で割ると最高で19.5（ケース／年）、最低で2.2（ケース／年）となっている。人権委員会によって発行された報告書ではこの数字を取り上げて、「あまりに少ない」と分析し、人権侵害を積極的に監視しているのではなく、ただ申立が来るのを待っている、と結論づけている (*58)。この点に関して、フ

●表1：人権委員会への申立件数（1998年1月〜12月）

侵害された権利	申立の種類	件数	申立の合計
A.市民的権利に関する申立			
生命への権利	生命の剥奪	289	
	肉体的な傷害	267	
	拷問／精神的攻撃	3	
	脅迫／威圧／いやがらせ／威嚇	157	716
自由への権利	誘拐	18	
	逮捕／拘禁	98	
	「失踪」	13	129
財産への権利	盗難	13	
	放火／火災	5	
	財産の損傷	1	
	侮辱／詐欺	1	
	乗り物の違法な没収	1	
	違法調査と押収	11	
	有罪になりうる／違法な陰謀	2	
	略奪	1	
	不当な危害（mischief）	10	
	所有権争い	1	
	泥棒／窃盗	1	
	通行権の侵害	1	48
迅速で公設の(public)裁判への権利	適正手続の否定／剥奪	1	
	迅速な裁判の否定／剥奪	1	
	司法への妨害	1	3
名誉・評判を守る権利	重大な口頭による名誉毀損	5	
	中傷	11	16
家庭におけるプライバシーへの権利	不法侵入	1	
	住居への侵害	4	
	居住地の侵害	18	23
貞節への侵害に対する権利	みだらな行為	35	
	レイプ（二重、三重）	222	
	誘拐	1	
	性的虐待	3	
	不当な嫌がらせ	2	263
安全への権利	小火器の違法な発砲	3	
	無差別発砲	2	
	射撃	9	
	機銃掃射	2	

侵害された権利	申立の種類	件数	申立の合計
	騒乱	1	
	小火器の違法所持	1	
	軽率な行動	2	20
国家による権力濫用から守られる権利	贈収賄（直接／間接）	2	
	公務の拒否／無視／不履行	6	
	権力濫用	40	48
人道的な取り扱いへの権利	非人道的取り扱い	1	1
苦役からの自由	強制労働	1	1
被疑者の権利		18	18
	計		1286
B.経済的社会的権利の侵害に関する通報			
経済的権利			
良好かつ正当な条件での労働に対する権利	不法雇用	1	
	退職／給料／賃金／手当に対する権利の侵害	1	2
労働への権利	不法解雇／追放／停職	1	
	不正な労働慣行	1	2
農地／土地問題	土地紛争／論争／略奪	7	7
	計		11
社会的権利			
基本的な社会的構成員としての家族の尊重と保護に対する権利	姦通／内縁関係	3	3
社会的・医療的援助への権利	社会的援助	1	1
住居への権利	住居の破壊／解体	24	
	放追／立ち退き	2	26
	計		30
C.子どもとその他に関する権利			
子どもの権利			
虐待や拒否からの自由	子どもの虐待	37	
	子どもの虐待／レイプ	23	60
分別できない子どもの事件	分別できない子どもの事件	32	32
	計		92
その他の権利			
分別できない事件	法律扶助に関する事件	25	
	財産援助の要請	13	38
未区分		123	123
			161

出典：Statistical Report on CHR Accomplishments January-December 1998, Commission on Human Rights"

ィリピンにおいて長い歴史をもつ人権NGOのひとつであるフィリピン被収容者対策委員会（TFDP）の理事であるオーロラ・パロン氏は「人権委員会は地域に出向き、人権侵害事件が発生したときにそれらの証拠を収集するためのネットワークを構築していくべきだ」、と述べている (*59)。また、勧告については強制力がなく、「関係機関に照会するだけでは、救済にならずそれゆえ人権委員会は当初得ていた信頼をまったく失っている」と、NGOによって批判を受けている (*60)。

　これまでに、人権委員会が検察機能を得るために立法府への働きかけがなされ、また1999年9月現在、「人権委員会の機能を拡大し、海外に人権部局を設置し、よってこれらのための適正な財源を確保する法案」(*61) が下院にて審議中であり、人権委員会に人権事件を決定し、調査を行い、審判ができる準司法的機能を与える試みがなされている (*62)。

　しかし、人権委員会が検察機能を持つこと、また準司法的権限を持つことに異議を唱える声もある。「憲法起草者は、人権委員会の設立を議会に立法を命ずるのではなく、憲法自体にその設立を明記し、その独立性を確保し、政府の監視役としての役割を期待していた。人権委員会の最大の強みはその独立性にある。人権委員会に検察機能や準司法的権限を与えることは、人権委員会を行政府もしくは司法府のシステムの中に組み込むことにしかならない」とフィリピン大学人権研究所のメグハン G. デギーア氏は述べている (*63)。また、氏は人権委員会の権限を強化するのではなく、職権による調査ができることを重視すべきだと主張するとともに、人権保障をより効果的に実現するための幅広いシステム作りを提唱している。第1に、人権侵害について法律で明確な定義を行い、人権委員会、法務省、オンブズマンの管轄権を明確にすること、第2に人権事件の調査を行う特別検察官の設置、第3に人権審判所の設置を提案している (*64)。人権委員会が前述のように検察官・オンブズマンが本来果たすべき役割を担っていることを考えると、行政府・司法府が本来の役割を果たすべきとする氏の意見は非常に的を射た指摘であると考えられる。

　もっとも人権委員会が逆に活動しすぎたためにその合憲性、司法との管轄権の競合が最高裁で争われたこともある。1991年の賃金未払いに対してストラ

イキを起こした教員が適正手続を経ずに解雇され、最高裁判所に救済を求めたが、認められなかった事件に対してその後実際に解雇をした文部省長官と教師の間の紛争を人権委員会が「裁く」(adjudicate) ことを試み、文部省長官に対して説明を命じた。このCarino v. CHR事件の判決において、裁判所はこの手続に関して人権委員会は異議を申し立てる権限はなく、人権委員会は調査権限を持っているものの紛争に対して決定を下す機関ではないとの判決を下した。

また、1992年の人権委員会が政府が実行した強制立ち退きに対して差止命令を出したExport Zone Authority v. CHR事件においても裁判所はそのような仮差止命令を行うことはできない、との判決を下した。これについては「国内人権機関はあくまで適切に機能している司法府を補助するものであって、決して司法府に取って代わるものではなく、終局的な管轄権は裁判所に属するのである」(*65) という国内人権機関の原則を考えると確かに活動面で責務を逸脱してしまったことは否めない。しかし、同時に管轄権が明確でないだけに起きてしまった事件ともいえる。このことからも人権委員会の管轄権等を定めた実施に関する立法が待たれるところである。

最後に、「人権委員会は拘置所、監獄、拘禁施設への訪問を行う権限を執行する」という憲法第13条18節（4）項の規定に従って、人権委員会は刑務所などの拘禁施設の訪問を行うことができる。これは訪問部によって行われ、1998年の1年間で計1047回の訪問を実施している。1番多く訪問が実施されているのは各町（municipal）の刑務所であり、792回、2番目が入管収容施設等の拘禁施設・軍のキャンプ・リハビリテーションセンターで70回、3番目が州の刑務所で54回、となっている (*66)。訪問は人権状況を調査し、改善を求める勧告を行うだけでなく被拘禁者への人権教育セミナー、法律扶助、財政援助、なども行われている。また不当に長く拘禁されている人への人身保護請求も行われる。訪問には人権委員会の法医学部の医者が同行することも多く、被収容者の依頼に応じて適切な医療措置を与える場合もある。

5|2|……人権監視・提言活動

フィリピン人権委員会は「その機能を果たすために他のあらゆる局、部、事

務所、もしくは機関に支援を要請する」(*67) とあるように、個別人権侵害の調査、また人権保障のシステム作りなどにおいても行政府・司法府・立法府の機関などと連携してプロジェクトを行うこともあれば、他の機関に対して提言・勧告を提出することもある。また、「フィリピン政府の人権に関する条約上の義務の履行を監視する」(*68) という憲法の規定に従って、人権委員会の中には司法・立法・行政への提言作成に携わる法務部の一部局として国際監視部が設置され、関係省庁への人権条約の周知やフィリピンが批准した国際人権条約の履行を監視している。

　まず、行政府・立法府による人権保障への取り組みの主要な指針となっているものに「フィリピン人権計画1996-2000」があげられる。「フィリピン人権計画1996-2000」とは、1993年に世界人権会議で採択された「ウィーン宣言及び行動計画」の第71項「世界人権会議は、国家が人権の伸長及び保障を促進させる措置を特定する国内行動計画の作成の有効性を各国が検討することを勧告する」に応える形で作られたものである。1995年2月の大統領令258号にもとづいて呼びかけられ、司法省、外務省などの行政府とNGOが広く参加した対策本部によって作られた包括的な人権行動計画である。同計画はそのなかでフィリピン社会における15の弱者集団 (*69) を設定し、その集団に対する立法・行政上の課題と実行計画を定めた。その数は立法上の課題が合計で176、行政上の課題が合計で145となっている。現在、この計画に従って計画の実施主体とされた行政府、立法府では法案作成、法律改正や調査などが行われている。1999年8月17日現在、立法措置に関しては128のうちの27の法律が可決、もしくは決議がなされ、75の法案が現在審議中である。また行政措置に関しては17の施策がなされ、86の施策が現在行われている (*70)。たとえば、すでに可決され、成立した法律には家庭裁判所の設立に関する法、子ども向けテレビ番組に関する法、反レイプ法、先住民族権利法等がある。また、行政措置に関しては教育へ人権の視点を盛り込むモデル授業案の作成、法執行官への被拘禁者の権利についてのセミナーの開催、外務省による移住労働者のための法律扶助等がある。人権委員会は1993年に「ウィーン宣言及び行動計画」を紹介して以来、広報・教育部の中に計画を実行していくための事務局を置く

など計画遂行の中心的な役割を果たしている。

　また、行政府らとの取り組みとして、1995年には人権教育、人権侵害事件の調査、被拘禁者の人権状況などさまざまな人権問題に取り組むための省庁間人権会議が人権委員会、内務自治省、司法省、国防省の合意の下に設置された。この会議は教育・研修委員会、調査・起訴委員会、監獄その他の拘禁施設委員会、監視委員会から成り、全体の会議の委員長を人権委員会の委員長が務めている。

　行政府等との対外的な会議・セミナー等は1998年の1年間に合計で667回持たれ、合計で55,412人の参加者を得ている。参加者の内訳は多様な分野の人々（multi-sectoral）が37,793人で一番多く、次に公務員の13,189人、学生の1,958人、軍隊の478人となっている（*71）。

　行政府への提言は1997年の年次報告書には強制立ち退きについて、フィリピン人への差別を助長するような製品、表現の取り締まりの計3件について紹介されている（*72）。また1999年には警察がジャーナリスト、ビジネスマン、公務員等の電話を1年で3,000回線盗聴したことに対して反対し、市民へ自分たちの権利を守るよう呼びかけている（*73）。フィリピン人権計画を通じて弱者集団への政策提言を行っているとはいえ、政府の監視役としての役割を期待した憲法起草者の意図に鑑みるとこの数はあまりに少なく、「人権委員会最大の問題点」（*74）との指摘も受けている。実際、人権委員会のスタッフに話を聞くと「行政府に提言などを行ったら予算が削られてしまう」、という答も返ってきた。確かに、人権委員会の予算は会計院によって作成され、国会によって承認されている。人権委員会の予算は他の独立憲法機関と同様、憲法第13条17節（4）項「人権委員会の予算は承認後自動的にかつ定期的に与えられる」、憲法第9条5節「委員会は国庫収入を得ることができる。委員会の年間予算は承認後自動的にそして定期的に与えられる」の規定に従い、会計院によって承認され、執行される。しかし、毎年、国会において予算獲得のための陳情を行っているというのが現状である。国家機関（国内人権機関）の地位に関する原則（パリ原則）にあるように、「活動を円滑に行えるような基盤、特に財源を持つ」ことが重要であろう。

次に立法府に関しては法案を提出したり、国会で審議されている法案について意見書を提出している。1999年現在提出されている法案は「人権委員会の機能を拡大し、海外に人権部局を設置し、よってこれらのための適正な財源を確保する法案」であるが、前述のとおりこの法案に異議を唱える声もある。また1999年には、納税者に資産と負債を申告させる法案に反対し、反拷問法案をはじめとする7つの法案に対してコメントを述べている (*75)。

5|3|……広報・教育活動

フィリピン人権委員会の中心的な活動のひとつにこの人権教育をあげることができる。人権委員会中央事務所には広報・教育部が設置され、政府、NGO、学者などとの広範なネットワークを作りながらセミナーや教材開発などを行っている。また、地域の人権委員会地域事務所や各バランガイに配置されているバランガイ人権行動センターでもセミナーをはじめとする人権教育活動がなされている。

フィリピン人権委員会がもっとも重きを置いているのは軍隊・警察・法執行官への人権教育である。設立以来1998年3月までに人権委員会に対して寄せられた20,444件の通報のうち軍隊・警察によるものだけで9,603件の約5割にのぼる (*76)、という大多数を占める加害者もしくは潜在的加害者集団に対する人権教育は、人権委員会が重点的に取り組んできた課題のひとつである。主な活動内容は人権教育セミナーの開催であり、1998年には471回のセミナー、395回の講演会が行われ、全体で39,833人の参加を得ている。またラジオ番組や新聞等を通じての広報が1998年1年間に809回行われている (*77)。それぞれの地方支所でも定期的に人権に関するラジオ番組を放送しており、98年1年間でラジオ番組を通じた広報は405回行われている。表2を見てもわかるように、警察・公務員・軍隊がそれぞれ全体の約6割、約4割を占めており、重点的に行われていることが認識できる。軍隊においては人権教育セミナーは全員に受講が義務づけられてはいないが、これを受講することが昇進の条件となっている。さらにフィリピン人権委員会によって適当な人物であると認定される人物証明がないと警官、軍人の昇進は認められないことになっている。こ

● 表2：98年中に開催されたトレーニングと講義の回数と参加者数（対象者別）

対象者	トレーニング	参加者数	講義	参加者数
警察	132	8740	95	5598
公務員	120	10600	56	2058
軍隊	35	2433	24	3158
教師	18	3419	10	2027
生徒	12	1637	56	5583
運動団体	10	575	12	527
青年	4	1003	7	2989
一般大衆	2	1050	7	790
農民（Rural worker）、都市、工業労働者	1	160	1	40
専門家	1	348	1	30
自警団（paramilitary）			5	455
被拘禁者／囚人			3	492
都市貧困者			3	320
メディア			2	48
その他	136	9868	113	12688
合計	471	39833	395	36803

出典：Statistical Report on CHR Accomplishments January-December 1998, Commission on Human Rights

れらの取り組みは国際的にも高い評価を受け、1994年にはユネスコから軍隊・警察に対する人権教育活動に関して表彰を受けている。

　一方、「人権侵害は無知から起こる」(*78) との認識から、草の根レベルで人権意識を広めるための取り組みもなされている。まず、学校教育の中に人権の視点を積極的に取り込む試みがなされている。その手法は「人権教育」という科目を新たに作るのではなく、義務教育課程のそれぞれの学年で教えられるべきさまざまな科目を通じて人権を教えていく、というものである。そのための授業モデル (*79) が学年ごとに開発され、現在フィリピン全土の学校に配られている。また、生徒に人権を教えなくてはならない教師の側へのテキストも開発されており、人権の定義、その概念の解説から世界人権宣言のみならず国連人権保障システムや国際人権規約、子どもの権利条約の解説などの国際人権法講座も盛り込まれている。

さらに、学校教育だけではなく各バランガイ人権行動センターを通じた取り組みもなされている。1998年の1年間では全部で292回の人権広報活動が行われ、合計で11,459人の参加を得ている。中には前述のミサミス・オリエンタール州にある各バランガイ人権行動センターでは、各バランガイ行動官によって12月10日の人権デーにパレードを行う等のイベントも催されている。また、福祉・社会開発省等と協力して子どもの虐待やレイプについてのセミナー、また警察と協力してドメスティックバイオレンスについてのセミナーが行われているバランガイもある (*80)。

しかし、フィリピン被収容者対策委員会（TFDP）の理事であるオーロラ・パロン氏は「バランガイ人権担当官へのトレーニングが足りない」、と指摘する。「人権委員会が主催する数日間のセミナーを受けただけで人権教育を行えるとは思いがたく、実際に地方のバランガイ人権担当官に会って話を聞いてみると人権とは何かについてわかっていない人も多い。人権に関するセミナーを受けたということによって人権活動に取り組む資格を与えられるのではなく、何を成し遂げてきたか、という結果によって評価されるべきである」、と語っている。

国際的な動向に関しては「人権教育のための国連10年」フィリピン国内行動計画（1998-2007年）が人権委員会の主導によって作成されている。この計画には明確な目的、対象者、戦略（トレーナーの研修、ネットワークの構築、あらゆる教育過程における人権の視点の導入、草の根に行き渡らせるためのバランガイ人権行動センターの活用、芸術・文化活動を含む啓発キャンペーン、モニタリングと評価手法の開発など）そして人権トレーニングの創造や調査センター（人権学会）を含むプログラムが明記されている。この計画の実施のため、人権委員会は人権教育に関して特定の分野での責任を細部に渡って確定するためにたとえばアムネスティ・インターナショナル・フィリピン支部や内務省、バランガイキャプテンや村長の集団、法務省、国防省、教育・文化・スポーツ省、高等教育委員会などの国内の他の機関と協力のための覚え書きを交わしている。この連合体は1996年11月以来、国と地域レベルでの人権教育計画を綿密に実行するために協同して諮問会議を開催している (*81)。

6 フィリピン人権委員会の課題

　人権委員会の改善点としてまず第1に人権委員会の制定法を整備することがあげられるだろう。そのなかで、とりわけ透明性とアカウンタビリティが明記されるべきである。透明性についてはとりわけ委員の任命手続における不透明性が解決されるべきである。憲法によって人権委員は大統領が任命するとされているが、推薦等その他の手続についての規定がないために、選出にあたって利用者である市民の声を反映する手続とは言い難い。人権NGOからは現在選出されている委員は人権活動の経歴がないことなどを理由に人権委員の選出方法について批判の声が聞かれた。「国内機関の構成員の任命方法は、独立性の確保にとって決定的な意味がある」(*82) ことを考えても、「機関設置法令で、投票やその他の守らねばならぬ諸手続を含め、任命に関するあらゆる事項を規定しておくべきである」(*83) という要請に沿った、制定法が整備されるべきであろう。

　アカウンタビリティに関してはそれを担保するものが規定上は何もなく、年次報告書等は作られるが財政を除いて他の機関への報告義務はない。人権委員会は憲法に設置を規定された非常に独立性の高い機関であるが、それはどこに対してもアカウンタビリティがないということではない。しかし、実際には国会から説明を求められた事例がある。1999年5月に「カンラオン市民権利運動」はカンラオン市の市民に対して地方自治体の公務員から人権侵害があるということを上院正義と人権委員会に訴えた。同委員会が調査をしていくなかで、人権委員会が同じ通報を受けていながら非常に不十分な調査をしていたことが明らかになり、調査報告書の中でも結論部分に人権委員会の調査の質が低い旨の記述がなされた。これは詳細な記述であり、人権委員会地方支所の担当者が41件の申立の内1件しか調査していないこと、調査の手続を明らかにしなかったこと等をもって明らかに基準に満たない調査である、と結論づけている。そして、この報告書をもとに人権委員会の委員長が国会議員に説明を求められる、ということがあった。

また予算の陳情の際に年次報告書等も提出されており、実務のレベルでは、人権委員会が国会にて説明を求められるという構図ができあがっているようである。しかし、これらをシステムとして確立していく必要があるだろう。

第2に、NGOとの協力体制が個別事件と政策提言の両方で整えられるべきである。もっとも、人権教育に関しては、アムネスティ・インターナショナルや国際ソロプチミスト協会と覚書を交わす等積極的な連携がなされている。個別の事件に関しては、アメリカ軍によって投棄された有毒廃棄物による環境汚染事件に取り組むNGOのPEOPLE'S TASK FORCE FOR BASES CLEAN-UPのスタッフであるミルナ・バルドナド氏は、「人権委員会は他のどの省庁も聞いてくれなかったことに耳を傾け、協力してくれた」と、感謝の気持ちを述べた。しかし、「調査に関して非常に消極的で、こちらから訪ねるまで何も行動をとらないことがしばしばある」という指摘も聞かれた (*84)。筆者がインタビューをした人権委員会地方事務所の所長 (*85) は、調査に消極的な理由として調査をするための予算が少ないことをあげていた。そうであるならなおさら、個別の人権侵害事件を記録するために「被害者と国内機関との間に立つ仲介役」(*86) として、NGOとの連携を強めるべきであろう。

また、政策提言に関してはフィリピン人権計画にもとづく15の弱者集団ごとの権利に取り組むタスクフォースという形でNGOとの協議をする場はあるものの、それらの分野を越えて総合的に人権保障に取り組む人権NGOとの定期協議の場はない (*87)。フィリピンの人権NGOは個別人権侵害事件を集め、個々の被害者に救済を与える活動を行う一方で、積極的な政策提言活動も展開している。たとえば、前述のPAHRAは立法府に対して人権法の制定を求め、人権に反する法案を廃案にするロビイングを行い、行政府に対しても法務省との対話、また大統領自身との対話の場も設けている (*88)。フィリピンにおけるNGOは「国内の人権状況や機構上や法制上の不備についての詳細な情報を提供したり、社会変化やその他の変動について強く注意を促したりすることができる」(*89) 団体であり、「情報の取得」のための協議の場が「制度化」されるべきである (*90)。

最後に、他のNGOにも指摘されているように行政の監視役としての活動を

強化すべきである。監視されない権力は必ず腐敗する。人権委員会も政府の権力濫用を監視し、数多くの人権侵害が行われたマルコス時代を繰り返さないために設立されたという経緯がいま一度、踏まえられるべきである。設置を規定した憲法によってそのための十分な権限は与えられている（*91）。あとはこの機能を遂行させていく意思と財政面での独立性が確保されるべきであろう。

7 終わりに

盗聴法（通信傍受法）が自自公連立政権によって賛成多数にて可決された1999年8月、筆者が2度目の調査のために滞在していたマニラ市内は"Cha-Cha"で盛り上がっていた。どの新聞も一面のトップに"Cha-Cha"と大きな見出しをつけて、連日売り出されていた。

"Cha-Cha"とはCharter Change、憲法改正のことであった。外国の企業がフィリピンに進出することを容易にするために外国人の不動産の所有に関する憲法の条項を改正する、とのエストラダ大統領の方針に大きな反対運動が起きていた。同月21日にはベニグノ・アキノ氏が亡命先のアメリカから帰国しマニラ空港で暗殺された日からちょうど25年目にあたるこの日に合わせて"Cha-Cha"に反対する、ひいては民主主義を擁護する大規模なパレードが予定され、テレビのCMでも参加が呼びかけられていた。同パレードにはマニラ市内で7万人、マニラ市外でも16万人の参加を得て行われた。

なぜこんなにも多くの人がデモに参加するのか、その理由をフィリピンの新聞紙INQUIRERはその記事においてエストラダ大統領が熱心に憲法改正を推進することが「脆弱な民主主義」を脅かすことになる、という危機感が享有されたためだと解説している。大統領の独断によって憲法改正を押し進める姿を黙認することはマルコス政権下におけるクローニズム（縁故主義）、報道の自由の侵害の復活ということを連想させるのかもしれない（*92）。

「もう独裁政権を繰り返さない」。調査をしていてさまざまなところでこの言葉を聞いた。マルコス時代の日常的な虐待、虐殺、拷問等の数々の人権侵害。これらを再び生み出さないための制度として国家の最高法規である憲法に設置

が規定されたのが、人権委員会である。個別救済・政策提言を通じた政府の監視、そして人権侵害を防ぐための潜在的加害者・被害者に対する人権教育。人権委員会はこうして人権侵害を救済し、予防することにおいて、一定程度の役割を果たしてきたといえるだろう。

世界人権会議の「ウィーン宣言及び行動計画」に応える形で作成されたフィリピン人権行動計画、国際人権条約の履行監視部の設置など、国際人権の潮流をいち早くとらえ、国内に浸透させていこうという人権委員会の取り組みには、日本に国内人権機関を作る上でも非常に参考になる部分が数多くある。

反テロリズム法の廃案、先住民権利法、都市・住居法の成立。確かに後者においてはその施行に非常に困難が伴っており、時としてシステムと現実のギャップを指摘されることもある。

しかし、あらゆる利益集団の反作用にも耐えて人権保障システムを設立させ、また人権侵害の恐れがある法案を廃案にするだけの市民の力、それに応える立法府の開かれた姿勢、そして制度がフィリピンにはある。

大切なのはどこを目指しているか、その指向性にあるのではないだろうか。人権侵害を引き起こす恐れのある官僚による法案を議会にて議論を果たさぬままに成立させ、国家による管理体制を強めていくのか。それとも市民の声をできる限り立法に反映させ、国際的な動向も踏まえた人権保障の仕組みを充実させ、草の根まで浸透させていく国家を目指すのか。それを考える時に日本がフィリピンから学ぶべきものが見えてくるのではないだろうか。

注

*1……Carlos P. Medina, Jr, "The Human Rights System in the Philippines", Ateneo Human Rights Law Journal, Vol. I, 1992, p.11.

*2……アテネオ大学法学部を母体として1986年に設立された人権センター。フィリピンにおける人権保障の確立を目的とし、フィリピンの人権状況に関する調査、法学部生を積極的に取り込んだ法律扶助活動等を行っている。

*3……Carlos P. Medina, Jr, supra.

*4……Task Force Detainees of the Philippines (TFDP), "Draft RHETORIC AND REALITY A Reckoning of Human Rights Obligation of the Estrada Administration", Task Force Detainees of the Philippines (TFDP), 1999, p. 16.

*5……Philippine Human Rights Center (PhilRights), "The 1997 Human Rights Report", Philippine Alliance of Human Rights (PAHRA), December, 1998.

*6……Task Force Detainees of the Philippines (TFDP), "Draft RHETORIC AND REALITY A Reckoning of Human Rights Obligation of the Estrada Administration", Task Force Detainees of the Philippines (TFDP), 1999, pp.16-17.

*7……Task Force Detainees of the Philippines (TFDP), supra, pp.16-17.

*8……The Freedom of Dept Coalition, "The Philippine Debt : How Indebted is the Philippines".

*9……Carlos P. Medina, Jr, supra, p.11.

*10……Task Force Detainees of the Philippines (TFDP), supra, p.32.

*11……「独立派と国軍 衝突激化 フィリピンミンダナオ」毎日新聞、2000年5月5日。

*12……Amnesty International, Annual Report 1998, p.280.

*13……Task Force Detainees of the Philippines (TFDP), "HUMAN RIGHTS UNDER THE Estrada ADMINISTRATION: Rich in Rhetoric, Poor in Action", Task Force Detainees of the Philippines (TFDP), January 1999, p.7.

*14……憲法第3条19節にて「死刑は執行されてはならないが、麻薬犯罪を含むやむを得ない犯罪に対しては例外とし、今後国会が定めることとする」と定められている。

*15……Rene V. Sarmiento, "In Place of Death Penalty", Human Rights Forum, Philippine Human Rights Center (PhilRights), Vol.VIII, No.2 January-June1999, p.10.

*16……Amparita S. Sta Maria "The Philippines: A Case Study on Women Migrant Workers" Legal Protection for Asian Women Migrant Workers-Strategies for Action, Canadian Human Rights Foundation, Ateneo Human Rights Center, Lawasia Human Rights Committee, 1998, p.81.

*17……Kanlugan Centre Foundation, Inc., "Fast Facts: Filipino Labor Migration" (OFW Foreign Exchange Remittancesを参照), Kanlugan Centre Foundation, 1998, p.8.

*18……小ヶ谷千穂「送り出し国フィリピンの課題―海外雇用政策の推移と『海外労働者の女性化』―」研究代表者・一橋大学社会学部・梶田孝道『人の国際移動と現代国家―移民環境の激変と各国の外国人政策の変化―』(研究報告書、2000年) 158-161頁。

*19……Kanlugan Centre Foundation, Inc., supra, pp.9-11.
*20……First Whereas Clause, Executive Order No.8, Creating the Presidential Committeee on Human Rights, 18 March 1986.
*21……Jan Willem Bakker, "The Philippine Justice System The Independence and Impartiality of the Judiciary and Human Rights from 1986 till 1997", PIOOM/CIJL, 1997, p.26.
*22……神尾真知子「フィリピンの憲法制度」作本直行編『アジア諸国の憲法制度』(アジア経済研究所、1997年) 27頁。
*23……Meghan G. De Guia, "The CHR Watchdog or Paper Tiger?", The Human Rights AGENDA, vol. No.4 Issue No.3 March 1999, Institute of Human Rights, University of the Philippines, p.14.
*24……Office of the Ombudsman, "1998 Annual Report", pp. 1-10.
*25……Carlos P. Medina, "LEGAL AID SERVICES IN THE PHILIPPINES", pp.22-23.
*26……詳しくは、THE NEW RULES ON PROCEDURE OF THE NATIONAL LABOR RELATIONS COMMISSIONを参照。
*27……Council for the Welfare of Children, "PRIMER ON CHILD ABUSE", March 1999, pp.8-10.
*28……Carlos P. Medina, Jr, "The Human Rights System in the Philippines", Ateneo Human Rights Law Journal, Vol I, 1992, p. 39.
*29……Carlos P. Medina, Jr., "The Human Rights System in the Philippines", Ateneo Human Rights Law Journal, Vol I, 1992, p. 39.
*30……Ana Elzy E. Ofreneo, "HUMAN RIGHTS SYSTEM IN THE PHILIPPINES".
*31……先住民族法とは先住民族の土地権を承認するものである。しかし、依然としてラモス政権下で施行された鉱山法が効力を持っており、99年8月現在鉱山法の無効を確認する訴訟が係属中である。
*32……バランガイ司法は1978年、大統領令によってバランガイ裁判所の設置が決定されたことに始まる。民事・刑事訴訟を起こすことを考えている者は例外を除いてすべて、バランガイ司法を受けなくてはならない。バランガイの長であるバランガイキャプテンが両者の調停を行い、それができない場合は仲裁パネルが両者が合意に達するための調停を行う。この調停が実らなかった後、公式裁判所の利用が可能となる。フィリピンに昔からある紛争の友好的解決を活かし、公式裁判所の過剰な負担を防ぐ、という趣旨の制度である。
*33……Hilario G. Davide, Jr., "1998 ANNUAL REPORT OF THE SUPREME COURT OF THE PHILIPPINES", 1999, pp.8-10.
*34……Section 17 (2), Article XIII, 1987 Constitution.
*35……Executive Order 163, Declaring the Effectivity of the Creation

of the Commission on Human Rights as Provided for in the 1987 Constitution, Providing Guidelines for the Operation Thereof, and for Other Purposes, May 5, 1987.

*36……人権委員会広報・教育部長オフレネオ氏へのインタビュー。

*37……フィリピン大学人権研究所所長のアルバートT．ムヨット ジュニア氏へのインタビュー。

*38……たとえば、Jan Willem Bakkerは、著書"The Philippine Justice System"において、人権委員会の委員長は人権活動分野でまったく知られていないことを指摘している。

*39……PHARA 国際問題部副事務局長のNiza Concepcion氏へのインタビューによる。

*40……人権委員会人事部長のエドガード氏へのインタビュー。

*41……Commission on Human Rights, Statistical Report on CHR Accomplishments January-December 1998, p. 77.

*42……Brigido R. Simon, Jr. et．al. v Commission on Human Rights, 229 SCRA 119, 5 January 1994.

*43……たとえば、Maria Socorro I. Diokno は、"The Failure of the Philippine Commission on Human Rights", March 1996, (unpublished manuscript presented for the Consultation on National Human Rights Commission in Asia, sponsored by the Asian Human Rights Commission/Asian Legal Resource Center, held on March 13-16, 1996, at Hong Kong.) において人権委員会の調査権限の範囲内に社会権に関する人権侵害を入れるべきだとしている。

*44……MEMORANDUM, JRC-M-2298-83

*45……Commission on Human Rights, Statistical Report on CHR Accomplishments January-December 1998, p.11

*46……Commission on Human Rights, Statistical Report on CHR Accomplishments January-December 1998, p.V.

*47……人権委員会中央事務所の調査局局長ジェイムP．チェノバ弁護士へのインタビュー。

*48……Commission on Human Rights, Statistical Report on CHR Accomplishments January-December 1998, p.77

*49……Section 18（9），ArticleXIII, 1987 Constitution.

*50……子どもの人権侵害や特別の事件については人権委員会の弁護士が検察の補助としてと事件を調査する特別検察制度がある。

*51……Commission on Human Rights, OPERATIONS MANUAL-An upgraded consolidation of the CHR's organizational systems, programs, service and operating procedures, Third Edition, January 1997, p. 18.

*52……人権委員会法医学部部長レナンテA．バサス医師へのインタビュー。

*53……Commission on Human Rights, Statistical Report on CHR Accom-

plishments January-December 1998, p. 48.
*54……人権委員会中央事務所の調査局局長ジェイム P. チェノバ弁護士へのインタビュー。
*55……Amnesty International, "Japan Ill-treatment of Foreigners in Detention (ASA 22/09/97).
*56……Commission on Human Rights, Statistical Report on CHR Accomplishments January-December 1998, p.18.
*57……Commission on Human Rights, Summary of Statistical Information 1998 to 1st Qtr. 1998, 1998, pp.1-6.
*58……Commission on Human Rights, Annual Performance Report 1997, May 1998, pp.21-22.
*59……TFDP (Task Force Detainees of the Philippines)のオーロラ氏へのインタビューによる。
*60……Maria Socorro I. Diokno, supra. pp. 9-15.
*61……House Bill No.5039: An Act Strengthening The Functional Organization Of The Commission On Human Rights, Establishing A Human Rights Desk Abroad, Appropriating Fundes Thereof, And For Other Purposes.
*62……Meghan G. De Guia, "The CHR Watchdog or Paper Tiger?", The Human Rights AGENDA, vol. No.4 Issue No.3 March 1999, Institute of Human Rights, University of the Philippines, p. 7.
*63……Meghan G. De Guia, Supra, p.14.
*64……Meghan G. De Guia, Supra, p.14.
*65……国連人権センター著、マイノリティ研究会訳『国内人権機関：人権の伸長と保護のための国内機関づくりの手引き書』（部落解放研究所、1997年）34頁。
*66……Commission on Human Rights, Statistical Report on CHR Accomplishments January-December 1998, pp.57-59.
*67……Section 18 (9), 1987 Constitution.
*68……Section 18 (7), 1987 Constitution.
*69……それらは若者、子ども、女性、老人、囚人／被拘禁者、都市貧困者、先住民族文化共同体、障害者、公務員（public labor）、移住労働者、私企業労働者、非公式労働（informal labor）、ムスリム、農民（rural worker）、国内避難民である。
*70……Commission on Human Rights, "PROGRESS REPORT OF THE PHILIPPINE HUMAN RIGHTS PLAN", August 1999.
*71……Commission on Human Rights, Statistical Report on CHR Accomplishments January-December 1998, pp. 65-72.
*72……Commission on Human Rights, Annual Performance Report 1997, May 1998, p. 10.
*73……Commission on Human Rights, Accomplishments of the Commission on Human Rights January-June 1999, An Executive Summa-

*74……Meghan G. De Guia, "The CHR Watchdog or Paper Tiger?", The Human Rights AGENDA, vol. No.4 Issue No.3 March 1999, Institute of Human Rights, University of the Philippines, p. 14.
*75……Commission on Human Rights, Accomplishments of the Commission on Human Rights January-June 1999, An Executive Summary, 1999, p. 3.
*76……Commission on Human Rights, Status of Operations Summary of Statistical Information 1998 to 1st Qtr.1998, September 1998, p. 3.
*77……Commission on Human Rights, Statistical Report on CHR Accomplishments January-December 1998, p. ii.
*78……人権委員会広報・教育部長オフレネオ氏へのインタビュー。
*79……授業モデルはたとえば中等教育2年生（日本の中学2年生にあたる）の、英語の授業で生徒の子どもの誘拐、死亡事件に関する英文記事を読ませ、その後に世界人権宣言、子どもの権利条約を紹介し、「全ての人は生命、自由、及び身体への安全の権利を有する」ということを理解させる、というものである。
*80……Commission on Human Rights, Statistical Report on CHR Accomplishments January-December 1998, p.79.
*81……Summary of national initiatives undertaken within the Decade for Human Rights Education (1995-2004).
*82……国連人権センター前掲書31頁。
*83……国連人権センター前掲書31頁。
*84……TFDP (Task Force Detainees of the Philippines)のオーロラ氏へのインタビューによる。
*85……人権委員会第10事務所（カガヤンデオロ）、所長ロドルフォ・M・タン氏へのインタビューによる。
*86……国連人権センター前掲書40頁。
*87……TFDP (Task Force Detainees of the Philippines)のオーロラ氏へのインタビューによる。
*88……PHARA 国際問題部副事務局長のNiza Concepcion氏へのインタビューによる。
*89……国連人権センター前掲書40頁。
*90……国連人権センター前掲書40頁。
*91……http://www.inquirer.net/issues/aug99/aug20/news/news_3.htm
*92……人権委員会が行政の監視を行うという責務を明記している条文は憲法第13条18節（4）項、（7）項、（9）項である。

資料

資料1
　人権委員会決議A88-045・回覧（Circular) 001
　　憲法第13条18節(1)項のもとでこの委員会は「市民的政治的権利に関わるすべての人権侵害」を調査するという任務と権限を与えられているために、

▼フィリピン人権委員会

広く無制限とも思われる委員会の管轄権が、人権侵害が相当多いためにある種の混乱へと導き、また、(それらは厳密にそして技術的には「市民的政治的権利に関わるすべての人権侵害」という憲法の文言に相当する、とみなされるであろうが)警察当局に速やかに関わってもらうことができる、もしくは適切な管轄権を有する裁判所、もしくは政府機関もしくは民間法律扶助団体からの適当で、おそらくより迅速な救済を見出すことができるかもしれない市民的政治的権利の平凡なそして非暴力の侵害からしか成り立たなくなっているために、

委員会がそれらの「境界線上にある」人権侵害の申立を過度に負わされないように、そしてその資源を別の目的に充てるために、人権侵害をはっきりと本来的に構成するであろう行為の性質に関する指針を明確にする必要があり、そうすれば、一方で人権委員会の関連職員によってしかるべき手続が速やかに開始されるであろうし、他方で、他の人権侵害の申立は最初に他の適切な政府機関に紹介されるか、もしくは人権委員会の管轄権内ではないと判断されることができるであろうから、

よって、ここに、委員会は、関連するすべての指針を採択することとし、以下のように採択する。

人権委員会 回覧 001、1988年
Ⅰ．委員会による調査もしくは他の適当な処置のために、申し立てられた人権侵害の事件は(1) 人権侵害そのもの(Per Se) と、(2) その他の人権侵害に分類される。

(1) 人権侵害そのものは以下、次のように定義される、すなわちそれらの性質から、世界人権宣言やフィリピンが加盟国である人権規約や条約の明白な侵害だと容易に認識できるもので、そのため、不要な遅滞なく委員会によって調査され、しかるべき手段が講じられるべきものである。

(2) その他の人権侵害は人権侵害そのものに入らないものである。それらは厳密にそして技術的には「市民的政治的権利に関わるすべての人権侵害」という憲法の文言に相当する、とみなされるが、しかしながら、適切で十分なそしてより迅速な救済が適切な管轄権を有する裁判所もしくはその他の適当な機関の前に受けることができる。したがって、それらの事件の提出にあたっては、それらの事件が委員会によってしかるべき手段が講じられるかどうか、また他の政府の適切な機関または民間の法律扶助団体に照会されるべきか、もしくは完全に取り上げられないかを決定し、推奨する評定委員会に照会されるべきである。

Ⅱ．人権侵害そのもの：以下の人権侵害がここに人権侵害そのものである、と分類される。

1) 適正手続の保障なき声明・自由・財産の剥奪(憲法・権利の章典 第3条1節、新民法典・第32条6節)保護を求める権利、とくに立ち退かなくてもよい貧しい居住者もしくは法律に従い、適切で人道的な方法以外で家を壊された者(憲法第13条10節)

2) 法の平等な保護の侵害(憲法・権利の

章典 第3条1節、新民法典・第32条8節）
3) 捜索・押収の性質・目的のいかんを問わず、身体、住居、書類、その他の財産の安全の侵害（憲法・権利の章典 第3条2節、新民法典第32条9節）
4) 違法な捜査令状での不法逮捕・押収を構成する行為（憲法・権利の章典 第3条2節、新民法典第32条4節、改定刑法 第124、267、268、269条）
5) 情報伝達、通信のプライバシーの侵害（憲法・権利の章典 第3章3条、新民法典第32条11節）
6) 信教、言論、新聞へ発表する、定期刊行物を維持する自由の侵害（憲法・権利の章典 第3条4-5節、新民法典第32条4節1、2、3項）
7) 政府に対して苦情を申し立てるために平和的な集会に参加する権利、いかなる形の強制労働からも自由である権利の侵害（憲法・権利の章典 第3条4・18節、新民法典第32条13・14節）
8) 拷問、実力、暴力の行使、脅迫、その他供述の任意性を疑う結果をもたらすような手段の使用（憲法・権利の章典 第3条12節（12）項、新民法典第32条17節）
9) 秘密拘禁施設、独房、隔離拘禁施設における拘禁その他類似の拘禁（憲法・権利の章典 第3条12節（2）項）
10) 囚人もしくは被拘禁者に対する肉体的・心理的制裁、または品位を傷つける制裁手段の使用（憲法・権利の章典 第3条19節）
11) 説明を受けない、もしくは強制失踪と超法規的処刑
12) 選挙の自由の侵害、居住・移転の自由の侵害（憲法・権利の章典 第3条6節、第9条、新民法典第32条5・9・10節）
13) 被雇用者が法律に反しない労働組合その他の団体を結成する権利の剥奪（憲法・権利の章典 第3条8節、新民法典第32条12節）
14) 政治的信条や政治的熱望という理由だけでの拘禁（憲法・権利の章典 第3条18節（1）項）
15) 債務監獄（憲法・権利の章典 第3条20節）
16) 公的な問題に関する資料に対する人民の権利の侵害（憲法・権利の章典 第3条7節）
17) 私有財産の正当な補償なき公用のための徴収憲法・権利の章典 第3条9節、新民法典第32条7節）
18) 改定刑法に定義されている「国家の基本法に対する犯罪」を構成するすべての行為
 a) 恣意的拘禁（第124条）
 b) 拘禁者を司法府のもとに連れていくのに遅れること（第125条）
 c) 囚人の釈放に遅れること（第126条）
 d) フィリピン人の追放、もしくは住居変更の強制（第127条）
 e) 居住地の侵害（第128条）
 f) 令状の悪用、もしくは適法に得た令状の乱用（第129条）
 g) 証人なく居住地を捜査すること（第130条）
 h) 平和的な集会の禁止・妨害・解散（第131条）
 i) 信仰の妨害（第132条）
 j) 信仰の攻撃（第133条）
19) 改定刑法第1・2章Title8に定められている「人に対する犯罪」を構成するすべての行為

a）既遂、未遂に関わらず、近親殺人、謀殺、殺人（第246条、250条）
　b）傷害（第262、266条）
20）改正刑法第1・2章1・2・3節Title9に定められている「自由・安全に対する罪」を構成するすべての行為
　a）誘拐と違法な拘禁（第268条）
　b）違法逮捕（第269条）
　c）未成年者の誘拐（第270・271条）
　d）奴隷・強制労働（第272・274条）
　e）住居への不法侵入（第280・281条）
　f）脅迫・威嚇（第282・289条）
21）改正刑法第2・3・4章Title11「貞節に対する罪」を構成するすべての行為
　a）強姦・淫行（第335・336条）
　b）婦女誘拐・未成年の買収（Corruption of Minors）・強制売買貿易（第337・341条）
　c）誘拐（Forcible Abduction）（第342条）
　Ⅲ．その他の人権侵害：人権侵害そのものにあたらないすべての人権侵害の通報は、人権委員会への提出にあたっては、それらの事件が委員会によってしかるべき手段が講じられるかどうか、また他の政府の適切な機関または民間の法律扶助団体に照会されるべきか、もしくは人権委員会の管轄権の中に入らないかもしくはどこの機関にもあてはまらないか、を決定する評定委員会に照会されるべきである。評定委員会はできるだけ早く持ち込まれた事件を扱わなくてはいけない。
　Ⅳ．人権侵害事件は、不必要な遅滞なく調査され、取り扱われなくてはならない。しかしながら、政府は法の支配の擁護者であることを考慮に入れると、被疑者が政府役人の事件の場合、もしくは世の中の強い抗議・非難・嫌悪感を呼び起こす状況のなかでなされた事件の場合、これらの人権侵害事件の場合は他よりも高い注意が払われるべきである。

　　　　　　　　　1988年7月26日マニラ首都圏、パサイにて、承認された。

資料2
人権委員会決定（Resolution）A95-069
　この決定は、訴追目的の調査と問題を認識し、活動の優先順位の中に位置づけていくために事件の監視を行う、という事件の調査的監視の区別をつけるものである。それらは
1　市民的政治的権利の侵害に対する継続して精力的な調査。
2　市民的政治的権利と経済的社会的文化的権利の両方の分野においてどこに人権侵害に関する懸念があるか、をつかむための事件もしくは状況の監視的な調査。

（翻訳／石川えり）

スウェーデンのオンブズマン (*1)

福祉国家における人権確立へ向けた取り組み

土井香苗
どい・かなえ／弁護士

1 はじめに

　福祉国家として他国の追従を許さないかに見えるスウェーデンには、高齢者や子ども、障害者、外国人等が生き生きと暮らしているイメージがある。

　しかし、1960年代の輝かしい経済成長は影を潜め、政府の財政ひっ迫とともにスウェーデンの福祉行政も多くの修正を迫られた。福祉が万能神ではないということが明らかになるとともに、権利としての人権の重要性が再認識されてきた。自分自身が身体障害者であるレーヴ弁護士は「私たちは多くの施し＝福祉をもらっているが、権利は実現途上。獲得運動の結実のひとつがハンディキャップオンブズマンの設立」と語る。

　弱者に優しい国として世界的名声を得たスウェーデンは、さらにマイノリティの権利を確立すべく、たゆみない歩みを進めようとしている。厳然たる人権

侵害からさえ責任逃れを試みているように見える日本には、スウェーデンが自国の人権政策の欠陥を自覚し、人権のさらなる促進と保護を進めていることは、どのように映るのであろうか。以後、本稿では政府の一機関でありながら独立した立場で人権の促進と保護の任にあたる「オンブズマン制度」についてとくに述べることにする。

スウェーデンには、オンブズマンと称される国家機関が7つある。国会、消費者、男女平等、民族差別禁止、子ども、障害者、性的指向による差別禁止の各々のオンブズマンである。この中で、200年の歴史を持つ国会オンブズマンを除いた6つのオンブズマンは、特定分野の人権の促進と保護をその任務として近年設立された機関で、21世紀の日本の人権擁護機関を構想するにあたり、長所、短所ともに参考になると思われる。本稿では、なかでも、男女平等、民族差別禁止、子ども、障害者、性的指向による差別禁止の5つのオンブズマンを中心に述べる (*2)。

そして、これらの専門オンブズマンの説明の導入として、すでに世界語となったオンブズマンの原型である国会オンブズマンについて説明する。

2 国会オンブズマン
(JO:Riksdagens Justitieombundsman
英＝Parliamentary Justice Ombudsman)

2|1……国会オンブズマンの設立の経緯と組織概要

「代理人、代弁者」を意味する普通名詞にすぎなかったスウェーデン語「オンブズマン」が、ある役職の名として定着したのは18世紀のスウェーデンでのことで、その役割は「王の代理人」だった。オンブズマンは、「マン」とはいっても男女の区別のある言葉ではない。

その後、1809年に新たに「議会の代理人」職制度ができた。これが、スウェーデンの国会オンブズマン（以下、JOという）で、「国民の代理人として、議会が制定した法律が公務員によって適切に運用、適用されているかを監視する」

人（創設当時は1人）であって、世界語となる「オンブズマン」の原型である。

1919年にフィンランドで国会オンブズマン制度が導入されるまでの約100年間、スウェーデンの国会オンブズマンは世界でただひとりのオンブズマンとして、国民のために、公務員の法令の遵守状況を監視し続けてきた。第二次世界大戦後、オンブズマン制度が法の支配の実質化に効果的であることが世界中から注目され始め、今では多数のオンブズマンたちが世界中で活躍する。

このオンブズマンは、国連パリ原則で、独立した立場で人権擁護にあたる公的機関、つまり国内人権機関として認められている。いわゆる人権委員会やスウェーデンの専門オンブズマンとの違いは、直接的に人権促進と保護をその目的とするのではなく、行政における法の遵守と公平性を監督することをその第一目的とし、その結果二次的に人権を擁護する点にある。以下に報告するスウェーデンのJOは公務監察型のオンブズマンの原型で、現在でも非常に高い評価を受けているものである。

JOは憲法で設置され、三権分立の相互抑制の中で国会による行政、司法への統制の一翼として位置づけられている。国会内の常設委員会である憲法委員会の推薦にもとづいて国会により任命される国会の特別職であり、当該委員会の一般的統制のみを受ける。JOは、国会法、JOに対する政令に従う。現在スウェーデンでは、4人のJO（*3）が約60人のスタッフとともに業務にあたっている。職員の半数以上は元裁判官である。JOは憲法委員会の推薦にもとづいて国会で選任され、任期は4年。再選されて10年以上務めることも多く、解任は難しい。非政治的で名声のある人物が推薦されており、現在も全員が最高裁等の判事経験者である。

JO自身が裁判官経験者であるのに加えて、調査にあたる事務所の職員も大部分が裁判官からの採用が多いことから見て取れるように、JOの判断は多分に司法的である。実際分厚い年次報告書は権威ある法律解釈書として重宝されているとのことである。しかし、弱者の人権の擁護という点から考えると、不十分な点も否めないが、JOの第一の任務は公行政における法の遵守と公平性を監督することで、直接的に人権伸張と保護を任務とする人権委員会とは異なる（*4）ので、致しかたない点なのかもしれない。

スウェーデンのオンブズマンは裁判官をも監察してしている。現在では、司法の独立に鑑みて判決内容については原則立ち入らず (*5)、もっぱら裁判の迅速性等の手続・司法行政的な点を監察しているが、日本における裁判の遅れ、給料、転勤を通じた政府からの司法統制等は、スウェーデンのJOの批判を受ける状況にあたるのではないか。

4人のJOはそれぞれ管轄領域を持っており、1996年7月から1997年から6月までの1年間で、市民からの苦情が多かった分野を順に並べる（1997～1998年年次報告書）と、全4,708件の内、社会福祉762件、警察527件、監獄455件、社会保障340件、裁判所307件、情報公開と表現の自由253件となる。

2|2|……JOによる人権侵犯事件の救済

JOの調査、救済方法を簡単に示す。JOは、公務員の法令違反あるいは不適当な行為があると思慮した場合、職権で、あるいは市民からの申立により、調査を開始する。外国人を含め、誰でも手紙1通でJOにあらゆる苦情を（自分が被害者でなくても）申し立てることができる。調査では、当事者の尋問等は原則行わず、手紙のやりとり等簡便な方法で行われる場合がほとんどで、調査結果は数ヶ月～1、2年で示される。公務員にはJOへの情報提供義務があり、とくに検察官にはJOの援助義務がある。JOには国家機密を含んだあらゆる文書、記録の閲覧権限、会議臨席権限があり、情報を提供しない公務員に対しては罰金を科すこともできる (*6) が、実際にこの権限を使う場面はほとんどないとのことであった。

JOの勧告は強制力はないが、重みのあるものとして受け取られる (*7)。JOは、硬直した裁判制度を有効に補完する。職権で調査を開始し、申し立てても厳しい原告適格はない。さらに、対審制度、厳格な証拠裁判主義等を採用せず、迅速、円滑な調査が可能で、費用もかからない。強制力はないものの、その意見表明は法令の違反にとどまらず、法令に違反に至らない不当についても及び、当・不当について判断を下すことができない司法との違いを浮き出させている。

JOには200年来の「実査」というユニークな権限を持っており、事前の通告なしに拘禁施設等に立ち入りの調査をする。実査をきっかけに状況が改善さ

れた刑務所や精神病院等は多い。以下、勧告の実例をあげる。

警察、検察に対して、1996〜1997年の1年間で、JOは、「ストックホルムの警察官が検察官のからの指示を得ずに捜査中に証拠を得るためのおとり捜査を行うことは違法である」、また、外国人女性がパスポートを見せたのに警察が彼女の写真と指紋を採取した事案について「写真と指紋押捺要件について外国人法に定めがあるにもかかわらず、警察官が要件を満たさない当該事案で写真撮影、指紋採取を行ったことは違法である。警察庁の当該日常業務に関する指示を批判する」等、検察に対して15事案で、警察に対してが59事案で、批判的勧告を行った。

教育に関する申立については135件中30件について批判的勧告を行い、職権調査を行った4件の内3件が批判された。その1例が、生徒が学校にナチスマーク入りの服を着て来たり、リーフレットを配った際の校長の処置が表現の自由を侵すか否かが争われた事案で、申立による調査と同時にJO自身も職権調査を行った。教育委員会が学校で特定のシンボルやバッジを着用することを全面禁止したことについて、表現の自由の制限は学校の秩序を乱す明白な危険がある場合や犯罪にあたる場合のみに許される行為として、具体的な危険なしに当該措置をとった教育委員会を批判した。さらに、JOの批判の末尾にナチスマークの着用やリーフレットの配布等が生徒により行われた場合に学校側がとりうる措置について一般的基準を示した。

2|3|……国会オンブズマン(JO)による政策提言、人権教育、研修

JOには、政策提言の権限が憲法のひとつである統治憲章に定められている。毎年約1件の法提言がなされ、そのほか、多数の個別の勧告のなかにも法令、制度の改正を示唆する。教育、研修はJOの権限ではないが、個別に警察の研修に参加したり、一般講演を行ったりしている。

2|4|……まとめ

日本にJOのような機関があればどのような変化が望めるであろうか。日本の行政訴訟では、不十分な情報公開等圧倒的な証拠収集能力の差等により原告

敗訴率が高い。JOのように厳格な証拠裁判主義を採用せず、また申立人のために自ら情報収集権限を使って証拠を収集してくれる機関が存在すれば事態は大きく改善されるであろう。また、日本での贈収賄罪の立証の難しさを考えれば、政治家の汚職が平然と行われている日本のような国にこそ、不当について勧告できる機関が必要であると思われる。

JOは、公務員が法令を遵守するという当然のことを、絵に描いた餅に終わらせず、現実に実行させる機関である。受動的な裁判所とは根本的に異なり、あらゆる公共サービスの場面においていかなる不適切な行為も行わせないという積極的な目的を持った機関である。法令を適切に運用、適用してもらうという当然の要求にすら十分に応えられない公務員の多く存在する日本に、スウェーデン型の国会オンブズマンが示唆するものは大きい。

3 専門オンブズマン
——男女機会均等オンブズマン、民族差別禁止オンブズマン、ハンディキャップオンブズマン、性的指向による差別禁止オンブズマン——

3|1……専門オンブズマン設立の背景

20世紀の初頭には人口の20％にあたる120万人という大量の移民をアメリカに送り出した貧しい農業国スウェーデンは、100年以上の平和と社民党を主とする政権で、世界有数の生活水準、民主主義、福祉の国を作り上げた。しかし、1960年代の経済好況が影を潜めた頃から、社会的弱者の権利は未確立という批判にさらされてきた。

サーミ等の少数民族を除けば、「ブロンド髪、紺碧眼」ばかりの国だったスウェーデンは、第二次世界大戦後の移民、難民の受け入れにより外国出身者が人口の10％を越えるに至り、不況の腹いせはこれらの民族的マイノリティに向けられている。民族差別禁止オンブズマンのヴァードスタイン氏は、「スウェーデンの政治家達は、海外での人権の促進と保護の仕事で長年世界各国をリードしてきたが、人権の促進と保護を国内レベルで実現するほうが明らかに難

しいことだ。(スウェーデンでも)人々は、民族的背景を理由に差別されないことをあたかも社会的な恩恵であるかのように捉えており、国内法や国際法で保障された権利であることを理解していない」と語る。また、「スウェーデンでは司法、行政よりも政治が重視されるシステム、風潮ができている。ゆえに、最終的には司法が保障する、権利としての弱者保護が軽視され、政治家が与える福祉が重視されてきた。今後は権利の獲得が重要」と指摘する声が複数あった。

本稿で紹介する5つの専門オンブズマンのうち、子どもオンブズマンを除いた4つのオンブズマン、つまり、男女機会均等オンブズマン（JämO：Jämställdhetsombudsman 英＝Ombudsman for Equality of Man and Woman in Labor Market)、民族差別禁止オンブズマン（DO：Ombudsman mot Etnisk Diskriminering 英＝Ombudsman against Ethnic Discrimination）、ハンディキャップオンブズマン（HO：Handikappombudsmannen 英＝Ombudsman for Persons with Handicap)、性的指向による差別禁止オンブズマン（HomO：Ombudsmannen mot diskriminering pågrund av sexuell läggning 英＝Ombudsman against discrimination on the basis of sexual orientation）は、マイノリティの労働分野での権利の促進と保護を主な任務とし、現在では大変類似した機能を持っている。そこで、これらの4つのオンブズマンをまとめて紹介し比較検討した後に、性格の異なる子どもオンブズマンについて説明することとする。

3│2│……専門オンブズマン設立の経緯

3│2│1│……はじめに

これらの4つのオンブズマンは、別個の設立根拠法により設立され、1999年5月以前は、その活動範囲にも無視できない隔たりがあった。

たとえば、これらの4オンブズマンのなかでもっとも早く設立された男女機会均等オンブズマン（以下、JämOという）は、設立当時から労働分野に特化し(*8)、個別事件処理での労働裁判所への提訴権限を持っていた。1991年、根拠法全面改定により男女平等法が根拠法となった際に、アファーマティブアクション（積極的差別是正措置；以下、積極措置という）に関する権限も強化され、法的権

▼スウェーデンのオンブズマン

限、運用実績ともにもっとも進んだオンブズマンであった。一方で、民族差別禁止オンブズマン（以下、DOという）は、JämOと同様労働個別事件を労働裁判所に提訴する権限を持つものの、積極措置に関する権限は持たず、労働分野のみならず社会生活全般における民族差別禁止をその役割としていた。そして、1994年設立のハンディキャップオンブズマン（以下、HOという）は、取り扱う範囲は社会生活全般と広いものの、個別事案を扱う権限、訴訟を行う権限がなかった。

このように、1999年5月までは、各オンブズマンに権限上の相違があったのだが、1999年3月、DOとHOの従来の根拠法を全面改定した新根拠法、そして性的指向による差別禁止オンブズマン（以下、HomOという）の設立を定めた新法が同時期に議会を通過した。

これらの新法成立により、それぞれのオンブズマンは、労働分野での差別撤廃が職務の中心であり、個別事件を労働裁判所(*9)（労働関係事件の特別裁判所であり終審裁判所）へ提訴する権限を持つという意味できわめて類似した権限を持つ機関となったのである。

それぞれの専門オンブズマンの設立の経緯は、以下のとおりである。

3|2|2……男女機会均等オンブズマン（JämO）

最初に設立された専門オンブズマンが、1979年男女雇用機会均等法を設立根拠法とし、労働分野での男女平等のため1980年設立されたJämOである。男女雇用機会均等法には、雇用面での男女の「差別禁止」と「平等推進のための積極措置に関する義務」が定められ、その遵守状況を監視する男女機会均等オンブズマンと準司法機関である「雇用機会均等委員会」が設けられた。1991年に、現行法である新しい男女平等法(*10)が成立し、1992年から施行されている(*11)（1998年にセクシュアルハラスメントにつき改正）。1991年男女平等法第30条がJämOの設立根拠条文である。

1960年代からの過激な女性の社会参画運動の結果、強力な当事者団体を背景に他のオンブズマンに先駆けてJämOが設立されたのであるが、設立までには政府のみならず労働組合(*12)の強い抵抗があった。

3|2|3| ……民族差別禁止オンブズマン(DO)

次に設立されたのが、1986年、民族差別禁止法で設立されたDOである。1971年の市民的及び政治的権利に関する国際規約の批准に伴って国内法令整備が進められ、刑事法 (*13) を中心とした整備が進められたが、スウェーデン国内の移民人口の激増に伴う社会的差別が激増し、国連人種差別撤廃委員会からの非難もあって、1986年に設立された。1994年に全面改定され、新1994年民族差別禁止法が成立し、DOは差別事案につき労働裁判所への提訴権を持ったが、故意ある直接差別しか禁止されない不十分な権限ゆえ、近年に至るまでDOが労働裁判所に提訴した案件がなく、法律の実効性に大きな疑問が呈されていた。近年スウェーデンでは反移民感情の高まりが大きな社会問題 (*14) となっている。

3|2|4| ……ハンディキャップオンブズマン(HO)

1994年に、障害者の社会参画を目指し、ハンディキャップオンブズマン設置法によって設立されたHOは、個別事案を扱う権限はなく労働分野での無力を指摘する声が大きかった。

そこで、DOとHOに対する上記の弱点を解消し、さらに、当事者団体から設立の動きが高まっていた性的指向による差別禁止オンブズマンも新たに設立するべく、1999年、各々のオンブズマンの設立根拠法が新たに議会で成立したのである。これらの法律は内容が酷似しており、議会では、これだけ内容が似通っている3法であるのだから、ひとつの法律にまとめて「人権オンブズマン」を設立すべきでないかという意見もあった。

3|2|5| ……性的指向による差別禁止オンブズマン(HomO)

スウェーデンは、同性愛者の人権保障が進んだ国として知られているが、1950年代には、政府審議会では同性愛者の反社会的影響を最小限にくい止める方法が話し合われる有様であった、とRSFL (*15) のアンドレアソン氏は語ってくれた。1970年代から一般大衆の理解が進み、1985年の審議会では性的

指向による差別の刑法犯化等が図られた。その後も1995年に、パートナーシップが法制化されたため、同性パートナーが、同姓を名乗り、遺産を相続し、異性夫婦と同等の相互義務を負う等、子どもの養子縁組を除けば異性夫婦とほとんど変わらない法的保護が与えられた。

以上のうねりのなかで、1999年法が制定された。審議会の答申では、当初HomOはDOが兼任することが提案されており、「HomOは他のオンブズマンに比べて歴史が浅く弱体なので、より実効的な機関にするために、既存のDOとの兼任が提案された。結局実より名をとって別組織となってしまったが、将来4オンブズマンを統合して人権オンブズマンを設立したい」と前記RSFLのアンドレアソン氏は語ってくれた。

3|2|6|……まとめ

JämOが、オンブズマンが統合されれば積極措置がなおざりにされかねないと危惧を持つ等、各オンブズマンは統合には慎重な面もあり、政党間の思惑も重なって簡単に人権オンブズマンの形での専門オンブズマンの統合が現実化するとは言い難い。しかし、比較的歴史の浅いオンブズマンが統合に積極的であり、今後の各オンブズマン間の共同作業が増えていく過程で、相互認識、調整が進み、オンブズマン統合が現実味を帯びる日が来るのではないか。

3|3|……根拠法、実体法

3|3|1|……男女機会均等オンブズマン(JämO)

男女平等法（以下、3. 3. 1において法という）はJämOの設置法でありかつ拠り所となる実体法である。この男女平等法は、労働分野における差別の禁止と積極措置の実現というふたつの目的を持っている。

差別禁止（セクシュアルハラスメント(*16)を含む）で、求職、昇進、研修、賃金等の雇用条件、マネージメント、退職、解雇、レイオフ、異動その他の不利益取り扱いにおいて、直接、間接に男女を差別することを禁じる。ある者が対象異性よりも有能であるにもかかわらず不利益な取り扱いをされたことをJämO

が証明すれば、例外を除き、立証責任が転換され、使用者側が当該取り扱いは性差別とは直接にも間接的にも無関係であること、または、関係がある場合にはその合理性を、証明しなくてはならないことが明文で示されている（法第16条～20条）。つまりこの場合、使用者側の主観をJämOが証明する必要がない(*17)。JämOは、被用者と使用者との調停が成立しない場合に、被用者に代わって労働裁判所に訴えを提起することができる（法第46条）。

　もうひとつの重要な柱は積極措置である。使用者は、仕事と私生活の両立、セクシュアル・ハラスメントの防止、各分野における両性の平等配分、空ポストへの両性の応募、偏った性別編成の分野における過小配置された性別からの採用と割合増加努力の義務を課せられる（法第4条～第9条）。さらに、被用者が10人以上の場合には、使用者は毎年これらの事項について男女平等計画を策定して具体的な改善措置を示す義務を負う（法第10、11条）(*18)。

　JämOは、以上の積極措置義務に使用者が違反し、話し合いや指導によってもその措置を改めない場合には、過料による制裁を求めて機会均等委員会に申立を行うことができる（法第35条）。

　1999年に新法成立の動きがなかったJämOにも、1998年7月には見直し審議会が設置され、1999年中には男女平等法改正に関する報告書が政府に提出される予定である。4つの専門オンブズマンは、権能が類似しているにもかかわらず、別法に依拠し実体法も異なる。そこで、法律改正が行われるごとに、他のオンブズマンに「追いつけ追い越せ」という状況になり、事実、1999年成立の諸法によって、他のオンブズマンはJämOよりも部分的に権限が強化された。これに続く、今後の男女平等法の改正では、差別事案における立証責任のさらなる転換、間接差別、仕事の階級化、差別事項の範囲、損害賠償、EC法との整合性等が焦点となり、クラスアクションの可能性も議論にのぼると予想され、1999年諸法をさらに「追い付き追い越した」改正が行われることが予想される。

3|3|2……民族差別禁止オンブズマン（DO）

　民族差別禁止オンブズマンは1986年民族差別禁止法で創設された。1994

年、同法が全面改定され1994年民族差別禁止法が成立し、DOも労働裁判所への提訴権を与えられたが、結局DOがこの権限を使うことはほとんどなかった。そしてこのたび全面的改定を経て、1999年3月に労働分野における民族差別禁止法と民族差別禁止オンブズマン法の2新法が成立した。DOは、「やっとスウェーデンでもEC法に適合する反差別立法が成立し、他の反差別立法の先進国と肩を並べることができた」と語る。

民族差別禁止オンブズマン法は全4条の短い法律で、労働分野を含むあらゆる社会生活分野（家庭生活は含まず）での民族差別の禁止とその監視のためのオンブズマン設立 (*19) を定める。個別事案についてDOの裁判所への提訴権はなく、あくまで双方当事者に対するアドバイスや話し合いがその権限の限界であり、一般的な情報提供、広報や、政府への提言が主な任務である。具体的には、住居、教育、金融、銀行、レストランやクラブ等へのアクセス等が扱われる。

他のオンブズマンと同様、DOも根拠法は労働分野における民族差別禁止法のみと見られていた。しかし、DOは、パリ原則を拠り所とし、「社会生活分野における民族差別禁止の権能を政令等で定めることは、国内人権機関は広い権能を持ち、しかもその権能と構成は憲法または法律により定められ、政府から独立した組織であるべきとパリ原則が定めていることに反する」と政府を批判し続け、1999年民族差別禁止法を制定させることに成功した。

労働分野における民族差別禁止法（以下、3. 3. 2において法という）は、上記法律の労働分野における特別法であり、労働分野の差別を詳細に規定した上で、JämOと同様、DOに労働裁判所への提訴権を与える。旧法の重大な欠陥であった立証責任、間接差別等の点で改善されている (*20)。

法の立法趣旨は、雇用、雇用条件、仕事に関係した条件や環境、研修機会を被用者の民族の背景にかかわらず平等とすること（法第1条）であり、雇用者と被用者は、協力して職場の民族の多様化に努め、とくにあらゆる形態の民族差別の撤廃に取り組むことが定められている（法第2条）。以下、労働分野における民族差別禁止法について述べる。同法は、男女平等法がモデルのひとつとして審議された経緯があり、その構成は同法と類似しているが、一部、権限がより強化されている。

差別禁止においては、男女平等法に列挙された差別禁止事項に、採用時の面接その他採用手続でのあらゆる取り扱いが加えられ、採用時の差別禁止が徹底された。民族差別は、採用という雇用の入口段階で起こることが圧倒的に多く、労働の機会さえ得られないのが現実だからである。また、立証責任の転換が男女平等法より徹底され（*21）、立証責任の転換に例外は設けられなかった。

　積極措置では、使用者に対して、被用者がどのような民族でも働ける職場作り、民族に関連するハラスメントの防止義務、そして採用申し入れの民族的多様化推進努力義務（法第5～7条）が法定されるだけで、いわゆる積極措置や平等計画の策定義務はない。この点について、1999年民族差別禁止法審議会の答申では、「積極措置による民族的背景情報の公開が、個人のプライバシーを侵害する危険がある点が、女性問題とは異なる」と述べられているが、DO自身は、「人種差別撤廃条約で、積極措置が許容されているにもかかわらず不当だ」と批判的である。積極措置義務に違反した上でDOの指導にも従わない場合に、DOが、法第21条により設立される差別禁止委員会に、過料による制裁を申し立てることができる（法第26条）点等、男女平等法と同様である。

3│3│3┈┈ハンディキャップオンブズマン（HO）

　1994年に、全5条のハンディキャップオンブズマン設置法により設立された。HOの設立目的は障害者の社会参画と機会均等であったが、公的機関、公的補助を受けた団体が情報提出義務を課す以外HOの武器はなく、JämOやDOとは、労働裁判所への提訴権がない点で大きく異なっていた。

　また、HO設置法には実体法規は含まれていなかったため、1993年12月に採択された国連障害者機会均等基準（UN standard rule on the equalization of opportunities for persons with disabilities）が、HOの拠り所となっていた。

　そこで、HO設置法に実効的な労働法を付加するため審議会が組織され、同審議会は1997年には政府に答申を提出した。HOの権能の不十分性は各界でも設立当初から認識されており、HO自身も同法見直し作業に加わり、1999年労働分野における障害者差別禁止法が成立した。その内容は、同時に成立した労働分野における民族差別禁止法と酷似しており、実質的な相違点は、積極

措置が定められていない点だけである。情報提供義務に反した雇用者に対してHOが課した過料に対する不服申立の機関は、DO、HomOと共通の反差別委員会がその任にあたる（障害者差別禁止法第20条〜23条）。

3|3|4……性的指向による差別禁止オンブズマン（JämO）

1999年労働分野における性的指向による差別禁止法（以下、3．3．4において法という）が成立するまでは、性的指向による差別を禁止する法律は、憲法、1994年国内法化されたヨーロッパ人権条約以外には、刑法の規定 (*22) だけだった。

現在、HomOには、DO、HOと同様、政令によって、社会生活全般における差別撤廃という任務があるが、DOがパリ原則を根拠に権限規定の法律化を求めたことに鑑み、HO、HomOについても権限の法律化が望ましい。

1999年労働分野における性的指向による差別禁止法の内容は、1999年労働分野における障害者差別禁止法に酷似している。これはJämOやDOが是とする労働分野への多様性確保はHomOについてはあてはまらないからであるとRSFLのアンドレアソン氏は語ってくれた。情報提供義務に反した雇用者に対してDO、HO、HomOが課した過料に対する不服申立の機関は、差別禁止委員会である（法第17条〜19条）。

3|4……人権侵害事件の救済

3|4|1……男女機会均等オンブズマン（JämO）
差別事案

男女差別を受けたと考える被用者は、自己の所属する労働組合、またはJämOに申立ができる。原則本人が書面で行う。賃金差別事案を中心に多数の相談が寄せられるが、正式な申立は年100〜150件ほどで、内20件程度は調停が成立し、30件ほどは解決したり思い直した等の理由で取り下げられ、毎年1〜2件が労働裁判所に提訴されるという。申立内容は、賃金差別、採用、昇進差別、不当解雇等がそれぞれ約同数で、とくにセクシュアル・ハラスメント (*23) の

事案で、電話での相談が正式申立に至らないケースが多い。性別、民族、障害等の差別事由が重複する事案では、各オンブズマン間で調整する。

　ただし、JämOは労働組合に次いで補完的な存在ゆえ、当該被用者が組合員である場合には、まず労働組合に当該被用者の事案を扱うかを確かめなくてはならない。ただし、労働組合が扱う事案も、オンブズマンとの緊密な協力体制が敷かれているのが通常である。電話、手紙による申立人、被申立人とのやりとり、そして双方との面接によって、調査が進められる。JämOには、使用者に対し、自発的に法に従うよう指導する義務があり（男女平等法第31条、以下、3. 4. 1において法という）、調停が前置される。

　使用者には、JämO職務上重要と認められる情報について、情報提供義務がある（法第33条）。使用者が、オンブズマンの求めに従わない場合には、過料つき提出命令を発することができる（法第34条）(*24)。

　調停が成立しない場合で、申立人の同意があり、先例的な重要性等特別な理由がある場合にJämOは申立人に代わって労働裁判所へ訴訟を提起できる。労働裁判所に男女平等法に関する訴訟を提起できるのは労働組合とJämOだけであるが、1980年のJämO設立以来、労働裁判所に提起された約60件の男女差別訴訟の内、20件以上がJämO提訴事件であり、それ以外の事件についても労働組合や個人と協力し、JämOは積極的な役割を果たしてきた。JämO自身も毎年1件程度の訴訟を提起している。

　JämOが提訴した事件には、1994年の地方自治体で働く女性エコノミストと男性エコノミスト、男性会計士の賃金差別事案（Susanne Söderberg VS Kumla コミューン、JämO勝訴）、1995年の助産婦と医療エンジニアの賃金差別事案（Kia Wetterberg VS Örebro ランスティング、助産婦と医療エンジニアの業務評価が同等であることを証明できなかったためJämO敗訴）(*25)、1995年事件に続く1997年の助産婦の賃金差別事案（Kia Wetterberg & Kristina Ellmén VS Örebro ランスティング、EC裁判所に移送）(*26) 等がある。多数の助産婦賃金差別申立事件の引き金となったヴェッテルバリ氏は、「労働組合も当初は積極的だったが、男性が大部分で専門知識に欠ける労働組合よりもJämOのほうが実状理解、取り組み姿勢、専門知識が明白に勝っていたため、労働組合ではなく、JämOに依頼した。組合は

▼スウェーデンのオンブズマン

労働協約のみを神聖視し、労働協約以外の法律に訴えることを好まず、組合の新聞にJämOの批判記事が載ったりする。こんな私たちにとってJämOは最後の砦」(*27) と語った。

労働裁判所では、セクシュアル・ハラスメントや採用、昇進、研修等における差別等について、被害者が複数である場合にも、損害賠償額がひとり分に限定されてしまう (法第17条)。これと類似の規定が1994年民族差別禁止法にも存したが、1999年労働分野における民族差別禁止法では当該規定は削除されたのであり、近い将来における男女平等法の改正でも、当該規定の削除が予想される。

積極措置

JämOは、申立または職権によって、積極措置義務違反の雇用者の調査 (*28) を開始する。毎年500～600件くらいの企業を対象に調査を行い、半数以上がJämOによる職権調査 (*29) 開始事案だ。まず指導によって任意の履行を要請する。

ほとんどの会社がJämOの指導に従うのだが、違反是正に至らない場合には、過料の支払いその他の具体的措置をとることを求めて男女機会均等委員会に申立を行う。1998年までに3件の過料の決定が下されている。たとえば、1995年の事案であるUnited Tanker社の場合は、約300万円の過料とともに、女性社員を教育してより高いポジションにつけるための平等計画の策定、採用面接にて男女1名ずつが面接官となること、同等の能力を持つ場合には、女性を採用することを命じた。

3|4|2|……民族差別禁止オンブズマン(DO)

DO設置法と労働分野における民族差別禁止法の2法がDOの設立根拠法であり、同時に拠り所となる実体法である。労働分野における民族差別禁止法 (以下3. 4. 2において法という) は、その手続において、前述の男女平等法と類似しているので、差別事案の救済手続は、JämOでの救済手続と同様である (*30)。

以下、旧民族差別禁止法下での申立事案の外観を示す (*31)。DOへの相談件数は、1998年は1,000件近くで、申立件数は毎年約30％ずつ増加し、申立

の約3分の1が却下された。約40％が求職者から、約60％が被用者からで、とくに、賃金差別と差別解雇事案が多い。申立人の約半数は労働組合に属すが、被害者はまずDOに訴える傾向にある。申立の内約10％で、調停（*32）が成立する。

　1994年民族差別禁止法施行以降、はじめて労働裁判所に提訴された事案は採用差別の事案で、DOに申立があったものの、申立人が労働組合員だったので労働組合が提訴した経緯があり、DOも労働組合と協力体制をとった。事案の概要は、ストックホルムの地方自治体がシステム開発の経験を持つシステムエンジニアを募集した折りに、学歴も高くシステム開発の専門的経験もある申立人ではなく、システム開発の経験がない人を採用した事案である。7人の応募があったものの、申立人だけは面接に呼び出されなかった。判決は、雇用者側全員の差別故意の立証が不十分であることを理由に棄却だった。

　1998年前半のDOの初提訴事案は、小さな自動車修理工場の事業者が、ウガンダ出身で数年前からスウェーデン市民である自動車整備工を差別した採用差別事案である。この事案でも故意の立証は難しく、結局DO側が敗訴した。DO法律専門官のラッパライネン氏は、判決前から「提訴の本当の理由は、現行法（1998年当時。現在では旧法）の不備を世に示すため。悪法でも、使わなければ悪法であることを証明できない」と語った。

　積極措置でも、DOの指導に従わない雇用者に対する手続はJämOと同様である。1999年5月の新法施行によりDOの新たな職務となったので、今後が期待される。

　さて、労働分野における差別以外にも、1999年民族差別禁止法にて定められる社会生活分野における差別に関しても、相談がDOに寄せられる。とくに、不動産関係、金融関係、警察等の司法関係、地方自治体やレストランでの差別についての相談が多い。DOは、不法差別罪にあたると思慮されるものについては警察に告発し、基本的な法律情報や法律扶助を受ける方法を教えたり、弁護士、消費者アドバイザー等を紹介する等の活動を行っている。関係団体との会議を通じて、問題意識を高める活動も行う。

3|4|3……ハンディキャップオンブズマン（HO）

　差別事案について、手続法の観点からは、JämO、DOと同様で、実体法の観点からもDOと同様である。しかし、新法である1999年労働分野における障害者差別禁止法下の運用実態については、情報未入手であるので、1998年までの運用実態について紹介する。HOは旧法下、個別事案を扱う権能がなかったが、現実には個別事件を契機として当該事件を一般的に解決していた。

　1995年にはHOへの正式申立件数は1998年141件で、前年比30％の伸びが見られ、その約半数はアクセシビリティに関するものである。HOの法律専門官であるアンダース氏は、「アメリカに視察に行った際、スウェーデンのアクセシビリティはずいぶん遅れていると自覚した」と語っていた。そのほかにも、1998年には、書面や来所による相談が272件、電話による法律相談が813件あった。HOの職権により調査を開始した事案もある。

　たとえば、被用者である車椅子の女性が、会社に対し機動性が悪いのでドアを自動ドアに変えてほしいと訴えた事案では、HOが間に入り、彼女のフロアーのドアを自動ドアに変えることで調停が成立した（*33）。採用や賃金差別の事案では、実体法、手続法ともになかった1998年当時は、雇用者側の故意の証明が難しく、調停以外ほとんど成果はなかった。調停不成立の例として前記アンダース氏は、唯一の応募者が採用手続途中でてんかん持ちであることを告白したため採用が中止され、結局誰も採用されなかった事案等をあげてくれた。

　近年の成功調停例のひとつとして紹介されたLUFTFARTSVERKET（空港管理会社）のケース（*34）について企業側にインタビューを行ったが、企業にとってHOは、企業をまるで被告人であるかのように詰問するところ、という印象であるらしい。「企業内合意の形成は簡単ではない。最悪のシナリオは、この件がメディアに報道されることだった。今後も、HO自身というよりは、HOを通じて（スウェーデンでは公的機関の文書は原則的に情報公開されているので）、メディアが怖い。現在では、HOへの苦情申立を事前に予防するため、各種障害者団体との意見交換が頻繁にあるし、企業全体の障害者問題への意識が高まった。HOは大変重要かつ意義ある役割を担っていると思うが、今後我が社は関わりたくない」と、フォッシュベリ氏は語った。

性的指向による差別禁止オンブズマン（HomO）については、差別事案での手続法の点ではJämO、DO、HOと同様であり、実体法の点でもDO、HOと同様である。運用実態についての情報は未入手である。今後の活動が期待される。

3|5|……組織の概要

3|5|1|……はじめに

スウェーデンの行政は、大臣を頭とする省、そして省下の庁（ämbetaverk 英＝board）から成る。専門オンブズマンも、庁のひとつである。しかし、日本とは異なり、省はごく少人数の役所で、法律案、予算案を策定する企画機関にすぎず、庁に対しては命令規則、概括的指示を出すにとどまる。実施機関たる庁は省の部局ではないので、庁の役人は省の個別的指揮命令は受けず、大臣に対して責任を負うこともない。オンブズマンも予算、概括的指示による大臣のコントロールは受けるが、個別事案についての指示は受けない点で、スウェーデンの庁独特の独立性を享受している。また、スウェーデンでは、地方分権が進み、社会保障、環境と保健、スポーツ、医療、学校教育等、生活の重要な部分が地方自治体たるコミューン（kommun 英＝municipality、市に相当）とランスティング（landsting 英＝county council、県に相当）の権限となっている。そのため、国はいわゆる枠組み法の制定しかできず、地方自治体との協力が不可欠であるが、現在のところ地方事務所を持つオンブズマンはない。

3|5|2|……男女機会均等オンブズマン（JämO）

農業大臣下の庁で、オンブズマンとオンブズマン代理そして職員から成り、年間予算は1,300〜1,600万クローネ（約2億3,400〜2億8,800万円）(*35)。ただし、各ランスティングに男女平等専門家が配置されたので、この専門家を通じたネットワーク作りを進める予定がある。職員数約20人で、法律専門官が属する差別禁止部、積極措置部、広報、機関誌編集、ホームページ管理、研究、登録、会計、スクールプロジェクト担当等に分かれている。説明責任は大臣に

対して負う。毎年1度大臣から示される指示では過大な任務が課される場合が多いという。ただし、政府の介入は皆無ではなく、例として1997年の予算要求の際に、業務評価の本を出版したい旨の申し入れにかかわらず、他の適切な組織があることを理由に拒否されたことがあげられた。

オンブズマンは、政府に任命され（男女平等法第30条2項）、任期は6年で、資格要件はないが、法曹から選ばれるのが通例である。

機会均等委員会は、政府から3年を越えない期間で9人が任命され、内訳は委員長（元裁判官）、労使の代表がそれぞれ3名、残り2名は中立の公益委員である。

3|5|3|……民族差別禁止オンブズマン（DO）

現在は、文化省下の庁で、オンブズマンとオンブズマン代理そして約10名の職員から成り（*36）、1999年の予算は約800万クローネ（約1億4,400万円）。説明責任は文化大臣に対して負う。DOは、政府に任命され（1999年民族差別禁止法第2条、労働分野における民族差別禁止法第21条）、任期は6年で、資格要件はないものの、法曹から選ばれるのが通例だ。現DOであるマルガレータ・ヴァードスタイン氏は、元JämO職員で、1994年民族差別禁止法見直し審議会の委員を経てDOに抜擢された。

3|5|4|……ハンディキャップオンブズマン（HO）

社会保健省下の庁である。オンブズマンと実働約10人の職員からなり、内4人（*37）が法律専門官で、そのほか、情報担当官、企画担当官等から成る。HOは1999年から2代目ラルス・レーヴ氏で、任期は6年間である。予算は毎年約1,000万クローネ（約1億8,000万円）。説明責任は社会保健大臣に対して負う。

3|5|5|……性的指向による差別禁止オンブズマン（HomO）

1999年5月に設立されたばかりで、現在はオンブズマンとその職員が1人という小世帯のため、DOとオフィスを共同で使用している。将来、HomO拡大時には、別個のオフィスを持つであろう。HomOは政府に任命され（労働分

野における性的指向による差別禁止法第16条2項)、初代オンブズマンは元裁判官であるハンス・ウッテルバリ氏である。

3|6|……人権監視、政策提言活動

3|6|1|……はじめに

　一般的にオンブズマンは一般的な問題に関する調査活動自体を行うより、個別の問題を契機により一般的な調査に及ぶことが多い。その理由として、男女問題は平等大臣下の平等部、移民問題は社会統合庁、という具合に各課題について差別問題に限らず取り扱う機関があること、統計についてはスタティスティック・スウェーデン (*38) という大規模な統計調査機関が存在すること等があげられる。

　また、政策提言については、オンブズマンたちは類似した方法をとっている。第1にスウェーデン版パブリックコメントであるレミス (Remisser)、そして、第2に政府設置の各種審議会に専門家としての参加、第3に政府に提出する年次報告書を通じて、第4に個別に政府に申し入れを行うことである。上記レミスとは、スウェーデンの審議会が答申を行った場合に、当該法律制定、改正に対して公私の関係各団体に当該答申を送付して照会し、その意見を公募する手続のことで、各オンブズマンに対し、年間数十件の答申が照会されている。スウェーデンでは、すべての審議会答申についてこの手続が踏まれ、政府が法案を作成する際の資料となる。以下、それぞれのオンブズマンについて概観する。

3|6|2|……男女機会均等オンブズマン（JämO）

　専門研究員が賃金差別事案の解決のため業務評価の研究開発を進めている。医療器具エンジニアのような男性寡占業種と助産婦のような女性寡占業種間の賃金比較のためには客観的な業務評価方法の確立が必須である。

　政策提言については、レミス、専門家としての審議会参加等以外に、JämOは毎年「8月申し入れ」を行ってきた。毎年夏休みである8月を利用して具体的政策提言を行ってきたため「8月申し入れ」と命名されたが、JämOのもっ

とも重要な政策提言として尊重されてきている。たとえば、1994年の提言をもとに1998年にセクシュアル・ハラスメントの法改正が行われたし、1996年には労働問題の専門家だが性差別については素人の労使代表者が労働裁判所の裁判官であることに対し、職業裁判官の割合を高めること等数点を提言（*39）し、1997年には立証責任をEC法に従った基準に改正すること、組合も積極措置に関して権限を持つこと、1998年はJämOの調査権限を文書提出命令だけでなく出頭命令へ広げること、新たに設置された審議会諮問事項の変更等を求めた。

3│6│3 ……民族差別禁止オンブズマン（DO）

DOも、1996年以来不法差別罪の改正（*40）を訴える等、JämOの8月申し入れと同様の申し入れを不定期に行っている。1995年以来、4回に渡りストックホルム大学の国際移民民族関係研究センター（CEIFO）、スタティスティック・スウェーデンとともに、スウェーデン在住の移民の被差別体験調査を進め、詳細な調査報告書を本として発行してきた（1998年中に第4回調査終了予定）。

3│6│4 ……ハンディキャップオンブズマン（HO）

1999年まで独自の実体法を持たなかったHOは、国連障害者機会均等基準を拠って立つ基準とし、ケアとリハビリ、支援とサービス、アクセシビリティ、労働、反差別等の分野についてスウェーデンの障害者の状況を調査し、年次報告書でその結果を公表してきた。その調査結果にもとづき、2005年までに公的建設物につき合理的なアクセシビリティを実現すること、専門技術学校が障害者プログラムを用意すること、ITを障害者にとってアクセス可能にすること等の政府に対する多数の提言を行ってきた。そのほかにも、HOは毎年約40件（*41）のレミスを行うとともに、多数の審議会（*42）に専門家として参加している。なかでもHOが設立当初から力を入れてきたのが、1999年に成立した組織、実体法である労働分野における障害者差別禁止法である。

3|7| ……教育、研修活動、広報

3|7|1| ……はじめに

　各オンブズマンは、教育、研修活動としてセミナーや会議の開催、参加、広報、一般啓蒙活動としてハンドブックやパンフレットの配布、メディアの活用、ホームページの開設等を行っている。筆者が調査に訪れた1999年春には、JämO、DO、HOが共同で、採用差別に関するハンドブック編纂作業を行っていた。オンブズマンの将来における実質的共同化を象徴する出来事のように思われた。

　広報については、どのオンブズマンもメディア登場の機会が多く、オンブズマンからも頻繁にプレスリリースを発表している。「オンブズマン＝代理人」はひとりであるから、組織の「顔」が見えやすく、メディアとしても取り上げやすく感じているようである。

3|7|2| ……男女機会均等オンブズマン（JämO）

　JämO事務所職員のセミナーや会議への出席は頻繁だが、なかでも近年力を入れているのがスクールプロジェクトで、JämOにとって新開拓分野である。労働分野のセクシュアル・ハラスメントの原因が子ども時代における男子生徒の女生徒の性的蔑視に根を発しているという認識の下に1998年に始まったプロジェクトである。近年、スウェーデンのマスコミは、男子生徒が女子生徒を「あばずれ、売春婦」と呼ぶ等のセクハラの常態化やポルノの蔓延を報道しており、社会問題となっている。JämOはまず、1998年に2学校で、教師、その他学校職員に対する研修、そして約1週間の子どもへのグループセッション、演劇、ゲーム、子どもと教師による校内の男女平等計画策定等を通じ、子どもにセクシュアル・ハラスメントの撤廃についての正しい認識を与える目的のパイロットプロジェクトを行った。担当職員は、「女生徒がセクハラ発言に傷ついていることが浮き彫りになり、学校関係者の間でセクハラをなくす重要性についてコモンセンスが得られた」と話す。当プロジェクトはドキュメンタリー

番組としてテレビ放映された。

　パイロット成果を基に、JämOは主に教師を中心としたセミナーを1999年、2000年にも連続で開催し、年に数回数日間に渡る大規模な会議も開催している。このプロジェクトの具体的内容の説明、結果が本にまとめられ、教育現場に携わる実務家に配布される見通しである。

　印刷物による広報については、JämO、男女平等計画に関する小冊子を無料で提供したり、男女平等計画の作り方・使い方を示した冊子や男女平等計画チェックリストの冊子、セクシュアル・ハラスメント、積極措置、業務評価、採用と差別についてのハンドブックを発売し、さらに季刊でJämsidesという雑誌や年10回の発行を目指すニュースレターの発行等を行い、ホームページ (*43) も開設している。

3|7|3|……民族差別禁止オンブズマン(DO)

　DOは、労使団体、金融機関や前述の不動産会社等に対する会議、セミナーを開催してきた (*44)。これらのセミナーの結果は「不動産─手引き書」等 (*45) にまとめられることもある。とくに、1999年の労働分野の反差別立法の施行に合わせて、新たに英語、フランス語、スペイン語、スウェーデン語で「DOについて」のパンフレット、「反民族差別法律解説書」等の冊子を作成した。近年、ホームページ (*46) の改善に力を入れており、アラビア語、スペイン語、ペルシャ語、スオミ語、トルコ語、セルブクロアチア語等15ヶ国語のページを作成予定である。

3|7|4|……ハンディキャップオンブズマン(HO)

　1998年にHOが開催したセミナーや会議 (*47) は約10回、他の団体の開催するセミナー (*48) 等に招かれた回数は約200回にも及んでいる。とくに近年力を入れている分野は精神障害で、1999年秋から2000年春にかけて全国社会精神保健連盟等と協力の上「精神障害キャンペーン」を展開している。ホームページ (*49) に障害者が家からアクセスできるよう、視覚障害者のために大きなフォントを使用する等の工夫を凝らしている。

3|8 ……結語

　すでに国内人権機関を持つ先進ヨーロッパ諸国と同様、スウェーデンでも、パリ原則は大きな注目を集めることはなかった。しかし、DO、HO、HomOの根拠法に関する論議と相まって、スウェーデンでも国内人権機関の拠り所としてパリ原則に関する議論が遅まきながら始まった。DOが、パリ原則を理論的根拠に1999年民族差別禁止法の制定を勝ち取ったことが象徴的であるが、スウェーデンの主要新聞のひとつであるDN DEBATTも1998年10月、「差別の悪化を防ぐ」と題してJämO、DO、HO、そして社会統合庁を大きく取り上げ、主要新聞としてはじめてパリ原則を論じた。オンブズマンが自己の権限強化のために、そして国民が自分の権利を擁護するために、パリ原則を使いだしたのだ。先進国にはパリ原則は必要ない、などという日本政府の議論は成り立たない。

　スウェーデンの専門オンブズマンの歴史は、とりもなおさず、根拠法強化の歴史である。我々がスウェーデンの歩みから学ぶべきは、「実効的」な根拠法の重要性であり、具体的には立証責任の転換、賠償額の拡大等である。国内人権機関はただ「ある」だけでは意味がない。人々の権利を実効的に救済しなくてはならないのだ。

4│子どもオンブズマン

4|1 ……はじめに

　子どものオンブズマン（BO：Ombudsman för barn och ungdom 英＝Ombudsman for Children and Young Persons）は、労働分野の差別事案を主に扱うほかの専門オンブズマンとは異なり、子どもの最善の利益のために、差別に限らず一般的なレベルで多様な活動を行っている。

　子どもは家庭や学校で権利侵害を受け、マイノリティの大人が経験する人権侵害とは本質が異なり、必ずしも司法的解決は適切でない。他国の人権委員会

が子どもの人権を扱うことが少ないなかで、スウェーデンの子どもオンブズマン（以下、BOという）にはモデルとして注目すべきものがある。また、女性のドメスティック・バイオレンス対応とも類似点がある。

スウェーデンの子どものうち13％は移民または移民の子どもたちであり、25％の子どもは片親と暮らす。不況ゆえ、子どもと暮らす大人のうち10万人が失業中で、緊縮財政は選挙権なき子どもを直撃している。

4|2|……設立の経緯と組織概要

子どもオンブズマン（BO）は、1989年のスウェーデンの子どもの権利条約批准に伴い、1993年に設立された。設立根拠法たる子どもオンブズマン設置法第1条は、BOが、スウェーデンの「法律その他法規の内容とその実施が、国連子どもの権利条約に対するスウェーデンのコミットメントに沿うように」監視することをとくに重要な設立目的と明示する。スウェーデン政府やレッダ・バーネンを中心とするスウェーデンNGOが、子どもの権利条約の策定、選択議定書策定、ECPAT等国際社会で精力的に活動していることの裏返しで、外に対して子どもの権利の擁護を求める一方で、国内でも条約を律儀に守っているのだ。

スウェーデンでは、1960年代から、社会福祉や教育は進んだが子どもの権利の擁護は不十分という問題意識が高まり、とくに1980年代に男女機会均等オンブズマンや人種差別禁止オンブズマンの設立に伴って、子どものオンブズマン法案が政府内でも議論された。また、1973年から1993年までは、レッダ・バーネンが独自に子どもオンブズマン（*50）を指名していた。しかし、さらなるオンブズマン設立によるオンブズマン自体の権威の低下、すでに存在する多数の福祉機関との関係等が問題となり、結局は子どもの権利条約の批准を待つこととなった(*51)。

4|3|……根拠法、実体法

子どもオンブズマン設置法、そしてBOに対する政令（以下、政令という）が根拠法である。BOは、ほかの専門オンブズマンと異なり個別事案を扱う権限が

ないため、人権救済のための詳細な規定はなく、その任務は、政令にて、①子どもの権利の促進のための行動をとる、②公の議論で子どもを擁護し代弁する、③法改正その他の働きかけをする、④子どもの安全のための予防措置のコーディネート、開発を行う、⑤とくに危機にある子どもの問題に注意を払う、等と抽象的に定められるにとどまり、その裁量範囲はきわめて広い。

スウェーデンは、1979年「家庭での体罰禁止法」により親の懲戒権を否定したことで知られているが、その後も、議会内の子どもの権利条約と国内法議会委員会が、国内法と子どもの権利条約の整合性を精査し1997年に報告書を発表し、レミスを経て政府案「スウェーデンにおける子どもの権利条約実施計画」(*52) として1999年に議会で採択される等、たゆまぬ歩みを進めている。この計画により、多くの改革が断行される (*53) こととなった。

設立から5年を経た1998年春、BOの活動の見直し審議会が設置され、その審議会の報告書 (*54) が、1999年に発表された。この報告書はレミスを経た上で、2000年春にも政府法案として議会に提出される予定である。

4|4|……組織概要

保健社会省下の庁であり、ストックホルムに事務所を構える。地方事務所、出張所等はない。アカウンタビリティは保健社会大臣に対して負い、毎年提出される報告書は、子どもの現状、立法提言や行政運用改革提言も含まれ、メディアの注目を得ている。

BOは政府から選任され、任期は6年である。初代BOは、心理療法の専門家であるルイーゼ・シルヴァンデル氏で、NGO「社会の中での子ども権利協会（BRIS）」(*55) の委員長だった。優秀な人材であれば、NGOからも登用することはスウェーデンでは普通のことである。

BO事務所のスタッフの人事権はBOにあり、約15人のスタッフが働いている。1人の事務局長の下に、広報、法律問題、子どもの安全、統計、性的虐待、ポルノ等の専門官が配置されている。

1999年に採択された前記子どもの権利条約実施計画の重要事項として、①国家機関と地方自治体の職員に対する子どもの権利条約の職場内研修を主とし

てBOが行うこと、②地方自治体が、子どもの権利擁護の監視システム、権利実現のための行動計画を作るべきであると定められたことに伴い、モデル行動計画、モデル評価方法、その他情報をBOが地方自治体に提供することが決定され、合計400万クローナ（約8,000万円）の予算が計上された。1999年から新たに2人の専門担当官が配置され、公務員の研修プラン策定や関係各機関との調整に追われていた。BOの全体予算は、年約750万クローナ（約1億3,500万円）である（*56）。

すでに述べたスウェーデンの庁自体が持つ一定の独立性は、BOにも保障されている。しかし、保健社会省の下部機関であることに変わりはないことから、第2回スウェーデン政府報告書審査に対する1999年の子どもの権利委員会の最終所見にて、BOの独立性が主たる懸念事項とされ（*57）、議論の的となった。レッダ・バーネンのエック氏は、BOは保健社会省ではなく、せめて内閣府に直属する機関であるべきと主張する。

また、前述のBOの見直し審議会で、予算、BO任命の点でBOが政府の従属的地位にあることから、JOのように管轄を議会に移すことも検討されたが（*58）、結果的には現状を維持してより独立性を高める方法が提案された。具体的には、①BOの権限を法律で明文化すること。現在、政府政令であるBOに対する指示書が権限を定めている点を改正すべき、②BO自身がアジェンダを設定する自由を持つこと。そして、保健社会省からBOに対して示される指示がBOの活動を制限したり、職権による活動開始の自由を奪わないこと、である。近い将来、提案を踏まえた法改正が行われるであろう。

4|5……人権侵害事件の救済

BOは、専門オンブズマンで唯一個別事件を扱う権能がない。取り扱う事案が差別事案に限られないこと、家庭内事案は親権との調整が問題となること、個別事案を扱う政府機関として市の社会福祉事務所（*59）が、また、NGOとしてBRIS（*60）等が精力的に活動していることから、必要性が低いこと、連携の難しいこと等がその理由である。

BO見直し審議会でも、個別事案取り扱いが重要論点として議論された。個

別事案がBOに経験と知識を与え、普遍的な問題の発見につながる点が確認されたが、一方で、一般レベルでの活動が高く評価されている現在、個別事案を扱うことで既存の活動領域を狭めるべきではないとされ、個別事案救済に関する議論は見送られた (*61)。

4|6|……人権監視、政策提言、広報

統計、子どもの安全、性的搾取等の各担当官が恒常的リサーチを行っており、短期プロジェクトを行う。学校での肉体的、精神的虐待に関する短期プロジェクトでは、専門的リサーチに加えて、全国の13歳の子どもに対してアンケートを行い、6,000以上の回答を得た。その結果は、政府に対する報告書にまとめられ、学校法の改正（学校長等の義務強化等）の基礎となった。また、1997年からホームページを開設 (*62) し、そこでBOが子どもに直接質問を投げかけている。子どもの権利条約第12条の子どもの意見表明の権利の実現のためである。

BO見直し審議会は、BOは子どもの権利条約に関するリサーチのみに関わるべきで、その旨法律で定めるべきと提案し、また子どもの生活に関する統計情報を編集する権限をBOに法律で与えるべきだとも提案している。

政策提言は、毎年の政府への報告書に立法提言を盛り込んだり、レミスを通じて行われる。これらの提言をきっかけに、親族法、社会福祉法の改正、新外国人法への子どもの最善の利益の導入等が行われ、部分的ではあるが、子どもの権利条約の初の国内法化が行われた。そのほか、BOは子どもに関連する政府の審議会に専門アドバイザーとして名を連ね、法律改正や運用改正に対して大きな影響力を持つ。国会の子ども委員会の専門アドバイザーでもあり、「スウェーデンにおける子どもの権利条約実施計画」策定段階でも、大きな影響を与えた。

現在では、国連子どもの権利委員会に対しても、提言を含めたスウェーデンの現状をカウンターレポート (*63) として提出しており、委員の大きな信頼を得ている

BOは、メディアとの協力の分野でもっとも成功しているオンブズマンであ

る。広報担当官は、プレスリリース、記者会見、記者への対応、スウェーデン中の新聞における子ども関連の新聞記事の分類等を行う。新聞にもBO関連記事が頻繁に載り、とくに、政府に提出する報告書の発表は毎年大見出しの扱いとなるので、BO側も力を入れているとのことであった。

4|7 …… 教育、研修

BOの懸案は、地方自治体の職員や政治家に対する子どもの権利条約のインプットである。地方分権の進んだスウェーデンでは、子どもの生活に密接に関わる教育、デイサービス、医療、社会福祉等が地方自治体の権限とされ、国は枠組み法しか作れない。不況は地方財政、なかでも子ども関連予算を直撃した。

まず、BOは、1995年と1997年に全国のコミューンに対して、①子どもの権利条約が知られているか、②どの程度政策に反映されているか、のアンケートを行った。1997年の時点でも、議会で議題としたコミューンは4分の1に満たず、特別行動計画を策定した市に至っては1割にも満たなかった (*64)。そこで、1997年、政府はBOに対し、コミューンとランスティングでの子どもの権利条約の実行をサポートする任務を与えた。BOは、NGOと共同して、地方自治体政策立案者に対し子どもの権利条約の生かし方を具体的に示したハンドブック「もう一歩前へ」を作成、配布し、セミナーを行った。そして、1999年採択「スウェーデンにおける子どもの権利条約実施計画」にて、前述のように、地方自治体に対するBOの役割が明示され、草の根への子どもの権利の浸透を目指したBOの活動はひとつの山場を迎えている。

4|8 …… まとめ

BOは、男女機会均等オンブズマンとともに、子どものいじめに関するプロジェクトの共同作業を行ったことがあり、また、BO見直し審議会も、障害を持つ子どもについて、障害者オンブズマンとBOの境界を取り払うべきことを提案する。子どもの問題は、他の専門オンブズマンの任務と必ずクロスする分野であり、子どもの専門家としてのBOの役割は決して小さくない。

また、BOは、ノルディック地域の子どもオンブズマン達との協力等、国際

的な協力を進めている。反差別立法を作った上で、それをいかに実効的に活用するかが問題である他の専門オンブズマンと比較して、BOは、より政策ベースで多面的な施策を立案し実行する必要のある機関であり、他国との連携が有効だ。

個別事件を扱わない一方で、子どもの権利条約の活用、世論への訴え、政策の立案、他国との連携で子どもの権利の促進と保護を目指すBOの活動は、反差別の比重がきわめて重い現在の人権委員会に新たな方向性を示しているようである。

5 結語

福祉の行き届いた行政、法律扶助、市民のサポート体制を整えた行政裁判所等を通じて人権擁護体制を整えつつある司法制度を持ちながらも、スウェーデンには未だに未解決の人権問題が多数存在する。これらの人権問題の解決に向けて、飽くなき挑戦を続けるスウェーデンが、人権問題を直視しないことの多い日本に示唆するものは大きい。

スウェーデンの専門オンブズマンは、小規模ゆえに機能性、柔軟性を持つが、一方で、人権オンブズマンとしてのまとまりを持てないために社会に対するインパクトが不十分でオンブズマン乱立の感があること、そして何よりも実体法が長年整備不十分だったために実効性に問題があった点で、日本の将来の人権機関にとってよき反面教師となるであろう。当事者団体を持たない子どもの権利擁護には独特のアプローチをとる点も参考になる。日本の裁判所は反差別諸条約等の国際人権の知識を十分に持っておらず、人権擁護の最後の砦としての機能を十分には果たせていないこと、また、今後もマイノリティや社会的弱者に対する行政の役割の重要性が高まるにもかかわらず行政訴訟の勝訴率が数％という現実などを前にする時、人権の促進と保護の任を裁判所だけに任せておけないことは明らかだと思われる。21世紀へ向けた日本の人権施策について一層の議論が必要とされている。

注

*1……今や世界語として定着したオンブズマンの原語は、スウェーデン語普通名詞のombudsmanで、「代理人、代弁人」の意味である。マンとは言っても、「男」の意味はなく、「人」の意味で用いられ、性的に中立な言葉である。この本で「オンブズマン」は、スウェーデンの原語に従い性的に中立な意味で用いられている。

*2……消費者オンブズマンは、属人的事由にもとづく差別禁止を任務としていないので、本文での説明は割愛する。消費者オンブズマンは、1970年市場裁判所法で創設され、1971年活動を開始した消費者保護のためのオンブズマンで、消費者庁の長官を兼ねる。個別事案につき調停が不成立の場合は、中止のための行政命令、または、市場裁判所への申立ができる。スウェーデンには本文であげたほかにも1969年以来活躍する市民のためのプレスオンブズマンが存在するが、マスコミ諸団体の合意を根拠とする自主機関であり、政府から独立した「公的機関」という本稿の趣旨からは外れるため、説明は割愛した（潮見憲三郎著『オンブズマンとは何か』〔講談社、1996年〕59頁・75頁）。

*3……市民からの苦情申立が増え続けているのに対応して、1967年から通常のオンブズマンが複数選任されている。JO達はそれぞれ個別に国会から選出され、うち1人は長官職を兼ねる。あくまで各々のJOは独立で、事案の処理において長官から指示を受けることも合議をすることもない。

*4……Raoul Wallenberg Institute of Human Rights and Humanitarian Law の研究者たちは、スウェーデンの若い弁護士や研究者がJOに対し興味を失い始めており、ヨーロッパ人権裁判所、EC裁判所がより注目を集めているという。グリムヘーデン氏は、「マイノリティの権利の促進と保護のためにより直接的な人権委員会が実効的。JOはひと昔前のモデルなのではないか」と辛口だ。

*5……明白に違法である場合に判決内容を判断する場合がある。エクルンドJO長官は、懲役刑の上限を超えた刑事判決が出された場合を例としてあげた。

*6……JOに対する政令第21条2項。

*7……JOの調査が開始されれば自主的な状況改善が行われる場合がほとんどである。重大な過失、懈怠については、JOが特別検察官として当該公務員を法廷で訴追することとなり、また、JOからの批判的勧告を受けることが不名誉を意味するため、公務員はその動向を気にしている。

*8……ドメスティック・バイオレンス（DV）問題を主幹するのは、JämOではなく平等大臣下の平等部である。1995年北京世界女性会議以降、スウェーデンはDV対策を緊急任務のひとつと位置づけ、1998年の政府法案「女性に対する暴力撤廃のための法律その他運用改正案」が議会を通過した。この法に従って、多数の法改正（ドメスティック・バイオレンスの新犯罪、強姦罪の構成要件拡大による強制猥褻行為の一部強姦化、重大性犯罪の通報懈怠の処罰化、買春の処罰化、被害女性のケアのための社会福祉法制の改正、割礼の

処罰強化、性犯罪法審議会の設立等。この法改正の一環として1998年男女平等法のセクシュアル・ハラスメントに関する条項の強化、新設が行われた)、予防措置(プログラムの策定、統計改良、専門調査、警察の対策目録策定、電子モニターシステムの導入の検討、加害男性の教育プログラムの見直し、移民に対する情報提供、NGOへの財政支援)、被害女性への支援体制の強化(関係公的機関の職員研修、法律家等の専門家研修、シェルターの支援強化、電話相談開設、暴行、強姦被害女性のための国立センターへの支援強化)等が行われることとなった。1998年だけでも4,100万クローネ(約7億3,800万円)がDV関係に投じられている。

*9……1929年設立。ストックホルムに存在する労働関係事件(不当解雇、賃金問題、労働協約違反、差別事件等)を処理する特別裁判所であり、終審裁判所である。オンブズマンと労働組合が提訴する事件については一審かつ終審であり、個人事件については一審は全国97ヶ所にある地方裁判所の管轄で、労働裁判所はその上訴審かつ終審である。審理は合議体で行われ、裁判長、副裁判長各々1、公益委員1、労使代表各2の合計7名によるのが通常であるが、比較的軽微な事件については、裁判長1、労使各2の3名の合議体で審理が行われる。個人、労使ともに弁護士を代理人とするのが通常であるが、オンブズマンの場合はオンブズマン本人が法廷に立つ。

*10……JämO設立後8年を経た1988年、男女雇用機会均等法の見直し審議会が設けられ、1990年、審議会は求職段階での性差別禁止、賃金差別是正の裁判の困難性打開、セクシュアル・ハラスメント禁止の明示、間接差別の禁止、機会均等計画作成の使用者への義務づけ、JämOの監督範囲の拡大等が新たに定められるべきであると提案した。これが現実化されたのが1991年男女平等法である。

*11……外国の立法33巻4・5・6合併号、60頁。

*12……19世紀終わりにスウェーデン最大の労働組合LOが組織された。20世紀初頭から数十年に渡り、社会民主党と強力なパイプを持つLO等数個の巨大労働組合と、使用者組合であるSAFの労使協議を中心として、労働者の権利を守るスウェーデンモデルが実行されてきた。男女平等を盾に法律や政府が労使交渉に介入することが警戒され、労使のみならず共産党、多数のNGOも当初はJämOの設立に反対だったという。LO女性部門担当職員ヤンソン氏は、「LOは、階級闘争には積極的だが、少数者、弱者である女性差別問題には関心が薄く、おしなべて労働組合は弱者差別解消に必然的欠陥を持っている」と指摘した。

*13……刑法第16章(公の秩序に対する罪)の第8条にヘイトメッセージクライム、第9条に不法差別罪が規定されており、近年第29章第2条7号において犯罪における民族差別的傾向が刑の加重事由となることが新たに定められた。不法差別罪は、民族差別と同時に信教による差別と性的指向による差別を禁止し、事業主とその代理人や被用者、公務員、公の集会の主催者と協力

*14……者は、物、サービスの提供、人の取り扱い、その他において差別をしてはならない。違反者には1年以下の懲役または罰金が科される。しかし、有罪判決が確定した例は多くない。

*14……ストックホルム市は1992年400万クローネ（約7,000万円）を反移民感情の解消と民族間の融和を目指したプログラムに支出した。1993年にスウェーデンの西部に位置する人口5万人（内移民7,000人）の地方都市トロールヘッタンで、ソマリア移民が民族主義グループに襲撃され、モスクが焼き払われる事件が起きた。そのころから、民族主義メッセージ入りシャツやホワイトパワーミュージックが学校に持ち込まれるようになり、ヘイトクライム事件が多数検挙された。1998年にもネオナチコンサートで300人が逮捕され、内25人がヘイトクライム等で起訴されたことが報道されている。検事総長は1997年、新ガイドラインで不法差別罪を重点犯罪とし、その適切な捜査方法を示し、DOの高い評価を得ている。政府は、移民の再統合に力点を置く政策を取り始め、1998年、既存の移民庁は社会統合庁へと改革された。他のヨーロッパ諸国と異なり、1998年総選挙でも民族主義政党が議席を取ることはなかった。

*15……正式名称はRiksförbundet för Sexuellt Likaberättigande（英＝The Swedish Federation for Lesbian and Gay Rights）。

*16……被用者が、使用者からの性的関係の申し出を断ったことや、使用者の性差別につき申立を行ったことによるセクシュアル・ハラスメント（法第22条、27条）、セクシュアル・ハラスメントの被害届につき使用者が調査義務、改善義務を怠ったこと（法第22条a、27条a）。

*17……この立証責任の転換が、訴訟実務では決定的に重要である。1994年民族差別禁止法には、立証責任の転換が法定されず、DOが使用者の差別意図の立証責任を負い、結果的にDOが訴訟を避ける原因となっていた。1999年労働分野における民族差別禁止法では、立証責任の転換が明文化、徹底化された。

*18……さらに賃金については、毎年賃金格差を調査してその調査結果と格差是正方法を平等計画に示す義務を負う（法第9条a、11条）。

*19……政府機関、会社、団体との意見交換、世論への訴え、個人へのアドバイス等によって、民族差別を受けた個人をサポートし、民族差別撤廃のためのイニシアチブをとることを定める（民族差別禁止オンブズマン法第2、3条）。

*20……旧法が重大な欠陥を持つことは、旧法審議中から指摘されていた。2代目DO、オートン氏は、勝訴の見込みのある事案があれば提訴するつもりであったが、旧民族差別禁止法の下では立証責任等の点で被用者側が著しく不利で勝訴の見込みがなかったため、結果的に提訴に持ち込めなかったと語る。

*21……性差別における立証責任に関するEC指令に則る。

*22……刑法第16章第9条の不法差別罪、第5章第5条4項の性的指向に関連した名誉毀損罪、第29章第2条7項の量刑の加重事由。

*23……1998年の法改正によっても、雇

用主のセクシュアルハラスメントの禁止と防止義務を定めるのみであり、同僚からのハラスメントを直接禁じない点で限界がある。

*24……オンブズマンの命令に対して、使用者は機会均等委員会に不服申立ができ、その手続は、後述の積極措置命令の審理と同じである（法第34条）。

*25……アェーレブロランスティングの地域病院の助産婦であるキア・ウッテルバリ氏と同病院で働くふたりの医療器具エンジニアの賃金格差を性別差別として提訴したが、業務評価が不十分ゆえ1996年敗訴した。ふたりのJämO事務所研究者が技術、経験、努力、責任の4分野について詳細な業務評価を行ったが、判決は、「ふたつの分野がかけ離れ、客観的な立場からの2業務を鑑定がなかったゆえに、『ふたつの仕事が同価値である可能性は否定しないが』、立証責任はJämOにある」ことを理由に請求を棄却した。

*26……1995年申立事件と比較対照時期を変え、新たな申立人を加え、新訴を提起した。この事案は申立後間もなく、夜勤、休日出勤と勤務時間短縮の比較が賃金差別訴訟の基礎になるか否かというローマ条約第119条とEC理事会指令（Council Directive 75/117/EC）の解釈問題が発生したため、先決問題としてEC裁判所へ移送された。

*27……そのほかにも、ウッテルバリ氏は、「1994年に意を決してJämO事務所に相談に行くと、JämOは業務評価を試す適切な事案を探しており、喜んで応じた。私自身が裁判所へ証人として出頭することは数度しかないし、時間的、財政的にも負担感は少なかった。第1事件について労働裁判所が業務評価によるふたつの業務が同等性の立証が不十分として実体裁判を避けたことは不当で、裁判官たちに法律、実状の研修を積んでもらいたいと思うけれども、賃金差別の可能性を否定しなかったことはありがたい」などと語った。

*28……使用者には、JämOの職務上重要と認められる情報について情報提供義務がある（法第33条）。使用者が、JämOの求めに従わない場合には、過料つき提出命令を発することができる（法第34条）。

*29……ランスティングやコミューンを選び、その地域の雇用者の多くとコンタクトをとり、なかからサンプルを抽出して男女平等計画とその実現度合いを調査する手法をとる。

*30……民族差別を受けたと思慮する者からの申立や職権にもとづき、労働組合が当該事件を扱わない場合に、調査、説得、調停を試み、調停が成立しない場合で申立人の同意があり、法律解釈のための重要性その他の特別な理由がある場合に、オンブズマンが当該申立人に代わって労働裁判所に提訴する（法第37条）。DOに対する情報提供義務、義務を履行しない場合の差別禁止委員会への過料の申立権等も同様である。申立は、口頭でもかまわないが、労働分野おける差別事案については書面化して本人がサインをすることが義務である。書面に定形書式はなく、外国語はDO側で翻訳する。

*31……旧民族差別禁止法施行下の1998年、国際反差別法比較会議での民族差別禁止オンブズマンMargareta Wadsteinの講演、Lars Jederlund,

"From Immigration Policy to Integration Policy", Current Sweden No.422, Swedish Institute, 1998より。1999年新法下の統計は未入手であるが、大幅な改善が見られると予想される。

*32……合意内容はさまざまである。採用時の差別で、約100万円の支払いや、少額の損害賠償と採用の実現等。賃金差別で、バックペイと懲罰的損害賠償等。もっとも多いのが差別解雇事案で、懲罰的損害賠償で合意することが多い。

*33……そのほかにも、郵便局や銀行の入り口の改善、障害者移動用タクシーカードの利便化、グループホームの巨大化の阻止、フェリーのトイレの改善約束等。

*34……1998年フォッシュベリ氏から聴取。1994年にHOが間に入り、LUFTFARTSVERKETと障害者団体の間で、新たな空港システムを作る際に、車椅子の人の使用可能なエレベーター付きタラップを揃えるとの合意ができたのに、1997年のシステム完成の時点で合意不達成だった事案。1997年に再度HOとの手紙のやりとりを行い、最終的には、HOがLUFTFARTSVERKETの監督官庁に通報したため、2000年までに合意を達成することで調停が成立。同社は、アクセシビリティの向上を企業の基本政策のひとつとした。

*35……1995年577万クローネ（約1億386万円）、1997年1,400万クローネ（約2億5,200万円）と順調に伸びている。

*36……旧法時代の1998年にはDOを含めて7人。新法施行にともなって人的物的に拡大された。

*37……1997年夏の時点では2人。新法の成立により法律家が増員された。

*38……たとえば、労働省は1990年代の未曾有の不況が女性労働者と男性労働者に対して異なった影響を与えているという認識のもと、スタティスティック・スウェーデンとともにSAKプロジェクト（相互作用、労働、性別プロジェクトの意味）を始め、労働市場での詳細な統計集計作業を行っている。

*39……この点の批判は、当時から労働裁判所への提訴権を持っていたJämO、DO双方から聞かれた。スウェーデンの100年に及ぶ労使交渉の歴史から見れば、雇用分野に差別問題が持ち込まれたのはごく最近のことであり、JämO職員は「スウェーデン人は、性差別を労働協約か労働法の問題と捉えており、人権であるということが理解されていない。差別事案においては、労使双方の代表者とも労働者に対する偏見を持っていることが多い」と厳しく批判する。

*40……不法差別罪は、事業主やその代理たちが相手の民族的背景により差別することを禁じているものの、他の人（伴侶、親戚等の関係者）の民族的背景を理由に差別した場合、法人を差別した場合、共謀により不法差別罪を犯した場合に処罰ができない点で不十分である。不法差別罪の差別事由に民族差別、性的指向による差別のみならず、障害による差別を加えるか否かの議論が政府審議会で行われているので、この機会に当該条文を抜本的に見直し、さらにこのような不法差別を刑事法ではなく民事法で禁止することも提案されている。

*41……例として、テレワーカーに関する答申、社会保険改革に関する答申、年金改革に関する答申、定年前退職に関する答申等をアンダース氏はあげた。
*42……障害者計画に関する審議会を通じて、全政府機関に対する障害者計画を提案することに近年力を入れている、という。
*43……http://www.jamombud.se
*44……1994年以来大規模な全国反民族主義作文コンクールを主催してきたが新法の制定を契機に中止し、反差別事件により集中するためより差別事案に直接影響力を持っている団体に対する教育、研修を強化する方向を打ち出した。
*45……そのほか、「DOと法律」「民族多様性のための積極措置」等のパンフレット、「積極措置ハンドブック」「差別なき採用」等のハンドブック、「差別とサーミ」「レストラン等での差別」等の小冊子等が配布、販売されている。
*46……http://www.do.se
*47……国連家族の日に「家族と障害児」会議、「国連障害者機会均等基準について」会議、「精神障害者の参加と平等」会議等（1997年）。
*48……「障害者」セミナー、「地方自治体で国連障害者機会均等基準を実現するために」セミナー、「障害者のケアの向上」セミナー等（1997年）。
*49……http://www.handikappombudsmannen.se
*50……レッダ・バーネン（Rädda Barnen）の子どもの人権擁護活動家リグモア・フォン・オイラー博士を、メディアが子どもオンブズマンと命名したのが始まり。公職の先駆けとなった（Childeren's ombudsman and the protection of children's rights, Rädda Barnen, 1996）。
*51……子どもの権利に関わる国家組織として、教育庁、健康福祉委員会、安全健康委員会、公衆安全委員会、移民委員会、国際開発庁等ある一方で、地方分権化が進んだスウェーデンでは地方自治体が重要である。また、1998年の総選挙でも第一党を保持した社会民主党は、党大綱で子どもの権利条約に言及する唯一の政党で、議会に1996年に設置された常設委員会「子どもの権利条約と国内法議会委員会」（子どもの権利条約実施の不十分さを批判したNGOらの働きかけ等で発足。レッダ・バーネン、BRIS、スウェーデンUNICEF委員会等から成るリファレンスグループを持つ。全政党からの代表者、専門家、そしてBO事務所職員等から成る）があり、スウェーデンの全国内法と子どもの権利条約の相違を精査して1997年にレポートとして発表する等、精力的に活動している（The Convention on the Rights of the Child Impact Study The Study of Sweden, Rädda Barnen, 1999）。
*52……Strategy for the implementation of the UN Convention on the Rights of the Child in Sweden, Fact Sheet No.1, 1999.
*53……内容は省庁が子どもの最善の利益をポリシーとすること、法曹等の専門家の研修に子どもの権利条約が含まれること、公務員に子どもの権利条約に関する機関内研修が行われること、地方自治体に子どもの権利条約の実施の監視システムを創設すること、BOを

*54……Inquiry into the role and function of the Children's Ombudsman in Sweden, SOU1999:65.

*55……スウェーデンで知らない子どもはいない（テレビコマーシャルも行う）と言われるNGOで、1970年前半に児童虐待問題をきっかけとして設立され、職員30名、ボランティア300名、会員1万4,000名。子どもの電話相談を主な業務とし、社会福祉事務所と連携し、警察や裁判所等へも通報する。

*56……1999年から、地方自治体での子どもの権利の実現のために政府からの特別予算が割り当てられた。

*57……CRC/C/15/Add.101, para8.

*58……議会オンブズマンと同様、議会の管轄とすることが検討されたが、政党間の対立の問題がある議会よりも、専門性のある大臣に対して説明責任を有するほうが、抽象的、包括的規定を解釈する場合には有効である（議会から独立性を有することは難しい）ため、審議会は採用しなかった。

*59……BO設置法第3条で公的機関が介入すべき個別事案は社会福祉事務所に通報する義務があるが、現実に通報に至るケースはほとんどない。

*60……無料の子ども電話相談は、1万3,000件程度（1998年）。親からの相談も受け付ける。BOも電話相談ライン「BOダイレクト」を開設しているが、現実にはBRIS等に比べて知名度が低く、個別事件の相談を持ちかけられても事実上の相談をしているに止ま

より強化する見直しを行うこと、審議会の諸問事項に子どもの最善の利益を含めること等。予算は3,000万クローナ（約5億4,000万円）。

り法的な措置をとる権限はない。

*61……世界的にも、南オーストラリア、オーストリア、コスタリカ、デンマーク、ドイツ、グアテマラ、アイスランド、スウェーデン、ノルウェー、ニュージーランド等、約15の子どものための国内人権機関が存在するものの、個別事案を扱う権能はノルウェー、南オーストラリア等、子どもの人口が比較的少ない地域のオンブズマンに限られていると報告されている。子どものための国内人権機関の権能が、差別のみならず生活全般に及ぶことが理由のひとつとしてあげられている（OMBUDSWORK FOR CHILDREN, No.1 innocenti digest, UNICEF International Child Development Center, 1997, p7, p14）。

*62……http://www.bo.se

*63……BO見直し審議会は、将来、政府報告書のとりまとめがBOによってなされるべきで、BOの個別意見は委員会のプレセッションで口頭で述べられるべきとしている。

*64……The Convention on the Rights of the Child Impact Study The Study of Sweden, Rädda Barnen, 1999.

ドイツの法律相談援助・コミッショナー・外国人協議会
社会的・経済的弱者の権利実現のための諸制度

河村浩城
かわむら・ひろき／早稲田大学大学院法学研究科博士後期課程

はじめに

　日本においてドイツが話題として取り上げられるのは、最近では環境問題や自然保護、あるいは原子力政策などの問題が多い。とくに、社会民主党と緑の党の連立政権樹立後は原子力発電の全廃を打ち出すなどこの分野でのドイツの動向は非常に注目されている。
　また、ナチス政権下での経験や反省からくる徹底した戦後補償や非常に寛大な難民の受け入れもとくに日本との比較で言及されつづけている。
　これらの問題に比して、人権機関や人権保障制度全般にわたる紹介はかなり少ないように思われる。憲法や労働法などの分野で人権に関する部分の紹介はあるが、それらは必ずしも国内人権機関や人権保障制度全般に関する言及にはなっていない。それは一方ではドイツを含めたヨーロッパ諸国の場合、人権政

策および人権保障システムは一国の国内問題としてのみ捉えられているのではなく、ヨーロッパ人権条約などのヨーロッパ域内の枠組みの中で捉えられているからであるともいえる。他方で、ドイツに人権委員会や人権オンブズマンなどのような包括的に人権問題を扱う機関が存在しないからかもしれない。

今回の国内人権システム国際比較プロジェクト（NMP）の調査研究の主な対象は人権委員会を典型とする独立した国内人権機関（*1）である。ドイツにはこの意味における国内人権機関は今のところ存在しないし、ドイツ政府はこのような機関を持つ意思を表明していない。調査における連邦外務省と連邦法務省の人権担当者の話では、ドイツでは裁判所が十分に機能しており、コミッショナー制度などの機関もあるため、裁判所以外に事件につき決定を下すいかなる機関も創るつもりはないとのことであった。本稿では日本と同様に独立した国内人権機関の存在していないドイツにおいて、国内人権機関が有すべきとされている人権侵害被害者の救済、政策提言、教育という3つの機能に則して、国内人権機関に代わってそれらの役割を果たしている機関としてどのようなものがあるかを紹介したい。まず、人権侵害救済に関しては裁判制度、とくに法律相談援助制度について紹介する。ついで政策提言に関してはスウェーデンの専門オンブズマンに類する制度であるコミッショナー制度を紹介するとともに在住外国人が地方政治に自らの意見を反映させるために組織された外国人協議会について述べたい。そして最後に、教育に関してはポツダム大学人権センターの取り組みを簡単に紹介することとする。

1 ドイツの人権事情および旧東ドイツ諸州のこと

まずドイツではどのような人権侵害が問題とされているのか簡単に紹介し、その後に旧東ドイツ地域の問題についても簡単に触れることにする。

現在ドイツで大きな人権問題とされているものとしては、難民問題、外国人の人権、そして外国人女性に対する強制売春、ドメスティック・バイオレンス、職業上の男女平等などの女性問題などがあげられる。また最近ではとくに警察官による外国人に対する暴力が問題となっている（*2）。日本もこれらと同様の

問題を抱えているが、こうしてみると日本とドイツは人権問題においてはかなり似た状況にあるように思われる。とくに、女性の問題においては職業上の男女不平等、ドメスティック・バイオレンス、強制売春をはじめとする外国人女性に対する人権侵害など、問題そのもののあり方からそれらに対する社会の認識の仕方まで日本ときわめて似通った状態にあるといえる。ただし、職業上の男女不平等の問題などに対する対策は、公機関におけるクウォーター制度導入を規定した立法など日本よりもかなり踏み込んだものとなっている (*3)。

また、旧東ドイツ地域では外国人に対する排斥運動が時として起きる暴力事件とともに非常に深刻な問題となっている。これらは、旧東ドイツ諸州における非常に高い失業率、外国人に接する機会が相対的に少ないこと、東西間の経済格差からくるフラストレーションなどいくつかの問題が絡み合って起こっていると思われる。

ここで、少し旧東ドイツ地域の先進的な面を紹介する。先に述べたように旧東ドイツ地域は重大な人権問題を抱えているが、その中で非常に先進的な憲法を有している州もある。それは東西統一後に制度改革に取り組んだ結果でもあろう。また、憲法が東西統一後に制定されていることから現代的な問題を反映しやすかったともいえる。

私の訪問したブランデンブルク州の憲法にはドイツにおける少数民族であるソルビア人の権利を定めた条文がある (*4)。そして、この条文を根拠に州憲法裁判所に土地の所有をめぐってソルビア人が訴えた例もある。また、住民投票をはじめとする政治への住民参加を保障する規定 (*5) も含まれている。同州はさらに包括的な差別禁止法の制定にも取り組んでいるが、これは西側ではなかなか実現できないでいる課題である。このように1989年の東西統一後に新たな憲法と政治体制を確立した旧東ドイツ諸州における人権保障制度と人権問題への取り組みも今後注目すべきもののひとつであるといえる。

2 人権調整協議会の設立の動き

先に述べたようにドイツには人権委員会やオンブズマン等の包括的で独立し

た人権機関は存在しない。しかし、最近人権に関する協議会設置に向けての議論が議会でなされ始めている。

1998年6月に「人権に関するドイツ調整協議会」の設立のための決議(*6)が連邦議会でキリスト教民主同盟・キリスト教社会同盟および自由民主党の賛成で採択された。これは人権問題に関係する政治機関、人権研究機関そして人権NGOの代表からなる協議会の設置を求めるものである。この決議が求めている協議会の主な役割は、ドイツ国内にある人権に関する官民諸機関のそれぞれの活動を調整し、効率化を図ることである。それとともに外国の国内人権機関やヨーロッパおよび国連の諸機関との協力活動を行うことや人権に関する会議や会合の開催を積極的に進めることなどの活動も要請されている。なお、この決議は総選挙後の議会会期において人権調整協議会設置についてより具体的な議論を行うことを宣言している。1998年9月に行われた総選挙では社会民主党が勝利し、緑の党との連立政権が誕生した。両党ともこの決議に際しては棄権をしたが、新政権および与党がこの問題についてどのような態度をとるか非常に興味深いところであり、その動向を注意深く見守ってゆく必要がある(*7)。ただし、調査時点ではこの協議会が人権救済を行う機関になる可能性はほとんどないということであった。

3 ドイツの人権システム──3つの機能から

ドイツには国内人権委員会など、パリ原則などで予定されている包括的かつ独立した国内人権機関は今のところ設立されていない。しかし、パリ原則による国内人権機関の3つの機能である人権侵害救済、提言、教育に則してみるといくつかの機関がそれを補っているといえる。次に、パリ原則の3つの機能に則していくつかの機関を紹介していきたい。

3|1……人権侵害救済

まず、人権侵害の被害者の救済であるが、これは原則的に裁判所で行われる。これでは日本の状況と大して変わらないが、決定的に違うのは裁判が市民にと

って非常に身近であるということである。ドイツの場合、裁判所は法律に素人である一般市民に対して非常に開かれたものとなっている(*8)。裁判所は憲法裁判所をはじめとして通常裁判所、行政裁判所、労働裁判所、社会裁判所などから構成されており、人々はその事件の性質によってそれぞれの裁判所に訴える。申立の手続はきわめて簡単で書面の場合、用紙の色や形などは自由である。そして誤字・脱字、文法的な間違いが多数あったとしても意味が何とか通じる限り基本的には受け付けてくれる。また、電話やファックスによる申立も裁判所によっては受け付けてくれるし口頭による出訴もできる。判決までの期間も日本に比べればはるかに短い。また、一般市民が裁判官の役割の一部を果たす名誉職裁判官という制度があり、これも裁判所を市民にとってより身近なものにしているといえる。このように裁判所が市民にとって身近であることは結果として裁判所による人権侵害救済を機能させているということができるが、これは裁判官や裁判所による長年にわたる制度と意識の改革によって実現したものである。

3|1|1……法律相談援助法

また、法律扶助の制度(*9)も日本に比してかなり充実している。ドイツの法律扶助は裁判にかかる費用を補助するものと裁判外の法律相談に関するものとに大きくふたつに分けられる。そのそれぞれに対応する連邦法が「訴訟費用援助に関する法律(以下、訴訟費用援助法) das Gesetz über Prozeßkostenhilfe vom 13. 6. 1980」と「低所得者のための法律相談および代理に関する法律(以下、法律相談援助法) das Gesetz über Rechtsberatung und Vertretung für Bürger mit geringem Einkommen von 18. 6. 1980」である。後者の法律は低所得者に対する弁護士による無償法律相談を規定したものであり、前者は裁判にかかる費用を所得に応じて免除または分割の支払いができるよう規定した法律である。

1980年に施行された法律相談援助法は訴訟費用援助法に比べて注目度が低い。しかし、人権侵害被害者が社会的経済的弱者であることが多く、多くの場合、自らの権利や権利実現の方策に対して知識が少ないことからして、この法

律相談援助法は市民と権利救済の場である司法との最初の接点としての法律相談を容易にするという点できわめて重要であるといえる。

　法律相談援助法は裁判手続外の権利実現を援助するものであり、一定の所得要件のもとで弁護士による法律相談および書面作成などの代理行為の費用を法律相談の依頼者に代わり国庫が支払うことを定めたものである。援助の対象となる法律の分野は労働法を含む民事法、行政法、憲法、社会法であり、刑事事件の場合は法律相談のみ適用され、また外国法の適用時には、事実関係が国内と関連する場合に限り対象となる。法律相談援助の依頼者は区裁判所にて申立をし、援助対象である認定書の交付を受けて、各人で弁護士を選任し、そこで法律相談を受ける。もし、依頼者が直接弁護士事務所に出向いた場合は、弁護士により事後的に援助申請手続をすることができる。先に述べたように依頼者は費用を支払う必要はないが、手数料として20マルクを弁護士に支払わなくてはならない。ただし、この手数料は弁護士の負担によりそれを免除することができる。弁護士は特段の理由がない限り、法律相談の依頼を拒否することができないことになっている。

　個人が自ら選んだ弁護士にその事務所で相談を受けるというのがこの制度の原則となっているが、実際には州によって運用の違いもある。たとえば制度上、州と各弁護士会が合意にもとづき法律相談所を設置し、そこで法律相談を受けることも可能となっている。また、法律相談援助法の特別規定により、ハンブルクでは『ハンブルク公共法律相談および和解斡旋所（Öffentliche Rechts auskunft- und Vergleichsstelle der Freien und Hansestadt Hamburg、以下、ÖRA）』が、ブレーメンでは『ブレーメン労働者協議会（Arbeitnehmerkammern）』が、法律相談を提供することになっている。さらに、ベルリンでは公共法律相談所と弁護士による弁護士事務所での法律相談を依頼者が選択できることになっている。

3|1|2|……ハンブルク公共法律相談および和解斡旋所

　ここで、法律相談援助制度の一例としてハンブルク公共法律相談および和解斡旋所について紹介する（*10）。

　先にも述べたようにハンブルクは法律の特別規定によりÖRAが生活困窮者

のための法律相談を一手に行っている。法の制定過程において1973年に連邦法務大臣が弁護士会に裁判外の法律扶助に関するモデル草案の作成を要請して以来、さまざまなモデル分析が行われた。その中で援助の対象とする法律相談を弁護士による弁護士事務所での法律相談とするか、ÖRAなどのような公共法律相談所での法律相談とするかが、最後まで議論となった。結局は前者が採用され、ハンブルクやブレーメンといった長い伝統と実績のある公共法律相談所のみが特別規定として残されることとなったという経緯がある。

ÖRAは1922年に社会福祉事務所（Wohlfahrtamt）の一部として設立された機関で、現在はハンブルク市が財政的にすべてを負担して運営されている。相談スタッフは裁判官、弁護士を中心に約200人で構成されており、ハンブルク市からも人員が派遣されている。

連邦法ができる以前から存在しているのでその活動の範囲は連邦法よりもひろく、社会的・経済的弱者に対してよりきめ細かで実質的な法律相談が提供されているといえる。実際の相談にあたるのは法律家であるが、その多くは裁判官が無給で行っている。これは昔からの伝統で、ここでの活動は裁判官としてのキャリアにも良い影響を与えるということである。もちろん法律相談の依頼者が起こした裁判を担当することができないなどの制約はあり、かつ相談を行った弁護士が法廷で代理人になることもできない。

一定以上の所得者以外は誰でも相談を受けることができ、たとえその人が不法滞在の外国人であっても相談を受け付け、ÖRAはその事実を当局に通報することは許されない。相談費用は通常は20マルクで、低所得者や学生は10マルク（*11）である。しかし、実際には厳格な所得要件はなく、相談依頼者の書いた申請用紙にもとづいてその都度判断することになっている。こういった運用は、たとえば低所得でない家庭の子弟である学生や主婦も申請用紙に書かれた内容によっては相談を受けることができることになり、ドメスティック・バイオレンスなど家族の所得はそれなりにあっても着の身着のままで助けを求めてきた人々に対してもとても有益な制度運用であるといえる。

また、ÖRAはハンブルク市内の各所に事務所を持ち、それらはほとんどの人が電車やバスを使わなくても相談に来ることができる距離に配置されている。

このようにハンブルクにおいては法律相談へのアクセスは抜群ということができよう。

　問題解決の方法としては法律的なアドバイスが主たるものであるが、トラブルの相手方に電話をかけたり手紙を書いたりなどということもする。外国人だけでなくドイツ人でもドイツ語で文章を書けない人が少なからずいるなかで、その人たちのためにさまざまな書類を作成するのも重要な仕事になっている。そしてハンブルク市に対しても手紙を書くことが多くあるそうである。ただし、一般に対して意見表明をすることはなく、年次報告書のようなものも作っていない。公共相談所の機能は法律相談のほかに和解斡旋もあり、こちらのほうは所得に関係なく利用することができる。また、相談の形態は法律相談に限られるが、ソーシャルワーカーなどとも連絡を取り合っており、状況によってはカウンセラーなどの別の相談形態を紹介することになるということである。

　それでは、人権問題に関わる法律相談はどの程度あるかということであるが、これに関しては割合的にあまり多くないということである。しかし、ドイツ人も外国人も分け隔てなく相談を受け付けることからしても外国人の人権にとってかなりの助けになることが想像されよう。

　女性の問題に関しては、まず労働の場での平等についての法律相談はドイツでは基本的には労働組合の設置する法律相談所にて行われる。そういったことからほとんどの場合そちらでの解決を探ることになるが、非組合員労働者や労働組合自体で解決できない場合には公共法律相談所での法律相談はかなりの助けとなるといえよう。ドイツの場合、アメリカの雇用機会均等委員会のような組織はなく労働に関する紛争は基本的に労働裁判所にて解決されることになっていることから、ハンブルクのような法律相談所は裁判へのアクセスの第一歩として非常に重要な役割を果たす機関ともいえる。

　ドメスティック・バイオレンスに関しては先に述べたように家族の所得に関係なく相談を受ける可能性がある。インタビューを受けていただいた担当者も顔にあざができている女性が相談に来てこれは何かあるなと感じるときもあるとおっしゃっていた。女性の問題に関してはÖRAの所長が専門的に取り扱っているということである。

子どもの問題に関しては学校での問題に関する者が多く、ほとんどが母親か父親を同伴で相談に来るそうである。子どもの虐待などの問題は子ども自らが訴えることが非常に難しいので、そもそもこういう相談所は当座の問題解決にはあまり効果はないといえる。しかし、これも先に述べたように子どもの場合は無料か最高でも10マルクで相談を受けることができるので相談所に足を運ぶ意思と能力さえあれば問題解決につながる可能性がある。ハンブルクの相談所はハンブルク市の社会福祉関係の部署やソーシャルワーカーなどと連絡を取り合っているので問題の性格によってはそちらのほうで取り扱うことになる。

　以上、法律相談援助法と公共法律相談所の代表例であるハンブルク公共法律相談および和解斡旋所について概説したが、このほかにも、自治体やコミッショナー事務局（後述）、その他多くの機関に法律相談の窓口があり、これらの機関を通して市民は気軽に法律相談を受けることができる。
　以上で述べた身近な裁判所と充実した法律扶助制度により裁判所による人権侵害の救済は、日本よりも格段になされやすい状態になっており、ドイツでは人権侵害の救済は裁判所でなされているという説明も一定の説得力を持つものである。
　このほか、人権侵害被害者救済に関しては、次に述べる各種コミッショナーも申立の受付を行う。しかし、コミッショナーには人権侵害の救済に関して決定を下したり命令をしたりといった権限がないため、せいぜい両者の間を取り持ち斡旋的なことを行うくらいのことしかできない。また、たとえば監獄の状況 (*12) や警察官による被疑者の取り扱い状況の監視のように事件性が弱くより一般的な人権問題に関する活動に関しては、裁判所になじまない機能であるが、その役割はドイツの国内機関ではないもののヨーロッパ審議会をはじめとするヨーロッパの地域人権機構が担っている。

3|2|……政策提言

3|2|1|……コミッショナー制度

　次に提言の機能であるが、その役割を主に担っているのは連邦コミッショナ

ーである。

　ここで、ドイツの人権システムにおいて裁判所と並んで重要な役割を果たしているコミッショナー制度について簡単に説明したい。

　コミッショナー（*13）とはドイツ語ではder (die) Beauftragteといい、代理者、代議委員などといった意味である。この語義からしてコミッショナーはスウェーデンのオンブズマン、とくに専門オンブズマンに類するものであることが想像できる。コミッショナーと一言でいっても、法律でその設置を定められているもの、あるいは内閣の決定により設立されているもの、議会に属するもの、あるいは内閣に属するもの、設置を義務づけられているもの、あるいは設置が可能と定められているものなど、その実態はさまざまである。また、連邦政府のほかに州や市のレベルにも存在する。コミッショナーの代表的なものとして、外国人コミッショナー、障害者コミッショナー、兵士に関するコミッショナーそしてデータ保護に関するコミッショナーなどがある。そしてその数は多数にのぼり政府担当者でさえその数を即答できないほどである。しかし、そのなかで人権分野に関係するコミッショナーは以下に紹介する3つのものである。これらの機能については、それぞれのコミッショナーによって異なるが、概ね不服の申立を受け付ける、関係当事者との話し合いを持つ、関係者に助言を与える、当事者間の調整を行う、議会や政府に報告書を提出し政策提言や立法提言を行う、などである。

　コミッショナー制度とは概略的には以上のようなものであるが、その提言機能について3つのコミッショナーを例に説明したい。

3|2|2……外国人コミッショナー
　　　　　　（Die Beauftragte der Bundesregierung für die Belange der Ausländerfragen）
　外国人コミッショナーは1978年にシュミット内閣の決定により設置された。現在は連邦外国人法にその設置根拠を持ち、内閣の決定により任命されその下に属している。初代コミッショナーは社会民主党（SPD）のハインツ・キューン（Herr Heinz Kühn）氏、そして自由民主党（FDP）のルイゼロッテ・フンケ氏（Frau Liselotte Funcke）、コルネリア・シュマルツ＝ヤコブセン氏（Frau Cornelia

Schmaltz-Jacobsen）を挟んで1998年11月からは90年連合・緑の党（Bündnis 90/Die Grünen）のマリールイーゼ・ベック氏（Frau Marieluise Beck）が第4代コミッショナーを務めている。

　コミッショナーは2年に1度の報告書を議会に対して提出するが、その中で教育、職業から宗教や家庭に至るまで実に多岐にわたる事項についての現状分析を行い、そのそれぞれについての提言を行っている。この定期報告書のほかにたとえば1992年に発表された「ドイツのパスポートを持たない若者（*14）」といったような個別のテーマを持ったレポートなども発表しており、これらは定期報告書とともにそのまま政府の外国人政策となることもあるし、少なくともその後の政策のもっとも重要な指針となるものである。

　立法の分野においては、外国人に関係するあらゆる法律案に対してコミッショナーは助言ないし意見表明を行う。さらに1993年に外国人の帰化の機会を大幅に拡大することを盛り込んだ国籍法の改正案を発表するなど（*15）、コミッショナー自ら立法に関するイニシアチブをとることもある。

3|2|3……障害者コミッショナー

〈Der Beauftragte der Bundesregierung für die Belange der Behinderten〉

　外国人コミッショナーと並んで重要な役割を果たしているのは障害者コミッショナーで、こちらは国際障害者年である1981年12月に外国人コミッショナーと同じくシュミット内閣の決定により設置された。初代コミッショナーは社会民主党のブシュフォルト氏（Herr Hermann Buschfort）、第2代はレーゲンシュプルガー氏（Herr Otto Regenspurger：キリスト教民主連合・社会同盟）、そして現在は連邦参議院議員のカール・ヘルマン・ハーク氏（Herr Karl Hermann Haak）がその職を務めている。

　障害者コミッショナーは省庁の所轄を超えて活動し、その主な任務は、障害者の全体的な意見を聞くことにより、その利害を代弁し、さらには政治領域にまで導くものである。とくに、職業訓練、重度障害者のハンディキャップの緩和、社会への適応の手助け、建物や交通の改善、学校教育などの領域で際だった活動をしている。また、最近では障害者平等法の制定に向けて積極的な活動

を行っている。

職員は、労働省をはじめ関係省庁出身者であるが、彼らは省庁の枠を越えた活動をする職員（Interministrieller Arbeitsstab）として働いている。

報告書は4年に1度提出し、それはちょうど総選挙前に発表されている。

3│2│4 ……人権および人道的援助に関するコミッショナー
（Der Beauftragte für Menschenrechte und humanitäre Hilfe im Auswärtige Amt）

人権および人道的援助に関するコミッショナーは、総選挙による政権交代後の1998年11月、外務大臣兼副首相フィッシャー氏（Herr Joseph (Joschka) Fischer：90年連合・緑の党）により外務省内における独立機関として設置された。初代コミッショナーには90年連合・緑の党のゲルト・ポッペ氏（Herr Gerd Poppe）が任命された。同コミッショナーは外務省の人権に関する問題を代行する機関で、その主な役割は世界規模の人権分野の動向を把握する、二国間あるいは多国間の人権に関する対話を築き上げる、外務大臣に対し人権政策に関する実効的な提言を行う、人権分野で活動する民間団体を含めた諸機関との連携をとる、などである。こういった役割の中で現在は、国際刑事裁判所の設置、死刑の世界規模での廃止、子どもと女性の権利の伸長そして民族的・宗教的マイノリティーの保護などの問題を取り扱っている。そして国際人権基準の普及もその重要な役割としてあげられている。ただし外務省に設置されているという性格上その活動は対外的なものが多く、必ずしも国内の人権状況の改善に直接関与する機関であるとはいえない。

以上、人権分野に関係するコミッショナー制度について概説したが、人権問題に関する政策提言についてのコミッショナーの役割は非常に大きいといえる。しかし、外国人コミッショナーや障害者コミッショナーは政府の一員であり独立性の観点からは問題がある。これらコミッショナーの提言機能は独立性の弱さといった性格と裏腹のものである点は認識する必要があろう。

また、上記コミッショナーは市民団体や当事者団体との話し合いの場を積極的に持つなどしており、市民・当事者（団体）と政府あるいは議会との接点とし

ての役割を果たしていることもとくに注目すべき点といえよう。とくに外国人コミッショナーや障害者コミッショナーはその利害を反映させることの困難な外国人や障害者などの意見を議会という民主主義過程にのせるという役割を担っている。

3│2│5┄┄外国人協議会（Ausländerbeirat）

　政策提言機能の最後に、直接人権を扱う機関ではないが、自ら権利を獲得するための制度であり、最近日本でも注目され始めている外国人協議会を唐突ではあるが簡単に紹介したい。

　外国人協議会は各州の市町村法（Gemeinde Ordnung）に規定されており、多くの都市に存在している。今回の調査ではケルンとフランクフルトの外国人協議会を訪問した。そしてフランクフルトでは会議を実際に傍聴することができた。フランクフルトの外国人協議会（Kommunale Ausländer- und Ausländerinnen- vertretung）はかなり本格的なもので、むしろ外国人議会といったほうが適当かもしれない。

　協議会のメンバーは在住外国人による選挙（*16）で選ばれており、現在約10ヶ国籍、37人の議員から構成されている（*17）。メンバーの中には若い人たちも多く含まれており、とくに彼らの意識は高いということであった。本会議のほかに各種の委員会も設置されており、そこで学校での教育問題など個別のテーマごとに議論している。

　協議会はレーマー（旧市庁舎）にある市議会場で月に1回定例会を行っている。そこでは野次や怒号を交えての激論が夜遅くまで繰り広げられる。議題は外国人に関係する市の政策すべてであるが、実際に多数の外国人が住んでいる限り外国人が関わらない事柄はないのですべてが議題の対象となるとの説明を受けた。議会の代表は市議会にオブザーバーとして参加し、レポートを読み上げ提案する権限を与えられている。外国人議会には決定権限がないので市議会でのレポートおよび提案が最大の役割となっている。しかし、実際には、市議会側は外国人議会の提案のうち99％は無視していると外国人協議会副議長のリナルディ氏は語っていた。氏はそのようにいうものの選挙権のない外国人の代表

が市議会の場で公式に発言する機会を与えられている意義は決して小さくはない。

協議会のオフィスは市の多文化共生局（Amt für multikulturelle Angelegenheiten）と同じフロアにあり、外国人はそこで必要な情報を得たり、相談を受けたり、不満を訴えたりすることができる。専門性を有した市の機関と外国人の代表からなる外国人協議会との協働活動（*18）も外国人の権利擁護のために重要なものであろう。

外国人協議会はとくに決定権限がないといったようにその活動には限界がある。しかし、普段は権利主張することが難しい外国人が公式の場で自らに関する事柄を話し合うというフランクフルトの外国人協議会は我々にとって非常に参考になる制度ではないかと思われる。

3|3……教育・啓発

3つの機能の最後に教育を取り上げる。人権に関する教育は個別の問題に関してはコミッショナーがその役割を果たしている。たとえば、外国人コミッショナーは雇用者や学校、地域社会に対して必要な情報を与えることにより外国人に対する差別や偏見をなくすことに努めている。

また、全国的な規模（*19）ではないがポツダム大学人権センターが人権教育に取り組んでいる。その取り組みで特徴的なのは初等中等学校の教員養成学校でゼミナールを開いていることである。ドイツの学校では宗教や倫理の時間の中で人権に関する教育も行われているが、人権教育だけを独立させることは生徒に過剰な負担となる。そこで、生徒に日常的に接する先生の人権に対する意識を高めようという発想がでてきたわけである。実際に教員養成学校のかなりの学生が人権に関するゼミに参加しているそうである。

このほか、弁護士に対する情報や資料の提供もユニークな取り組みであるといえる。ドイツの法学部では司法試験にあまり役に立たないという理由から人権に関するゼミナールは人気がないそうである。しかし、法律家にとって人権に対する意識は非常に重要な要素である。そこで、弁護士向けの人権情報誌（*20）を発行して必要な情報を提供しようということになったそうである。

むすび

　本稿ではNMP調査の例外としてパリ原則などで予定されている包括的な独立した国内人権機関のないドイツについて、人権侵害の救済、政策提言、教育という3つの機能に則して、国内人権機関に代替する制度についての紹介を行った。

　人権侵害の救済に関しては司法制度について言及した。日本を含めた民主主義国家においては権利侵害救済の最終的な手段としての裁判（*21）というのは共通の認識であるといえる。しかしながら実際に裁判所が人権侵害の救済機関としての役割を果たしえているのかどうかということになるとそれぞれ事情が異なってくる。ドイツにおいては裁判所へのアクセス改善のための制度改革や法律扶助制度により権利救済の場としての裁判所への道は日本よりはるかに広いといえる。とくに法律相談援助法や『ハンブルク公共法律相談および和解斡旋所』などの法律相談援助の諸制度は、社会的・経済的弱者の裁判所へのアクセスを非常に容易にするとともに、裁判以前の問題解決にも有効に機能しえることから、人権問題解決のためのひとつの制度として注目に値するものであるといえる。

　政策提言の機能に関してはコミッショナー制度および外国人協議会の紹介を行った。外国人コミッショナーおよび障害者コミッショナーは内閣に直接属しており、かつ議会の与党メンバーであることから政策や立法に関して直接的、間接的に影響力を行使できる立場にある。これは逆にいえば、独立性の観点からは問題を有し、政府あるいは与党の政策や立法に対するチェック機能をどこまで果たせるかには疑問が残る。しかし、ドイツにはこのようなコミッショナーが連邦のみならず、州や市のレベルまで存在し、市民や関係当事者（団体）の意見を議会や行政に吸収する可能性を有していることの意義はやはり大きいといえるのではないであろうか。

　また、外国人協議会はヘッセン州やノルトライン＝ヴェストファーレン州などいくつかの州に存在しているが、ある程度行政から独立して出身国などにと

らわれず、外国人という立場から議論を行い地方議会に対しさまざまな提案を行っていくなど、とてもユニークな制度であるといえる。確かに外国人協議会自体には大きな権限がなく、地方行政における決定権はあくまで正規の議会にあるが、参政権を持たず、またドイツ社会において権利主張しづらい外国人が一致してかつ継続的に自らの権利伸長について議論していくために非常に有効な制度であるといえる (*22)。

　このほか、教育の分野に関してはポツダム大学人権センターの取り組みを紹介した。

　本稿で紹介した諸制度は司法、行政などそれぞれ別の分野で機能しているものであるが、共通していえることは、社会的・経済的弱者の立場やその権利主張に対してそれなりの配慮がなされているということである。外国人や障害者などの社会的弱者や経済的弱者は司法へのアクセスが一般に比して困難であるといえるし、通常の民主主義制度の枠中では権利主張が難しい社会的少数者でもある。また、とくにこういった社会的な少数者が人権侵害の被害に遭いやすいともいえる。こういった社会的・経済的弱者の司法へのアクセス、そして民主主義の過程における意見の吸収を通した権利擁護のひとつの方策をドイツは示しているといえよう。

追記：

　今回の調査は連邦、州、市の関係部署の担当者や人権NGOの方々、法律家および研究者にインタビューする形で進めていった。いずれの方も多忙な中、インタビューの要請を快く受けていただくとともに多くの情報を提供していただいた。とくにフリードリッヒ・エーベルト財団 (Friedrich-Ebert-Stiftung) 東京事務所の方々、およびボン本部のアダム (Herr Dr. Erfried Adam)、ケスパー (Frau Christiane Kesper) 両氏はドイツでの調査の道筋を示していただくと同時にさまざまな情報を提供していただいた。この場を借りて心よりお礼を申し上げたい。

注

*1……第1部山崎論文の国内人権機関の定義を参照。

*2……この問題を扱ったレポートとしては、Aktion Courage - SOS Rassismus, "Polizeiübergriffe gegen Ausländerinnen und Ausländer", 1998, Amnesty International, などがある。

*3……1994年に「女性と男性の同権実現のための法律」(Gesetz zur Durchsetzung der Gleichberechtigung von Frauen und Männern) が制定された。この法律については、齋藤純子「ドイツにおける女性のためのアファーマティブ・アクション立法」『外国の立法』33号の4 (1995年) を参照。また、この法律には一定以上規模の公機関における機会均等状況を監視する女性オンブズマンの設置が規定されているが、現在その権能を強化することを主な柱とした法改正が議論されている。

*4……ブランデンブルク州憲法第4章第25条 (ソルビア人の権利) に居留地を保持する権利、言語や文化を保持しかつ学校でそれらを使用する権利などが規定されているほか、ソルビア人に関係する立法に際しては代表が立法過程に参加することが保障されている。

*5……同憲法第75条 (法律の提案)、第76条 (住民発議)、第77条 (住民要求)、第78条 (住民決定)。このように議会に法律案や解散を提案する住民発議、議会に法律案や解散動議について意思決定することを求める住民要求、そして議会が住民要求に同意しない場合に直接投票を行う住民決定の3段階で構成されている。

*6……Antrag der Fraktionen der CDU/CSU und F.D.P.; Einrichtung eines Deutschen Koordinierungsrats für Menschenrechte. この決議の訳は末尾に掲載。

*7……1999年夏の調査時点で、連邦法務省の人権担当者の話ではこの決議に近い形で人権機関が設立されるとのことであったが、その詳細についての情報は得られなかった。

*8……ドイツにおける裁判制度改革については、木佐茂男『人間の尊厳と司法権―西ドイツ司法改革に学ぶ』(日本評論社、1990年) を参照。

*9……ドイツの法律扶助制度については、豊田博昭「ドイツにおける法律扶助制度」法務大臣官房司法法制調査部編『各国の法律扶助制度』(法曹界、1996年) およびKalthoener/Büttner/Wrobel-Sachs, Prozeßkostenhilfe und Be ra tungs hilfe 2. Aufl., C.H. Beck 1999. Schoreit/Dehn, Be ra tungs hilfegesetz, Prozeßkostenhilfege-setz, 6. Aufl. 1998を参照。

*10……1999年8月の担当者とのインタビューにもとづく。

*11……2000年夏現在、1DM (ドイツマルク) は約50円となっている。この為替はかなり円高の状態であるが、通常これくらいの金額ならば依頼者にとってたいした負担にならない金額であるとのことである。

*12……刑務所は州の管轄となるため刑務所の監視体制も各州により違いがある。比較的リベラルであるノルトライン＝ヴェストファーレン州では、州議会の

コミッショナーや行刑審議会による監視や収監者の申立体制など比較的整っているといえる。また、私が訪れたケルンの刑務所には収監者による選挙で組織された協議会のようなものも存在した。

*13……私がインタビューした外務省の人権担当者がコミッショナーという英訳を使っていたので本稿でもそれに従うこととする。また、ドイツ語表記においてコミッショナーが男性の場合は男性定冠詞derを女性の場合は女性定冠詞dieをつける。なお、以下人名のドイツ語表記では男性には敬称Herrを女性にはFrauを付す。

*14……Die Beauftragte der Bundesregierung für die Belange der Ausländer, "Jugend ohne deutschen Pass-Bestandsaufnahme und Perspektiven für ein Land, das Einwanderer braucht-" 1992

*15……国籍法改正案については、広渡清吾『統一ドイツの法変動—統一の一つの決算』(1996年、有信堂) 210-211頁を参照。

*16……3ヶ月以上在住する外国人が6ヶ月以上滞在した時点で外国人協議会の選挙権が与えられる。ただし、ドイツの場合は国政選挙、地方選挙ともに外国人には選挙権が与えられていない。

*17……フランクフルトの場合は人種、国籍構成が比較的分散しているが、ケルンの場合は議員の大部分 (29人中24人) をトルコ出身者で占めている。

*18……この両者の活動の違いは、外国人協議会が外国人総体の問題を外国人自ら話し合い、市議会に提案していくのに対し、多文化共生局は市の外国人政策やプログラムを作成したり、外国人の個人的・個別的な相談に応じる点である。

*19……連邦制をとっているドイツは少なくとも学校教育に関しては中央に権限はなく、すべて州以下の管轄となっている。

*20……Menschenrechtszentrum der Universität Potsdam, "Menschenrechts Magazin: Informationen・Meinungen・Analysen" この情報誌は現在ホームページ上 (URL: http://enterprise.rz.uni-potsdam.de/u/mrz/index.htm) で閲覧することができる。

*21……しかし、ドイツにおいては他の西ヨーロッパ諸国と同様に国内的救済がなされなかった場合にもヨーロッパ、さらには国連レベルでの救済手段が存在している点において日本とは決定的に違うということは強く認識すべきである。

*22……実際、フランクフルト外国人協議会の副議長であるリナルド氏は二重国籍を認める法改正について「すべてはフランクフルト外国人協議会から始まった」旨を強調し、さらに今後もさらに二重国籍の取得要件の緩和について継続的に議論していくと、インタビューの中で述べていた。

資料

ドイツ連邦議会
第13任期
1998年6月16日
CDU/CSU及び自由民主議員団による提議
ドイツ人権調整委員会の設立

連邦議会は以下のことを決議する
1. 人権の導入はこの10年間で著しく国際政治的な意義を有するようになった。世界におけるあらゆる実際的な危機の展開が歴史的に示すところは、人権及び民主主義が平和的共生のみならず、安定的な経済成長と責任ある国家運営にとっても基本的前提条件であるということである。

   ドイツ連邦共和国では多くの機関（政策委員会、大学機関および非政府機関）が包括的にこの問題に取り組んでいる。第12任期においてドイツ連邦議会はドイツ政府が人権機構の設立が有意義であると思われるよう試みる旨の推奨決議を採択した。1997年12月10日に外務委員会は、人権及び人道援助に関する小委員会との合同作業の中で、ドイツに既存の機構の活動領域に関し展望を得、かつヨーロッパに存在する人権機構の調査をするために「ヨーロッパ人権機構の役割——ドイツにおける人権機構に関する考察」と題した公聴会を開催した。

2. この公聴会での知見に基づき、そして連邦政府の人権政策に関する政治的責任と権限に鑑み、ドイツ連邦議会は「ドイツ人権調整委員会」を設立することを提案する。

   この調整委員会の主要な任務は以下のようにあるべきである。
   —— 研究、資料の収集整理そして情報の領域における既存機関の活動をそれぞれ調整し、活動の競合を避け、協力効果を高めかつ既存の遂行能力を高めること。

   これにより、技術的な分野においても、例えば共通のデータバンクの作成により、より良くネットワーク化されることが求められる。それに際しては、学際的な研究がより重要な意味を持つことになる、それらはつまり、
   —— 現在、個別的に行われている政策審議の恒常化、政策領域から研究活動への提案
   —— 調査と情報伝達の分野において非政府機関との広範な協働
   —— 他国の国内機関と国際機関（国連、EU、OECD等）の専門的な水準との協働
   —— 共同会議、国際会議の開催、である。

3. 調整委員会に属するものとして、
   —— 通常、人権問題を取り扱っている3つの法律学研究所：ポツダム大学人権センター、ハイデルベルクのマックスプランク外国公法・国際法研究所並びにザールブリュッケン州のザールラント大学人権研究所
   —— フレンスブルクのヨーロッパマイノリティー問題センター
   —— NGOの代表（例えば人権フォーラム）
   —— ドイツ連邦議会の政党代表および連邦政府の代表

——例えばベルリンのSWP/BIOstの後継研究所のようなドイツ連邦共和国の援助を受けている政治審議機関および政党の財団

4. ドイツ連邦議会は、公聴会の成果をもとに調整委員会の役割、機構および働きの草案を練り上げるために、次期の会期において共同作業に関心を持つ調整委員会の構成員を予備会議に招聘することを要求する。

1998年6月16日　ボン

Dr.Wolfgang Schaeuble, Michael Glos
および議員団
Dr.Hermann Otto Solmsおよび議員団

※本提議は1998年6月17日に決議として連邦議会にて可決
CDU/CSUと自由民主党が賛成、社民党、緑の党およびPDSが棄権

（翻訳／河村浩城）

フランスの国家人権諮問委員会と共和国行政斡旋官
行政が
イニシアチブをとる
国内人権機関

窪　誠

くぼ・まこと／大阪産業大学経済学部助教授

はじめに

　今日、国家の機能が拡大し、市民生活への浸透の度合が日々増加している。それにともなう国家と市民との間の紛争も増加することになる。このような紛争の解決を裁判所のみに頼っていればよいという伝統的アプローチだけでは、すでに対応しきれない。そこで、各国はさまざまなアプローチによってこの状況に対応しようとしている。スウェーデンのオンブズマンのように立法府がイニシアチブをとる国もあれば、インドのように司法府がイニシアチブをとる国もある。本稿は、行政府がイニシアチブをとるフランスの国内人権機関を、国家人権諮問委員会と共和国行政斡旋官を中心に紹介することを目的とする。
　本論にはいる前に、フランスにおける行政イニシアチブの背景を概観しておこう。ふたつの大きな背景がある。歴史に由来する構造的背景と、1958年第5

共和制憲法による憲法的背景である。まず、前者はフランス行政裁判所の存在である。話はフランス革命直前の旧体制（アンシャン・レジーム）にさかのぼる。国王官僚は、中央集権化のためのさまざまな改革を打ち出したが、司法をつかさどる高等法院はそれらにことごとく反対した。高等法院は旧勢力の代表のひとつである法服貴族の牙城だったのである。フランス革命はこれを廃止。ナポレオンは、中央集権体制を完成するにあたって、行政を司法の統制から逃れさせるため、行政の内部に特別の裁判所を設けた。これが、行政裁判所である。これは旧体制にあった司法諮問会議（Conseil des parties）という名の国王行政に関する裁判所に由来するものである。また、行政裁判所を統制する最終審も、旧体制の国王諮問会議（Conseil du roi）に由来する国務院（Conseil d'Etat）である（*1）。こうして、司法に対する行政の優位が確立した。次に、後者は、第5共和制における行政の優位である。まず、「第5共和制憲法では、……国会が扱われる前に大統領と政府を規定する章が置かれているのである」(*2)。また、従来は、議会が法律を制定する事項に制限はなかった。首相もデクレという名の行政立法を行うが、これは、議会が制定する法律よりも下位に属し、原則として、法律の委任があった場合や、法律を施行するためのみに限られていた。しかし、第5共和制憲法は、この原則と例外を逆転させる。「国会の立法権限に属する法律事項と首相の立法権限に属する命令事項とをあらかじめ二分」し、「法律事項を限定列挙し（第34条）、それ以外の事項をすべて命令事項とする」（第37条）ことによって、「重要な事柄は法律事項に留保されている……とはいえ、命令事項がむしろ法規の存在形式としては原則となり、命令制定権の重要性は飛躍的に増大した」(*3)。こうして、立法に対する行政の優位が確立したのである。

このような行政優位を背景として、国内人権機関への取り組みがなされるとき、その活動の根底にある関心は、まずもって行政の効率化に向けられる。その効率化を期待される関係はふたつある。ひとつは、行政とその対象となる人間との関係の効率化である。フランスでは後者を被行政者（administrés）と呼ぶ。もうひとつは、縦割主義とセクショナリズムに陥りがちな省庁間関係の効率化である。このふたつの関係それぞれの中継ぎ役を果たそうとするのが、フ

ランスの国内人権機関である国家人権諮問委員会と共和国行政斡旋官なのである。それではまず、国家人権諮問委員会の活動を見てみよう。

1 国家人権諮問委員会

　国家人権諮問委員会の前身は、1947年3月27日、外務大臣アレテによって設置された「国際法法典化および国家の権利・義務と人権を定義するための諮問委員会」である。これは、外務大臣の諮問機関である。委員長は、ルネ・カサン。ドゴールに率いられたロンドンにおけるフランス亡命政府の司法長官を務めていた。この委員会の最初の大きな仕事は、世界人権宣言の起草であった。つまり、委員会は、人権の国際化というフランスの外交政策を遂行する機関だったのである。この「国際法法典化および国家の権利・義務と人権を定義するための諮問委員会」は、その後「国際法諮問委員会」と名称を変更し、1984年1月30日には、首相デクレによって、「人権諮問委員会」に改組される。1986年11月21日、首相デクレによって、従来の外務省諮問機関から首相付人権担当大臣の補佐機関に衣替えする。これは、国際人権中心の活動のみならず、国内の人権にも考慮を払うようになったことを意味する。筆者がインタビューを行った事務局長フル氏の説明によると、その背景には、1986年シラク首相のもとに設置された人権担当大臣が内外両方担当することになったという政治的要因と、さらに理論的要因がある。それは、従来、国際人権は未だ規範作成段階にあったため、具体的な国内人権状況と国際人権との間に議論のギャップがあった。しかし、さまざまな人権条約が発効し、実施の段階を迎えることになると、国家報告書の作成および自由権規約人権委員会からの質問への回答など、国内人権状況と国際人権との間に密接な関連が生じてくる。またさらに、「対外的に人権を主張するなら、国内の人権にももっと力を入れろ」という主張も強まってくる。そのような理論的背景から、当初対外政策のための機関が、国内人権を考慮するようになったのである。つづいて、1989年1月31日、首相デクレによって、「人権諮問委員会」から「国家人権諮問委員会」に改称され、首相直属の諮問機関となる。1993年2月9日には、首相デクレによ

って、国家人権諮問委員会（以下、委員会）が「独立委員会」であることが明記される（第1条）。この直接の動機は、国連のパリ原則に適合させることにあった (*4)。その「独立」の意味は、後に述べる、政府への意見提出にあたって、政府から諮問を求められた問題についてのみならず、委員会の「イニシアチブによる」による問題選択が可能になったことを示している。さらにこの年、後述する共和国行政斡旋官が委員会のメンバーに加わった。1996年9月11日には、首相デクレによって、活動範囲が人権のみならず、国際人道法分野にも拡大される。筆者とのインタビューにおける事務局長の説明によると、これにはふたつの理由があるという。ひとつは、故副委員長のマリオ・ベタティ氏が人道法専門家であったこと。ふたつめには、フランスから、海外への人道活動のための派遣が国家とNGO双方によって積極的になされているため、派遣人員の安全が国家とNGOの共通関心事となっているからである。

委員会の構成は、上述の効率化のふたつの要請に対応している。ひとつは、省庁間の円滑化であり、もうひとつは、国家と市民社会の相互の情報確保である。前者は国家代表としての、首相、関係大臣、上下院議長、裁判官、共和国行政斡旋官の参加であり、後者は市民社会の多様性の反映として、人権団体、労組、宗教（カトリック、プロテスタント、ユダヤ、イスラム）、大学人、弁護士、国際人権機関委員の参加である。全体総会が最低年6回開かれる。重要なことは、この全体総会がいつも同じところで行われるのではなく、討議議題の問題を担当する省庁において、担当大臣を交えて行われるということである。さらに、委員会は、7つの小委員会から成り、それぞれ月1回ほどの会合を行っている (*5)。

次に、委員会の活動について見て行こう。それは主に政策提言活動と啓発活動からなる。まず、政策提言活動については、国内的活動と国際的活動に分けることができる。国内的には、人権に関するフランスの政策・法案について、意見を提出している。これは、1987年より1999年まで133の意見が提出されており、その内容は、国際法、国際人道法、国際法と国内法の調和、外国の人権状況、司法、子どもの権利、病者および障害者の権利、国籍・移民、難民、人種差別などの差別、経済的および社会的権利、倫理的および社会的問題、教

育など、たいへん広範である。国際的活動としては、委員会が国連条約機関への国家報告書作成をつかさどることはいうまでもない。さらに、国連、ヨーロッパ安全保障協力会議、ヨーロッパ審議会などの国際人権機関の作業に参加し、国際会議のイニシアチブをとっている。

　啓発活動については、人権奨励活動と人権教育に分けて見て行くことができる。まず、人権奨励活動については、「フランス共和国人権賞―自由・平等・博愛」と「ルネ・カサン賞」の授与があげられる。前者は、1986年、当時のファビウス首相により創設され、「世界人権宣言の精神における人権の効果的な保護と助長に関する現地活動、研究、計画」の観点から、世界中の5つの人権団体に240万円ずつの援助金とともに、国連が定めた人権の日の12月10日に授与されるものである。毎年、具体的な年間テーマが定められ、そのテーマに沿った活動団体が選ばれることになる。ちなみに、1997年のテーマは、「現代的形態の人種差別に対する闘い」と「良心・意見・表現の自由」である。この年、27ヶ国（欧州、アフリカ、ラテンアメリカ、中東）73団体の候補があった。後者の「ルネ・カサン賞」は、教育省と諮問委員会の共催により、人権に関する模範活動を行った国内外の中高生、専門学校の個人、グループ、クラスを表彰するものである。

　フランスにおける人権教育を取りまとめる機関は、「人権教育のための国連10年のための国内連絡委員会＝人権教育養成のためのフランス委員会」である。これは、1994年「人権教育のための国連10年」決議に従い、その行動計画に応えるために、ユネスコ・フランス国内委員会と諮問委員会が共同して、2005年12月31日までの予定で設置したものである。15人の委員と関係省の代表からなり、フランシーヌ・ベスト全国教育視学総監が委員長を務めている。事務局は諮問委員会が担っている。その具体的な作業は、①当該分野においてすでになされてきたことの評価、②新たな必要の評価、③行動計画作成を行うことである。すでに、1996年と1997年、2回の予備報告を国連人権高等弁務官に提出している (*6)。この報告書では、人権教育を、①公式教育（3歳～18歳まで）、②大学教育、③成人教育（学校教育関係者、軍隊・憲兵隊学校、警察、司法、弁護士）、④民間団体の人権教育活動（NGO、教会、労組など）といった4分野に分

類している。紙面の都合から大学教育については割愛せざるをえないが、他の3分野の概観をとおして、フランス人教育プログラムの特徴を見てみよう。

公式教育

　3歳～18歳までの公式教育における人権教育の基本は、知識、実践、価値の3部構成からなると説明される。教育とは知識の伝達の意思のみならず、態度行動を変革する意思を含む。知識と実践の相互作用が重要であり、それによってひとりひとりの子どもの中に価値観を伝達し、構築させることができるという。

　幼稚園：2、3歳～6歳

　義務教育は6歳からだが、1989年基本法によって、3歳から、すべての者のための教育の権利が認められた。実際、5歳では100％、4歳では97％、3歳では90％の子どもが幼稚園に通っている。幼稚園では、人権教育の前提として、子どもの社会化すなわち「他者とともに生活する」ことを学ぶ。「幼稚園では、子どもは大人および子どもの集団の中で生活することを、まず学ばねばならない。このようにして、子どもは、コミュニケーションを学ぶ状況の中に置かれ、公民教育の相応の基礎を養う」。

　小学校：6歳～11歳

　小学校においては、主に公民教育の分野で人権を学ぶ。6歳～8歳の段階では、自分と他者の尊重、人間の生活の枠組みであり公益である環境の尊重、共同生活の規律意識などについて学ぶ。8歳～11歳の段階では、自己の尊重として真実と正義の意味を、他者の尊重として、人間の尊厳、良心の自由の尊重、病者および障害者を受け入れ尊重することを学ぶ。責任としては、民主的討論の意味、とりわけ差別や暴力に関わる人権への個人的責任ならびに社会的責任の意識を学ぶ。また、社会における市民生活として、1789年フランス人権宣言を学ぶ。

　中学校：11歳～16歳

　中学校では生徒による参加をとおして民主的生活を学ぶ。たとえば、生徒代表選出選挙（1991年2月のデクレ）や規則の制定・改正をとおしてである。「公民教育が真の人権教育のひとつとして提示される」。1年目のプログラム導入部分では以下のように説明されている。「公民教育とは、人間および市民の養成で

ある。それは3つの主要目的を追求する：①フランス共和国の原則、制度、法律の理解、②とくに議論の実践による、判断力の習得、③個人および集団としての責任感の獲得」また、国連子どもの権利条約の主要条文の紹介と学習もこの学年に含まれている。

　2、3年目のプログラム導入部分は、「民主主義の価値と原則は、人権に基づいている」と述べて、以下の文書につねに言及することとされる。1789年フランス人権宣言、1958年フランス憲法、1948年世界人権宣言、1950年ヨーロッパ人権条約。4年目では、「反差別の闘いによって、平等（および平等の尊厳）の原則のあらゆる意味合いが理解される」。5年目では、「さまざまな権利が紹介される。それらの意味は基本的自由との関連で説明される。正義の学習によって、生徒は社会における法の位置を考察する。法治国家における正義の基盤は、個人の尊厳と権利を基礎づける諸原理である。……ヨーロッパにおける人権の保護を学ぶことによって、ヨーロッパ市民の基本問題が理解される」。6年目では、今日私たちの民主主義において「市民であること」はどのような意味を持つのかを学習する。社会における個人の責任の観点から、集団的、政治的、社会的生活に重点が置かれる。6年目の終わりの目標として、上述の人権諸文書重要条文の理解を目指す。このように、「公民教育は、中学校をつうじて、人権教育に相応する。こうして、義務教育を終える頃には、生徒は人権尊重を身につけ、積極的な市民として民主主義とその価値に参加する意思を持つようになる」。

成人教育

　成人教育の対象範囲は、教員、士官学校・憲兵隊学校、警察官、裁判官および司法職員、弁護士といった広範囲にわたる。

教員

　学区ごとの教員研修が公的機関のみならず、アムネスティ・インターナショナルなどのNGOとの協力の下でなされている。また、教育省は人権をテーマにした夏期講座を毎年複数の大学で行っている。

士官学校・憲兵隊学校

　どちらも国防省に属する軍隊であることから、国際人道法を構成するジュネ

ーブ諸条約を学ぶことはいうまでもない。さらに、それに止まらず、「敵の人権」を学ぶことがフランスの軍関係学校における人権教育の特徴である。

警察官

1985年、内務大臣が警察倫理規定を発表したが、この原則は同年の法律第85-8375号第2部C項に取り入れられた。さらに、1986年3月18日のデクレ第86-592号がこの規定の内容を明確にした。この規定は、警察に関するヨーロッパ審議会議員総会決議690（1979年5月8日）を取り入れたものであり、人権尊重を強調している。たとえば、規定第2条によると、「国家警察はその職務を遂行するにあたって、世界人権宣言、憲法、国際条約、法律を尊重する」。巡査、警部、警視それぞれのカテゴリーに、人権に関する決められた時間の研修がある。

裁判官および司法職員

国立司法職学院は、裁判官と検察官を養成する学校である。その入学試験に司法試験科目に「フランス実定法における公的自由ならびに個人的自由の保障」がある。「司法修習生の人権教育は国立司法職学院の教育プログラムの中でもとくに重要な位置を占める」。人権の適用が公判実習にもあてられ、人権保護における司法官の役割ならびに裁判へのアクセスについての方法論学習が特別に設けられている。ヨーロッパ人権条約およびその判例が法廷で日常的に適用されているので、これらは必須の枠組みとなっている。また、現職裁判官への人権訴訟研修も行っている。裁判所書記官を養成する国立裁判所書記学校においては、その修学期間の短さから、初期研修では人権はプログラムに組み込まれていないが、継続研修において、人権のさまざまなテーマに関してセミナーが行われている。

青少年司法の分野では、青少年保護指導員（指導員、事務長、カウンセラー）を養成するための国立指導員養成センターにおいて、公的自由についての教育、子どもの権利についての講義などがある。刑務行政職員の教育について、刑務行政局は、「監獄と人権—自由を奪われた者に適用される、ヨーロッパ人権委員会・ヨーロッパ人権裁判所判例の諸側面」と題する文書を作成した。被拘禁者への人権教育について、刑務行政局は、「(被拘禁者は)法律には従わねばならな

いが、権利へのアクセスは保障されるべきである」という考え方を中心にしている。その主な内容は、教育、衛生、文化、読書などの面における権利へのアクセス促進と、出所前にソーシャルワーカーを呼んで、労働、社会保障、住居などに関する社会的権利を説明させることなどである。

弁護士

弁護士の人権教育活動としては、パリ弁護士会人権養成研究所と付属の研究資料センターがある。機関誌を発行し、人権に関する会議、セミナーを行っている。

諸団体における教育活動

諸団体とは、人権、反人種差別、子ども、難民・移民、保健・人道、開発、国連機関やヨーロッパ機関のネットワーク団体や、労働組合、宗教団体などである。人権教育養成のためのフランス委員会は、NGOと協力して、警察官や教員向けの人権教材を作成した。また、ビデオ、警察官向けの人権ポスター、人権パンフレットなどの情報教材作成を予定している。

以上がフランス人権教育プログラムの概要である。日本でも、人権擁護推進審議会が、1997年に法務大臣、文部大臣、総務庁長官から「人権尊重の理念に関する国民相互の理解を深めるための教育および啓発に関する施策の総合的な推進に関する基本的事項について」（諮問第1号）を受け、1999年答申を発表している。よって、ふたつの計画の比較によって、両者の特徴を浮き彫りにすることが可能となろう。まず、人権教育がカバーする範囲について、日本の答申は人権を「公権力と国民との関係や国民相互の関係」といったふたつの分野に分け、あえて前者を除外し後者のみを対象範囲としている。これに対して、フランスの計画では、双方の関係を含めた社会領域全般を対象としている。

次に、人権教育が依拠すべき国際文書について。日本の答申には人権に関する条約の引用がない。人権諸条約は人権理念の法的表現であるにもかかわらず、しかも、政府が批准した条約として法律に優位する国内法となっている条約があるにもかかわらず（憲法第98条）、さらには答申自体、「我が国が、世界の人権擁護推進に寄与し、国際社会で名誉ある地位を得る」ことを謳っているにもかかわらずである。確かに注において「市民的及び政治的権利に関する国際規約」

と「児童に関する条約」に言及しているが、それは人権尊重の基準としてではなく、両条約それぞれの実施監督機関によって日本の人権状況が「批判」されたという、後ろ向きな主旨で触れられているにすぎない。それに対して、フランスでは、学校教育ですでに述べた国際諸条約について学ぶことを強調している。

具体的活動について。答申では抽象的な「人権の尊重の精神」「人権感覚」「人権感覚」の「普及高揚」といったもっぱら精神的な広報活動に重点が置かれている。フランスでは、一方で学校教育における公民教育と、他方で公務員に対する初期研修・継続研修といった具体的活動である。

最後に、ふたつの計画の決定的な相違は、社会理念の有無である。フランスの人権教育プログラムは、公民教育を中心としていることからわかるように、民主主義社会の成員を養成するという価値指向を前面に押し出している。それゆえにこそ、公務員をも含めた具体的プログラムとなり、国際規範を取り入れる積極的姿勢を示しているのである。これに対して、日本の答申には「民主主義」という文言がない。逆に、フランスのプログラムに見られないが、答申にたびたび見られるのは、理念を放棄した「教育の中立性」である。つまり、日本の人権教育プログラムは、理念と制度的裏付けを欠いた抽象的な精神運動プログラムであるのに対して、フランスのそれは、より良き民主主義建設という社会理念を掲げ、それを制度的に保障していこうとする具体的な制度改革プログラムなのである。

2 フランス共和国行政斡旋官 (*7)

次にフランス共和国行政斡旋官（以下、斡旋官）について見てみよう。斡旋官は、政府のイニシアチブにより、1973年1月3日、行政斡旋官を設立する法律73-6により設置された (*8)。斡旋官は、閣議の議を経たデクレをとおして大統領によって任命される。任期6年で罷免は不可能。国会議員と同様の免責特権を持つが、再任はない。斡旋官はひとりだが、パリに約80人の事務職員を持ち、地方では123人の地方代理人が県庁にいて人々の苦情を受け付けている。

斡旋官の活動は、苦情救済と制度改革提案である。まず、前者から見て行こう。斡旋官の取り扱う苦情は、行政と被行政者の間の問題に関する苦情である。よって、私人間の問題や行政機関内部の問題は取り扱わない。とはいえ、斡旋官が私人間の問題を取り扱わないからといって、私人間の差別問題などに対処するしくみが存在しないことを意味するものではない。まったく逆である。とくに、人種差別は刑法や人種差別禁止法によって禁止されており、「人種差別は思想の問題ではなく、犯罪である」と言われているのである。さて、申立を行うのは、「いかなる自然人もしくは法人であれ、その者に関する事件について、……（公的）機関がその保障すべき公共役務の使命に従って職務遂行しなかったとみなす者」（第6条）である。よって、外国人も含まれる。当初、斡旋官の業務は行政処理の効率化を目的としていたが、実際に取り扱う事件は、外国人の不法滞在、排外主義、ビザ問題など、外国人問題や人権問題が多かったため、改めて斡旋官の人権保護機能が見直され、1993年、人権委員会のメンバーに加わることになった。法人も申立が可能だが、その内容の半数近くは、税金に関することである（*9）。さらに、国会議員も、自らの判断にもとづいて、斡旋官の介入に値すると思われる問題を斡旋官に付託することができるとともに、両院の議長は、議会あての請願を斡旋官に送付することもできる。

　まず、申立の前段階として、申立人は、問題となっている事態の説明または変更を行政当局に求めなくてはならない。その回答に不満な場合、または問い合わせ後2、3ヶ月経過しても何らの回答がない場合にはじめて申立を行うことになる。申立人は、申立を国会議員を通して、斡旋官または地方代理人に提出する。しかし、地方行政に関する問題については、地方代理人への直接申立が認められている。申立の費用は無料。1999年に受理された申立は、中央と地方をあわせて51,189件。その内訳は、A:一般行政（29.3％）、B:公務員・年金関係（4.9％）、C:税務（22.3％）、D:司法（3.6％）、E:都市問題（7.3％）、F:衛生・社会保障・労働などの社会分野（32.6％）（*10）。この年の特徴のひとつとしては、外国人が滞在上の行政的地位を正規なものとするために斡旋官の介入を要請したことにより、A分野が前年の57％も増加したことである（*11）。

　斡旋官が救済に乗り出すのは、行政の違法行為に対してだけではない。1976

年の法改正によって新たに取り入れられた制度として、行政のとった措置がたとえ合法であっても、実際的な不都合が生じる場合、「衡平」の名において、斡旋官が救済を試みるのである。この点が、法律にもとづく当不当の判断を主とする裁判所とは、そのアプローチを異にするところである。しかし、行政がとった合法的措置に対して衡平を理由にその修正や不適用を認めることは、法治主義そのものを脅かす危険がある。そこで、衡平による介入は、以下の5つの条件に従っている。①法規適用から生じる不都合が、立法者の意図したものではないこと。②第三者の権利を侵害しないこと。③衡平の欠如が明確かつ重大であること。④斡旋官が行政機関に勧告する措置が、具体的かつ財政的に可能であること。⑤衡平による解決が、先例とならないこと (*12)。

申立を受理した斡旋官は、関係当局に問い合わせを行い、適切と思われる措置を勧告する。さらに、その後担当行政機関が行ったことについて情報を得る。斡旋官が定めた期間内に十分な回答がなされなかった場合、斡旋官はその勧告を公表することができる。当該機関は回答および場合によっては、斡旋官の取り組みの後にとられた決定を公表することができる。解決に要する期間は約4ヶ月、成功率は80％である。

斡旋官は強制権限を持たないが、例外がふたつある。ひとつは代理権限と呼ばれるもので、公務員の明白な過誤行為（たとえば、問い合わせに対し、まったく返答がない場合など）の場合、斡旋官は当該機関に代わって、責任ある公務員に対して懲戒手続を開始し、場合によっては、刑事裁判所に訴えることができる（第10条）。ふたつめは作為命令権限と呼ばれるもので、ある行政機関が裁判判決を執行しない場合、斡旋官は自己の定める期間内に、その機関が判決に従うよう命じることができる。この命令が遂行されない場合、判決の不執行は、特別報告書の対象となり、官報に掲載される（第11条）。

それでは、斡旋官と裁判所との関係はどのようになっているのだろうか。まず、裁判所から斡旋官への介入は、まったくないといってよい。第1条により、斡旋官は、いかなる機関の指示も受けない。また、1981年「ルタイユ事件」判決において、国務院は、「申立についての勧告は行政行為ではないので行政裁判官はコントロールできない」と断じたのである (*13)。次に、斡旋官から裁

判所への介入について見てみると、これもほとんどないといってよい。たとえば、申立によって裁判所への提訴期限が延期されることはない（第7条）。また、斡旋官は開始された裁判手続に介入したり、裁判判決の正当性に疑いを差し挟むことはできないが、裁判当事者となっている行政機関に対して、裁判継続中であっても、勧告を行うことにより、訴訟の原因そのものをなくしてしまうことや、判決が下された後も、それが申立人に実際困難を引き起こすおそれがある場合には、上述した「衡平」によって介入し、判決がそのまま執行されないように関係行政機関に勧告することがありうる（第11条）。

　次に、斡旋官の活動のもうひとつの柱である制度改革提案を見よう。これまで見てきたように、苦情救済活動は、すでに起きた問題から生じた不都合を救済する事後的修正である。これに対して、苦情救済の経験をふまえて、将来の問題発生を予防しようとするのが、制度改革提案である。この制度は1976年の法律改正によって取り入れられた。同改正によって「衡平」による解決制度が取り入れられたことは先に述べたが、この制度の導入と制度改革提案は、密接な関係にある。前者の導入が、必然的に後者の導入を要求とする。なぜなら、「ある行政行為が違法ではないにせよ現実に不都合を生じている」と斡旋官が判断する場合、当該事件については「衡平」によって救済せざるをえないが、将来発生する同様の事態に備えて、法規自体の改正を具申せざるをえないからである。実際、関係条文である第9条は、1973年当初、以下のように規定されていた。「申立が正当と思われる場合、斡旋官はその受理した問題を解決する性質を持つと思われるあらゆる勧告を行い、場合によっては、関係機関の職務改善に向けたあらゆる提言を行う」。

　なるほど、「あらゆる提言」という表現から、制度改革提案権限が1973年からすでに認められていたはずだという解釈ができないわけではないが、実際は、そのような解釈はなされず、「あらゆる提言」は、関係行政機関に対して事後的に行う勧告と解釈されていたのである。そこで、1976年の改正によって、以下の文言が追加され、衡平による介入権限と制度改革提案権限が同時に認められた。

　「受理した申立について、斡旋官から見て、法規を適用することが衡平の欠

如につながると思われる場合、斡旋官は当該機関に対し、申立人の状況の衡平による解決を可能にするあらゆる解決策を勧告し、権限ある機関に改善をもたらすと思われる性質のあらゆる措置を提案し、適切と思われる法規条文の修正を示唆することができる」。

こうして、衡平による救済が制度改革提案に結びつくことになった。ここに、人権侵害の救済と規制とのあるつながりを明確に読みとることができる。ここでは、規制は統制として現れるのではなく、救済の経験と将来の予防の必要から生じた規範制定として現れるのである。

さて、衡平にもふたつの意味のあることが、斡旋官のインターネット・ホームページでは説明されている。ひとつが相対的意味であり、もうひとつが絶対的意味である。前者は、「正当化されない不平等な取り扱い」と合致するものである。その例として、子どもの扶養に関わる税の控除条件、ならびに、配偶者の死亡にともなう切替年金の条件を男女同等にする提案（97-R014）があげられている。後者は、比較に関係なく、ある状況の内在的に不公正な性格を表している。その例としてあがっているのが、Ｃ型肝炎感染被害者への補償メカニズムを設置する提案（98-R016）である。

提案後はどうするのだろうか。その手続として1986年10月7日首相通達が出され、これは1995年4月10日首相通達で確認されている。斡旋官が各省間委員会を開いて、提案の検討を促すのである。規定上、この委員会は、国家改革大臣が召集することになっているが、実際は斡旋官が行っている（*14）。1998年には、29の改革提案がなされ、23の法規改正が行われた。提案の成功率は、50〜60％といわれている（*15）。

最後に、斡旋官制度を含めた行政システム自体を改革する法案について触れておこう。これは、「行政との関係における市民の権利に関する法律（DCRA）」と呼ばれる。エミール・ズカレリ公務・国家改革・非中央集権化大臣が1998年3月13日に提案し、現在、両議院において第1読会を終了している。主な改善点としては、市民からの問い合わせに対する行政機関の回答期限を2ヶ月にすること。行政機関への質問に対して回答がない場合は了承とみなす制度の樹立、市民からの請求に対する行政機関からの受取確認通知を義務化すること、

取り扱い担当者名を文書に明記すること、問い合わせを受けた行政機関が問題の担当でない場合、適切な機関に問い合わせを送付する義務などがある。また、現在のところ、改革案提案は具体的な申立にもとづかねばならないが、この要件をなくし、幹旋官が自主的に提案できるものとすること。市民が幹旋官をとおして改革提案を行う場合は、議員を介すことなく、直接幹旋官に届け出ることができるようにすることなどである（*16）。

結び

　これまで見てきたことから、はじめに提示したふたつの効率追求が成功しているかどうか評価して見よう。まず、省庁間関係については、財政的効率性と組織的効率性という、ふたつの観点から成功といえるだろう。まず、財政的効率性の観点から、委員会も幹旋官も政府に属する機関なので、費用がたいへん安上がりにすむことである。委員会は、具体的な活動は、関係省庁からの予算でまかない、委員は無給、4人ほどの職員は公務員なので、結局、予算は年間40万（単位はフラン）ほどである。その内訳は、備品5万、文具1万、文書2万、切手4万、交通費10万、コピー3万、電話・ファックス8万、コンピュータ関係2万、招待など5万といったほぼ事務経費のみである。幹旋官は200人ほどの職員にもかかわらず、そのほとんどは、現職公務員か定年退職者であるため人件費がたいへん安く、備品、電話、手当などを含めて年間2200万フランほどの予算である。次に組織的効率性の観点からは、どちらの機関も行政内部の機関なので各活動と実際の行政的実施が直結しやすい。たとえば、委員会は、各省庁の人権教育プログラムのコーディネーターであり、幹旋官は、申立の正式手続に入る前に、彼が担当機関に電話一本入れるだけで問題が解決してしまう場合もあるという。

　それではもう一方の、行政と被行政者との間の効率化はどうか。その評価は、まさに、両者の間のコミュニケーションに依存することになる。両者の対等なコミュニケーションを実現するためには、国内人権機関が政府から独立した組織であることが望ましいことはいうまでもない。しかし、どちらの機関も政府

機関であるため、その独立性は低い。にもかかわらず、対等なコミュニケーションの実現を目指すことによって、両者の間の効率化が追求されている。それは、アクセシビリティ（利用可能性）とアカウンタビリティ（説明責任）を高めることによってである。委員会は市民団体が直接参加しているし、斡旋官には誰でも無料でアクセスできる。アカウンタビリティについては、どちらも年間報告書を書店で販売し、インターネットのサイトを開いている。とくに、委員会の年間報告書には、NGOの意見や活動も掲載されている。フランスの国内人権機関は、行政内部に市民と市民からの批判を取り込もうとする試みなのである。

注

*1……J.リヴェロ、兼子仁ほか編訳『フランス行政法』(1982年、東京大学出版会) 22および24頁。

*2……滝沢正『フランス法』(1997年、三省堂) 125頁。

*3……滝沢前掲、135頁。

*4……林瑞枝「フランスの人権状況と人権擁護体制」マイノリティ研究会『各国の人権擁護制度』(解放出版社、1995年) 103頁。

*5……「人権教育、トレーニング、普及」(グループA)、「国際カレンダーおよび外交—国際問題」(グループB)、「国内問題」(グループC)、「倫理的考察—人権と政治的社会的発展」(グループD)、「人権教育10年」(グループE)、「法と人道的活動」(グループF)、「人種差別と排外主義」(グループG)。

*6……Comité de liaison pour la Décennie des Nations Unies, Décennie des Nations Unies pour l'Education dans le domaine des droits de l'homme, Pré-rapport de la France, Décembre 1996 et Décembre 1997.

*7……原語はMédiateur de la République。この訳語は、中村紘一・新倉修・今関源成監訳『フランス法律用語辞典』(三省堂、1998年) に依った。園部逸夫・枝根茂『オンブズマン法[新版]』(弘文堂、1997年) 185-198頁参照。

*8……1976年12月24日法律76-1211および1989年1月13日法律89-18によって補充され、1992年2月6日法律92-125によって修正。

*9……LE MEDIATEUR DELA REPUBLIC, Rapport 1999 au Président e la République et au Parlement, p.216.

*10……Ibid., p.213.

*11……Ibid., p.212.

*12……ウェブサイトおよびBénédicte DELAUNAY, Le Médiateur de la

République, Presse Universitaire de France, Coll. Que sais-je?, 1999, pp.98-99.
*13……C.E.10 juillet 1981,《Retail》. Cf. Jacqueline MORAND-DEVILLER, Cours de droit administratif, 1997, Montchrestien, pp.106-107.
*14……Rapport 1999, op.cit., p.177.
*15…… LE MEDIATEUR DE LA REPUBLIC, La Médiation: Quel avenir?, Le Médiateur de la République, 1998, p.104.
*16……Cf. ibid., p.123.

参考文献

国家人権諮問委員会について、年次報告書 Commission nationale consultative des droits de l'homme, La lutte contre le racisme et la xenophobie1999, 2000, La documentation Française.インターネットアクセス：www.cncdh.org. 共和国行政斡旋官について、年次報告書 LE MEDIATEUR DE LA REPUBLIC, Rapport 1999 au Préident e la Réublique et au Parlement. インターネットアクセス：http://www.mediateur-de-la-republique.fr.

追記

本稿執筆のための調査に協力して下さった、国家人権諮問委員会委員長ピエール・トゥルシュ氏（M.Pierre TRUCHE)、副委員長マルティヌ・ヴァルドブルック（Mme Martine VALDES BOULOUQUE)、「人権教育のための国連10年のための国内連絡委員会＝人権教育養成のためのフランス委員会」委員長フランシーヌ・ベスト氏（Mme Francine BEST)、事務局長ジェラール・フル氏（M. Gérard FELLOUS)、首相付特任官ナタリー・デュアメル氏（Mme DUHAMEL)、秘書官ジゼル・ジューヴ氏（Mme Gisèle JOUVE)、フランソワーズ・シャプロン氏（Mme Françoise CHAPRON)、ヴェロニック・ブヴァン氏（Mme Véronique BEVIN)、共和国行政斡旋官の外務・人権審議官フィリップ・バルディオ氏（M. Philippe BARDIAUX)、同資料課のジェクリヌ・シェルコ氏（Mme Jacline CHELOUDKO)、ベアトリス・ヴィウラック氏（Mme Béatrice VIOULAC)、人権団体MRAP代表シャルル・パラン氏（M. Charles PALANT)、弁護士ピエール・メラ氏（M. Pierre MAIRAT）に深くお礼申し上げる。とくにフル氏には国家人権諮問委員会事務局の一室を筆者の調査のためにあてがっていただいたことを書き添えておきたい。

資料

国家人権諮問委員会設立デクレ

首相は以下のように命令する。

第1条
国家人権諮問委員会という名称の独立委員会を設立する。

委員会は、その意見によって、人権および人道的活動に関わるあらゆる一般的問題について、首相ならびに関係大臣を補佐する。

委員会は、関係行政機関と人権および人道的活動の分野で活動する非政府諸機関の代表との間の協力を促進する。

委員会は、必要に応じて、人権分野における条約義務の履行として、フランス政府が国際機関に提出する報告書の作成に寄与する。

あらゆる人種差別的、反ユダヤ的、排外主義的行為の抑制を目指す1990年7月13日の法律90-615第2条に従い、国家人権諮問委員会は、人種主義と排外主義に対する闘いについての年次報告書を政府に提出する。

委員会は、首相もしくは政府関係者から発せられた意見要請もしくは研究要請を受理することができる。

委員会は、自らの発意により、人権の保護と伸長を促進する性質を持つと思われる措置について、公的機関の注意を喚起することができる。特に以下の点に関して：

――人権に関する国際文書の批准。

――場合によっては、国内法と上記文書の整合性。

――とりわけ人権についての教育研究に関わる行動計画の実施、学校・大学・職場における行動計画活用への参加、ならびに、より一般的に、人種主義と排外主義に対する闘い。

また委員会は、以下のことを行うことができる。

――緊急な人道的状況に関わるあらゆる問題の提起。

――このような状況に対処できるメカニズムについての情報交換の奨励。

――危機的状況の中で活用される人道的援助の諸形態についての意見作成。

――国際人道法の適用確保に固有の措置の研究。

委員会は、その意見を公表することができる。

委員会は、世界人権宣言の精神に則った人権の効果的な保護と助長に関わる、現地活動、研究、企画を表彰する「フランス共和国人権賞―自由・平等・博愛」を毎年授与する。

この賞は、委員会が採択する規則に基づき、国籍や境界に関わりなく、個人もしくは団体に助成金の形で授与される。

第2条

信条及び意見の多様性を確保するため、委員会は以下の者によって構成される。

投票権を持つ者としては、

(a) 下記に属する者で、その氏名によって任命された者。

――人権又は人道的活動の分野で活動する非政府団体

――主要労働組合連合

(b) 人権における学識経験を理由に選ばれた者。

(c) 国際人権機関に個人資格で出席するフランス人専門家。

(d) 国民議会議員ひとりおよび元老院議員ひとり。

(e) 共和国行政幹旋官。

投票権を持たない者としては、

(f) 首相代理および関係大臣代理。

第3条

第2条に掲げる委員会委員は、首相アレテによって任命される。

(a)及び(b)に明記された者の任期は3年間。(c)(d)(e)に明記された者の任

期はその在任期間とする。
　国民議会議員および元老院議員の任命は、それぞれ国民議会議長および元老院議長の提案に基づく。
　(f)に明記された者は、それぞれ首相及び関係大臣の提案に基づく。補充要員についても同じ形式で任命される。
　辞任の場合を除き、委員の任期が終了するのは、委員会事務局が確認した支障もしくは欠落の場合のみである。欠落と見なされるのは、確たる理由がなく、全体総会を3会期連続して出席しなかったすべての委員である。
　任期前に終了した者に代わって任命された委員会は、その者の任期を全うする。

第4条
　委員会は、委員長ひとり、副委員長ふたりからなる事務局を持ち、投票権を持たない事務局長によって補佐される。

第5条
　委員長と副委員長は、第2条(a)(b)(c)に規定された委員会から、首相アレテによって、3年の任期で任命され、一度だけ再選が認められる。委員会事務局は、第2条(a)(b)で言及された委員会委員と同様の形式で任命された事務局長によって確保される。事務局長は、必要に応じて、特別任務を帯びた官吏によって補佐される。

第6条
　第2条で述べた委員全部が、全体総会を構成する。
　全体総会は、必要に応じて、ならびに、少なくとも年3回、委員長の召集により、もしくは、少なくとも投票権を持つ委員の3分の1の要請によって、開催される。
　委員会の意見及び決定は、全体総会における多数決によって採択される。意見が分かれた場合は、議長の投票が優位する。
　小委員会の委員は、その議題に関わりある場合、全体総会に参加することはできるが、投票権は持たない。

第7条
　委員会は、その内部において特定の問題に関する小委員会を設けること、ならびに、報告者を任命してあらゆる有益な勧告を委員会に行うよう要請することができる。
　小委員会は、委員会事務局によって召集される。
　委員会委員以外にも、第2条(a)(b)(e)に述べた委員が自己の代理として選んだ者は、投票権はないが、小委員会に出席するよう要請されることができる。
　委員会委員以外にも、第2条(a)(b)(e)に述べた委員が自己の代理として選んだ者を、投票権はないが、小委員会に出席するよう要請することができる。
　全体総会又は小委員会は、有益と認めた場合、人権に関する特定の学識経験を持ったすべての者の話を聞き、意見を求めることができる。
　委員会委員長は、関係大臣に対し、特にその権限に属する問題についての研究又は報告書の作成を要請することができる。
　委員会は、必要に応じて、内部規則を作成する。委員会の任務遂行に必要な予算は、首相の役務予算に繰り入れられる。
（1984年1月30日デクレ84-72を1993年2月9日デクレ93-182及び1996年9月11日デクレ96-791により修正。）

行政幹旋官を設立する
1973年1月3日法律73-6

第1条
　独立機関たる共和国行政幹旋官は、この法律によって定められた条件の中で、被行政者との関係における、国家の行政機関、地方公共団体、公施設法人および公益的任務を付与されたその他すべての機関の運営に関する申立を受理する。
　その権限の範囲内において、共和国行政幹旋官はいかなる機関からの指示を受けない。

第2条
　共和国行政幹旋官は、6年の任期で、閣議の議を経たデクレによって任命される。国務院の議を経たデクレが規定する条件によって障害が確認された場合を除き、任期満了以前にその職を終了させることはできない。その任期は更新されない。

第3条
　幹旋官は、その職務の遂行にあたって表明した意見もしくは行った行為について、訴追、捜索、逮捕、拘禁もしくは判決を受けることはない。

第4条
　選挙法に以下の条文、L.194-1を追加する。
　「L.194-1. 在任中、幹旋官は、県会議員の任務への候補者となることは、任命以前にこの任務を遂行しているのでなければ、できない。」

第5条
　選挙法に以下の条文、L.230-1を追加する。
　「L.230-1. 在任中、幹旋官は、市町村会議員の任務への候補者となることは、任命以前にこの任務を遂行しているのでなければ、できない。」

第6条
　いかなる自然人もしくは法人であれ、その者に関する事件について、第1条に明記された機関がその保障すべき公共役務の使命に従って職務遂行しなかったとみなす者は、個人申立により、その事件を幹旋官に知らしむるよう、要求することができる。
　申立の宛先は、国民議会議員もしくは元老院議員とする。これらの者は、その申立が幹旋官の権限に属し、その介入に値すると思われる場合、これを幹旋官に送付する。
　さらに、国会議員は、自らの判断に基づいて、幹旋官の権限に属し、その介入に値すると思われる問題を幹旋官に付託することができる。
　各議院の6常任委員会のいずれかの要請に基づいて、国民議会議長もしくは元老院議長も、各議院に付託された請願案件を幹旋官に送付することができる。

第7条
　申立に先だって、関係行政機関に対する必要な手続きがなされなくてはならない。
　申立はとりわけ権限ある裁判所への提訴期間を中断するものではない。

第8条
　第1条に明記された諸機関とその職員との間に生じうる紛争を、幹旋官に対する申立の対象にすることはできない。本条の規定は、その職員が職務を終了した後は適用されない。

第9条

申立が正当と思われる場合、斡旋官はその受理した問題を解決する性質を持つと思われるあらゆる勧告を行い、場合によっては、関係機関の職務改善に向けたあらゆる提言を行う。

受理した申立について、斡旋官から見て、法規を適用することが衡平の欠如につながると思われる場合、斡旋官は当該機関に対し、申立人の状況の衡平による解決を可能にするあらゆる解決策を勧告し、権限ある機関に改善をもたらすと思われる性質のあらゆる措置を提案し、適切と思われる法規条文の修正を示唆することができる。

斡旋官は、自己の介入後に行われたことについて情報を得る。斡旋官が定めた期間内に十分な回答がなされなかった場合、斡旋官はその勧告を公表することができる。当該機関は回答および場合によっては、斡旋官の取り組みの後に取られた決定を公表することができる。

第10条

権限ある機関によって措置がなされない場合、斡旋官は当該機関に代わって、責任あるいかなる公務員に対しても、懲戒手続を開始し、また場合によっては、刑事裁判所に訴えることができる。

第11条

斡旋官は、開始された裁判手続きに介入することはできず、裁判判決の正当性に疑いを差し挟むことはできないが、問題とされている機関に対して勧告を行うことはできる。

さらに、既判力を持つ裁判判決が執行されない場合、斡旋官の定める期間内に当該機関が判決に従うよう、斡旋官は命じることができる。この命令が遂行されない場合、裁判判決の不執行は、第14条の条件に従って作成される特別報告書の対象となり、官報に掲載される。

第12条

大臣およびすべての公共機関は斡旋官の任務を援助しなくてはならない。

上記の者は、その権限の下にある職員に対し、斡旋官からの質問、および、場合によっては、召喚に応じることを許可しなくてはならず、さらに、監督機関が斡旋官から要請された確認および調査をその権限内で行うことを許可しなくてはならない。職員および監督機関は、これに応じ、もしくは、従わなくてはならない。これらの者は、命令の遵守を確保する。

国務院副院長および会計院長は、斡旋官の要請に基づき、一切の調査を行う。

第13条

斡旋官は、その調査する事件に関するすべての文書もしくは書類を、担当大臣もしくは担当機関が提出するよう要請することができる。当該文書の秘密性もしくは非公開性を理由にして、この要請を拒否することは、その秘密が国防、国家安全保障または外交政策に関する場合を除き、できない。

守秘義務に関する規定の尊重を確保するため、斡旋官は、その権限の下で公開される文書の中で、人物の特定を可能にする言及が行われないよう確保する。

第14条

斡旋官は、その活動に関する年次報告書を共和国大統領および議会に提出する。この報告書は公開される。

第14条bis

いかなる性質のものであれ宣伝または広告の文書に、斡旋官の名を掲載した、もしくは、掲載を許可した者は、斡旋官という地位の明示のあるなしに関わらず、1ヶ月から6ヶ月の禁固かつ2000フランから10000フランの罰金、もしくは、このふたつの刑のいずれか一方に処する。

第15条

斡旋官の職務遂行に必要な予算は、首相予算に組み入れられる。その運用に、財政監督に関する1922年8月10日法律の規定は適用されない。

斡旋官はその会計を会計院による監督のために提出する。

斡旋官の協力者は、斡旋官によってその任期につき任命される。協力者は、公務員の一般的地位に関する1959年2月4日オルドナンス59-244第10条が定める義務に従う。協力者が国家公務員もしくは地方公共団体の公務員の資格を有する場合、その出身機関への復帰については、国務院の議を経たデクレが定める保証を享受する。

(1976年12月24日法律76-1211及び1989年1月13日法律89-18によって補充され、1992年2月6日法律92-125によって修正)

(翻訳／窪誠)

イギリスの人種平等委員会と機会均等委員会
司法と市民をむすぶ試み

小林　学

こばやし・まなぶ／NMP研究員

1 イギリスの人権状況

　ヨーロッパの西端に位置するイギリスは、日本の約3分の2の国土に5900万人ほどの人口を有する。英語ではEnglandと表記されることもあるが、正確にはウェールズ、スコットランド、北アイルランドを加えた4地域から構成される連合王国（United Kingdom）であり、1997年の労働党政権発足後には各地域に議会と行政府が設置されつつある。

　この国の人権状況については、まず他の先進国と同様に、人種や性、障害、性的指向、年齢などによる社会的差別の問題があげられる。国民の大半を占めるアングロサクソンの国という印象が強いイギリスだが、首都ロンドンでは実に約30％がカリブ系、アフリカ系、アジア系などのマイノリティといわれており、とりわけ彼らに対する雇用や教育における差別は現政権の抱える大きな課

題のひとつである。また、ヨーロッパ連合加盟国のうち男女間の賃金格差がもっとも大きいのはイギリスであり (*1)、雇用における女性差別は深刻な状況にある。

ほかにも、行政当局による人権侵害も少なからず報告されている (*2)。とりわけ警察機構の人種差別体質については、殺人事件の被害者少年がマイノリティであったために適切な捜査が行われなかったとされる1993年のローレンス事件 (*3) を機に全国的に批判が強まっているほか、警察官による任意尋問においてマイノリティがターゲットとされているという指摘もある。また入管行政においても、行政の決定に対する不服申立において弁護士による適切なサポートがなされていないことや、不必要に長期にわたる拘禁が行われていることなど、多くの問題がみられる。

さらにイギリスに特徴的な人権問題としては、北アイルランドにおける長年の宗教対立をあげることができる。プロテスタント教徒とカトリック教徒の間の歴史的対立は、同地域に現在まで深刻な宗教差別をもたらし、無差別テロによる多くの犠牲者を生んできた。こうした特殊な事情から、北アイルランドには宗教差別に取り組む他地域にはない法制度が整えられてきたが、和平の行方はいまだに不透明である。

このようにイギリスも他国と同様に多くの人権問題を抱えているのだが、以下ではイギリスにおける人権保障システムがどのようになっているか概観する。そして、とりわけ現在までに中心的な役割を果たしてきた、差別問題に取り組む諸委員会の組織と活動を分析し、そこから浮かび上がるいくつかの論点を検討する。

2 イギリスにおける人権保障システムの概要

イギリスにおける人権保障の枠組みの特徴は、第1に、成文の権利章典が存在しないことから人権は議会立法および判例法を通じて保障されているということである。このような人権保障システムの実効性をめぐっては、理論的には議会立法によればいかなる人権も制限されうることになり、しばしば権力の濫用を抑制する必要性が主張されて、権利章典を作るべきか否かの論争が長年に

わたって続いてきた (*4)。第2に、イギリスではいわゆる二元主義がとられていることから、批准された国際人権条約も国内法に変型されなければ国内裁判所における準拠法とはならない。権利章典がないことから、本来ならば国際人権法が大きな役割を果たす余地があるのだが、現状では多くの国際人権条約が十分に国内法化されておらず (*5)、条約機関に対する申立手続 (*6) などにも加入していない。ようやく最近になって、ヨーロッパ人権条約を国内法化した「1998年人権法」(Human Rights Act 1998) によってはじめて成文の権利カタログが誕生したが、これも実施へむけた準備が始まったばかりである。したがって、イギリスにおける国際人権法による人権保障は、現在までは実効性に乏しいといわなければならない。それでは、このようなイギリスにおける人権保障は実際にはどのように行われているのか。以下では、第1に立法、行政、司法における取り組みを、第2に政府から独立した諸機関の活動を、それぞれ検討してゆく。

2|1|……立法・行政・司法

　イギリスは議会主権の国であり、貴族院 (House of Lords) および庶民院 (House of Commons) から構成される議会は立法機関であり、同時に、貴族院は日本の最高裁に相当する司法機関でもある。したがって、議会によって制定される立法が人権の観点から問題とされうる場合、その最終判断を下すのも議会ということになる。現状では、議会内で人権問題を専門的に扱う機関はないが、通常は法案の作成に先立って政党が討議文書 (Consultation Papers) や白書 (White Papers) を準備し、広く市民の意見を聴く努力はされている。また1998年人権法の成立にともない、議会において制定される立法が条約の人権基準を満たしていることが求められるようになった。これを受けて政府は1998年12月、議会に両院合同あるいは各院に議会人権特別委員会 (Parliamentary Select Committee on Human Rights) を創設することを決定している (*7)。

　議会の立法による人権保障に実効性を持たせるうえで、行政機関による取り組みは重要である。人権保障という課題が行政のあらゆる側面に存在するため、各省庁においてさまざまな部署が活動しているが、以下では主だったものをあ

げてゆく。人種政策や警察機構、入管政策、刑事政策などを管轄する内務省には、人種関係部（Race Relation Unit）が設置されて人種関係について担当しているほか、人権政策一般については人権部（Human Rights Unit）も設置されている。後者は、とりわけ1998年人権法の実施準備のために設置された経緯があり、行政機関におけるトレーニングや実施状況の監視なども担っている。内閣に直属する内閣府（Cabinet Office）には、女性政策を包括的に担当する女性部（Women's Unit）が設置されており、男女の賃金格差是正や職業・家庭生活の調和などについて省庁間の調整を行うとともに、女性差別撤廃条約など国際条約機関へのレポートの作成・提出なども担当している（*8）。

司法においては通常の裁判所のほか、準司法機関である各種の審判所や裁判外紛争処理機関が設置されている。社会的差別のうち、とりわけ深刻である雇用における差別については、貿易産業省（Department of Trade and Industry）の管轄する雇用審判所（Employment Tribunals）によって担当されている。

2|2|……政府から独立した諸機関

イギリスにおける政府から独立した諸機関は、国連がパリ原則（*9）において提唱したような包括的権限を有する「国内人権機関」（National Human Rights Institutions）ではなく、分野ごとに独立して活動している機関・委員会によって、分野・地域別に個別に行われている。おおまかにみると①差別関連、②拘禁・監視施設関連、③オンブズマン関連、などの分野において立法にもとづいて設置された公的機関が存在するが、組織や権限の詳細は多様である。また、一部には私的な自主規制機関も活動している。

第1に、おそらく国内外でもっとも知られている、人種や性、障害による差別を禁止する諸立法によって設置された法の実施を監視する諸委員会が活動している。これらは、

①人種差別を禁止する1976年人種関係法（Race Relations Act 1976）によって設置された「人種平等委員会」（Commission for Racial Equality）

②性差別を禁止する1975年性差別法（Sex Discrimination Act 1975）によって設置され、1970年平等賃金法（Equal Pay Act 1970）も管轄する「機会

均等委員会」(Equal Opportunities Commission)
③障害による差別を禁ずる1995年障害者差別法 (Disability Discrimination Act 1995) によって設置された「国家障害審議会」(National Disability Council) である。なお、2000年4月より国家障害審議会は「障害者権利委員会」(Disability Rights Commission) として改組されて権限が大幅に強化され、他の委員会と同様に個人から申立を受理できるようになった。

これらの委員会は、イギリス国内の全地域 (イングランド、ウェールズ、スコットランド、北アイルランド) において活動しているが、北アイルランドにおいては個別の立法にもとづいて当該地域のみを管轄する委員会として設置されており、他地域とは別に活動している。また、同地域の政治的状況を考慮して、とりわけ雇用における宗教にもとづく差別に取り組む公正雇用委員会 (Fair Employment Commission) が設置されたことも、他の地域とは異なっている。さらに、近年の和平プロセスの結果として制定された1998年北アイルランド法 (Northern Ireland Act 1998) によって、上記の4つの委員会 (人種平等委員会、機会均等委員会、国家障害審議会、公正雇用委員会) は北アイルランド平等委員会 (Northern Ireland Equality Commission) として統合されたほか、より広範に人権問題全般を扱う北アイルランド人権委員会 (Northern Ireland Human Rights Commission) が設置され、それぞれ活動を開始している。

第2に、さまざまな拘禁・監視施設における違法な人権侵害を監視する諸組織が存在する (*10)。まず、1983年精神健康法 (Mental Health Act 1983) によって設置された精神健康法委員会 (Mental Health Act Commission) は、同法にもとづく精神障害者施設における人々の処遇を監視し、個別の申立を受理して調査を行う権限を有する。

この委員会も地域によって組織と権限が多少異なる。法制度がほぼ同一であるイングランドおよびウェールズにおいては委員会の独立性は低く、たとえ委員会が違法な待遇として認定しても拘禁そのものを終わらせる権限はないが、スコットランドおよび北アイルランドではより高い独立性を有し、拘禁を解く権限も付与されている。また、刑務所における囚人の処遇を監視する機関としては、刑務所オンブズマン (Prisons Ombudsman) がある。オンブズマンは、処

遇に関する申立を受理して調査を行う権限を有するものの、立法にもとづかない行政組織であり、その運用の大半は内務相の裁量下にある。したがって、調査に関する権限は歴代の保守党政権によって大幅に制限されてきており、現場ではほとんど実効性を認められていない。さらに、警察機構を管轄する第三者組織としては警察申立機関（Police Complaints Authority）が設置されており、警察官による作為および不作為を監視し、必要に応じてとられるべき措置を決定する。近年イギリスでは、根強い人種差別体質など警察の不祥事が頻繁に取り上げられているが、この組織は自ら調査を開始することや違法行為に対して制裁を求めることはできず、実効性には疑問が持たれている。なお、スコットランドにおいては、このような警察を対象とした独立した組織そのものがない。

第3に、政府および地方自治体に関しては、主に中央官庁の活動を対象とした議会オンブズマン（Parliamentary Commissioner for Administration）や自治体オンブズマン（Commissioners for Local Administration）が活動している。とりわけ北アイルランドのオンブズマンは、公務員による宗教および政治的差別を調査して勧告を行い、必要があれば裁判所の命令を請求して勧告を強制する権限も有する。また個人情報保護の分野においては、ヨーロッパ審議会（Council of Europe）の情報保護条約（Convention on Data Protection）の批准を受けて情報保護登録局（Data Protection Registrater）が設置され、個人情報を扱う機関は官民を問わず当該機関への登録が義務づけられた。登録を怠った場合や機関の定める規則に違反した場合は、情報保護登録局によって個人情報保護審判所（Data Protection Tribunal）へ訴えられることもある。なお、ヨーロッパ連合の個人情報保護命令（EC Directive on Data Protection）を受けて、あらゆる情報を保護下におくとされた。マスコミ報道における人権侵害については報道申立委員会（Press Complaints Commission）が1991年に設立され、報道に関する申立を受理して調査を行っているが、第三者機関というよりは業界の自主規制組織としての性格が強い。

2|3|……政府から独立した諸機関の特徴

以上のような政府から独立した諸機関に関して、いくつかの特徴を指摘する

ことができる。第1に、どの機関も人権の保護という目的を共有するものの各分野ごとに活動しているため、イギリスには人権保障という課題を包括的に取り扱う機関がない。おそらく唯一の例外として、北アイルランドに新たに設置された北アイルランド人権委員会と、その前身であった常設人権諮問委員会 (Standing Advisory Commission on Human Rights) が人権問題全般を扱う権限を有しているが、その管轄は同地域に限られてきた。このため、第2の特徴として、分野や地域によって人権保障のレベルに相違がみられる。すなわち、北アイルランドでは禁止されている宗教や政治的信条による差別は他地域では明示的に禁止されていないなど、人権保障システムとして普遍性を欠く制度になっている。近年イギリスでは、国内外の人権に関する立法を包括的に管轄してイギリス全土をカバーするような人権委員会 (Human Rights Commission) の創設を求める声が高まっているが (*11)、背景には、このように既存の人権保護システムでは十分に対応しきれていない分野があり、また人権をめぐる新たな動きに対して地域および分野別機関では対応できていない、という認識があるのである。

興味深いのは、こうした改革案において、反差別諸委員会など既存の組織の見直し、強化、あるいは統合などが求められている一方で (*12)、同時にそうした組織が過去に果たしてきた役割にも一定の評価を与えている点である。とりわけ人種平等委員会と機会均等委員会は、設置から四半世紀あまりの年月をへて、いまだに権限において不十分という認識が強いものの、他の機関にくらべれば遥かに充実した組織と権限を有し、救済機能と教育・啓発機能をあわせ持つ数少ない組織である。以下では、それらの委員会について、まず設置にいたった経緯を振り返った後、①組織と財政、②救済機能、③調査および政策提言、④教育と広報、について順に特徴や問題点を分析し、イギリスの人権保障システムにおいて果たしてきた役割を検討していきたい。

※なお障害差別法については、比較的最近に制定された立法であって審議会の活動期間もまだ浅いため、ここでは主に人種平等委員会および機会均等委員会について検討する。これらの設置法である1976年人種関係法および1975年性差別法は、差別を禁止する実体規定、その適

用範囲や委員会の権限、手続規定などを定めているが、人種と性という異なる領域を管轄している点を除いてほぼ同一の規定となっているので、以下で「委員会」と表記する場合は両委員会を指すこととする。また、北アイルランドには個別の立法にもとづいて委員会が設置されていることに関連して、特別の断りがない限り「委員会」とはイングランド、ウェールズ、スコットランドにおいて活動する両委員会を指すこととする。

3 イギリス反差別法および実施機関
― 人種平等委員会と機会均等委員会を中心に ―

3|1 …… 歴史的背景

3|1|1 …… 人種平等委員会 (*13)

　イギリスの人権関係政策の背景には、第二次大戦前後の労働力不足の時期に、西インド諸島やアジア、アフリカなどから移民した人々とその子孫に対する、おもに雇用、教育、住居の分野における差別の激化があった。対策を迫られた政府は、1965年の総選挙で労働党が人種差別を禁ずる立法の制定を公約に掲げた頃から、断続的に差別禁止立法を制定し始めることになる。しかし、同年の政府白書「英連邦からの移民」では人種差別への取り組み強化とならんで、1962年に保守党政権下で強化された移民制限のさらなる推進も明記されており、当時はまだ実態としては移民制限の見返りとしての意味合いが強かったといわれている。その後に成立した1965年人種関係法 (Race Relations Act 1965) は、人種差別をはじめて法的に禁じた立法として、特定の場所（ホテル・レストランなど）における人種差別的発言や印刷物の配布・出版を禁じ、差別事件の調停を行う人種関係局 (Race Relations Board) を設置した。1965年法の原案では、差別に対する刑事罰の適用が含まれていたが、これに保守党の一部が反発し、与党労働党は多数を確保するためにこれを断念して、調停に重点をおく内容とした。このことが、現在まで人種関係法が実効性に欠けると批判される理由のひとつとなっている。1966年の総選挙に大勝した労働党は、悪化する人種差別

の現状を重く受け止め、また国連の人種差別撤廃条約の批准もあり、1965年法の強化をめざして法改正を行い、1968年人種関係法が成立した。これにより地域における人権教育活動を新たに規定し、これを担うコミュニティ関係協議会 (Community Relations Councils) と、その調整機関としてコミュニティ関係委員会 (Community Relations Commission) を設置した。また、差別禁止の対象分野を住宅・雇用・教育・サービスの各分野に拡大し、人種関係局の調停権限を強化した。人種関係局が担う調停を含めた法の実施 (enforcement) とコミュニティ関係委員会が行う人権教育の促進 (promotion) というふたつの柱は、1968年法で明確にされた機能である。

しかし、1968年の法改正後も法の実効性に対する議論は続き、政府は1976年に再び法改正を行った。同改正では、直接差別に加えて間接差別を禁じて個人に提訴権を与えたほか (*14)、制度的にも人種関係局とコミュニティ関係委員会を統合して人種平等委員会 (Commission for Racial Equality) を設置し、自治体に対して機会均等への取り組みを義務づけた。その後も委員会は85年、92年、98年の3回にわたり法改正案を提出し、権限の強化や法の明確化などをくりかえし要望してきたが、ローレンス事件など度重なる警察の不祥事を機に、法の適用を警察や入管行政へ拡大する1976年人種関係法の改正案が2000年春現在、議会で審議されている。

3|1|2……機会均等委員会 (*15)

イギリスでは19世紀後半以来、労働組合評議会 (Trade Union Congress, TUC) を中心に男女同一賃金を求める運動が展開されてきたが、1963年に「TUC女性労働憲章」が採択された頃から具体的な立法作業が始まり、1970年には男女同一賃金法 (Equal Pay Act 1970) が成立した。これは、1964年に労働党政権が民間企業における男女同一賃金原則を立法化する方針を掲げ、EC加盟を控えてローマ条約第119条の同一賃金原則を国内法化する必要もあったことなどが背景にある。この男女同一賃金法はあくまで雇用条件の平等のみを規定する法律で、雇用上の機会均等一般にわたる差別を禁止する法律ではなかったため、1968年に提出された議員立法を皮切りに新たな立法化作業が始まった。当

初は直接差別を念頭にした雇用分野における差別禁止規定を盛り込み、個人の不服申立を受理して調停する委員会の設置が含まれていた。法案は1972年までに5度も廃案に追い込まれたが、1973年には上院の特別委員会で立法化の必要性を訴えた報告書が提出されたことを契機に、政府保守党も立法化へ動き出した。この委員会報告で注目されるのは、当時すでに成立していた1968年人種関係法と比較して、性差別を扱う委員会には調停権限に加えて、強制力を持った決定を下す権限を持たせるべきだと主張した点である。1974年に政権についた労働党は、差別の撤廃手段として、前政権が個人申立による救済手続と、調査および政府への非拘束的な意見通告権限を持つ機関の設置を提言していたのに対して、強制的な「差別禁止通告」を発する権限を持たせ、1975年性差別法（Sex Discrimination Act 1975）が成立した。この権限は、翌年に成立した1976年人種関係法においても採用された。なお、これらの立法はEC法の水準に照らして、男女同一賃金法は1984年に、性差別法は1986年にそれぞれ改正された。

3|2|……組織および財政

人種平等委員会および機会均等委員会は、制定法によって政府から独立して設立された、一般の行政機関と区別される公的機関（Public Bodies）と呼ばれる組織のひとつである。こうした公的機関は1999年末現在イギリス全土に約1000機関近くあり、組織の目的や活動はさまざまであり、多くの場合は個別の立法によって組織や財政、任務や権限に関する詳細が定められている（*16）。

人種平等委員会と機会均等委員会の設置法である1976年人種関係法および1975年性差別法によると、委員会は委員長1名と副委員長2名をふくむ最大15名の委員から構成され、2000年3月末段階では人種平等委員会は15名、機会均等委員会は14名の委員を有する。委員の要件は差別禁止法上の規定はないが、常勤の委員長は、予算を配分している省庁によって、いわゆる政治的任命として、人種平等委員会は内務大臣（Home Secretary）、機会均等委員会は教育雇用大臣（Secretary for Department of Education and Employment）によって任命され、その他の非常勤の委員は委員長および省庁幹部によって選出される（*17）。

委員の多様性についても規定はないが、慣例として人種や性別、所属団体、地域などを考慮して選出しており、最近では公募も行われている。委員の罷免は規定上で制限されており、実際に任期中に解任されることはまずない。委員会の活動範囲は広いので、実際には法務委員会や予算委員会、地域委員会など個別に専門委員会を設置しており、担当委員と幹部スタッフが実質的な意思決定を行っている。委員会の本部は、人種平等委員会はロンドンに、機会均等委員会はマンチェスターにあり、管轄する各地方（イングランド、ウェールズ、スコットランド）に地域事務所も有する。事務局スタッフは、1998年末段階で、人種平等委員会には180名、機会均等委員会には155名おり、個別事件を担当する専属の弁護士やNGO出身のスタッフもいる。委員の大半がパートタイムであることもあり、とりわけ状況を把握している事務局の発言権が強く、ある幹部スタッフによれば専門委員会の主導権も事実上は幹部スタッフにあるという。こうしたスタッフの採用でも、委員と同様に多様性の確保が意識されており、新聞紙上などで公募されている。

委員会の年間予算は、議会の承認を経て通常は政府案が成立し、1998年度は人種平等委員会が約1,482万ポンド（約27億円）、機会均等委員会が約634万ポンド（約11億円）であった。ともに全予算のうち5割前後を人件費に割いており、活動内容を考えると決して多いとはいえない。とりわけ、両委員会の規模がほぼ同じであることを考えると機会均等委員会の予算は少なく、2000年4月に設置された障害権利委員会の初年度予算が約1,100万ポンドと決まったことなどを考慮しても、性差別問題に対する政府の関心が低いともいわれている。

また委員会は政府から独立した機関とされているが、このように財政においてはほぼ全面的に政府に依存していることで、組織の活動内容は政府の決定する予算によって大きく左右される。さらに政府は、すでに述べた委員の任命のほか、幹部スタッフの任命や委員会内部の意思決定プロセスの調整などにも関与する (*18)。したがって、たとえば委員から幹部スタッフへの実質的な権限委譲なども政府の承認が必要とされ、委員会の会議資料のチェックや、政府から委員会への担当者の派遣などもある (*19)。最近では1998年度に、政府は機会均等委員会に対して定期レビューおよび内部監査を行い、活動および財政に

ついて具体的な提案を行っている (*20)。これらの提言に対して機会均等委員会はおおむね積極的だが、予算を配分する監督官庁が調査を行うことによって、委員会の独立性に少なからず影響を及ぼしている感も否めない。

3|3| ……委員会の救済機能

イギリスにおける人権侵害の救済プロセスは分野ごとに立法で定められており、おおまかに概観すると図1のようになっている。大きな特徴としては、オーストラリアのように被害者がまず人権委員会に申し立てる制度と異なり、イギリスでは被害者本人が直接に裁判所あるいは審判所へ申立・提訴するのが特徴である。したがって、委員会は専属の弁護士などを通じて個別事件をサポートできるが、委員会自身が本人に代わって争うことはできない。それでは委員会はどのような役割を果たしうるのか。委員会の規定上の任務は、

　①差別の撤廃に向けて活動する
　②機会の均等を促進する
　③設置法について定期的に改正案を議会へ提出する

と規定されている (*21)。そして、それらを遂行するために委員会に与えられた主な権限は、①申立の受理、②職権による公式調査（Formal Investigations）、および③差別的広告など特定の差別形態に対する委員会による提訴、などである。以下、これらを順に検討し、人権侵害の救済がどのように行われているのか分析していく。

3|3|1| ……個別申立の受理

情報提供

委員会の第1の任務は、個別事件に対するサポートである。差別を受けたと考える人は誰でも、電話やFAX、電子メールなどを利用して委員会に相談できる。差別禁止法が一般に知られていないことから、特定の状況が差別にあたるのか判断できない人も多く、委員会には膨大な数の一般的な問い合わせや相談が寄せられる。その数は1998年度に、人種平等委員会では約1万件、機会均等委員会では約3万5千件にのぼった。いわば「人権相談」といえる活動であ

●図1:英国における差別事件の救済プロセス（雇用関係事件の場合）

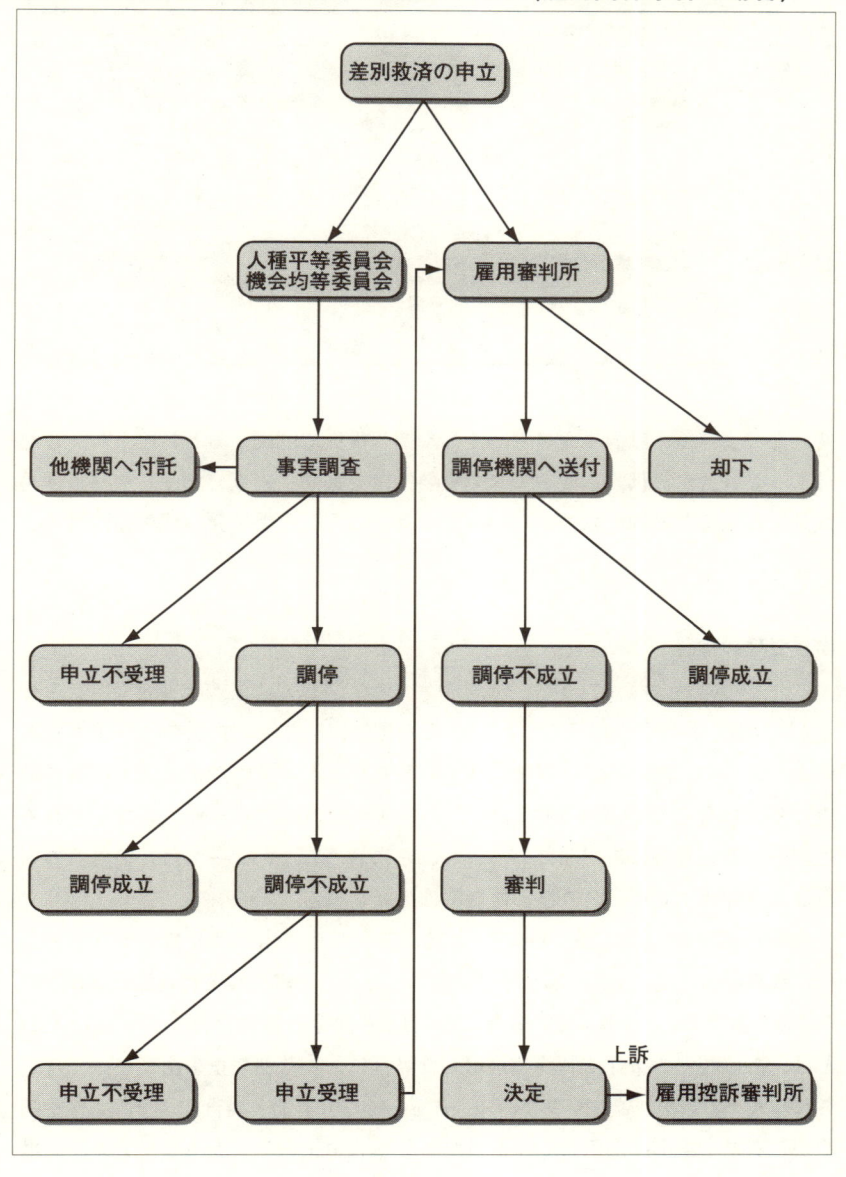

```
                    差別救済の申立
                         │
          ┌──────────────┴──────────────┐
          ▼                              ▼
     人種平等委員会                    雇用審判所
     機会均等委員会                        │
          │                   ┌──────────┼──────────┐
          ▼                   ▼          ▼          ▼
他機関へ付託 ← 事実調査      調停機関へ送付              却下
          ┌────┴────┐          │
          ▼         ▼          ▼                    ▼
       申立不受理  調停      調停不成立            調停成立
               ┌──┴──┐        │
               ▼     ▼        ▼
            調停成立 調停不成立 審判
               │     │        │
               ▼     ▼        ▼           上訴
            申立不受理 申立受理 決定 ──────→ 雇用控訴審判所
```

▼イギリスの人種平等委員会と機会均等委員会

●表1：英国の差別禁止法で禁止されている差別事由・差別分野・差別形態

立法	禁止される差別事由	禁止される差別分野	禁止される差別形態
1976年 人種関係法	・皮膚の色 ・人種 ・国籍 ・出身	・雇用 ・教育 ・商品、サービス、設備の提供 ・建築物の売買 ・差別的慣行 ・差別的広告 ・差別の指示、教唆 ・人種的憎悪	・直接差別 ・間接差別 ・報復的差別
1975年 性差別法	・性別 ・既婚（雇用分野）	・雇用 ・教育 ・商品、サービス、設備の提供 ・差別的慣行 ・差別的広告 ・差別の指示、教唆	・直接差別 ・間接差別 ・報復的差別

り、このうち多くは簡単なアドバイスや情報提供で解決するといい、こうした日ごろ委員会が提供するサービスの重要性は見逃せない点である。とりわけ委員会ほど人材と財源に余裕がないNGOは、こうした委員会の情報提供機能を高く評価している。

申立受理の検討

　こうした問い合わせのうち、深刻なケースに関しては正式に書面で申立を行うが (*22)、委員会が扱うことができる人権侵害は差別禁止法のいう差別行為にあたるものに限られる。詳細は表1のとおりだが、差別禁止法は①差別の理由としてはならない事柄（差別事由）、②差別が禁止される分野、③禁止される差別の形態を詳細に規定している。これらに該当しないケースは、委員会の判断により弁護士会やNGOなど他機関に付託される。

　直接差別 (direct discrimination) とは、差別禁止事由により他者より不利に扱われる (less favourably) 場合が該当する。こうした露骨な差別行為は全体からみると少数であり、より多くの場合にあてはまる間接差別 (indirect discrimination) とは、ある特定の条件や制約を適用した場合に、①差別禁止事由によって特定される人々の数が「著しく少ない (considerably smaller)」場合、②その条件や制約が差別禁止事由に関係なく「正当である (justifiable)」ことを立証できない場

合、③その条件や制約を満たさないことが差別禁止事由により特定される人々に不利益をもたらす場合、という3つの要件が満たされた場合、そのような条件は違法な差別を構成する。例としては、身長制限による女性差別や、滞在年数による移民差別などがある。また報復的差別（victimization）とは、差別を受けたと主張した者に対して、嫌疑をかけられた側が以下の事柄を理由に報復的な行為を行った場合が該当する。すなわち、①差別禁止法等にもとづく提訴、②訴訟に関連した証拠や情報の提供、③機会均等委員会や人種平等委員会の公式調査（後述）に対する情報提供、などである。

申立を受けた委員会は、職権により証拠の収集や質問状の送付を行って、まず事実関係を確認する。多くの場合、被害者が委員会という公的機関へ申し立てたことで、相手方に十分なインパクトがあるという (*23)。実際にも1998年度に人種平等委員会では、委員会内部で103件の和解に成功し、被害者には平均で約6,200ポンド（約124万円）が支払われている (*24)。

委員会内部で和解が成立せず、当該申立が差別禁止法の要件を満たすと判断された場合、委員会は申立を正式に受理して財政的援助を行うかどうか検討する。人種関係法の場合、申立の受理・不受理を決定する期間の目標を2ヶ月としており、判断が困難なケースでも最長3ヶ月以内に決定するように規定している (*25)。しかし、とりわけ被申立人からの情報提供が遅れることが多く、この期限内に必要な情報を集めて決定を出すことは難しく、実際上は規定上の期限後も引き続き検討を行い、十分な情報が集まった時点で判断している (*26)。申立受理をめぐる審査において、人種関係法および性差別法は、①当該申立が法の原則に関わる問題を提起しているか、②当該申立の複雑性を考慮した場合に委員会が援助を与えないことが不合理であるかどうか、あるいは、③その他の特別な事情が存在するか、という3つの判断基準を規定している (*27)。そして統計によると、1998年度に人種平等委員会では1,657件の申立があり（機会均等委員会では225件）、そのうち163件（同81件）が受理されている。一見すると不受理の件数が多い印象を受けるが、委員会の法務委員会（Legal Committee）は受理の決定にあたってすべての申立を検討する義務が課せられており、設置法の規定だけでなく詳細なガイドラインを作成して検討を行っている (*28)。そ

れによると、委員会の限られた予算のなかで財政的援助を行う事件は、差別禁止法の内容を明確化し、より柔軟で進んだ解釈を勝ち取れる可能性が高く、多くの人々に利益を及ぼすような事件であることが望ましいとされている (*29)。この「テストケース戦略」とよばれるアプローチは、法の実施を監視する機関として期待される役割であり、受理されなくても助言や相談が行われるのが普通である。ただNGOのなかには、一般的で新しい争点を含まないケースは受理対象から除外されているという批判もあり、委員会によってサポートされるケースが限られているのも事実である。

和解プロセスの概要と特徴

申立が正式に受理されると、委員会は申立人に対して、①アドバイスの提供、②和解の促進、③弁護士 (solicitor or counsel) の手配、など専門的サポートを行い (*30)、雇用関係事件は雇用審判所 (Employment Tribunals) で、その他の事件は県裁判所 (County Courts) あるいはスコットランドでは執行官裁判所 (Sheriff Courts) で、それぞれ争うことになる。ここでは、申立の過半数を占める雇用関係の事件を念頭に、審判のプロセスを概観する。雇用審判所は行政審判所のひとつであり、法律家として7年以上の実務経験を有する審判長1名と、使用者団体である英国産業連合 (Confederation of British Industry, CBI) および労働者団体である労働組合連合 (Trade Union Congress, TUC) の代表2名の合計3名によって構成される。申立人は、原則として事件発生から3ヶ月以内に申立を行う。申立が雇用審判所で受理されると、審問に入るまえに当事者の同意のもと「助言・調停・仲裁サービス」(Advice, Conciliation and Arbitration Service, ACAS) という公的機関で調停が行われ、専属の調停官が調停の可能性を探り、ここで合意に至れば審判は行われない。

その実績は1999年の統計によると、差別禁止法に関する事件のうち和解が成立したケースは4割ほどで、別の4割の事件が当事者によって撤回されており、実際に審判が行われたのは全体の2割ほどだった。この調停段階の撤回の多さは、長引く調停を見切った申立人が不本意ながらも撤回しているともいわれ、実際に力関係が平等でない使用者と労働者の間で、あくまで中立的な立場

でしか助言できない調停官の限界も指摘されている。また、調停官が扱う事件のうち差別事件は1割程度しかなく、難解な法律を理解して調停の経験も有する調停官が少ないともいわれる (*31)。

雇用審判所の概要と特徴

こうして調停で合意に至らないと、いよいよ雇用審判所において審判が始まる。準司法的手続ではあるが、事前に提出した書類をもとに裁判に類似した手続をとり、証人尋問では審判員も職権で質問を行う。双方とも弁護士を代理人に立てて審判に臨むことは稀で、専門的な法律知識を有しない当事者間で争われることも多くある (*32)。一方あるいは双方に経験を有する弁護士がついていない場合、必要な法律知識が不足していたり、証人尋問が効果的に行われなかったりするため、審判所は十分な情報を得られないまま判断を下さざるをえないこともある。また、現状では代理人の資格などはとくに問われない。そのため、弁護士コストをできるだけ抑えたい中小企業などを対象に、弁護士資格を持たない代理人を派遣する民間団体もあるが、そのような場合には適切な審理が行えない場合も少なくないという。

こうした審判所の審理プロセスにおいては、審判長の裁量が審理の行方を大きく左右すると思われる。それは一般に審判長は、申立人が弁護士をともなわない場合には、ともなう場合とくらべてより介入的になるといわれ、代理人の不在によって主に申立人が不利な立場に立たされないように配慮することが多いからである (*33)。そのような場合、審判が半ば被申立人の弁護士と審判長の論争となることもあるが、他方で審判長の配慮によって友好的雰囲気を保つことができる場合もあるという (*34)。

審判長はまた、個々の事件において最善の解決方法を探り、場合によっては審理中でも再び和解を促すこともある。この背景には、審判所といえども準司法手続であり、最終的には裁判と同様に「白黒」をつけることが求められるなか、とりわけ差別事件において、それがもっとも望ましい解決とは一概にはいえない、という事情がある。当然だが、たとえ申立人に何らかの不利益が及んだということが明らかであっても、審判で申立人はそれが法で定められたとこ

ろの差別によることを実証しなければならない。そのような実証は、意図的ではない間接差別のような場合には容易ではなく、審判において対立を一層深めてしまうよりも、友好的な和解に持ち込んだほうが双方の利益となることもあるのである。

　もっとも、このように審判長の果たす役割が大きいゆえに、審判そのものの公平性あるいは中立性を損なう恐れがないとも言い切れない。というのも、とくに被申立人にとって、審判長が申立人を擁護していると映らないとも限らないからである。あるいはまた、類似した事件においても個々の審判長の判断によって結果がやや異なってくるということも想像に難しくない。事実、審判所の間で決定にバラツキが見られるということは、以前から指摘されてきた問題であった。リバプール雇用審判所のイレイン・ドネリー審判長（Elaine Dornelly）は、そうした問題を認めたうえで、それでも審判所の中立性については、審理によって得られた客観的な証拠にもとづいて審判所が決定を行う限りは保たれるのだ、と述べていた。確かに、審理において審判長が積極的に議論に介入した場合でも、後の決定には両者ともおおむね納得することが多いとする研究もあり (*35)、そうであるならば審判所のシステムは、法律上の争いをすばやく柔軟に安く解決するという目的において積極的な評価ができるだろう。

雇用審判所の決定

　審問の結果、早ければ当日中に決定が下されることもあるが、統計によると差別事件においては平均して3、4日の審理が行われている (*36)。イギリスの差別禁止法によれば、雇用審判所で申立人の主張が認められた場合、「決定」には①申立人が主張する権利の確認、②補償金の支払命令、③被申立人に必要な措置を求める勧告、が含まれうる。雇用事件においては、現状では③だけが「勧告」であって強制することができない。そのため、たとえば不当解雇に対する職場復帰や適当な推薦状の作成など具体的な命令はできず、あくまで補償金が決定の中心となっている。この補償金に関しては1994年、補償金の上限がEC法に反すると決定されて撤廃されたため (*37)、1998年度には差別事件において平均して約7,000ポンドの補償金が認定されている (*38)。なお、審

判にかかる費用は原則として無料だが、審判では法律扶助の適用がないため、現実的には必要と思われる弁護士の費用は自己負担である。その意味で委員会のサポートは重要である。というのも、申立人にとっては申立が受理されなければ独力で争うことになり、時には本人に代わって提訴できる他国の制度ほど委員会の権限は強くないからである。これを多少なりとも補おうとするのが、次にみる委員会自身による救済手続である。

3|3|2|……委員会による調査および提訴
「公式調査」

　委員会は、差別禁止法によって調査権限が与えられている。委員会が違法な差別行為が存在する疑いがあると判断した場合、委員会は公式調査（Formal Investigations）を開始することができる。この公式調査は、調査対象を具体的に特定する特定調査（named person investigations）と、対象を特定しない一般調査（general investigations）の2種類がある（*39）。

　委員会は調査の開始にあたって、調査委任事項（Terms of reference）を作成・公開し、法務委員会から1人ないし2人を担当委員に任命するほか、必要な場合には専門的知識および経験を有する特別委員（Additional Commissioners）を外部から任命することもできる。これらの委員は、特定調査を行う場合には、開始に先立って事前調査（Preliminary inquiry）を行い、調査対象に対して違法行為の嫌疑を通知し、書面あるいは口頭の弁論の機会を与えなければならない（*40）。通知を受けた側は、弁護士あるいは適切な専門家を代理に立てることができる。この事前調査を経た後、委員会がさらなる調査の必要性を確認した場合には公式調査が開始され、委員会は関係者の出頭や書面情報の提出、質問状の送付などを求めることができ、通知された側はこれに応じなければならない。

　公式調査によって差別行為が存在すると判断された場合、委員会は差別禁止通告（Notice of non-discrimination）を出すことができる。この通告では、①差別行為の停止、②そのためにとった必要な措置を委員会に通知すること、③その措置について関係者に通知すること、をそれぞれ求めることができ、その後の実施状況を監視し、遵守されない場合には裁判所へ差止め命令を求める

こともできる。これは他国の制度に比べても非常に強力な権限である。そのため、調査の前後では嫌疑をかけられた側に時間的にも手続的にもさまざまな弁明の余地を与えており、委員会自身も通常、公式調査を最終手段としている。

人種平等委員会では、1996年までに国防省（Ministry of Defense）に対して行った公式調査がある。これは人材採用方針および人種差別的体質に関するもので、1996年に委員会と防衛省は5年間の行動計画の策定に合意した。そして機会均等原則の徹底や採用方針の見直しなどが行われた結果、委員会は1998年までにさらなる法的措置をとらないことを決めている（*41）。また機会均等委員会では1995年までに、ある人材派遣会社（Workforce Employment Agency Ltd.）に対して公式調査を行い、単純な包装作業を「女性の仕事」として男性を対象から除外していた点について改善を求めた。イギリスの人材派遣業は現在1万5千社ほどで約500万人の労働者を供給するビジネスであり、この調査の与えたインパクトは非常に大きかったといわれる。委員会は、性差別法に関するリーフレットを作成するとともに、業界団体と協力して自主的な行動規範の策定を行っている（*42）。

だが、そのような成果の一方で、この公式調査の権限にも限界があるといわれている。第1に、調査は委員会の判断で開始できるとされているが、公式調査における委員会の法的権限の範囲をめぐって争われた1984年のプレステージ事件において、委員会は特定調査の開始要件として、嫌疑をかけるうえで十分な証拠を有することが求められるようになった（*43）。通常は統計的データを提示して差別的待遇の可能性を推論することで十分とされるが、性や人種などによって統計的に比較できないケースも少なくなく、この事件以降委員会の特定調査を行う権限は総じて制限されてきたといわれる。

第2に、通常は少なくとも2名の委員が担当し、多大な費用と1年から3年の時間がかかることから、多くの調査を同時に行うことは難しい。事実、予算が少ない機会均等委員会では数年に1件ほどしか行われておらず、人種平等委員会でも1998年度、44件の事前調査があるものの、一般に状況が公開される公式調査は3件にすぎない。これについて、公的分野における調査はスポンサーである政府と真っ向から対立する可能性があり、委員会としても活用しにく

いとみるNGOもある。調査権限の強力さとは裏腹に、少なくとも現場では、差別救済の実効性にやや欠けると認識されているようだ。

委員会による申立

委員会は、原則として個別事件の当事者にはなれないが、特定の類型の差別行為については個人ではなく委員会が申立を行うことができる。具体的には①差別的慣行、②差別行為の指示および教唆、③差別的な広告、のいずれかに該当する差別行為について、差別行為の存否に関する申立は雇用審判所へ、その行為の差止命令の申立は県裁判所へ、それぞれ委員会によってなされる。1998年度に人種平等委員会では、差別行為の指示および教唆に関する24件の申立をきっかけに5件を提訴して2件で和解し、差別的な広告では前年度より83件の申立を受けて、うち39件では改善にむけた合意に至り、また1件では提訴後に和解しており、それなりの実績をあげているといえる。委員会はまた、公的機関の活動を対象とした司法審査 (Judicial Review) を裁判所へ請求することができる (*44)。公的機関の活動が違法 (illegal)、非合理的 (irrational)、あるいは不適切な手続 (procedural impropriety) によって行われた場合、委員会は高等法院 (High Court) に対して司法審査を請求することができ、委員会の主張が認められた場合には、公的機関に必要な措置を命令すること、ある行為や決定を無効とすること (quashing)、および命令 (the Orders of mandamus, certiorari and declarations) を得ることができる。過去には、機会均等委員会が請求した司法審査において、不当解雇や退職金の適用をパートタイム労働者にまで拡大する決定に至ったものなど重要なものが少なくない (*45)。

3|3|3|……人権状況の監視・政策提言活動

委員会は、設置法である差別禁止法に定められた範囲内において、人権状況の監視や政策提言活動を行っている。まず、設置法に関して必要に応じて見直しを行い、議会に改正案を提出することが任務のひとつとされており、両委員会は1998年にそろって改正案を提出している。その内容は、差別の定義の明確化から法律の枠組み自体の変更など多岐にわたっている。残念ながら歴代の

政権によって改正案が真剣に検討されたことはないが、これも政権交代以後は変化がみられており、とくに1976年人種関係法については2000年3月現在、警察の不祥事を機に公的機関へ適用を拡大する法案が議会で審議されている。

委員会はまた、規定の明確化を目的に実施規則（Code of practice）を制定する任務を持つ。これは法的な解釈基準ではないが、裁判で証拠としても採用される実質的なガイドラインであり、関係団体へのヒアリングと政府の承認を経て、これまで雇用や教育など分野ごとに制定されてきた。また、作成を義務づけられている年次報告書も、政策提言的な要素を多く含むものになっている。

設置法以外の領域では、差別禁止法の目的に資すると思われる活動や研究調査に対して、財政その他の援助を行うことが認められている。たとえば人種平等委員会は、人種平等評議会（Racial Equality Councils）と呼ばれる地域機関に財政的援助を行っており、1998年度は93機関に約350万ポンド（約7億円）を支出している。

人種平等委員会の場合は設置法以外で議会に法案を提出することを認める規定はないが、審議中の法案で差別禁止法に影響を及ぼすと判断されるものについては、委員会の判断で意見を述べることはできる。近年では、1997年にヨーロッパ人権条約の国内法化に際して人種平等委員会は、人権教育に関する条項が不十分であるという意見を提出している。ただし機会均等委員会の場合は、1975年性差別法によって関連する立法について改正案を提出する権限を付与している。

3|3|4|……広報・教育活動

委員会はまた、法律上はとくに規定はないものの、「差別の撤廃に向けて活動する」という基本的任務のもと、NGOなどに比べて豊富な財源を活用してさまざまな広報・教育活動活動を行っている。

広報では、委員会や差別禁止法に関する基本的な情報を、手軽に配布できるパンフレットなどで多数作成しており、日々の問い合せで需要が高いものはパッケージとして用意している。なかには数ヶ国語に翻訳されているものもあり、インターネット上で入手できるものも多い。こうした情報提供とともに注目さ

れるのは、とくに人種平等委員会が積極的に取り組んでいる、スポーツや音楽、芸術など多様な分野におけるキャンペーン・イベントを通じた広報である。人種問題をダイレクトに問うだけでなく、生活のさまざまな場面で意識を広めていく戦略は成功しているように思われる。

　教育においては、教育委員会に教材の提供を行ったりしているが、企業に対する教育活動にも重点をおいている。代表的なものとしては、機会均等委員会が企業を対象に運営するプログラム「イークォル・エクスチェンジ」（Equal Exchange）がある。これは会員企業に対して、法改正や判例動向、内外の動きなどを含む情報誌を隔月で送付して情報提供を行うとともに、年に数回はさまざまな講演会・ワークショップに招待して企業側の意識を高めてもらおうという試みで、現在までに多数の大企業を含む約800の会員を有するほど成功している。委員会の担当者によれば、当初は事件を通じて委員会と接点を持ち、ともに改善にむけて活動した結果、基金に自発的に参加するに至ることも多いという。委員会にとっては企業と継続的なチャンネルを構築できるメリットがあり、企業にとっても社会的活動の一環としてイメージアップを狙う面もあり、個別救済と教育活動が有機的に結びついている活動といえるだろう。

4 委員会の課題と展望

　以上で、イギリスにおける人権保障システムの概要と差別に取り組む委員会の活動を概観した。イギリスの差別禁止法は、差別の定義においては個別・具体的であり、主な規制手法は総じて事後的な差別禁止法の適用で、救済手段は司法（裁判所）あるいは準司法的（審判所）救済であることが特徴的である。委員会は個人の代理人となることはできず、委員会の財政的援助も少数の事件に限られており、法の執行には差別を受けた個人が審判所あるいは裁判所に提訴することが前提である。しかし国際人権法のような明確な非差別原則にもとづかないため、「何が差別か」という点で複雑な法解釈を要し、とりわけ間接差別の立証は個人には困難とされている。さらに、雇用事件を扱う審判所には法律扶助の適用がないため申立人のコストは大きく、また報復的差別の恐れもあり、

個人の負担が大きい法制度となっている。

　この負担を少しでも緩和する目的で設置されたのが委員会であり、個別事件の主に財政的援助のほか、公式調査および特定の差別に対する提訴の権限も有する。これらを事前規制の手段として活用することも不可能ではないが、すでに見たように対象を特定する公開調査の開始には相当の証拠を有することが求められ、差別的広告なども含めて、実際上は事後的救済といえる。また委員会については、同一の組織に規制機能だけでなく教育・啓発機能も与えていることがひとつの特徴的である。

　さて、ここまでは個別の活動分野において特徴や課題をみてきたが、以下で若干の論点整理を試みたい。とりわけ日本の私たちにとって、イギリスの事例はどのような示唆を与えてくれるのであろうか。

　第1に、積極的な評価ができる点としては、司法プロセスの前段階で行なわれている委員会のさまざまな情報提供活動の持つ意義である。一口に情報提供といっても、委員会の行う活動は実に多様である。まず多くの人々にとって、差別禁止法については聞いたこともないという場合がほとんどである現状において、委員会が配布するパンフレットや報告書、メディアを通じて伝えられる委員の発言やさまざまな広告活動などは、差別禁止法を実質的に実施していくうえで欠かせない機能である。実際に、機会均等委員会が各種問い合せへの対応部署を拡充したり、人種平等委員会もホームページを通じたサービスを充実させている。

　このレベルの活動では、国によっては行政サービスの一環として行われていることもあるかもしれない。しかし、それでは活動本来の意義が半減してしまう。情報提供が機能的に行われるためには、単に情報を発信するだけではなく、今まさに起きている問題にいかに適切に対処できるかにかかっているからである。具体的には、差別禁止法の概要を情報として伝えるだけでは十分でなく、当事者がどうすれば問題を解決できるかを判断したうえで個別具体的に情報提供が行われなければ意味がない。弁護士のサポートが必要な場合もあれば、パンフレットを用いた説明で間に合う場合もあるであろうし、そもそも法的な問題というよりは親身な相談が求められているケースもあるだろう。こうした細

かな対応は、画一的な情報提供になりがちな行政サービスではなく、専門特化してさまざまな問題に幅広く対処できる人材と財源を持つ機関が行ってこそ、あらゆる当事者にとって有益な「窓口」になるのである。実際にもイギリスの委員会は、訴訟費用とほぼ同額の予算を割いているほど、この情報提供活動を重視しているのである。

　第2に、こうした活動の延長として、委員会内部で行われる和解の促進という機能も、実は委員会の役割が発揮される場面である。すでにみたように、さまざまな差別事件において、司法における決着が必ずしも当事者にとっての最終的な解決とはならない場合もある。そのようなときに、委員会のような司法機関ではない第三者機関において和解まで導くことができれば、被害者にとっては実質的な謝罪と補償を受けられ、また加害者も事実を広く公開せずに事件を解決できるという面もあるだろう。社会的に不正を正すべき事件は司法の場で争うことが望ましいのは明らかであるが、そうした訴訟が必ずしも適切ではない場合も多くあり、そうしたケースの受け皿として委員会という場が機能しているのである。もちろん、委員会が和解を促進できるためには、委員会の中立性が確保されなければ難しく、たとえばイギリスの産業界には委員会が調査や提訴の権限を有していることから中立性を疑問視する向きもあるのだが、それでも委員会という場がまったくない場合よりはお互いにメリットがあると認識されているのである。

　以上は委員会の積極的な評価であるが、消極的な面もやや多いのがイギリスのケースである。第1に、イギリスの特徴である委員会という制度そのものについて、実は多くの人々が効率性に疑問を抱いており、とりわけ非常勤委員の必要性については委員会内部から疑問の声が出されているほどである。というのも、15人の委員のうち常勤委員は委員長を含めて3人しかいないにもかかわらず、全体の意思決定は1、2ヶ月ごとに開かれる全体会議で決定するという形式になっているため、NGOのような迅速な意思決定は到底望めないのが実情なのである。また予算をみても、両委員会ともに人件費が全体の5、6割を占めているのに対して、訴訟や情報提供に関する費用はそれぞれ5％ほどしか確保できておらず、人件費の高水準という事情だけでは説明できないように思

われる。やはり、どのような機能が委員会に求められていて、それに対して適切な制度構想を持つことが、機能的な組織をつくるうえでは必要であろう(*46)。

　さらに、より深刻な課題としては、差別問題あるいは人権問題全般にわたって、統一的な政策主体が明確でない、という問題がある。本来ならば、たとえば差別問題であれば、それを専門的かつ全般的に、当事者の視点から検討して政策を立案してゆく主体があることが望ましいのだが、イギリスにおいてはやや場当たり的につくられてきた制度という面が否めない。さきの委員会の情報提供機能になぞらえるならば、行政サービスではなく委員会という専門機関に委ねられているものの、その情報はあくまで人種あるいは性に限定されており、両者の間に有機的なつながりがない状態なのである。その結果、たとえば女性でありマイノリティでもある当事者の場合、どちらの委員会に相談すればよいのか明確ではないし、そもそもどちらの委員会も完全には対応できない、ということにもなってしまうのである。両委員会の予算をみても、ほぼ同規模の委員会の間で倍近い予算格差があるわけだが、これも統一的な政策主体のものではやや考えにくいことである。また、複数の委員会を設置する方法については、時として「特定の人々の利益のため」という批判がなされ、普遍的な価値としての人権を提唱するうえで大きな障害となっているともいわれるのである。

5 おわりに

　イギリスと日本ではそもそも法制度が異なるため単純な比較は避けるべきであるが、日本の私たちがイギリスから学べることがあるとすれば、司法がある程度は機能している民主国家においても委員会のような国内人権機関には大きな役割が期待されている、ということだろう。既述のとおりイギリスでは、委員会がまったく関与しなくても、差別事件を解決する司法制度は機能する。しかし一方で、専門家による個別の人権相談、法の明確化をめざした戦略的な訴訟活動、社会の変化に対応した法改正の提言、幅広い情報提供など、委員会にしかできない活動が多くある。もちろん、これらも完璧ではない。しかし、現在の差別禁止法が制定された1970年代に委員会が設置されていなかったら、

イギリスにおける差別の実態は少なくとも現状よりよいことはなかっただろう。審判所のような準司法的機関がなく、しかも司法が市民から遠いところにある日本の現状を考えると、委員会のような機関の果たしうる役割ははかりしれないのである。ただしイギリスの経験は、国内人権機関であれば何でもよいのではない、という教訓も与えてくれている。すでに見たように、イギリスでは人権侵害の分野・対象ごとに個別の法律と委員会がバラバラに存在しているという問題があり、このため差別禁止法が難解で調停官や審判員など専門家でも詳細を把握していないことも珍しくなく、また個別の法律や委員会が特定の領域を管轄していることによる弊害もみられた。こうした問題も含めて、私たちはイギリスの先例を考えるべきであろう。

　そして最後に、現在のイギリスから学べるもうひとつのことは、政策主体の有無の議論にも通じるところであるが、人権あるいは差別といった問題に対する政治的意思の持つ重要性である。イギリスにおける人権政策は現在、1998年人権法の成立や1976年人種関係法の改正など実に大きな岐路にあるが、このような変化が1997年の労働党政権の誕生が直接の契機となっていることは人権に携わる人々の間では広く認識されている。人権法についてはいわば労働党の選挙公約であったし、1976年人種関係法の改正も、ローレンス事件というきっかけがあったものの、保守党政権時代には警察機構にメスを入れることなどおよそ考えられなかったことである。このようなイギリスにおける政権交代による変化を目のあたりにすると、人権や差別といった政策課題はきわめて政治的意思によるところが大きいと思われるのである。ヨーロッパ人権条約の国内法化も、1976年人種関係法の警察への適用も、変化を導いたのは政治的な意思であった。むろん、そうした政策を突き動かしてきた要因は多様であって、これらの政策が人権あるいは差別問題においてすべてよい結果をもたらしている、ということをいっているのではない。そうではなく、このような変化を促している要因が政治的な意思であったという事実こそが、日本の私たちにとって十分すぎるほどのインパクトがある、ということである。われわれの国の政治も、実はこうした大きな影響力をあたえる可能性を持っているというあたり前のことを、イギリスで現在おきている変化をみるにつけ、改めて気づか

されるのである。

注

*1……Alice Leonard, "Unequal pay for like work is still with us", Equal Opportunities Review, Vol.85 (1999) p. 25.

*2……UN Human Rights Committee, Concluding observations of the UN Human Rights Committee : United Kingdom of Great Britain and Northern Ireland. (1995) A/50/40.

*3……1993年にロンドンで起きた黒人少年スティーブン・ローレンスの殺人事件。被害者がマイノリティであったことから警察が適切な捜査を行わず、目撃証言があったにもかかわらず被告人は証拠不十分で無罪となったとされる事件で、ロンドン警察は大きな批判にさらされて大規模な組織改革を迫られている。

*4……元山健『イギリス憲法の原理　サッチャーとブレアの時代のなかで』（法律文化社、1999年）57-61頁参照。

*5……Sarah Spencer, Human Rights Commission, Institute for Public Policy Research (1997) pp.17-24.

*6……たとえば「市民的及び政治的権利に関する国際規約」の個人通報手続を定めた第一選択議定書に加盟していないのはヨーロッパ連合加盟国でイギリスのみである。

*7……Ian Bynoe and Sarah Spencer, Mainstreaming Human Rights in Whitehall and Westminster, Institute for Public Policy Research (1999) pp. i-ii.

*8……通常、国際条約機関レポートの作成・提出を担当するのは、外務省（Foreign and Commonwealth Office）である。

*9……国連人権センター（山崎公士監修、マイノリティ研究会翻訳）『国内人権機関　人権の伸長と保護のための国内機関づくりの手引き書』（解放出版社、1997年）。

*10……See supra note5, pp. 34-37.

*11……Ibid, chapter 1.

*12……Ibid, chapters 4-5.

*13……本節の事実関係については、主に以下の文献を参考にさせていただいた。若松邦弘「イギリスにおける人種関係政策の展開と現状」日本国際政治学会編『エスニシティとEU』（有斐閣、1995年）、Chris Boothman and Martin MacEwen, "The British Commission for Racial Equality as an Enforcement Agency", Martin MacEwen (ed) Anti-Discrimination Law Enforcement -A Comparative Perspective- (1997).

*14……イギリスの差別禁止法では、「直接差別」とは「差別禁止事由により他者より不利に扱われる（less favourably）

こと」と定義され、「間接差別」とは「ある条件下において（1）差別禁止事由により特定される人々の数が『著しく少ない（considerably smaller）』場合、（2）当該条件が差別禁止事由に関係なく『正当である（justifiable）』ことを立証できない場合、（3）当該条件を満たさないことが差別禁止事由により特定される人々に不利益をもたらす場合、という3つの要件が満たされた場合」である（後述）。

*15……本節で事実関係に関する記述については、浅倉むつ子『男女雇用平等法論　イギリスと日本』（ドメス出版、1991年）を参考にさせていただいた。

*16……以下のホームページ参照。Public Bodies: A Directory of Quangos (http:// www.cabinet-office.gov.uk/quango/index/pubs.htm, as of April 9, 2000).

*17……1998年3月29日、人種平等委員会エディンバラ支部にてミュッサ・ジョジー博士（Dr. Moussa Jogee, CRE Deputy Chairman）へのインタビューから。

*18……See Colin Bourn and John Whitmore, Anti-Discrimination Law in Britain (3rd edition) Sweet & Maxwell (1996) p. 291.

*19……Ibid.

*20……Equal Opportunities Commission, EOC Annual Report 1998, p.4.

*21……1976年人種関係法第43条、1970年性差別法第53条。

*22……人種平等委員会は、インターネット上で書面を公開している（Appling for Assistance for Commission for Racial Equality (http://www.cre.gov.uk/pdfs/ap4astfm.pdf, as of April 9, 2000).

*23……前掲注17参照。

*24……Commission for Racial Equality, Annual Report 1997, p.6.

*25……1976年人種関係法第66条3項、4項。

*26……See supra note18, pp. 293-4.

*27……1976年人種関係法第66条1項、1975年性差別法第75条1項。

*28……1998年3月31日、機会均等委員会マンチェスター本部にてアリス・レオナルド弁護士（Alice Leonardo, Head of legal and advice service）へのインタビューから。

*29……Ibid.; see supra note 18, pp. 294-5.

*30……1976年人種関係法第66条2項、1975年性差別法第75条2項。

*31……ある委員会幹部へのインタビューより。

*32……2000年3月7日、リバプール雇用審判所にてイレイン・ドネリー審判長（Elaine Dornelly, Chairman）へのインタビューから。

*33……Public Studies Institute, Racial Justice at Work, (1991) pp. 228-230.

*34……Ibid p. 229.

*35……Ibid pp. 234-5.

*36……Bob Hepple et al, The Independent Review of the Enforcement of U.K. Anti-Discrimination Legislation: Options for Reform, Centre for Legal Studies, University of Cambridge, unpublished consultation paper (2000). para 3-

23.
*37……Alice Leonard, "The Role of the British Equal Opportunities Commission in Combating Sex Discrimination" Martin MacEwen (ed) Anti-Discrimination Law Enforcement (1997) p.37.
*38……"Compensation Awards 1998", Equal Opportunities Review, Vol.86 (1999) p.15.
*39……1976年人種関係法第48条
*40……1976年人種関係法第49条4項。
*41……Commission for Racial Equality, Annual Report 1997 (1998) p. 11; "A War on Racism in the Armed Forces", Equal Opportunities Review, Vol. 84 (1999) p. 21.
*42……See supra note37, p. 41.
*43……Income Data Services Ltd., "The Commission for Racial Equality", Race Discrimination, IDS handbook (1999) p. 200.
*44……1976年人種関係法第53条、1975年性差別法第62条。
*45……See R v Secretary of State for Employment ex parte EOC, 1994 ICR 317 HL.
*46……この点では、北アイルランドに設置されている公正雇用委員会が少数の常勤委員のみを有する制度として評価されており、参考にすべき点は多いようである。

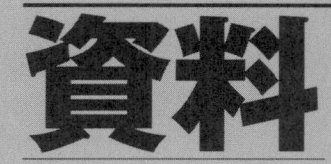

資料

第3部

第3部では、
国内人権機関を考える際に参考となる、
国際的および地域的な文書等を掲載した。
資料1の国別国内人権機関一覧表は、NMP研究会の統一的調査項目にもとづき、
各国の国内人権機関の組織的性格や権限をわかりやすくまとめたものである。
なお、ドイツについては、国内人権機関が存在しないため
一覧表は掲載していない。

1 国別国内人権機関一覧表

1-1 オーストラリアの国内人権機関一覧

Ⅰ.組織	
1.機関名	(連邦)人権及び機会均等委員会[1986年設置]。
1.1他の国内人権機関	(連邦の独立機関のみ)連邦オンブズマン、労働関係委員会、法改正委員会。
2.根拠法／関連法	
2.1設置根拠法	人権及び機会均等委員会法(1986)。プライバシー法(1988)、障害差別法(1992)、先住権原法(1993)により委員会の権限強化。
2.3活動根拠法(活動対象とされる人権侵害・差別行為の類型化)	プライバシー法(1988)、障害差別法(1992)、先住権原法(1993)。
3.組織	
3.1行政上の位置づけ	議会設置の連邦の独立委員会。
3.2委員(会)の構成、多元性、独立性	7名(委員長、人権委員、アボリジニ及びトレス諸島社会正義委員、人種差別委員、障害差別委員、性差別委員、プライバシー委員)。現在、障害差別委員と社会正義委員は空席。社会正義委員はアボリジニから選出される。
3.3委員の選任・任期・解任	総督(実際は内閣)が任命。任期7年以内(実際は7年)。破産、業務に支障をきたす障害、理由なく14日連続の欠勤の場合以外は解任されない。
3.4事務局スタッフ	125名(女性72名、58％)。60％が非公務員から採用。NGO関係者も少なくない。
3.5地方委員会の有無	タスマニア州都ホバートに地方事務所。各州法で地方委員会設置。
4.財政	1,700万オーストラリア・ドル
Ⅱ.権限	
5.人権侵害の申立と調査	
5.0対象となる人権侵害・差別事由・差別行為	川村論文表2「諸反差別法により禁止される差別事由と領域」参照。
5.1申立の受理	すべての人(本人でなくともよい)が申立可。

5.2 申立受理後の機能	申立があると、明らかに却下すべきもの以外は、事実関係の調査が行われる。この段階で当事者間での解決ができない場合、非公開の調停会議で当事者間の和解がはかられる。しかし、和解ができない場合には、公開審問を実施するか否かが決定され、公開審問が実施されたときは、5.4記載のいずれかの決定がなされる。
5.3 調査機能	5.2参照。
5.4 救済機能	（障害差別法の場合）：審問の結果、申立の棄却、または①違法行為存在の宣言、②損害救済のための行為をとるとの宣言、③（再）雇用すべきとの宣言、④損害賠償すべきとの宣言、⑤昇進させるべきとの宣言、⑥契約・協定の改訂、⑦他の行為をとること、を決定。
5.5 勧告・警告の執行（実現）力	審問の決定には法的拘束力なし。連邦機関はこの決定に従うこととされる。
5.6 人権状況一般の職権調査	一般調査権限あり。
5.7 司法制度との関係	連邦機関が決定に従わない場合、行政審判所に提訴可。被申立者が決定に従わない場合、委員会または申立者が連邦裁判所に提訴可。「法廷の友」として訴外の専門家の立場から意見表明。
6. 政策提言と監視機能	
6.1 政策提言	公開調査にもとづき、種々の政策を提言。
6.2 監視機能	重要法案、政策に関し意見表明。
7. 広報・人権教育	教材・カリキュラム開発、セミナー開催、等。
8. 自己評価、公開性・透明性	年報刊行。議会が年4回活動をチェック。法務長官を通じて議会に会計報告。

1-2
ニュージーランドの国内人権機関一覧

Ⅰ. 組織	
1. 機関名	人権委員会［1977年設置］。
1.1 他の国内人権機関	プライバシー委員、保健及び障害委員、人種関係調停官、オンブズマン、子ども委員。
2. 根拠法／関連法	
2.1 設置根拠法	当初は、人権委員会法（1977）。人権法（1993）により、人権委員会法と人種関係法（1971）が統合される。
2.2 人権実体法	権利章典法（1990）、人権法（1993）。
2.3 活動根拠法（活動対象とされる人権侵害・差別行為の類型化）	人権法（1993）。

3.組織	
3.1 行政上の位置づけ	総督（実質的に内閣）により任命される独立委員会。
3.2 委員(会)の構成、多元性、独立性	6名（委員長、手続委員、人権委員、南島につき特別に責任を有する委員、人種関係調停官、プライバシー委員）。98年6月現在、うち2名が女性、1名がマオリ、1名はインド系。
3.3 委員の選任・任期・解任	法務大臣の勧告にもとづき、総督が任命。任期5年以内、再任可。
3.4 事務局スタッフ	40名（半数は女性）。
3.5 地方委員会の有無	首都ウェリントンのほか、オークランドとクライストチャーチに事務所。規模はオークランドが最大。
4.財政	430万ニュージーランド・ドル。
Ⅱ.権限	
5.人権侵害の申立と調査	
5.0 対象となる人権侵害・差別事由・差別行為	性（妊娠・出産を含む）、婚姻上の地位（未婚、既婚、死別、事実婚など）、宗教的信念、皮膚の色、民族的又は国民的出身、障害、年齢、政治的意見、雇用上の地位（失業中、社会保障受給中）、家族的地位（扶養家族を有すること、性的指向など）（人権法第21条）
5.1 申立の受理	人権侵害の被害者が、委員会事務局のヘルプデスクの助けのもとで申立。年間300～400件。
5.2 申立受理後の機能	3名の委員からなる申立部が申立を受理。両当事者からの聞き取りその他の調査を開始。
5.3 調査機能	両当事者のほか、証人や目撃者からも聴取を行うことができ、これらにもとづき調査報告を作成。
5.4 救済機能	申立部が調停を試みても解決に至らなかった場合は、手続委員に付託。手続委員は、事案を申立審査審判所に付すか否か決定。審判所は賠償を含む裁決を下す。
5.5 勧告・警告の執行（実現）力	申立部の作成した調査報告は、「意見」のみを含むが、申立審査審判所の裁決は拘束力あり。
5.6 人権状況一般の職権調査	あり。
5.7 司法制度との関係	申立審査審判所の裁決後、さらに高等裁判所、最高裁判所に上訴可能。
6.政策提言と監視機能	
6.1 政策提言	人権のよりよい保護のための立法・行政その他の措置の提言、国が新たに国際人権条約に加入すべきとの提言、提案中の立法・政策が人権に及ぼす影響についての提言。
6.2 監視機能	人権に関するあらゆる事柄についての公的声明の発表、人権法に関する行為・慣行をなくすためのガイドラインの作成・公表。
7.広報・人権教育	人権尊重のための教育・公報の促進、キャンペーンや

1-3
アメリカの国内人権機関一覧

	セミナーの実施。
8.自己評価、公開性・透明性	年報刊行。人権法にもとづき、議会に活動・会計報告。

Ⅰ.組織	
1.機関名	連邦雇用機会均等委員会（EEOC）[1965年設置]
1.1他の国内人権機関	コミュニティ関係サービス（司法省内）、公民権局（司法省内）、公民権委員会、連邦契約遵守計画局（労働省内）。
2.根拠法／関連法	
2.1設置根拠法	1964年公民権法第7編
2.3活動根拠法（活動対象とされる人権侵害・差別行為の類型化）	1963年同一賃金法、1964年公民権法第7編、1967年雇用における年齢差別（禁止）法、1973年リハビリ法第501条、1990年障害者差別禁止法第1編、1991年公民権法。これらの法に規定されている人種や皮膚の色、宗教、性、出身国、障害あるいは年齢にもとづく雇用の差別。
3.組織	
3.1行政上の位置づけ	独立した連邦行政機関。政府の雇用差別撤廃に関するプログラムの責任者。1964年公民権法第7編にもとづく申立は、まずEEOCに行うことが必要。
3.2委員（会）の構成、多元性、独立性	5人の委員（コミッショナー）。うち議長と副議長が各1名。特定政党のメンバーが3人を超えてはならない。
3.3委員の選任・任期・解任	上院による助言をもとに大統領が指名し、上院が承認。任期5年で、就任の時期はそれぞれ異なる。再任可。解任なし。
3.4事務局スタッフ	2,544名（99年度）。
3.5地方委員会の有無	地方委員会はないが、本部（ワシントンDC）と全米50ヶ所にあるフィールド・オフィスにて業務を行う。
4.財政	2億7,900万米ドル。会計報告は大統領および議会に対し行う。
Ⅱ.権限	
5.人権侵害の申立と調査	
5.1申立の受理	申立制度は「連邦（政府）セクター平等雇用機会不服申立過程規則（29CFR Part 1614）」で定められている。（プロセスについては中原論文の図「EEOCに対する雇用差別の申立処理プロセス」参照）代理人可、申立および調査費用は無料。

5.2 申立受理後の機能	前掲図参照。申立または通知から30日経過しても被申立人からの返答がない場合、EEOCが民事訴訟を起こすことができる。
5.3 調査機能	調査のために、企業の人事記録その他の記録にアクセスする権限あり。申立人の名前をふせたままEEOCが調査できる。召喚状を発出する権限を持ち、調査に際して証人喚問や証拠の提出を求めることができる。
5.4 救済機能	慰謝料や原告側の弁護士費用などの獲得、バックペイ、原職復帰など。また、差別的な行為の終了またはそのために社内規則の変更。
5.5 勧告・警告の執行（実現）力	雇用差別を行う雇用主については、社内規則を改善するよう影響を与えることができる。裁判所により命令された和解内容を守らない場合、EEOCは遵守を強制できる。
5.6 人権状況一般の職権調査	公式な申立がなくとも、議長の権限で雇用差別に関与している疑いのある雇用主に対しては調査を行うことができる。
6. 政策提言と監視機能	
6.1 政策提言	毎年議会および大統領に対し、活動報告および提言を行う。また、他の連邦機関の責任者とともに、雇用機会均等調整評議会（Equal Employment Opportunity Coordinating Council）のメンバーとして、連邦政府による雇用平等に関する法や政策の実施や遂行の最大効率化のために調整を行う。
6.2 監視機能	EEOCおよび裁判所による命令が遵守されているかどうか、雇用主や加害者を監視する。
7. 広報・人権教育	雇用主などに対する技術援助プログラムセミナー（TAPS）開催。各地域では議員や議員のスタッフに対するセミナーや、コミュニティでの雇用問題に関する公聴会を開催。また、ホームページや官報などを通じてEEOCの方針や決定などについての広報を行う。その他印刷物やパンフレットなど多数作成。
8. 自己評価、公開性・透明性	申立未審査数の累積防止策として、裁判外紛争処理（ADR）、全米実施計画（NEP）および「優先的処理手続（PCHP）などを決定および開始した。またNEPに呼応する形で各フィールド・オフィスが地域実施計画（LEP）を策定し、実施。委員は毎月国内の異なる場所で会合を開くが、組織に関する戦略的な討議その他一部を除き公開されている。これら一連の努力により、申立未審査数の減少と申立処理の迅速化を達成できたと自負。

1-4
カナダの国内人権機関一覧

Ⅰ.組織	

1.機関名	カナダ人権委員会(Canadian Human Rights Commission)[1978年設置]。
1.1他の国内人権機関	カナダ労働関係委員会(Canada Labour Relation Board)、カナダプライバシー委員(Privacy Commissioner of Canada)など。
2.根拠法/関連法	
2.1設置根拠法	カナダ人権法(Canadian Human Rights Act)
2.2人権実体法	カナダ人権委員会の所掌する人権としては、上記のカナダ人権法。一般的な人権実体法としては、1982年憲法(法)。
2.3活動根拠法(活動対象とされる人権侵害・差別行為の類型化)	カナダ人権法、雇用衡平法(Employment Equity Act)。
3.組織	
3.1行政上の位置づけ	連邦の独立委員会。直接の所管官庁や担当大臣はいない。
3.2委員(会)の構成、多元性、独立性	常勤の委員長と副委員長、および3名以上6名以下の常勤または非常勤の委員から構成。現在は男女3名ずつの計6名。委員長は女性。いずれの委員も人権問題の専門家としての経歴を有している。
3.3委員の選任・任期・解任	委員の任命権者は形式的にはカナダ総督であるが、実質的には内閣。常勤の委員の任期は7年、非常勤の委員の任期は3年であり、それぞれ再任可。委員は議会の上下両院の罷免要求決議を受けない限り罷免されることはなく、これまでに罷免の前例はない。
3.4事務局スタッフ	約200名(女性約140名(ただし、管理職に就いている女性はさほど多くはない)、障害者が約10%、先住民族約5%)。NGO関係者はいない。
3.5地方委員会の有無	全国の主要6都市に地方事務所を設置。また、各州にはそれぞれの州法にもとづいた独自の人権委員会が存在する。
4.財政	約1,540万カナダ・ドルで(約12億円)(1997年)。
Ⅱ.権限	
5.人権侵害の申立と調査	
5.0対象となる人権侵害差別事由・差別行為	差別事由:①人種、②皮膚の色、③出身地(国)・民族、④宗教、⑤年齢、⑥性別(妊娠・出産に基づく差別を含む)、⑦婚姻の有無、⑧家族(子どもの有無など)、⑨心身障害(アルコール依存および薬物依存を含む)、⑩赦免された犯罪歴、⑪性的指向 差別行為:①物品供与・サービス供与・施設利用・宿泊の拒否、②店舗・住居の占有の拒否、③雇用・求人差別、④労働組合がその構成員に対して行う差別的取り扱い、⑤差別事由に基づいて雇用機会を奪うような政策・慣行の実施または協定の締結、⑥不平等賃金、⑦差別的言辞、⑧憎悪の表明(hate message)、⑨嫌がらせ

5.1 申立の受理	申立はいかなる個人または団体でも行うことができ、被差別者以外の第三者が申し立てることも可能。委員会自身が被害者に対し申立を促すこともある。 申立は法令上は「委員会が受理できる形式(form acceptable to the Commission)」であれば、どのようなものでも構わないとされているが、実際には一定の書式で行うことが求められている。
5.2 申立受理後の機能	調査→調停→人権審判。
5.3 調査機能	調査は申立に対する被申立人の反論、申立人の再反論、証人の証言、専門家の意見などを聴取する形で行われる。 必要に応じて強制調査を行うことができる。ただし、連邦裁判所判事の発する令状が必要。
5.4 救済機能	調停で両者の合意が得られた場合は、委員会がそれを承認し、調停が成立する。 人権審判にまで事案が進んだ場合、審判の結果、差別が認められれば、人権審判所は①差別行為の停止、②差別行為や不公正な行為を正すための計画やプログラムの策定、③差別行為によって侵害された権利等の回復、④逸失賃金・逸失利益等の補償、⑤肉体的・精神的苦痛に対する20,000ドル以下の損害賠償、を命令することができる。また、故意または過失に基づく差別行為に対しては20,000ドル以下の損害賠償をさらに付加することが認められており、さらに憎悪の表明(hate message)に対しては100,000ドル以下の罰金を科すことができる。
5.5 勧告・警告の執行(実現)力	調停の結果および人権審判の審決には法的拘束力あり。人権審判所の命令は連邦裁判所の命令と同等のものであり、これに従わない者に対しては法廷侮辱罪として制裁金を科すことができる
5.6 人権状況一般の職権調査	法的な根拠はなし。ただし、適宜必要な調査を行っている。
5.7 司法制度との関係	人権審判所の決定に対し不服の者は連邦裁判所へ上訴することができる。 人権委員会に直接関係のある事件が法廷で争われる際には、委員会は自らの訴訟参加を求めることができる(通常は被差別者の代理人的な立場として)。
6.政策提言と監視機能	
6.1 政策提言	年次報告書等で一定の政策提言を行うことはある。ただし、法的権限はない。
6.2 監視機能	一定の人権監視機能は果たしているが、一般的な権限は付与されていない。
7.広報・人権教育	インターネットを利用した情報提供、各種出版物の発行など。学校教育は行っていない。(学校教育は憲法上州の権限に属する)社会教育もほとんど行っていない。
8.自己評価、公開性・透明性	年次報告書を年に1回議会に直接提出。財政に関しては年に1度、会計報告を議会と財務省に対して提出。議会や内閣が制度的に委員会の活動をチェックするということはない。

1-5
インドの国内人権機関一覧

Ⅰ.組織	
1.機関名	インド 連邦人権委員会（州によって州人権委員会）[1993年設置]。
1.1他の国内人権機関	連邦指定カースト・指定部族委員会、連邦マイノリティ委員会、連邦女性委員会。
2.根拠法／関連法	
2.1設置根拠法	1993年人権保護法。
2.2人権実体法	憲法、国際人権規約。
2.3活動根拠法（活動対象とされる人権侵害・差別行為の類型化）	人権保護法第12条。人権侵害の救済における対象は国家による人権侵害に限定。教育、政策提言機能については人権一般。
3.組織	
3.1行政上の位置づけ	人権保護法によって設立される独立行政機関。
3.2委員(会)の構成、多元性、独立性	委員長1名（最高裁長官経験者）、委員4名（最高裁判事経験者1名、高裁長官経験者1名、人権に関して実務経験や知識のある者2名）計5名。実際は法曹界および官僚のトップによって構成されており、多元性に考慮する規定も実体もない。
3.3委員の選任・任期・解任	委員の任命に関しては、首相の下、与野党の指導者等によって構成される委員会の推薦によって、大統領が任命。ある程度の独立性はある。任期は5年。再任可。
3.4事務局スタッフ	委員会のほかに事務局は、調査部、法律部、総務部、研究部、広報および対外関係部からなる。スタッフ数約230名。そのほとんどが関係省庁からの出向者。
3.5地方委員会の有無	人権保護法によって、連邦人権委員会は、地方事務所を設置することはできるが、現在のところ設置されていない。また州人権委員会については連邦人権委員会に準ずる権限が付与されているが、その設置は義務ではない。1999年4月現在、25州のうち8州にしか設立されていない。その理由は各州の財政的理由が大。そのため連邦人権委員会は北部3州をまとめた地域的人権委員会の設置なども検討している。
4.財政	必要額を政府に申請する。単年度予算。計算書は年次報告の形で、会計検査院に提出し、認証後、政府および議会に提出する。
Ⅱ.権限	
5.人権侵害の申立と調査	
5.1申立の受理	国家による人権侵害に関する申立を登録する。申立人は誰でもかまわないが、偽名や匿名は不可。申立方法ははがきによるものが多いが、電話、FAX、メールなど基本的には形式を問わない。

5.2 申立受理後の機能	国家による人権侵害（軍・準軍隊は除く）については、関係省庁に報告書の提出を求める。その後、重大性のある事件を優先して、調査・審問を行い、補償金の支払いなどの勧告を行う。
5.3 調査機能	委員会にも調査部があるが、基本的に警察および中央調査局に調査を依頼する。審問に関しては、民事裁判所と同等の権限を持つ。
5.4 救済機能	補償金の支払命令や、状況改善の勧告など。
5.5 勧告・警告の執行（実現）力	勧告に強制力がないため、州政府の抵抗により、勧告の実行が遅れることもあるが、現在までのところ、ほぼすべて実行されている。また、勧告が実行されないときは、裁判所に対して令状請求することができる。
5.6 人権状況一般の職権調査	刑務所については、州政府に連絡後、視察することができる。
5.7 司法制度との関係	それほど多くはないが、最高裁による精神病院への状況改善の命令後、その後の経過の監視および指導を裁判所が人権委員会に委託した例がある。
6. 政策提言と監視機能	
6.1 政策提言	拘置所や刑務所での死亡事件に関する検死について、ルールを設定。連邦政府へ、拷問等禁止条約の批准を要請。
7. 広報・人権教育	人権教育は、警察など公務員に対する人権教育を優先している。広報は、ラジオやテレビでCMを流すほか、英語とヒンドゥ語だけでなく、それ以外の言語でのニュースレターの発行などを行っている。
8. 自己評価、公開性・透明性	自己評価の制度はない。委員やスタッフの構成からして、行政機関としての性格が強く、NGOなど市民社会側との接触は、申立以外ではほとんどない。

1-6
フィリピンの国内人権機関一覧

Ⅰ. 組織	
1. 機関名	フィリピン人権委員会［1987年設置］。
1.1 他の国内人権機関	Tanodbayan（公務員の不正監視をするオンブズパーソン）。
2. 根拠法／関連法	
2.1 設置根拠法	憲法第13条17節。
2.2 人権実体法	憲法およびフィリピンが批准した人権諸条約上の規定。
2.3 活動根拠法（活動対象とされる人権侵害・差別行為の類型化）	人権侵害の類型化・活動対象とする人権侵害は、人権委員会決議A88-045, A95-005, A95-069で定める。市民・政治的権利＋経済・社会・文化的権利の

		分野における人権侵害。
3.組織		
	3.1行政上の位置づけ	憲法にもとづく独立機関
	3.2委員(会)の構成、多元性、独立性	委員5名(委員長と4名の委員)。4名は法曹出身者(過半数は法曹関係者でなければならない〔憲法第13条17節(2)項〕)。女性・ムスリム各1名。権限・機能・組織上は独立。委員および予算の独立性は不十分。
	3.3委員の選任・任期・解任	大統領が任命。任期7年で再任なし。他の職業との兼職禁止。解任事由は法定。
	3.4事務局スタッフ	スタッフ600名(中央事務所350名、その他は地方事務所・地方支所。法律家多し)。
	3.5地方委員会の有無	全国13ヶ所の地方事務所＋7地方支所。その他にバランガイにバランガイ人権活動センターを設置中。
4.財政		国家予算によるが、監督官庁はなし。約6億円。単年度予算。プロジェクト予算はその多くを外国政府・国際機関・NGOの援助に依存。
Ⅱ.権限		憲法第13条18節に列挙。
5.人権侵害の申立と調査		
	5.0対象となる人権侵害差別事由・差別行為	誰でも申立可(実際には、警察、軍隊、共産党・新人民軍、民間人、自警団等による人権侵害の申立が多い)。
	5.1申立の受理	すべての人(本人でなくともよい)が申立可。
	5.2申立受理後の機能	調査部で事案を調査→人権侵害の証言収集→人権委員会の管轄権内か否かの判断→調査の結果、決議を採択。決議がさらなる措置を必要としていない場合は終了。必要としており、刑事事件の場合には、検察官事務所へ記録を送付し、告発を行う。その他の場合は、関係機関などへ勧告を送付する。
	5.3調査機能	憲法第13条18節(1)項にもとづき、調査権能あり。
	5.4救済機能	人権侵害被害者への補償を委員会自身の予算から支出できる。 人権委員会に検察権能を持たせる法案は1999年9月現在下院にて審議中。
	5.5勧告・警告の執行(実現)力	勧告には強制力なし。
	5.6人権状況一般の職権調査	新聞・NGO情報にもとづき職権調査可。
	5.7司法制度との関係	人身保護令状を発付。法廷の友として参加。
6.政策提言と監視機能		
	6.1政策提言	憲法第13条18節(4)～(7)、(9)項にもとづき政策提言機能あり。
	6.2監視機能	事務局に国際監視部があり、政府の人権諸条約上の義務履行を監視。
7.広報・人権教育		きわめて活発に実施。

| 8.自己評価、公開性・透明性 | 説明責任を負う政府機関なし。内部評価なし。年次報告書は作成するが、提出義務なし。年4回会計報告。 |

1-7
スウェーデンの国内人権機関一覧

Ⅰ.組織	
1.機関名	国会オンブズマン[1809年設置]。
1.1他の国内人権機関	男女平等オンブズマン、民族差別禁止オンブズマン、子どものためのオンブズマン、ハンディキャップオンブズマン。
2.根拠法／関連法	
2.1設置根拠法	1974年統治憲章第12章6条、国会法、国会オンブズマンに対する指示法、国会オンブズマン事務局に対する行政的指示。
2.3活動根拠法(活動対象とされる人権侵害・差別行為の類型化)	プライバシー法(1988)、障害差別法(1992)、先住権原法(1993)。
3.組織	
3.1行政上の位置づけ	国会が設置。議会内の専門家が議会に代わって裁判所・行政府・自治体を監視。
3.2委員(会)の構成、多元性、独立性	4名(現在、女性1・男性3、うち1名が長官)。個別に選任され、独立対等で、合議しない。各自、特定分野を担当。
3.3委員の選任・任期・解任	国会で選任(現在は、すべて最高裁などの判事出身者)。任期4年(再任可)。「不信任」の場合のみ、憲法委員会の発議で国会の多数決で解任可(実例なし)。
3.4事務局スタッフ	56名(女性25・男性31)。各オンブズマンに10名程度の法律家スタッフがつく。
3.5地方委員会の有無	なし。地方議会の活動は権限外。
4.財政	2000年3,847クローナ(約6億円)申請中。議会から直接予算が下り、大蔵省は不介入。
Ⅱ.権限	公務員・裁判官の作為・不作為が憲法以下の法令上是認できるか否かを判断。ただし、国会議員など市民の選挙で選ばれた者は管轄外。
5.人権侵害の申立と調査	
5.1申立の受理	本人・第三者など誰でも申立可。書面申立が原則。電話・来訪による申立も可。現在、年間約5,000件の申立を受理。
5.2申立受理後の機能	公行政に関する苦情は書面で国会オンブズマン事務所に申し立てられる。同事務所はまず法務担当者によ

		る調査を経て、申立を却下するか、あるいは5.4記載のいずれかの救済を与えるかを決定する。
	5.3調査機能	申立にもとづき調査を実施。調査権限は憲法等にもとづく。
	5.4救済機能	行政・司法等の決定を変更する権限なし。①軽微な違法・不当→意見表明（強制力なし）、②公務員が懲戒・停職・免職相当の場合→その旨を通告、③公務員の行為が刑法上の罪にあたる重大な法令違反・怠慢・不当な場合→特別検察官として訴追。
	5.5勧告・警告の執行（実現）力	国家機関の100％，地方機関の95％がオンブズマンの判断に従っている。
	5.6人権状況一般の職権調査	オンブズマン自身が全国で実施する実査やマスコミ報道等を端緒とする職権調査権限あり。
	5.7司法制度との関係	上記5.4③参照。
6.政策提言と監視機能		
	6.1政策提言	監察義務遂行中に法令改正等が必要と判断する場合→議会または政府に提言。一般的勧告のなかで立法提言も可。
	6.2監視機能	上記3.1、5.4参照。
7.広報・人権教育		長官がストックホルム警察での研修に参加する等各オンブズマンが教育的活動を行う。
8.自己評価、公開性・透明性		会計報告は国会に毎年提出（約200年前から）。年次活動記録を国会に提出・刊行・無料配布。

1-8
フランスの国内人権機関一覧

Ⅰ.組織	
1.機関名	国家人権諮問委員会［1993年設置］。
1.1他の国内人権機関	フランス共和国行政斡旋官（独任制、オンブズパーソン的）。
2.根拠法／関連法	
2.1設置根拠法	国家人権諮問委員会設立命令（1984年首相デクレ、93・96年改正）。
3.組織	
3.1行政上の位置づけ	首相直属の諮問機関
3.2委員(会)の構成、多元性、独立性	76名（a.NGOから25名、労働組合から6名、学識経験者から38名、b.国際人権機関に個人資格で出席するフランス人4名、国民議会・上院から各1名ならびにフランス共和国行政斡旋官1名。投票権あり）。首相・関係大臣代理（合計80名以上）。委員会のイニシアチブで人権保障に関する措置を公的機関に注意喚起

		できるので、「独立性」を持つと称する。
3.3委員の選任・任期・解任		首相が任命。a.は任期2年、b.は各任期期間。理由なく3回連続欠席する場合以外は解任されない。
4.財政		首相の役務予算。年間約800万円。
Ⅱ.権限		
5.人権侵害の申立と調査		（フランス共和国行政幹旋官の権限）
5.1申立の受理		行政に対する市民の苦情申立を受理。
5.2申立受理後の機能		行政の違法行為や、合法的であっても実際上不都合が生じる行政行為に関して、申立者と行政機関との間のあっせんを試みる。
5.3調査機能		幹旋官は関係行政機関に問い合わせを行う。
5.4救済機能		適切と思われる勧告を行うことができる。関係機関が勧告につき回答しない場合には、勧告内容を公表できる。
5.5勧告・警告の執行（実現）力		幹旋官は原則として強制権限を持たない。ただし、①公務員の明白な過誤行為の場合には、当該機関に代わって責任ある公務員を懲戒し、場合によっては刑事裁判所に訴えを提起し、②行政機関が裁判所の判決を執行しない場合には、当該機関にその執行を命令することができる。
5.6人権状況一般の職権調査		行わない。
5.7司法制度との関係		5.5②参照。
6.政策提言と監視機能		
6.1政策提言		①国内的活動：人権に関するフランスの政策・法案につき意見提出（1987年-97年の間に83意見を提出）。②国際的活動：人権諸条約上の政府報告書の作成、国連・OSCE・ヨーロッパ審議会の国際人権機関への参加など。
7.広報・人権教育		①フランス共和国人権賞、ルネ・カサン人権賞の授与、②「人権教育のための国連10年」国内連絡委員会の事務局を担当。
8.自己評価、公開性・透明性		年報を刊行。

1-9
イギリスの国内人権機関一覧

Ⅰ.組織	
1.機関名	人種平等委員会（Commission for Racial Equality）。
1.1他の国内人権機関	機会均等委員会（Equal Opportunities Commission）、障害者権利委員会（Disability

		Rights Commission)。
2.根拠法／関連法		
	2.1 設置根拠法	1976年人種関係法 (Race Relations Act 1976)。
	2.2 人権実体法	1976年人種関係法。
	2.3 活動根拠法 (活動対象とされる人権侵害・差別行為の類型化)	1976年人種関係法。
3.組織		
	3.1 行政上の位置づけ	政府の独立委員会だが、内務省(Home Office)が予算の承認および委員長の任命を行う。
	3.2 委員(会)の構成、多元性、独立性	委員長1名、副委員長2名および12人以内の委員から構成。現在は15名。委員長のみ常勤。人種、性別、出身など考慮。
	3.3 委員の選任・任期・解任	委員長のみ内務大臣が任命し、副委員長以下は委員長と内務大臣が任命。委員の任期は5年で再任も可能。解任は制限されている。
	3.4 事務局スタッフ	約180名。事務所はロンドン本部ほか、リーズ、バーミンガム、マンチェスター、カーディフ、エディンバラにある。
	3.5 地方委員会の有無	直接の地方委員会はない。北アイルランドでは「1998年北アイルランド法(Northern Ireland Act 1998)」にもとづいて「北アイルランド平等委員会(Equality Commission for Northern Ireland)」が設置され、その後「北アイルランド人権委員会(Northern Ireland Human Rights Commission)」として他機関と統合された。
4.財政		1998年度は1,482万ポンド(1ポンド180円で約27億円)。
Ⅱ.権限		
5.人権侵害の申立と調査		
	5.0 対象となる人権侵害差別事由・差別行為	差別事由:皮膚の色、人種、国籍、出身。差別行為:雇用・教育・商品・サービス・設備の提供における差別、建築物の売買、差別慣行、差別的広告、差別の指示・教唆、人種的憎悪。
	5.1 申立の受理	差別を受けたと考える個人は委員会に申立できるが、委員会が扱える人権侵害は、差別禁止法にいう差別行為にあたるものに限られる。申立の形式は規定がないが、書面によるのが一般的。
	5.2 申立受理後の機能	助言、調停、差別の証拠収集、法的アドバイスを受ける支援、および委員会による弁護士の手配。これらは受理検討段階の機能もふくむ。専属の弁護士は7人(1999年3月段階)。その後は雇用関係は雇用審判所、それ以外は地方裁判所で争われる。
	5.3 調査機能	職権により証拠の収集や質問状の送付を行い、事実関係を確認できる。また、特定の差別行為が存在すると委員会が判断した場合には「公式調査」を開始することができ、嫌疑をかけられた場合(通常は組織)は調

	査に応じなければならない。
5.4 救済機能	調停は、両者の合意が得られた場合に成立する。1998年度には、委員会内部で103件の和解に成功し、被害者には平均で約6,200ポンド（約124万円）が支払われている。 申立の大半を審理する雇用審判所では、①申立人が主張する権利の確認、②補償金の支払命令、③被申立人に必要な措置を求める勧告、が行われうる。
5.5 勧告・警告の執行（実現）力	雇用審判所の命令には法的拘束力があり、補償金が支払われない場合、審判所は補償金の増額および利子を課す命令を出せる。
5.6 人権状況一般の職権調査	規定上はないが、「公式調査」の一環として相手を特定しない一般的調査を行っている。
5.7 司法制度との関係	差別的広告と差別的慣行をのぞいて委員会自身が主体となって争うことはできず、司法制度において委員会はあくまで申立人のサポートを行うのみ。 雇用審判所の決定に不服がある場合は、雇用控訴審判所、控訴院、貴族院への控訴が可能。この過程でEC法が関係する場合には、EC司法裁判所において審理されることもある。雇用関係以外の事件は、地方裁判所を経て、高等裁判所、控訴院へ。
6. 政策提言と監視機能	人種関係法の改正案を議会に提案。
7. 広報・人権教育	差別禁止法に関する基本的な情報をパンフレットやインターネットのホームページを通じて広報。スポーツ・音楽などのイベントを通じた多彩な広報活動も展開。

2 調査対象国人権条約批准状況

●調査対象国人権条約批准状況

	CESCR	CCPR	OP1	OP2	CERD	CEDAW	CAT	CRC	CSR	PSR	地域
オーストラリア	●	●	●(29)	●	●	●	●	●	●	●	—
ニュージーランド	●	●	●(20)	●	●	●	●	●	●	●	—
フィリピン	●	●	●(4)		●	●	●	●	●	●	—
インド	●	●			●	●	S	●			—
イギリス	●	●		●	●	●	●	●	●	●	●
フランス	●	●	●(49)	●	●	●	●	●	●	●	●
ドイツ	●	●	●(4)		●	●	●	●	●	●	●
スウェーデン	●	●	●(10)	●	●	●	●	●	●	●	●
カナダ	●	●	●(90)	●	●	●	●	●	●	●	—
アメリカ	S	●			●	S	●	S		S	S
日本	●	●			●	●	●	●	●	●	—

※ ●は批准または加入を、Sは署名のみを示す。
※ 自由権規約第1選択議定書の( )内の数字は、2000年7月7日までの通報の合計件数を示す（国連人権高等弁務官事務所・ホームページhttp://www.unhchr.ch/html/menu2/8/stat2.htmを参照）。

（略語一覧）
　CESCR:社会権規約
　CCPR:自由権規約
　OP1:自由権規約第1選択議定書
　OP2:自由権規約第2選択議定書（死刑廃止条約）
　CERD:人種差別撤廃条約
　CEDAW:女性差別撤廃条約
　CAT:拷問等禁止条約
　CRC:子どもの権利条約
　CSR:難民条約
　PSR:難民条約議定書
　地域:地域的人権条約

国連人権高等弁務官事務所・条約機関データベース（http://www.unhchr.ch/tbs/doc.nsf visited, Aug.15, 2000）などをもとに藤本俊明が作成。

3 国家機関（国内人権機関）の地位に関する原則（パリ原則）

国連人権委員会決議1992/54（1992.3.3採択）*　国連総会決議48/134（1993.12.20採択）*

権限と責任

1. 国内人権機関は人権を伸長および保護する権限を付与されるものとする。

2. 国内人権機関はできる限り広範な職務（mandate）を与えられ、その権限は憲法または法律において明確に規定されるものとする。その構成と権限の範囲は憲法または法律で定める。

3. 国内人権機関は、特に、次の責任（responsibility）をもつものとする。

(a) 人権の伸長および保護に関するあらゆる事柄（any matters）について、関係当局の要請によりまたは上級機関に付託することなく問題につき聴聞する（to hear a matter）自らの権限の行使によって、勧告的な基盤で、政府、議会その他管轄当局に対し、意見、勧告、提案および報告を提出すること。国内人権機関はそれらを公表すると決定することができる。これらの意見、勧告、提案および報告、ならびに国内人権機関の特権は、以下の分野に関連するものとする。

（i）人権の保護を保持し、拡大することを意図する立法または行政上の規定、ならびに司法機関に関する規定。これに関連して、国内人権機関は、現行の立法または行政上の規定、ならびに法律案（bills）および法律提案（proposals）を検討するものとし、これらの規定が人権の基本原則に合致するよう確保するため、適切と考える勧告を行うものとする。国内人権機関は、必要であれば、新たな立法の採択、現行法の改正、ならびに行政措置の採択または改正を勧告するものとする。

（ii）国内人権機関が取り上げると決定した人権侵害の状況。

（iii）人権一般に関する国内状況、およびより具体的な問題に関する報告書の準備。

（iv）国内の地域で人権が侵害されている状況につき政府の注意を喚起し、そのような状況を終了させるための施策を政府に提案し、必要な場合には、政府の姿勢と対応について意見を表明する。

(b) 法律、規則および慣行と国家が締約国となっている国際人権文書との調和、ならびにその実効的な履行を促進および確保すること。

(c) 国際人権文書の批准またはこれへの加入を奨励し、その履行を確保すること。

(d) 国際連合の機関および委員会ならびに地域的機構に対し、条約上の義務にもとづき国家が提出を求められる報告につき貢献し、必要な場合には、自らの独立性を十分に考慮し、報告に関し意見を表明すること。

(e) 人権の伸長と保護の分野で権限をもつ

国際連合および国際連合システムの他の機関、地域的機構ならびに他国の国内人権機関と協力すること。
(f) 人権に関する教育および研究プログラムの作成を支援し、学校、大学および専門的集団におけるそのプログラムの実施に参画すること。
(g) 特に情報、教育ならびにあらゆる報道機関を活用し、民衆の関心を高めることによって、人権およびあらゆる形態の差別、特に人種差別に対する闘いに関し宣伝すること。

構成と独立・多元性の保証

1. 国内人権機関の構成およびその構成員の任命は、選挙によるか否かを問わず、人権の伸長と保護に関わる（市民社会の）社会集団の多元的な代表を確保するために必要なあらゆる保障を与える手続に従って行われるものとする。特に、（国内人権機関の構成およびその構成員の任命は）下記の代表とともに、またはその関与を通じて確立される実効的な協力を可能とする勢力によってなされるものとする。

(a) 人権に取り組み人種差別と闘うNGO、労働組合、ならびに弁護士、医師、ジャーナリストおよび著名な科学者のような関連する社会的および職業的組織。
(b) 哲学的または宗教的思想の諸傾向。
(c) 大学および高度の専門家。
(d) 議会。
(e) 政府部門（これらの代表は、助言的資格でのみ議論に参加すべきである）。

2. 国内人権機関はその活動を円滑に行えるような基盤、特に財源をもつものとする。この財源の目的は、政府から独立で、その独立性に影響しかねない財政統制の下におかれるとのないよう、国内人権機関が自らの職員と土地家屋を持つことを可能とするものでなければならない。

3. 真の独立の前提である国内人権機関構成員の安定した権限を確保するため、構成員は一定の任期を定めた公的な決定（an official act）によって任命されるものとする。この任期は、構成員の多元性が確保される限り、更新可能である。

活動の方法

国内人権機関はその活動の枠組みにおいて、次のことを行うものとする。

(a) 政府によって付託されたものであれ、上位の当局に付託されることなく政府によって取り上げられたものであれ、構成員または申立者の提起によって、その権限に属する問題につき自由に検討すること。
(b) その権限に属する状況を評価するため、いかなる者の意見も聞き、情報およびその他の文書を取得すること。
(c) 特にその意見や勧告を公表するため、直接にまたは報道機関を通じて、世論に呼びかけること。
(d) 定期的に会合すること。必要な場合には、正式に招集された全構成員の出席で会合すること。
(e) 必要に応じて、構成員からなる作業グループを設置し、国内人権機関の機能を補佐するため、地方や地域に支部を置くこと。
(f) 人権の伸長と保護に責任をもつ、司法的その他の機関（特に、オンブズマン、仲裁者類似の機関）との協議を維持すること。
(g) 国内人権機関の仕事を拡大するうえでのNGOの基本的な役割を考慮し、人権の

伸長と保護、経済・社会発展、人種主義との闘い、特定の弱者集団（特に、子ども、移住労働者、難民、身体的・精神的障害者）の保護、または専門領域に取り組んでいるNGOとの関係を発展させること。

準司法的権限をもつ委員会の地位に関する追加的原則

国内人権機関は、個人の状況に関する苦情や申立を聴聞および検討する権限をもつことができる。個人、その代理人、第三者、NGO、労働組合連合またはその他の代表組織は事案を国内人権機関に提起できる。かかる場合には、委員会の他の権限に関する上記の原則にかかわらず、国内人権機関の機能は以下の原則に基づくものとすることができる。

(a) 調停を通じて友好的解決、または法律の定める制限内での拘束的決定を求めること。必要な場合には、非公開でこれらを行う。
(b) 申立を行なった当事者にその者の権利、特に可能な救済につき情報提供し、国内人権機関の利用を促すこと。
(c) 法律の定める制限内で、苦情や申立を聴聞し、これらを他の管轄当局に移送すること。
(d) 特に個人がその権利を評価するため提起した事案が関わる困難の元である、法律、規則、行政慣行の改正や改革を提案することによって、権限あるあらゆる当局に勧告を行うこと。

(＊出典 Commission on Human Rights resolution 1992/54 of 3 March 1992, annex （Official Records of the Economic and Social Council, 1992, Supplement No.2（E/1992/22）; General Assembly resolution 48/134 of 20 December 1993, annex.)

翻訳／山崎公士・新潟大学法学部教授

4 『国内人権機関 人権の伸長と保護のための国内機関づくりのための手引き書』目次

国連人権センター（現国連人権高等弁務官事務所）1995年

目次	パラグラフ
序章	1-8

第Ⅰ章　国内人権機関：背景と概要　9-62

第Ⅱ章　国内機関が実効的に機能するための要素　63-138
  A.序論　63-67
  B.独立性　68-85
　　1.法上および運用上の自立を通じた独立性　70-72
　　2.財政上の自立を通じた独立性　73-76
　　3.任命および解任手続を通じての独立性　77-81
　　4.構成を通じての独立性　82-85
  C.明確に規定された管轄権および適切な権能　86-97
　　1.事物管轄権（Subject-matter jurisdiction）　86-90
　　2.管轄権衝突の回避　91-94
　　3.適切な権能　95-97
  D.アクセスの容易さ　98-105
　　1.機関の自覚　100-101
　　2.物理的なアクセスの容易さ　102-104
　　3.代表構成を通じたアクセスの容易さ　105
  E.協力　106-118
　　1.NGOとの協力　108-111
　　2.国内機関の間の協力　112-115
　　3.政府間機構との協力　116-118
  F.活動上の効率　119-135
　　1.適切な活動資源　121-124
　　2.作業手順（working methods）　125
　　3.人事　126-130
　　4.再検討および評価　131-135
  G.説明責任　136-138

第Ⅲ章　人権に関する自覚の促進および人権教育の任務　139-180
  A.序論　139-146
  B.伸長のための戦略　147-163
　　1.情報資料の収集、作成および配布　147-153
　　2.伸長に役立つイベントの企画と地域におけるイニシアチブの奨励　154-155
　　3.メディアを用いた活動　156-159
　　4.国内機関とその仕事を目立たせる　160-163
  C.教育と研修　164-180
　　1.専門的な研修　164-174
　　　(a)参加者の特定　166-167
　　　(b)プログラムの編成　168-169
　　　(c)適切なトレーナーの選定　170-171
　　　(d)研修の実施効果の最大化　172-173
　　　(e)評価の実施　174
　　2.セミナー　175-176
　　3.教育のプログラム　177-180

第Ⅳ章　政府に助言し、政府を支援する任務　181-215

A.序論　　　　　　　　　181-182
B.基本的問題　　　　　　183-189
　1.要請による助言か、自発的助言か　183
　2.適切な職務　　　　　　184-185
　3.効果的な方法の開発　　　　186
　4.受け手の側の責任　　　187-189
C.現行法および法律案の審査と新しい立法
　起草の援助　　　　　　　190-199
　1.立法の監視者としての国内機関　191
　2.法律に関して助言する役割と他の機能
　　との関係　　　　　　　　　192
　3.受け手の特定　　　　　193-194
　4.提案された法律案　　　　　195
　5.現行法　　　　　　　　　　196
　6.新しい法律の起草　　　　　197
　7.最大限の効果　　　　　198-199
D.一般政策と政府に対する行政上の助言
　　　　　　　　　　　　　200-206
　1.国内問題に関する政策助言　201-203
　2.行政制度や行政活動に関する勧告　204
　3.司法過程に関する勧告　　　205
　4.国際人権問題に関する勧告　　206
E.国際人権基準の履行に際しての助言と支
　援　　　　　　　　　　　207-215
　1.国際条約の履行に関する助言　209-210
　2.報告書の起草への助力　　211-214
　3.国内行動計画の策定の支援　　215

第Ⅴ章　人権侵害の申立ての調査任務
　　　　　　　　　　　　　216-297
A.序論　　　　　　　　　216-218
B.苦情申立ての調査　　　219-282
　1.苦情申立ての仕組みの重要性　219-221
　2.苦情申立ての仕組みの確立　222-250
　　(a)どのような苦情申立てを調査すべき
　　　か　　　　　　　　　222-228
　　(b)制限は適当か　　　　229-234
　　(c)誰が苦情申立てできるか　235-241

　　　(i)第三者による申立て　237-238
　　　(ii)集合代表申立て(class actions)
　　　　　　　　　　　　　239-241
　　(d)苦情申立ての提起手続　242-245
　　(e)秘密性の問題　　　　246-247
　　(f)苦情申立ての却下(Rejecting a com-
　　　plaint)　　　　　　　248-250
　3.苦情申立ての調停　　　251-255
　4.調査の実施　　　　　　256-267
　　(a)調査権限　　　　　　257-260
　　(b)調査手続　　　　　　261-267
　5.人権侵害の救済　　　　268-282
　　(a)勧告権限　　　　　　271-272
　　(b)付託権限　　　　　　273-276
　　(c)決定権限　　　　　　277-278
　　(d)強制力のある命令を行う権限　279
　　(e)決定の刊行　　　　　280-282
C.職権による(suo moto,任意の)調査
　　　　　　　　　　　　　283-294
　1.調査すべき問題の選定　287-289
　2.任意調査の実施　　　　290-292
　3.フォローアップ　　　　293-294
D.法的手続への関与　　　295-297

結論　　　　　　　　　　298-300

原文：Centre for Human Rights, National Human Rights Institutions: A Handbook on the Establishment and Strengthening of National Human Rights Institutions for the Promotion and Protection of Human Rights, HR/P/PT/4, 1995.
日本語版全文：マイノリティー研究会訳(山崎公士監修)『国内人権機関　人権の伸長と保護のための国内機関づくりの手引き書』(解放出版社、1997年)

5 国内人権機関に関する人権条約実施機関採択文書

5-1
社会権規約委員会・一般的意見10(1998年)「経済的、社会的及び文化的権利の保障における国内人権機関の役割」
U.N.Doc.E/C.12/1998/25

1. 規約第2条1項は、各締約国に、「すべての適当な方法により……（規約上の）権利の完全な実現を漸進的に達成するため、……行動をとること」を義務として課している。委員会は、重要な行動をとることを可能にするそのような方法の一つが、人権の促進及び保護のための国内機関の活動であることに注目する。近年、このような機関は急激に増加しており、その傾向は、総会及び人権委員会により強く奨励されている。人権高等弁務官事務所は、国内機関に関して国家を援助し、奨励するための主要なプログラムを確立している。

2. このような機関は、国内人権委員会からオンブズマン事務所、公益団体又は人権「擁護者」、そして人民の弁護人 (defenseurs du peuple and defensores del pueblo) の範囲にまで及んでいる。多くの場合、国内機関は政府により設置されており、行政府及び立法府からの重要な程度の自立性を有し、当該国に適用可能な国際人権基準に十分な考慮を与えている。そして、人権の促進及び保護のためのさまざまな活動を行なう権限を与えられている。そのような機関は、広く異なる法文化の国家において、経済状況に関わらず、設置されているのである。

3. 委員会は、国内機関が、すべての人権の不可分性及び相互依存性の促進及び確保において、潜在的に非常に重要な役割を有していることを注記する。残念なことに、この役割が国内機関に与えられていないことや、無視されているか又は低い優先順位しか与えられていないことが非常に多い。したがって、このような機関の関連する活動のすべてにおいて、経済的、社会的及び文化的権利に対して、十分な注意を与えることが重要である。以下に列挙する事項は、これらの権利に関して、国内機関の活動として行ないうるか、又はいくつかの例では、すでに行なわれている活動の種類を示したものである。

(a)一般住民並びに公共サービス、裁判所、民間分野及び労働運動のような特定の集団

の両者における、経済的、社会的及び文化的権利の認識及び理解の向上のための教育及び周知のためのプログラムの促進

(b)法律案及びその他の提案と同様に、既存の法律及び行政上の行為が、経済的、社会的及び文化的権利に関する国際規約の要請と一致することを確保するための精査

(c)公的機関又はその他の関連機関の依頼によるものを含めた、経済的、社会的及び文化的権利に関する専門的助言又は調査の実施

(d)規約上の義務の実現を測定可能にする国内的な指標の認定

(e)国家全体又は地域内において、あるいは特定の脆弱な集団の共同体に関して、特定の経済的、社会的及び文化的権利が実現されている程度を確かめるための研究及び調査

(f)規約の下で認められている特定の権利の遵守の監視及びそれに関する報告書の公的機関及び市民社会への提供

(g)国内において適用可能な経済的、社会的及び文化的権利の侵害を主張する申立の審査

4. 委員会は、締約国に対して、すべての国内人権機関に与えられる権限の中に、経済的、社会的及び文化的権利に対する適切な注意が含まれることを確保するように求める。さらに、締約国に対して、委員会へ提出される報告書に、そのような機関の権限及び主要な関連する活動の両方の詳細が含まれることを要請する。

翻訳／藤本俊明・神奈川大学・東京学芸大学講師

5-2
自由権規約委員会
日本政府の第4回定期報告書に対する最終見解（1998年）
U.N.Doc.CCPR/C/79/Add.102

C. 主な懸念事項と勧告
9. 委員会は、人権侵害を調査し、申立人のための是正措置をとることに役立つような制度的機構（国内人権機関）が存在しないことに関して懸念を表明する。当局が権力の濫用を行わず、実際に個人の権利を尊重することを確保する効果的な制度的機構が必要とされる。委員会の見解では、法務省によって監督され、権限は勧告を出すことに厳密に限定されている人権擁護委員は、そのような機構ではない。委員会は、人権侵害に関する苦情申し立てを調査する独立的な機構を締約国が設立することを強く勧告する。

10. そのなかでも特に委員会は、警察や入国管理局職員による虐待に関する苦情申し立てを、調査や是正のために持ちこむことができる独立した機関が存在しないことを懸念する。委員会は、締約国によってそのような独立した組織または担当者が遅滞なく設置されることを勧告する。

翻訳／国際人権NGOネットワーク編
『ウォッチ！規約人権委員会 どこがずれてる？人権の国際規準と日本の現状』
（日本評論社、1999年）

5-3
人種差別撤廃委員会・一般的勧告17（1993年）「条約の実施を促進するための国内機関の設置に関する一般的な性格を有する勧告」

U.N.Doc.A/48/18.

人種差別撤廃委員会は、「あらゆる形態の人種差別撤廃に関する国際条約」の実施に関する当事国の実行を考慮し、条約の実施を促進するための国内機関の設置をさらに奨励する必要があることを確信し、条約の実施をさらに強化する必要性を強調し、

1. 当事国が、特に次の目的に資する国内委員会又はその他の適切な機関を設置するよう勧告する。その際、1992年3月3日の人権委員会決議1992/54に添付された国内機関の地位に関する諸原則を、必要な変更を加えた上で、これを考慮するものとする。
　（a）「あらゆる形態の人種差別撤廃に関する国際条約」第5条において明記されるいかなる差別もない人権の享有に対する尊重を促進すること。
　（b）人種差別に対する保護をめざした政府の政策を再検討すること。
　（c）立法と条約の諸規定との合致を監視すること。
　（d）条約上の当事国の義務について一般大衆を啓発すること。
　（e）人種差別撤廃委員会に提出される報告書の作成にあたって政府を援助すること。

2. かかる委員会が設置される際には、委員会と関係当事国との間の対話を強化するために、かかる委員会は報告書の作成に関与するようにされるべきであり、また、できる限り政府代表団に加えられるべきであることをも勧告する。

翻訳／反差別国際運動日本委員会
『人種差別撤廃条約と反差別の闘い』
（解放出版社、1995年）

5-4
女子差別撤廃委員会・一般的勧告第6
「効果的な国内本部機構と広報」(1988年)
U.N.Doc.A/43/38.

女子差別撤廃委員会は、女子差別撤廃条約に関する締約国レポートの審議を考慮し、1987年11月30日の国連総会決議42/60に留意し、以下のことを勧告する。

1.締約国は、効果的な国内本部機構、制度、および手続を、政府の高いレベルにおいて、また充分な財源、任務、および権限をもつものとして設置し、ないしは強化する。
　(a) すべての政府の政策に関して、女性に与えるインパクトについて助言すること。
　(b) 女性の現状について包括的にモニターすること。
　(c) 差別撤廃のための新しい政策の立案と、そのための戦略や措置の効果的実施を援助すること。

2～4. (略)

翻訳／『国際女性』(国際女性の地位協会年報) 第7号 (尚学社、1993年)

5-5
子どもの権利委員会
日本政府の第1回定期報告書に対する
総括所見 (1998年)
U.N.Doc.CRC/C/15/Add.90

C.主要な懸念事項
10.委員会は、子どもたちの権利の実施を監視する権限を持った独立機関が存在しないことを懸念する。委員会は、「子どもの人権専門委員」による監視制度は、現状では、政府からの独立、ならびに子どもたちの権利の効果的な監視を全面的に確保するのに必要な権威および権限を欠いていることに、留意するものである。

D.提案および勧告
32.委員会は、締約国に対し、既存の「子どもの人権専門委員」制度を制度的に改善しかつ拡大するか、もしくは子どもの権利のためのオンブズパーソンまたはコミッショナーを創設するかのいずれかの手段により、独立した監視機構を設置するために必要な措置をとるよう勧告する。

翻訳／子どもの人権連・反差別国際運動
　　　日本委員会編『子どもの権利条約のこれから』(エイデル研究所、1999年)

6 アジア・太平洋地域における国内人権機関関連文書

6-1
アジア太平洋国内人権機関地域第1回ワークショップ結論、勧告、決定（ララキア宣言）
（1996年オーストラリア・ダーウィン）

1.背景

　第一回アジア太平洋地域人権の伸長と擁護のための国内人権機関ワークショップは、オーストラリア、ニュージーランド、インド、インドネシアの国内人権委員会の代表者によりオーストラリアのダーウィンで7月8日～10日に開催され、インドネシア委員会の委員長であったアリ・サイド氏が逝去されたことに弔慰をもって留意し、全ての人間が尊厳のもとで自由かつ平等に生まれあらゆる形態の差別及び権力の乱用からの平等な保護の権利を承認した世界人権宣言及びその他の人権条約の中で宣言されている普遍的で不可分の権利に対する参加者の誓約を再確認し、ウィーン宣言及び行動計画、とりわけそれが国内人権機関を支持していること、および1991年にパリにて、1993年にチュニスにて、1995年にマニラにて開催された人権の伸長と擁護のための国内人権機関の一連のワークショップのもたらした進展を想起し、国際連合総会及び国際連合人権委員会が採択した国内人権機関及びアジア太平洋地域の地域的取り決めの設立と発展を奨励する諸決議を想起し、パリ原則に準拠する形の国内人権機関を既に設置しているか、現在、設置を検討している諸政府の代表がオブザーバーとして参加していることを歓迎し、他の政府も同様の方向に進むことを奨励し、いくつかの非政府組織がオブザーバーとしてワークショップに参加していることを歓迎し、国連人権高等弁務官、国連人権センター、及びオーストラリア政府がAusAIDを通じて財政的その他の援助を提供したことに対して感謝する。

2.結論

　オーストラリアのダーウィンで7月8日～10日に開催された第一回アジア太平洋地域人権の伸長と擁護のための国内人権機関ワークショップは次の結論に達した。

　人権の伸長と保護は社会を構成するすべてのものの責務であり、人権の防衛に関わる人々は一致してその進展をもたらすために活動するべきであること。

　国内機関が非政府機関との密接な協力の

もとに活動し、可能な限り政府と協力しつつ人権の原則が十分に有効かつ実質的に実施されることを確保すること。

国際レベルにおいては、地域的協力が人権の有効な伸長と保障を確保するために必要不可欠であること。

国内機関の有効性と信頼性を確保するため、その地位と責務は国連総会で採択された国内機関の地位に関する原則——これは国内機関が独立、多元的で、「原則」に準拠した形で可能な限り憲法もしくはその他の法により設置されるべきであるとする——に準拠したものであるべきであること。

3.勧告
第一回アジア太平洋国内人権機関地域ワークショップに参加した国内人権機関は以下の勧告を行う。

国連が独立した国内人権機関の固有の地位と性格を公的に認識し、国連の人権に関わる場に人権委員会として参加できるよう適切な措置を採ること。

マニラ宣言で勧告されているように、国連がアジア太平洋地域の国内人権機関の間の密接な協力と定期的な会合を推進し、そのために一定の予算措置を確保することも含めた手だてをとること。

国連人権高等弁務官が国際基準の受容と遵守を促進する努力を継続し、アジア太平洋地域において国内人権機関の地位に関連する原則に準拠した独立性のある国内人権委員会の設立と強化を支援することに特に関心を払うこと。

この地域の全ての国家と既存の機関が国内機関の地位と責務が総会で採択された国内機関の地位に関する原則と合致したものであることを確保するよう活動すること。

この地域の全ての国家が国内機関がそのような機関の設立と運営に関する経験と情報の交換を促進するための適切な措置をとること、中でも既存の国内機関の地域レベルでの広範な相互協力をさらに奨励すること。

4.決定
第一回アジア太平洋国内人権機関地域ワークショップに参加した国内人権機関は以下の点について合意した。

国内機関の設置と発展のためになされる、域内政府からの協力要請に対して、可能な場合は人員その他の支援を提供すること。

相互の支援、協力、共同活動を以下の方法で深めること。
——情報交換
——委員と事務局スタッフの研修と育成
——共通の課題に関する共同の見解の作成
——共同プロジェクトの実施
——経験交流
——定期的な地域的会合の開催
——共通の課題やニーズに関連する専門家による地域セミナーの開催
——他の人権機関からの、人権機関が存在する国における自国国民への人権侵害に関する調査の要請に対する速やかかつ有効な対応

このような目的のために非公式の国内人

権機関アジア太平洋フォーラムを参加人権機関により設置する。

パリ原則に準拠した他の独立した国内人権機関のフォーラムへの参加を歓迎する。

政府と人権NGOに対してオブザーバーとしてフォーラムの会合に参加することを奨励する。

感謝を持って以下の提案を受諾すること。
・インド委員会が12カ月以内に第二回国内人権機関地域ワークショップを招請するという申し出。
・ニュージーランド委員会がアジア太平洋地域フォーラムのコーディネーターとして今後も機能すること。
・オーストラリア委員会が今後3年間についてフォーラムの事務局を引き受け、そしてその後のアジア太平洋の事務局の移転を考慮すること。

翻訳／川村暁雄・
神戸女学院大学文学部専任講師

6-2
第2回アジア太平洋地域
国内人権機関ワークショップ結論
（1997年インド・ニューデリー）

第2回アジア太平洋地域国内人権機関ワークショップは、インド、オーストラリア、インドネシア、ニュージーランド、フィリピンおよびスリランカの国内人権委員会が参加し、インドのニューデリーで1997年9月10日から12日にかけて開催された。ワークショップ開会にあたり、インドのインデル・クマル・グジュラル首相があいさつを行った。

ワークショップは、スリランカの人権委員会の設立と、アジア太平洋地域フォーラムへの参加を歓迎した。

ワークショップでは、1996年7月にオーストラリアのダーウィンで開催され、国内人権機関のアジア太平洋地域フォーラムの設置を決めた第1回アジア太平洋地域国内人権機関ワークショップで確認された原則、結論、提言と決定を再確認した。とりわけ、参加者は世界人権宣言や他の国際文書に掲げられている人権の普遍性、不可分性、相互依存性、相互の関連への参加者の信念を再確認した。人権の不可分性を再確認するにあたり、ワークショップは、どのような範疇の権利も他の範疇の権利に比べて優先されることがないこと、国内人権機関が人権への広い接近法を採用し、経済的、社会的および文化的権利、そして市民的および政治的権利に関心を払うべきであることを再確認した。

ワークショップは、その有効性と信頼性を確保するため、国内人権機関の地位と責任は国連総会にて採択された「国内人権機関の地位に関する原則」（いわゆる「パリ原則」、決議48/134）に合致したものであるべ

きであることを強調した。ワークショップはまた、人権機関は独立した組織であるべきこと、そして、多元性をもつ必要があることを強調した。

ワークショップは、必要な政治的意思を示し、すべての必要な支援と適切な法的枠組みを提供することにより、国内人権機関がその職務を有効に果たすことを可能とするよう各国政府に対して要請した。

ワークショップは、国内人権機関が存在するか、もしくは「パリ原則」に従ったかたちでの機関の設立を検討している政府の代表がオブザーバーとして参加したことを歓迎した。とりわけ、多くの政府がパリ原則に則って国内機関を設置すると表明したことを歓迎した。ワークショップは、まだ国内人権機関を設立していない政府に対して、設立するよう呼びかけた。

ワークショップは、いくつかの非政府機関（NGO）がオブザーバーとして参加したことを歓迎し、人権の伸長と保護における市民社会の役割の重要性を強調した。ワークショップは、国内人権機関がNGOとは異なる役割と構造をもつことを前提としたうえで、NGOとのパートナーシップをもって活動することの意義を強調した。ワークショップは、フォーラムがNGOとの協力関係をさらに強化する方法について関心を払うべきであると考える。

ワークショップは、地域内・2国間・多国間の実際的な技術支援活動計画の結節点としての活動を、アジア太平洋地域国内人権機関フォーラムが強化すべきであると考えた。ワークショップは、この分野において継続もしくは計画されている活動に留意した。ワークショップは、バングラデシュ、ネパール、モンゴルの代表が国内人権機関を設置する過程にあると発言したことを歓迎した。また、国内人権機関、国内人権機関を設置することを検討している政府、およびNGOが組織強化のための技術協力を行う可能性を検討するよう呼びかけた。また、技術協力活動に従事する団体に対し、実効的な相互調整に関心を払うよう勧告した。

ワークショップは、草の根活動を通じて人権文化を作り出していくことの必要性をとくに強調した。また、人権および国内人権機関の役割についての情報を広く普及することの必要性もとくに強調した。

人権侵害の申立ての徹底した調査と有効な救済の重要性を確認しつつも、ワークショップは多くの国内人権委員会が急速な申立て数の増加による負担に直面しつつあることについて懸念を表明した。ワークショップは、このことが国内人権機関の資源に対してもつ深刻な影響と、これが国内人権機関の人権伸長活動、とりわけ教育活動を進めるうえで制約となっていることについて留意した。ワークショップは、

a）国内機関が、コンピューター化も含め業務方法と制度を改善し、申立ての処理について効率的で有効な運営に努めていることを認識し、

b）国内機関がこの問題の解決のため、職員の交流、研修、技術協力などをフォーラムの枠組みのなかもしくはそれ以外の協力活動のなかで実施すること考慮するよう示唆し、

c）国内人権機関の設置を考慮している政府が、申立ての負荷の増加を考慮し、国内機関がこれらの業務負荷の増加に対処できるような柔軟性をもてるような立法・行政的措置をとることを勧告し

d）国内機関が申立てを受理し調査し、解決するにあたってのさまざまな業務様式に

ついての情報をフォーラム事務局が収集し、資料として準備するよう要請した。

ワークショップは、人権に関わる法解釈を照合・整理し、普及し、発展させることの意義を強調した。また、フォーラムの事務局に対しては、なるべく早い段階で人権の法解釈を照合・整理、普及するための機構を設置すること、そしてその目的のために国内人権機関との連携を開始するよう要請した。さらに加えて、ワークショップは、オーストラリアの人権および機会均等委員会が国際人権法諮問パネルの設置をフォーラムに提案したことに留意し、パネルの設置に原則的に合意した。このパネルの活動についてのさまざまな考え方を整理するため、ワークショップは、インドとオーストラリアの国内人権委員会の代表からなる小委員会を設置し、そこでオーストラリアの委員会の提案やワークショップの間に行われたコメント、そして今後フォーラムのメンバーである国内人権機関から出されうる意見にすべて留意しながら、この件についてすべての側面から検討を進めることとなった。ワークショップは、さらに討議を深めるため、小委員会が第3回アジア太平洋地域国内人権機関ワークショップ開催の2カ月前に資料を提出するよう求めた。

ワークショップは、子どもの性的搾取を重大人権侵害として非難した。ワークショップは、域内のすべての政府に対して、子どもの性的搾取と闘うために、法執行面での改善、社会政策の変更、教育・啓発キャンペーン、被害者・共同体への支援措置などを含む広範な政策をとるよう要請した。ワークショップは、以下のように決議した。
a) フォーラム事務局が、関連の法律や慣行について整理と普及を行うこと
b) 現在提案されている子ども権利条約の議定書が、子どもの性的搾取に限定されたものとされるべきであること
c) フォーラムの構成員が、選択議定書についての意見を各政府に伝えること

ワークショップは、域内の人権についてとくに普遍性の問題に力点を置いたビデオ制作を企画し、1998年に制作するという想定でフォーラム構成員による検討を行うための原案を作成するよう事務局に要請した。また、ワークショップは事務局に対して、1998年末までの間に設けることが考えられているウェブサイトを含む技術協力と情報提供活動において世界人権宣言にとくに焦点をあてるよう要請した。ワークショップは、世界人権宣言の採択を記念する日は、子どもや女性も含めた社会の構成員全体の権利を強調する適切な機会であると考える。ワークショップは、ウィーン人権宣言および行動計画でも謳われているように、域内の政府に対し、それが可能な場合は国内人権機関と協力し、人権の伸長と保護のための国内行動計画を作成するよう呼びかけた。

ワークショップは、国連人権高等弁務官に対して、アジア太平洋地域の国内人権機関の定期的な会合の間の期間、および会合の開催に際して密接な協力ができるよう、必要な資金を確保することも含め支援を提供することを要請した。ワークショップは国際連合が独立した国内人権機関の固有の地位と性格を正式に承認し、国際連合の人権に関わる機関での活動にそれ自体の権利として参加できるようさらなる措置をとるよう繰り返し要請した。

ワークショップは国際連合人権高等弁務官、国際連合人権センターおよびインド国家人権委員会に対し、ワークショップへの財政的その他の支援について謝意を表明し

た。

ワークショップはインドネシアの人権委員会が第3回アジア太平洋地域国内人権機関ワークショップをおおむね12カ月の間に実施する用意があるという申し出を感謝をもって受諾した。

翻訳／川村暁雄・
神戸女学院大学文学部専任講師

6-3
アジア太平洋国内人権機関フォーラム 第3回年次会合
（1998年インドネシア、ジャカルタ）最終声明

インドネシア、オーストラリア、インド、ニュージーランド、フィリピン、スリランカから構成される第3回アジア太平洋地域国内人権機関年次会合は、インドネシアのジャカルタで1998年9月7日～9日に会合を開催した。B. J. ハビビ・インドネシア大統領が開会式において開会の言葉を述べ、他にもインドネシア人権委員会副委員長のミリアム・ブディアルジョ教授、国内機関に関する国連人権高等弁務官特別顧問ブライアン・バードキン氏が開会のスピーチを行った。

フォーラムは、インドネシア国家人権委員会に対して、この会合の受け入れについて感謝を表明した。フォーラムはまた国連人権高等弁務官事務所に対し、共催及び財政的支援の提供について感謝し、オーストラリア国際開発機関に対し財政的支援の供与について、及びフォーラム事務局に対して会合の企画・実施を行ったことについて感謝の意を表明した。

フォーラムは、パリ原則に合致した国内人権機関を既に設置しているか、現在、設置を検討している諸政府の代表がオブザーバーとして参加していることを歓迎した。またフォーラムは他の関連機関、及び多数の国際的、地域的、及び各国内の非政府機関が参加したことを歓迎した。

フォーラムは活動に対する関心、及び会合への参加者数が1996年に設立されてから顕著な増加を見せていることを認識した。政府及び非政府機関のオブザーバーを含むすべての参加者の年次会合への実質的な参加を保障し、同時にこの会合の地域内国内人権機関の非公式の会合という性格を確保するため、フォーラムは1999年の年次会合を計3日間の討議期間をもつものとすること、その中に参加機関のみの非公式会合を含めること、そして事前に文書の草案を配布することを決定した。

フォーラムは第1回アジア太平洋ワークショップにより1996年7月に採択されたララキア宣言、ニューデリーでのワークショップで1997年9月に採択された結論的

声明を再確認した。フォーラムは国内人権機関の地位と責任が、国際連合総会で採択された（決議48/134）「国内機関の地位に関する原則」（通称パリ原則）に合致したものでなくてはならないことを再び確認した。フォーラムは国内機関がこの原則に合致し、独立性、多元性を持ち、普遍的な人権基準に基礎をおいたものであるべきであることを強調した。

今回のフォーラムの特別テーマは、「人権とアジア太平洋地域の経済危機」であった。フォーラムは、マルイエ・ムハマッド前インドネシア財務大臣が基調講演のために参加したことを歓迎した。フォーラムは、経済危機が経済的、社会的及び文化的権利の遵守に与える影響について深い懸念を表明した。また、経済危機が市民的政治的権利をこの地域でさらに制約する機会として使われるべきではないという懸念も表明した。フォーラムは国連人権高等弁務官に対して、国際機関、超国家組織が自己の政策、事業、活動の人権への影響について認識することにつながる仕組みを発展・強化することを奨励する。この関連で、国際金融機関が国際人権章典に含まれている基準を増進するような方法で活動を実施することを検討する必要について高等弁務官の関心を喚起した。また、その政策と行動が人権に与える影響についての声明を作成することも検討可能であろう。

フォーラムは、地域内及び域外の政府に対して、人権の不可分性への各国の誓約を、国際金融機関及びWTOやAPECなどのような国際的・地域的経済フォーラムの行動・政策に対するインプットを通じて明示的に実行することを要請する。フォーラムの参加機関は、その関心事を各国政府及び人権高等弁務官に対して伝えることを決めた。参加委員会は、経済危機の人権への影響についてより高い優先順位をもって取り上げることを決議した。フォーラムは、事務局の準備した背景資料を広く配布することに合意した。

フォーラムは、1997年9月のニューデリーの第2回年次会合以降のフォーラム事務局の活動報告に留意した。フォーラムはまた、国家人権委員会の強化・設立に向けての専門的協力活動が増加していることを歓迎した。また、参加委員会に対して専門協力プログラムの提案を行うこと、実効的な事業の基盤づくりとするため人権高等弁務官との協議・協力のもとに専門協力プログラム評価調査団の派遣を実施するという事務局の提言に留意した。

フォーラム参加機関は、様々な背景資料の準備を歓迎した。これらの文書に関連して、

・フォーラムは地域的な人権法解釈（jurisprudence）の形成のための法律家諮問協議会（Advisory Council of Jurists）の設置及び機能と成員に関する事項に合意した。フォーラム参加機関は、今年末までに適切な人物を協議会のメンバーとして指名し、同協議会ができるだけ早い段階で機能を開始できるような状態となることを確保するために必要な措置をとるよう事務局に要請した。フォーラムは、国内及び国際的な人権に関する法解釈を整理、配布するための機構についても合意した。

・フォーラムは子供の性的搾取の慣行を重大人権侵害として再び非難する。フォーラムは、この地域のすべての政府が子供の性

的搾取と戦うために、法執行の改善、社会政策の変更、社会教育キャンペーン、及び影響を受けた個人や地域社会を支援する施策などを含む各種の対策をとることを要請する。フォーラムは事務局がインターネットにおける児童ポルノの問題を検討し、次回の年次会合でその結果を報告するよう要請した。フォーラムは同分野において活動している他の団体との連携の形成を継続し、関連の法律及び慣行に関する情報を収集することを決議した。また、人権高等弁務官に対して、児童の性的搾取の問題が、1998年2月にテヘランで開催された第6回人権地域的取り決めに関する国連アジア太平洋ワークショップにより開催が要請されている4つのワークショップの中の主要テーマの一つとなるべきであると提案した。

・フォーラムは国内機関の苦情申し立ての受け付け、調査、解決に関する慣行について事務局が用意した背景資料案を作業中の文書であるとみなすべきと考える。フォーラムは、これが国内人権機関とそのような機関の設立を検討している国にとって有用で、最新の資料となるよう、この文書の内容を検討し、フィードバックと修正提案を事務局に提供すること、そして事務局が次回の年次会合に修正案を提出することを決定した。フォーラムは国内人権機関が個別の申し立てを取り扱うにあたって、体系的（systemic）で予防的、教育的なアプローチの重要性を認識するべきであると考える。

・フォーラムは国連人権高等弁務官事務所を含め他の人権に関するウェブサイトとのリンクされたフォーラム・ウェブサイト（訳注：ホームページ）が設置されたことを歓迎する。フォーラム参加機関、政府、NGO及び一般市民に対して、この地域伸長の人権に関する情報源として活用することを奨励する。フォーラムは事務局に対してこのサイトが定期的に更新され、フォーラムの会合に関する文書を含むよう要請する。ウェブサイトをまだ設置していない参加委員会は、今後設置を進めることを検討することを決議し、このための必要な支援を提供するよう事務局に要請する。

・フォーラムは世界人権宣言採択50周年を記念するビデオの制作の提案を歓迎し、事務局に対してこの制作にあたりフォーラム参加団体と密接な連携を取ることを要請する。

フォーラムは人権の伸長と保護のための市民社会の決定的に重要な役割を承認した。また、NGOがフォーラムに対して行った貢献、とりわけ今回の会合における貢献及びNGOが会合の運営を容易にするために建設的なアプローチを取ったことに対して感謝の意を表明した。フォーラムは「国内機関と非政府機関：パートナーシップによる活動」というテーマで1998-99年の間にワークショップを開催することに合意し、事務局に対してこのワークショップの準備を行うためNGOとの協議を含めた適切な措置をとることを要請した。フォーラムは参加委員会による検討を行うため、このワークショップの基礎となる文書を準備するよう求めた。

フォーラムは国際連合総会が第53会期に人権防衛者に関する宣言草案を採択することを期待し、国家人権機関及び政府がこれをNGOの活動の基礎づけとして認識することを喚起する。

▼アジア・太平洋地域における国内人権機関関連文書

397

フォーラム参加機関は、女性の人権問題を把握し、差別に取り組み、廃絶することに高い優先順位を与えるという意思を示した。また、あらゆる形態の女性に対する暴力が深刻で広範な人権侵害であることを認識し、法的扶助、避難所、リハビリテーションなどを提供することにより女性を保護するための活動を行うよう政府に求めた。フォーラムの参加機関の政府がすべて女性に対するあらゆる形態の差別撤廃に関する条約（CEDAW）の締約国であることを満足を持って留意すると同時に、フォーラムはこの地域の他の国が同条約を批准すること、そしてすべての批准国が留保を撤廃するための措置をとることを勧告する。フォーラムは女性の権利の促進・保護を行うためにフォーラム及び参加機関がとりうる活動の選択肢を示す文書を準備すること、次回の会合に置いて1セッションをこの議論にあてることを事務局に要請した。この文書は、関連文献をリストアップし、必要に応じて内容の整理をするべきである。

フォーラムはこれらのすべての措置をとることが、アジア太平洋地域における人権の伸長・保護を可能とする環境を作り出し、政府、国内機関及びNGOの能力を強化することになると信じるものである。

フォーラムは、バングラデシュ、フィジー、モンゴル、ネパール、パプア・ニューギニア、大韓民国、タイの政府代表が国内人権機関設立に向けての措置をとっているという趣旨の声明を行ったことに留意し、この地域の他の政府が同様の措置をとるよう勧告した。この課題がすでに相当期間検討下にある国においては、フォーラムはその過程をさらに急ぐよう関係各国に勧告した。フォーラムは新たに設置される国内機関がパリ原則に合致したものであることの重要性を強調した。フォーラムは、国内人権機関設置について地域の政府に協力する用意があることを表明し、政府が設置準備をより円滑なものとするためにフォーラムとの技術協力を検討するよう奨励した。

フォーラムは、イランのイスラム人権委員会の活動報告、第2回アフリカ地域国内人権機関会合の報告、及び太平洋の人民の集団的人権に関する会議の報告を関心を持って留意した。

フォーラムはこの地域の庇護申請者に関する国連難民高等弁務官の地域代表のコメントを聞いた。ここでは難民、国内避難民、移民労働者が直面する課題と国内人権機関の役割について討議された。フォーラムは、政府がこれらの問題により実効的に取り組むことの必要性を認識した。

フォーラムは、国連人権高等弁務官がアジア太平洋地域の国内人権機関間の密接な協力及び定期的な会合を支援し、弁務官の国内人権機関に関連した業務に必要な資源を確保することを含めた手だてをとるよう要請した。フォーラムは、国連人権高等弁務官とフォーラムとの間で「共通理解に関する覚書」を結び、協力の基盤とするという提言を歓迎し、この件について高等弁務官事務所との間で作業を進めるよう事務局に要請した。この関連で、フォーラムは高等弁務官が技術的協力に関する資金のより公平な配分をアジア太平洋地域に行うことを検討するよう要請した。フォーラムは、1998年2月にテヘランで開催された第6回国際連合アジア太平洋地域取り決めに関す

るワークショップで、アジア太平洋地域の国内人権機関の強化発展について関心が払われたことを歓迎した。フォーラムは、国連が独立した国内人権機関の固有の地位と性格を公的に認識し、国連の人権に関わる場に人権委員会として参加できるよう適切な措置をさらに採用することを再び要請する。

フィリピン人権委員会は、今後、およそ12ヶ月以内に第4回アジア太平洋地域国内人権機関年次会合の受け入れを行うことに同意した。

翻訳／川村暁雄・
神戸女学院大学文学部専任講師

6-4
アジア太平洋国内人権機関フォーラム「キャンディ行動計画：国内人権機関とNGOの協力」
(1999年スリランカ、キャンディー)

アジア太平洋国内人権機関フォーラム
国内人権機関とNGOに関するワークショップ：提携による活動

1 序文

1.1 アジア太平洋国内人権機関フォーラム（以下、「フォーラム」という）を構成する国内人権機関と人権NGOは、この地域における人権の促進と保護における両者の協力を進めるため、国際連合諸機関、各国政府および国際的NGOからのオブザーバーの出席を得て、キャンディで会合した。このワークショップは、国内人権機関の強化とNGOの活動が日増しに活発化しつつあるなかで開催された。こうした活動としては、フォーラム自身の設置、アジア太平洋地域における地域的取極に関する国際連合主催による一連のワークショップ、そして合意された技術協力プロジェクトの実施を目的とする種々の会合が列挙される。この地域の各国政府は、このワークショップを国際連合人権高等弁務官の後援による技術援助プログラムの一部と位置づけている。このことは人権の促進と保護のための種々の当事者間の協力の重要性を反映している。

1.2 ワークショップに参加した諸機関は、この会合を招請し、我々を厚遇したスリランカ人権委員会に対し感謝の意を表明する。ワークショップは、フォーラムおよびアジア太平洋NGO人権促進チーム（以下、「FT」という）とワークショップを共催した国際連合人権高等弁務官事務所にも感謝を表明する。ワークショップに財政援助を提供した人権高等弁務官事務所、ならびにニュージーランド政府およびオーストラリア政府にも感謝を表明する。

1.3 ワークショップに参加した諸機関は、発言者、司会者、報告者の貢献に感謝する。

1.4 ワークショップに参加した諸機関は、国内人権機関とNGOに十分な意見表明の機会が与えられ、協力的な態勢でワークシ

ョップが組織されたことに満足の意を表明する。ワークショップに参加した諸機関は、この協力精神が国内レベルおよび国際レベルでの国内人権機関とNGOの働きにも反映するように切望する。

1.5 ワークショップは国内人権機関とNGO間の協力が非常に重要であることを確信し、世界人権宣言、国際人権文書およびウィーン宣言に表明された、人権の普遍性と不可分性への共通のコミットメントを基礎として国内人権機関とNGOが共に活動する必要性を確認する。さらに、国内人権機関とNGOは、人権の促進と保護において違った役割を担っており、したがって市民社会、NGOおよび国内人権機関の独立性と自律性が尊重され、支持されるべきであることを確認する。

1.6 国内人権機関とNGOは、その性質や構成上多様であるが、人権の保護と促進を共通目的としているので、人権に関するプロジェクトや教育において、相互の意見交換と協力が必要であることに合意する。

1.7 ワークショップに参加した諸機関からの参加者は、自らが実施を約束する以下の行動戦略が適切であることに合意する。

2 協力の構造としくみ

2.1 国内人権機関とNGO間のよりよい意見交換プロセスの重要性を認め、これを実施する。このプロセスは定期的で、透明性を保ち、包括的かつ本質的なものでなければならない。NGOがその環境や自国の国内人権機関との関係で、どのようなプロセスとしくみがもっとも適しているかを決めるよう奨励する。NGOとの関係を促進するため、焦点を定めるよう国内人権機関に奨励する。

2.2 共同でトレーニング・プログラムを実施する。

2.3 国内人権機関とNGOの間のメンバーの一時的人事交流を検討する。

2.4 政府や他の国家機関に勧告を行う場合に、できれば協力する。

2.5 国内人権行動計画の発展の奨励について、人権高等弁務官事務所と協力し、その助言を求める。

2.6 相互に関心ある特定の問題、とくに参加と組織についてバランスのとれたアプローチを確保することに焦点をあてたワークショップを開催する。

2.7 国内人権機関とNGOが、それぞれの活動、人権問題の監視から生ずる問題点、ならびに関連する勧告について、互いに情報を提供しあうため、情報技術の利用の可能性を最大化する目的で、両者間の討議のためのしくみをつくる。

3 教育

3.1 実効的な人権教育はその国の人権状況の分析と世界人権宣言その他の国際人権文書にもとづくものでなければならないことを認める。

3.2 すべての人びとの人権が認められ、尊重され、個々人は人権をもち、その人権を確保するしくみを利用できることを個人と社会が最大限認識できる環境づくりを人権教育の目標とする。

3.3 国内レベルおよび地域レベルでの既存のプログラムを検討する。

3.4 教育計画の立案のための道具、たとえば、人権教育のための国際連合10年の枠組で準備された人権分野における国内行動計画に関する指針を活用する。

3.5 人権教育の計画立案やその実施を容

易にし、政府に人権教育を提供する義務を遂行するよう促し、特定のプログラムを実施するのにもっとも相応しい機関を定め、重複を避け、資金調達を調整し、プログラムの実効性を監視するため、人権教育に関し協議する。国内人権機関とNGOにとって潜在的に実り多い協力分野は、両者の人権教育活動の展開を容易にするため、資料や活動資源の交換であろう。

3.6 初等、中等または高等教育という主流をなす教育制度のためのカリキュラムの発展について協議する。

3.7 教師ならびに軍隊、警察、および矯正施設職員を含む公務員のトレーニング・プログラムを協力して展開し、これへの共同参加を促す。

3.8 教師や両親を含む人権教育を行う者のトレーニング・プログラムを協力して展開し、これへの共同参加を促す。

3.9 司法府の構成員のトレーニング・プログラムについて、司法当局と協力する。

3.10 政府職員へのトレーニングの提供を促進するため、政府機関との合意文書を締結する。

3.11 人権教育を実施できるNGOと国内人権機関の人材集団を確保する。

3.12 パリ原則や人権擁護者に関する宣言などの国際的・国内的人権文書に関する情報の普及のため協力する。

3.13 適切な場合には、個別または共同で行われるパブリックキャンペーンやメディアキャンペーンによって、人権教育をすすめる。

3.14 人権問題に関する報道を促すため、メディア（とくに国営メディア）との関係を発展させる。

3.15 公的会合、会議やメディアの行事への共同参加をすすめる。

3.16 インターネットのウェブサイトへの相互リンクを確立する。

3.17 人権教育プログラムに関する提案について、国際連合人権高等弁務官事務所や国際連合開発計画（UNDP）といった、技術援助や資金援助機関への共同または個別のアプローチをすすめる。

3.18 国内人権機関、NGO、国際連合の人権機構および条約実施機関の報告を、民衆の意識を高め、特定問題を追求する手段として協力しつつ利用する。

4　苦情申立てと調査

4.1 国内人権機関は独自の独立した調査能力を持つべきことの重要性が合意された。

4.2 NGOと国内人権機関が、それぞれの苦情申立てと調査システムの傾向について議論し、しくみを改善し、国際的資料を考慮に入れ、また重複を避けるため、それぞれのシステムについて互いに知らせあう情報会議を準備する。

4.3 国内人権機関の苦情申立てシステムと調査システムの民衆への周知をすすめる。マニュアルや非識字者用の文字で書かれていない資料のような、関連資料の準備がこれに含まれる。不利な立場にある人びとに特別の注意を払わなければならない。

4.4 国内人権機関の調査権限が狭すぎるか満足のいくものではない場合には、その国内人権機関の調査権限の改善を促す共同行動を検討する。

4.5 NGOと国内人権機関の間での、適当と思われる特定の事例に関する情報交換をすすめる。

4.6 特定の事例を調査する場合、地方レベルでのNGOと国内人権機関の協力をすすめる。

4.7 NGOが調査プロセスに関与できるよう、透明で包括的なしくみを発展させる。
4.8 特定の事例に関する情報交換を促す情報技術の利用法を模索する。
4.9 苦情申立て、調査および報告システムの実効性を強化する目的で、共同トレーニング・コースを準備する。

5 公開調査

5.1 公開調査の概念、目的、しくみとありうる主題を周知する目的で共同ワークショップを開催する。最善の慣行が実行されるよう、国内人権機関およびNGOと協議する。
5.2 公開調査の実施が考慮される場合には、その調査の権限と戦略の立案の展開について協議する。
5.3 国内人権機関が公開調査を実施する場合には、とくに情報交換と現地での活動について協議する。
5.4 立法府は国内人権機関の報告を一定時間内に審議しなければならず、この審議が不当に遅れた場合には、国内人権機関はその報告を公表する権限をもつことを確実にするため、立法府に働きかける。
5.5 メディアによる公開調査の報道を促すよう協力し、公開調査の報告を関連する国際連合機構に通知するよう協力する。
5.6 公開調査による勧告の実施を促すよう協力する。
5.7 参加した組織は、フォーラムがそのテーマ別年次ワークショップ・プログラムの一部として、公開調査に関する地域ワークショップを組織すべきことも勧告する。

6 立法府との関係

6.1 人権の促進と保護をめざし、立法府と立法者との建設的な関係および共同会合をすすめるため協力する。
6.2 人権問題に関する立法府による特定の行動を促す目的のキャンペーンなど、立法府への実効的な働きかけをするため、国内人権機関とNGO職員の能力強化を目的としたワークショップの開催を検討する。
6.3 人権や国内人権機関とNGOの役割・機能について立法者により多くの情報を与える目的のワークショップへの、同参加を検討する。
6.4 立法府に人権委員会の設置を奨励する。適切な場合には、議会が人権をより強調するよう奨励するため、列国議会同盟（IPU）に働きかける。
6.5 政党の政策綱領の中に人権の保護と促進を盛り込むよう共に活動する。

7 立法

7.1 関連する国際人権法上の基準を含む人権法との整合性を確保するため、法律の効力をもつ現行の立法その他の文書を体系的に見直す。そのさい、人権の不可分性の原則に合致するよう（自由権と社会権を）一体としてとらえ、これらの原則に合致するよう適切な法改正の勧告を行うことを念頭に置く。
7.2 法律の効力をもつ立法その他の提案が人権やこれに関連する諸原則に合致するよう確保するため、これら諸原則に合致するよう適切な法改正の勧告を行うことを念頭に置きつつ、これらの提案について広く協議し、討議するためのしくみを発展させる。
7.3 新しい立法、現行法の見直し、および人権条約の交渉において、政府機関がNGOや国内人権機関に意見を求めるしく

みを発展させるよう政府を奨励するにあたり協力する。

7.4 国内人権機関が政府に立法に関する勧告をするさい、NGOに意見を求めるしくみを確立する。

7.5 国際人権規範に合致する国内立法を発展させるため協力する。

7.6 国際人権諸条約などの批准および履行、ならびにこれら諸条約に付した宣言、効力停止措置、および留保の撤回のための努力を調整する。

7.7 適切な場合には、立法の人権的側面を専門的に見直す広範な構成員からなる会議体の設置を奨励する。

8　新しい国内人権機関の設立

8.1 フォーラムはNGOと協議して、2000年の年次会合までに、パリ原則に従ったこの地域における新たな国内人権機関の設立に向けたしくみとプロセスに関する最低基準を採択するよう勧告する。そのガイドラインは、新たな機関はその職務につき独立性を有し、NGOとのパートナーシップで（設置の）プロセスとしくみを協力して発展させ、国内人権機関に関する立法提案を公聴会や公衆による検討に付し、ならびに国内人権機関の構成員の任命における透明性を確保する必要性にとくに注意を払わなければならない。かかる国内人権機関は提言、教育および調査機能を持つものでなければならない。

8.2 国内人権機関とNGOは、国際連合人権高等弁務官と協力して、パリ原則に従った国内人権機関の設立モデルに関し、他国の政府やNGOの要望に応じて、情報や助言を提供することに合意する。

9　アジア太平洋国内人権機関フォーラム

9.1 フォーラム事務局に対し、NGOと協力して、この行動計画を各国政府、国内人権機関、NGO、国際連合ならびに他の国際的・地域的機構に広く普及することを要請する。

9.2 フォーラム事務局に対し、地域の国内人権機関やNGOと協力し、この行動計画で提案された活動に実効性を与えるため技術協力プログラムを通じて、資金を結集するよう要請する。

9.3 国内人権機関とNGOは、この行動計画に実効性を与えるためとった措置について、フォーラムに簡単な年次報告を提供することに合意する。

9.4 1998年9月にジャカルタで開催された第三回フォーラム年次会合におけるNGOの参加に関する取り決めに留意し、NGOの参加によってこれからのフォーラムの会合が引き続きより良いものとなるよう、フォーラムが試みることを要請する。

10　国際活動

10.1 国際人権条約上の義務および条約実施機関による勧告、見解または意見の実施を監視し、政府に奨励するうえで協力する。条約実施機関への報告、ならびに実施機関の報告、勧告、見解および意見の普及について協力する。

10.2 国際連合の後援で開催される国際的・地域的な人権会合において、国内人権機関とNGOの参加援助に関し協議し、協力する。国際連合の機構強化に向けて、適切な場合には、政府と議会への働きかけを調整するなど協力する。

10.3 国際連合の人権保護メカニズムに関する情報会合を共同で開催する。人権侵害の申立てが適切な国際連合その他の政府間国際機構に提出されるようにするため、協力して活動する。

翻訳／佐藤敬子・新潟大学大学院
法学研究科修士課程

6-5
アジア太平洋国内人権機関フォーラム 第4回年次会合
（1999年フィリピン、マニラ）最終声明

1. フィリピン、インドネシア、オーストラリア、インド、ニュージーランド、スリランカおよびフィジーの国内人権委員会の代表からなるアジア太平洋国内人権機関フォーラム（以下、「フォーラム」という）の第4回年次会合は、1999年9月6－8日にフィリピンのマニラで開催された。

2. フォーラムは会合を招請したフィリピン人権委員会に謝意を表明した。またフォーラムは、年次会合と会期間ワークショップを共催し、財政援助した人権高等弁務官事務所、財政援助したオーストラリア国際開発庁、ならびに会合の組織をしたフォーラム事務局に感謝した。

3. 国内人権機関の地位と責任は、国際連合総会（決議48／134）によって採択された「国家機関の地位に関する原則」（通常「パリ原則」と呼ばれる）と両立するものでなければならないことをフォーラムは確認した。国内人権機関はパリ原則に従って、独立、多元的であり、普遍的な人権基準に基礎をおくものとし、適切で包括的な協議プロセスを経て設置すべきでことをフォーラムは強調した。

4. 第3回年次会合の決定に従い、会合は3日間にわたって開催された。初日の加盟国内人権機関による非公開会合では、フォーラムの運営、機能およびこれからの要請について踏み込んだ議論がなされた。

5. フィジー人権委員会が正式にフォーラムに受け入れられ、フォーラムの加盟機関は7機関に増えた。フォーラムは、国内人権機関を持っているかパリ原則に合致する国内人権機関の設置を検討している政府代表のオブザーバー参加を歓迎した。またフォーラムは、その他の関連する機関代表、ならびに国際的、地域的および国内的NGO代表のオブザーバー参加を歓迎した。

6. フィリピン共和国司法長官のSerafin Cuevas 氏がフィリピン共和国大統領Joseph Ejercito Estrada 閣下の代理で会合を開会した。大統領はメッセージの中で、経済発展の追求と人権の促進・保護との間に解決されない緊張が存在することに留意した。メッセージはこれまで開発指向と人

権指向の集団に分かれていた社会のさまざまなセクターの間に幅広い合意を政府が作り上げる必要性を確認した。アジア太平洋フォーラムは、グローバリゼーションと不均等な経済発展の挑戦に取り組む地域政府、市民社会および団体を支援する実践的な行動計画を工夫できる立場にあることを大統領メッセージは示唆した。

7. 会合の特別テーマは「国内人権機関と経済的および社会的権利」であった。フォーラムは、国際連合人権高等弁務官の地域代表で国際連合規約人権委員会の副議長であるP. C. Bhagwati判事および国際連合経済的、社会的および文化的権利に関する委員会議長のVirginia Dandan教授がこの問題の基調講演者として参加されたのを歓迎した。基調講演と質議は、すべての人権に対する全体的アプローチを維持する必要性について注意を喚起した。多くの政府は、経済的、社会的および文化的権利に対し、依然として市民的および政治的権利より低いレベルの優先順位しか与えていないことが留意された。フォーラムは地域内外の政府に対し、経済的、社会的および文化的権利の実現に向けての責任を、政策への反映、国際金融機関や国際的・地域的経済フォーラムの活動などあらゆる実現可能な手段によって、明示的に実施するよう要請した。

8. フォーラムは、人権の享有に悪影響を及ぼす国際金融機関や多国籍企業の政策や実行に関する継続的な関心を表明した。フォーラムは、これらの機関や組織は非国家的行為者であり、法律上国際人権諸条約の主体でなく、したがって、これら諸条約を遵守する責任がないことに留意した。フォーラムは、人権高等弁務官による国際連合の諸機関およびプログラム、国際金融機関、国際機構および非国家的行為者との対話を確立する試みを歓迎した。フォーラムは、人権高等弁務官事務所が対話の進展について次の年次会合に最新情報を提供することを歓迎する。またフォーラムは、経済的、社会的および文化的権利に関する委員会がその活動対象のすべての機関との対話を引き続きすすめるよう奨励した。

9. フォーラムは、とくにこの主題に関する（フォーラム）事務局の背景文書で提起された行動提言にもとづき行動することによって、経済的、社会的および文化的権利を促進し、保護する手段をさらに検討することに合意した。この作業を促すため、フォーラムは関連諸機関との密接な取り決めを探求することを決意した。フォーラムは、この問題に関する調査と分析を続け、フォーラムのウェブサイトによるなど、これらの関連文書を利用可能とするよう事務局に要請した。

10. フォーラムは「女性の人権の向上における国内人権機関の役割」に関する事務局が準備した背景文書を検討した。フォーラムの加盟機関は、女性の人権侵害への取り組みに引き続き高い優先順位を与えることを約束した。人権高等弁務官事務所がフォーラムのため準備した事例研究の主題であった、女性と少女の売買が会合でとくに注目された。フォーラムは、人身売買の問題を含む女性の人権に関わる活動拠点を各フォーラム加盟機関内に設置し、フォーラム事務局がそれらのネットワークを調整することを加盟機関に勧告することに合意した。法律、経済活動、政治制度、ならびに女性の人権を否定する優勢な文化的傾向におけ

る、女性に対する確立した形態の差別に対する実践的対応を促す調整された地域的アプローチの必要性も注目された。フォーラムは、地域のすべての諸国に、あらゆる形態の女性差別の撤廃に関する条約の批准を再度勧告し、すべての締約国にこの条約に付した留保を撤回するため措置をとるよう勧告した。フォーラムは、女性の人権の向上に関するワークショップを2000年に開催することに合意し、NGO共同体と協議し、このワークショップを準備するため適切な措置をとるよう事務局に要請した。フォーラムは事務局に対し、加盟委員会がこのワークショップの基礎として検討するための文書を準備するよう要請した。

11.「国内人権機関とNGO：提携による活動」というテーマの地域ワークショップで採択された行動計画（キャンディ行動計画）がフォーラム加盟機関と地域のNGO代表者によって率直かつ建設的な言葉で議論された。この行動計画は協力と提携が可能な分野に関する有益な一覧表であると両者は認識した。この行動計画には数多くの優先分野が列挙されている。すなわち、戦略的立案と活動計画、（苦情申立ての）調査と（公開）調査、実行の評価、行動計画の発展、職員の訓練、人権諸条約の批准と人権擁護者の保護、である。

12.（キャンディ）行動計画で勧告されたように、フォーラムは「人権の促進と保護における公開調査の役割」というテーマに関する議論を支持し、人権高等弁務官事務所およびNGO共同体と協議し、このため適切な措置をとるよう事務局に要請した。フォーラムは、この行動計画で提案された活動を実行するため、国内人権機関およびNGOとともに、技術協力プログラムを通じて資金を結集するよう事務局に要請した。またフォーラムは、NGOおよび人権高等弁務官事務所と協議し、フォーラムの第5回年次会合における検討のため、パリ原則に合致する国内人権機関の設置プロセスに関する指針を準備するよう事務局に要請した。フォーラムは協力と共同活動に関する議論を年次会合の通常議事項目に入れることに合意した。

13.フォーラム加盟機関は、死刑ならびに地域の国内人権機関および政府が死刑の適用のさいにとった手法に関し、見解と経験を交換した。加盟機関は法律家諮問評議会(Advisory Council of Jurists)へのこの問題の付託を検討することに合意した。事務局は、加盟機関による会合間の検討のため、この付託に関する提案を準備するよう要請された。

14.フォーラム加盟機関は、国際連合反人種主義世界会議の開催に留意し、その準備段階および会議自体への国内人権機関の全面的参加の重要性を強調した。

15.フォーラムは、オーストラリア、バングラデシュ、ビルマ、カンボジア、中国、インドネシア、イラン、日本、ヨルダン、ラオス、モンゴル、ネパール、ニュージーランド、パキスタン、フィリピン、韓国、シンガポール、タイ、ベトナムおよびイエメンからのオブザーバーの代表の声明を聴いた。フォーラムは、パリ原則に合致する国内人権機関の設置および既存の機関の強化への多くの人びとの関わりを歓迎した。国内行動計画（訳注：1993年の世界人権会議で採択されたウィーン宣言第Ⅱ部第71項で、同

会議は、「国家が人権の促進と保護をすすめる措置を明らかにする『国内行動計画』策定の有効性を検討する」ことを各国に勧告した)の発展と実施に関する進展報告も提出された。

16. フォーラムは、国際人権法上、子どもポルノグラフィー(インターネット上のものを含む)に対し必要な措置をとる明確な法的義務が存在することを確認した。フォーラム加盟機関は、関連国際条約は表現の自由の行使に対する合理的制限を許容し、したがって、これらの制限は子どもポルノグラフィーと闘う行動を正当化するという暫定的見解をとった。加盟機関は、この問題を法律家諮問評議会に付託し、意見を求めることに合意した。事務局は、会合間に加盟機関のため付託草案を準備するよう要請された。

17. フォーラムは、1998年9月のジャカルタにおける第3回年次会合以降のフォーラム活動に関する事務局報告に感謝をもって留意した。

18. フォーラムは、1998年に開催された第3回年次会合で合意された、各国内での人権教育の促進における国内人権機関の役割に関する短いドキュメンタリー・ビデオを作成するという提案を引き続き追求することに合意した。加盟機関は、このプロジェクトのための資金提供者を引き続き求めるよう事務局に要請した。

19. 事務局は法律家諮問評議会に関する報告を提供した。フォーラムは以下の評議会構成員の指名を承認した。すなわち、Fali S. Nariman氏、R. K. W. Goonesekere氏、Sedfrey Ordonez氏、J. E. Sahetapy教授、Dame Silvia Cartwright判事およびRonald Wilson卿である。フォーラムは、評議会のため活動することを了承したこれらの方々に心からの感謝を表明した。フィジー人権委員会はこの指名を要請される。フォーラムは、評議会の実効的な活動を可能にするため、できるだけ早く活動資源を確保するよう求めた。

20. フォーラムは、当分の間引き続き事務局をオーストラリアに置くことに合意した。フォーラムはニュージーランド委員会に引き続き地域コーディネーターとなるよう要請した。フォーラムは法的および運営上のしくみを討議し、地域コーディネーターに関する作業グループ、人権高等弁務官事務所および事務局を受け入れている国内人権機関はこれらの問題を検討し、解決すべきことに合意した。またフォーラムは、フォーラム、人権高等弁務官事務所および国際連合ボランティア・プログラムの間の合意文書の枠内で、職員の交換をすすめ、調整するとの提案に合意した。フォーラムは、他の当事者が合意文書を検討した場合には、地域コーディネーターがフォーラムのためこれに署名することに合意した。

21. またフォーラムは、インドネシア国家人権委員会が提示した問題に関する2つの作業グループの設置を決定した。すなわち、アジア太平洋地域における人権の価値、原則および規範の実施に関するハンドブックづくりに関する作業グループ、および宗教間の寛容と尊重の研究に関する作業グループである。

22. またフォーラム加盟機関は、国内人権機関国際調整委員会の活動および国際人権

システムへのアジア太平洋の国内人権機関の関わりについて見解を表明した。

23. ニュージーランド人権委員会は、およそ12か月以内に開催されるアジア太平洋国内人権機関フォーラムの第5回年次会合の招請を受諾した。

翻訳／山崎公士・新潟大学法学部教授

索引

あ
あっせん……20
アジア・太平洋国内人権機関フォーラム……42, 81, 115
アジア・太平洋国内人権機関ワークショップ……42
アトロシティ……194
アファーマティブ・アクション(積極的差別是正措置)……130, 259
アファーマティブアクション機関(オーストラリア)……61
アボリジニ、トレス海峡諸島民……53
アボリジニ及びトレス海峡諸島民委員会……60
アボリジニ及びトレス海峡諸島民社会正義委員……60

い
一般的受容……38
一般調査……351
違法……353
移民及び多文化省(オーストラリア)……60
インターネット上のヘイトメッセージ……168
インターネット上の差別表現……178

う
ウィーン宣言及び行動計画……34, 235

え
NGO……208
NMP研究会……17

お
王立委員会(オーストラリア)……59
大阪弁護士会……16
オンブズマン(オーストラリア)……61
オンブズマン(ニュージーランド)……99
オンブズマン法(ニュージーランド)……99
オンブズマン(フィリピン)……220

か
外国人協議会(ドイツ)……303
外国人コミッショナー(ドイツ)……23-24, 300
下院人権と社会正義委員会(フィリピン)……223
カイワカリテ(ニュージーランド)……106
間接差別……346

き
機会均等委員会(イギリス)……337
議会オンブズマン(イギリス)……338
議会人権特別委員会……335
北アイルランド人権委員会(イギリス)……339
北アイルランド平等委員会(イギリス)……337
基本権……194
行政斡旋官(フランス)……320
行政裁判所(フランス)……312
行政相談制度……13
協働(collaboration)……43
強制的な捜索や押収……162
業務共有合意……143
禁止される分野……68

く
苦情救済……321
苦情申立……20, 33
軍隊・準軍隊……199, 203

409

け

警察・警察官……172, 199, 201, 204
刑務官・刑務所職員……172, 199, 204
刑務所オンブズマン(イギリス)……337
県裁判所(イギリス)……348
検察官事務所(フィリピン)……229
検察機能……233
検察官……172
憲法起草委員会(フィリピン)……220
権利章典(アメリカ)……128
権利章典(カナダ)……19, 154
権利章典法(ニュージーランド)……101
権利と自由に関するカナダ憲章……155, 169
権利と自由の憲章(1982年憲法)(カナダ)……20

こ

公益訴訟……196
公開調査(public inquiry)……23, 58, 74, 76
公式調査……344, 351
公正雇用委員会(イギリス)……337
公正雇用実施機関(アメリカ)……126
公設法律事務所(フィリピン)……221
公聴会……58
拘置所・刑務所……203
衡平……112, 322
公務員……200, 203
公民教育……316
公民権委員会(アメリカ)……132
公民権法(アメリカ)……129
拷問等禁止条約……39, 199
合理的な疑い……162
国際開発庁(カナダ)……173
国際監視部(フィリピン)……235
国際人権法……56
国際人道法……314
国内人権機関……12, 255, 336
国内人権機関—国内人権機関の設置と強化に関する手引き書……34
国内人権機関国際ワークショップ……35
国内人権システム……12
国内的救済完了原則……31
国連障害者機会均等基準……265, 274
個人情報保護審判所(イギリス)……338
国会オンブズマン(スウェーデン)……24, 254
国家障害者審議会(イギリス)……337
国家人権諮問委員会(フランス)……23, 39, 313
国家政策の指導原則……194
国家労働関係委員会(フィリピン)……221
子どもオンブズマン(スウェーデン)……277
子どもオンブズマン設置法(スウェーデン)……278
子どもの権利委員会……37
子どもの権利条約……37, 39, 113, 279
子どもの人権専門委員……37
子どもの福祉委員会(フィリピン)……221
コミッショナー(アメリカ)……134
コミッショナー制度(ドイツ)……299
コミュニティ関係サービス(アメリカ)……132
雇用機会均等委員会(アメリカ)……126
雇用機会均等委員会(スウェーデン)……260
雇用衡平法(カナダ)……155, 169
雇用差別……73
雇用審判所(イギリス)……336, 348-350

さ

採決……112
最高裁判所(フィリピン)……224
裁判外紛争処理制度(ADR)……84, 139

裁判官……172
裁判参加……22
裁判所による救済……158
裁判提起……22
作為命令権限……322
差別禁止通告……351
差別禁止法……12
差別行為……158
差別事由……68, 158

し
事実裁判所(フィリピン)……223
事前調停……159, 162
自治体オンブズマン(スウェーデン)……338
市町村法(ドイツ)……303
執行官裁判所(イギリス)……348
実査……256
実施規則……354
指定カースト……195
司法省公民権局(アメリカ)……132
司法的救済……15
司法審査……353
市民的自由のための市民連合(インド)……206
シャリーア巡回裁判所(フィリピン)……223
社会活動訴訟……196
社会権……36, 41, 227
社会権規約……36, 109
社会権規約委員会……36, 175
社会的・経済的弱者……306
宗教的不寛容撤廃宣言……39
自由権……227
自由権規約……36, 39, 102, 108
自由権規約委員会……36, 175, 313
自由権規約第一選択議定書……103
州人権委員会(インド)……205
自由人権協会……16
準司法的機関……63
準司法的権限……34, 233
上院正義と人権委員会(フィリピン)……223
浄化裁判所(サンディガン・バヤン)(フィリピン)……221, 224
障害者機会均等化基準規則……40
障害者権利委員会(イギリス)……337
障害者権利宣言……39
障害者コミッショナー(ドイツ)……23, 301
障害差別委員(オーストラリア)……67
障害差別法(オーストラリア)……65
障害者差別法(イギリス)……337
障害者法(アメリカ)……134
証拠提出……21
常設人権諮問委員会(イギリス)……339
省庁間人権会議(フィリピン)……236
証人喚問……21
商品・サービスの提供……73
情報提供……83
助言・調停・仲裁サービス(イギリス)……348
女性差別撤廃委員会……37
女性差別撤廃条約……37, 61
女性の地位事務所(オーストラリア)……61
女性部(イギリス)……336
職権調査……268
(連邦)人権委員会(インド)……19, 22, 23, 38, 197-198, 206
人権委員会(カナダ)……20, 22, 24, 39, 155
人権委員会(ニュージーランド)……22, 23, 38, 107
人権委員会(フィリピン)……19, 23, 38, 219, 226
人権委員会制度(カナダ)……154-155
人権委員会法(ニュージーランド)……20
人権委員会法(オーストラリア)……85
人権NGO……16, 33
人権及び機会均等委員会(オーストラリア)……21-24, 38, 65
人権および人道の援助に関するコミッショナー(ドイツ)……302
人権活動家フィリピン連盟……225
人権教育(啓発・広報)……15, 64,

157, 170, 304, 315, 354
人権教育のための国連10年決議……315
「人権教育のための国連10年」フィリピン国内行動計画……239
人権憲章(カナダ)……102
人権システム……12
人権実体法……12
人権侵害の救済……13, 15, 68, 157, 294
人権審判所……21
人権審判所(オーストラリア)……63
人権審判所(カナダ)……164, 166-167
人権政策……16
人権相談……13
人権に関するドイツ調整協議会……294
人権の促進(伸長)と保護……33
人権部(イギリス)……336
人権フォーラム21……16
人権文化……182
人権法(イギリス)……335
人権法(カナダ)……155
人権法(ニュージーランド)……103
人権法検討委員会(カナダ)……155, 177
人権保護法(インド)……198
人権擁護委員制度(日本)……14, 36
人権擁護行政(日本)……14
人権擁護推進審議会……15, 319
人種関係局(イギリス)……340
人種関係部(イギリス)……336
人種関係法(イギリス)……336, 341
人種関係調停官(ニュージーランド)……100
人種差別委員(オーストラリア)……67
人種差別法(オーストラリア)……65
人種差別撤廃委員会……37
人種差別撤廃条約……37, 100, 109, 341
人種憎悪表現……73
人種平等委員会(イギリス)……336, 340-341
人種平等評議会(イギリス)……354

せ

審問手続……21
審問……72

政策提言(監視)……23, 64, 170, 228, 273, 299, 314, 353
性差別委員(オーストラリア)……67
性差別法(オーストラリア)……65
性差別法(イギリス)……336, 342
精神健康法委員会(イギリス)……337
成人教育……317
性的指向による差別禁止オンブズマン(スウェーデン)……261
性的自己認識……178
制度改革提案……323
セクシュアル・ハラスメント……112, 266, 275
説明責任(アカウンタビリティ)……34, 240, 326
全アルナーチャル・プラデーシュ学生連合(インド)……206
先住権原法(オーストラリア)……65
先住民(族)……52, 98, 153, 195
先住民族法(フィリピン)……222
全米実施計画……140
専門オンブズマン……255, 258, 300

そ

憎悪の表明(ヘイトメッセージ)……165
訴訟参加……165
訴訟担当官(アメリカ)……134
訴訟費用援助法(ドイツ)……295

た

大統領人権委員会(フィリピン)……219
大統領令163号(フィリピン)……220
代理権限……322
多元性……33
多文化共生局(ドイツ)……304
多文化主義……52, 54, 153
男女機会均等オンブズマン(スウェーデン)……23, 260
男女同一賃金法(イギリス)……341
男女平等法(スウェーデン)……262

412

ち

地域事務所(アメリカ)……134
地域実施計画……140
地域法律支援センター(オーストラリア)……63
地区事務所(アメリカ)……134
知的障害者権利宣言……39
中間控訴裁判所(フィリピン)……224
調査官(カナダ)……163
調査権限……274
調査部(インド)……201
調停……20, 34, 68-76, 83, 110-112, 135, 149, 159, 163-165, 180, 223, 263, 266-270, 340-342, 348
調停会議(オーストラリア)……71
調停会議(ニュージーランド)……110
調停官(カナダ)……162
直接差別……346

て

提訴権通知……137
デクレ……312
手続委員(ニュージーランド)……105
電話による(telephonically)ヘイトメッセージ……168

と

同時受理……143
透明性……240
特定調査……351
独立委員会……314
独立実施権限……132
独立性……81
都市開発と住居法(フィリピン)……217
都市住居法(フィリピン)……222

な

難民の地位に関する条約および議定書……39, 199

に

二月革命……215
日本弁護士連合会……16

ね

年次報告書……170

は

バランガイ司法(フィリピン)……223
バランガイ人権行動センター(フィリピン)……24, 226
パリ原則(国家機関〔国内人権機関〕の地位に関する原則)……31, 236, 255, 336
反差別国際運動日本委員会……17
反差別プログラム(カナダ)……180
反差別法(オーストラリア)……58
反差別法(ニュージーランド)……99, 117
反差別立法(カナダ)……155
ハンディキャップオンブズマン(スウェーデン)……40, 261
ハンディキャップオンブズマン設置法(スウェーデン)……265
ハンブルク公共法律相談および和解斡旋所……296

ひ

ピープル・パワー……224
非合理的……353
非差別原則……12
非自発的失踪の犠牲者の家族の会(フィリピン)……229
平等原則……12
平等賃金法(イギリス)……336

ふ

フィリピン人権計画1996-2000……235
フィリピン大学人権研究所……233
フィリピン被収容者対策委員会……233
不可触民……194-195
不適切な手続……353
不法差別罪……269
プライバシー委員(オーストラリア)……67
プライバシー法(オーストラリア)……65
プライバシー法(ニュージーランド)……105
文化伝承省(カナダ)……170
文書提出命令……274

へ
弁護活動……64
変型……38 100

ほ
法定人権機関協会(カナダ)……173
法廷の友……22, 79
報復的差別……347
報道申立委員会(イギリス)……338
訪問調査……205
法律相談……64, 297
法律相談援助法(ドイツ)……295
保健および障害委員法(ニュージーランド)……105
ポツダム大学人権センター……304

ま
マオリ……98

み
民族差別禁止オンブズマン(スウェーデン)……24, 38
民族差別禁止オンブズマン法(スウェーデン)……261, 264

む
無料法律扶助(フィリピン)……221

め
名誉職裁判官(ドイツ)……295

も
申立審査審判所(ニュージーランド)……104
申立の受理……20
申立部(ニュージーランド)……110

ゆ
優遇措置……195
優先事案処理手続……140

よ
ヨーロッパ人権条約……359

ら
ラバト宣言……35

り
リーガルレポート……170
良心……112
利用可能性(アクセシビリティ)……270, 326

れ
令状請求訴訟……195
レミス……273
連邦契約遵守計画(局)(アメリカ)……130, 133

ろ
労働組合評議会(イギリス)……341
労働裁判所(スウェーデン)……259
労働分野における障害者差別禁止法(スウェーデン)……274
労働分野における性的指向による差別禁止法(スウェーデン)……266
労働分野における民族差別禁止法(スウェーデン)……264

わ
ワイタンギ条約(ニュージーランド)……98
和解斡旋……298

国内人権システム国際比較プロジェクト
（National Machinery Project, NMP研究会）

【構成メンバー（五十音順）】

石川えり	（いしかわ・えり）	難民支援協会理事
金子匡良	（かねこ・まさよし）	法政大学大学院社会科学研究科博士後期課程
*川村暁雄	（かわむら・あきお）	神戸女学院大学文学部専任講師
河村浩城	（かわむら・ひろき）	早稲田大学大学院法学研究科博士後期課程
窪　　誠	（くぼ・まこと）	大阪産業大学経済学部助教授
小林　学	（こばやし・まなぶ）	NMP研究員
申　惠丰	（しん・へぼん）	青山学院大学法学部助教授
土井香苗	（どい・かなえ）	弁護士
中原美香	（なかはら・みか）	NMP研究員
野沢萌子	（のざわ・もえこ）	名古屋大学大学院国際開発研究科博士後期課程
藤本俊明	（ふじもと・としあき）	神奈川大学・東京学芸大学講師
**山崎公士	（やまざき・こうし）	新潟大学法学部教授

*研究主任、**研究会代表

国内人権機関の国際比較

2001年1月10日　第1版第1刷発行

編著者：NMP研究会・山崎公士
発行人：成澤壽信
編集人：桑山亜也
発行所：現代人文社
　　　　〒160-0016　東京都新宿区信濃町20佐藤ビル201
　　　　電話：03-5379-0307（代表）　　FAX：03-5379-5388
　　　　E-mail：genjin@gendaijinbun-sha.com
　　　　振替：00130-3-52366
発売所：大学図書
印刷所：ミツワ
装　丁：スタジオ・ポット
検印省略　PRINTED IN JAPAN
ISBN4-87798-025-3 C3032
©2000 National Machinery Project, Koshi Yamazaki

本書の一部あるいは全部を無断で複写・転載・転訳載などをすること、または磁気媒体等に入力することは、法律で認められた場合を除き、著作者および出版者の権利の侵害となりますので、これらの行為をする場合には、あらかじめ小社または編著者宛に承諾を求めてください。

本書の刊行は、トヨタ財団2000年度成果発表助成を受けて実現いたしました。ここにあらためてお礼申し上げます。